GORBATCHEV

DU MÊME AUTEUR

Les Giscardiens (avec Christian Sauvage), Albin Michel, 1978.
L'Après-communisme de l'Atlantique à l'Oural (avec Jacques Lesoume), Robert Laffont, 1990.
La vérité l'emportera toujours sur le mensonge (Comment le pape a vaincu le communisme), JC Lattès, 1991.
Le Bunker (Vingt ans de relations franco-soviétiques), JC Lattès, 1993.
Nadia (roman), Editions du Rocher, 1994.
Revue de presse (roman), JC Lattès, 1997.
Dictionnaire politique du XXe siècle (avec Patrick Ulanowska), Le Pré aux Clercs, 2000.
Histoire illustrée de la droite française, Le Pré aux Clercs, 2002.
Jean-Paul II, coll. «Biographies», Gallimard, 2003.
La Bourgogne, quelle histoire ! (avec Jean-Louis Thouard), Editions de Bourgogne, 2004.
Aux Bourguignons qui croient au Ciel et à ceux qui n y croient pas (entretien avec Mgr Roland Minnerath), coll. «Libre parole», Editions de Bourgogne, 2005.
Jean-Paul II (édition augmentée), coll. «Folio», Gallimard, 2006.
Benoît XVI, le dernier pape européen, Perrin, 2006.
Blog à part, Editions de Bourgogne, 2007.
Le pape qui fit chuter Lénine, CLD, 2007.
J'ai senti battre le cœur du monde (conversations avec le cardinal Etchegaray), coll. «Témoignages pour l'histoire», Fayard, 2007.
Les Secrets du Vatican, Perrin, 2009.
Pourquoi le pape a mauvaise presse (entretien avec Marc Leboucher), DDB, 2009.
Il était une fois la Puisaye-Forterre (avec Xavier Lauprêtre), coll. «Patrimoine», Editions de Bourgogne, 2010.
100 photos pour comprendre Jean-Paul II, L'Editeur, 2010.
Benoît XVI (réédition actualisée et complétée), Perrin, 2011.
Le Roman des papes, Editions du Rocher, 2011.
Les Derniers Secrets du Vatican, Perrin, 2012.
La Bourgogne pour les Nuls, First, 2013.
Histoire des papes de 1789 à nos jours, Tempus, 2013.

Bernard Lecomte

GORBATCHEV

PERRIN
www.editions-perrin.fr

12, avenue d'Italie
75013 Paris
Tél. : 01 44 16 09 00
Fax : 01 44 16 09 01
www.editions-perrin.fr

ISBN : 978-2-262-03143-5

Introduction

«Le peuple russe est comme une herbe : il s'incline sous le vent, mais il ne se laisse pas arracher à la terre.»

Alexandre SOLJENITSYNE.

Moscou, le 30 mars 2013. A la tribune du centre de presse de l'agence RIA-Novosti, boulevard Zoubovski, Mikhaïl Gorbatchev s'adresse à une salle remplie d'étudiants. La plupart d'entre eux ne savent pas qu'à cette même tribune, le 19 août 1991, un quarteron de putschistes communistes annonça brutalement – mais un peu prématurément – que le même Mikhaïl Gorbatchev, bloqué quelque part en Crimée, n'exerçait plus ses fonctions de président de l'Union soviétique. C'était il y a vingt-deux ans. L'URSS ? Les plus jeunes de ses auditeurs n'ont jamais connu ce pays, dont Gorbatchev a finalement signé la disparition le 26 décembre de cette fameuse année 1991. L'ancien président a grossi – à 82 ans, il souffre de diabète – et son débit est moins volubile qu'à l'époque de sa gloire, mais son propos passionne l'auditoire. Thème de sa conférence : «Est-ce l'homme qui change l'histoire ou l'histoire qui change l'homme ?»

Il ne fait aucun doute que Mikhaïl Sergueïevitch Gorbatchev a changé l'histoire. Si cet homme-là n'était pas parvenu à la tête du Parti communiste de l'URSS un certain 11 mars 1985, l'histoire de l'Europe eût été différente. L'histoire du communisme, l'histoire de la guerre froide également. Et aussi l'histoire de la Russie, bien sûr. Certes, les événements qui ont conduit à la fin de l'Union soviétique, berceau du communisme mondial, doivent essentiellement aux rapports de forces politiques, au choc des systèmes économiques, aux mutations technologiques, notamment sur le terrain militaire, ainsi qu'à de puissants facteurs collectifs d'ordre national, religieux ou culturel. Mais sans Gorbatchev, toute cette histoire eût été différente.

L'homme qui a succédé à une série de dirigeants cacochymes – Brejnev, Andropov, Tchernenko – figés dans leurs certitudes idéologiques et paralysés par sept décennies de régime totalitaire, a mené une politique délibérément réformatrice que personne n'avait prévue et qui a abouti, en un temps relativement court, à deux résultats majeurs : l'effondrement du communisme en Europe et le démantèlement de l'empire soviétique. Or, douze ans plus tard, une question taraude nombre d'historiens : cet homme-là voulait-il vraiment l'effondrement du communisme en Europe ? Et le démantèlement de l'empire soviétique ?

La réponse n'est pas simple, mais elle est négative. En 1985, Mikhaïl Gorbatchev a été porté à la tête du Parti communiste de l'URSS avec la mission de le moderniser, de le réformer, de le sortir de l'impasse où l'avaient conduit ses précédents guides : « Cet homme-là a un beau sourire, mais il a des dents d'acier », avait dit le vieil Andreï Gromyko le soir de l'élection de son jeune poulain. Or, après avoir lancé ses deux principaux mots d'ordre, la *perestroïka* (restructuration) et la *glasnost* (transparence), le nouveau patron du PCUS va voir le parti unique perdre rapidement son emprise sur la société, puis, malgré lui, s'effondrer définitivement après un dernier sursaut – le putsch de 1991 – qui précipitera sa chute.

Il en fut de même pour l'URSS. Gorbatchev a incarné, aux yeux de ses collègues, la volonté de perpétuer une « Union soviétique » répondant intelligemment aux velléités autonomistes de ses Républiques périphériques. Or le président de l'URSS s'est avéré incapable d'endiguer le mouvement vers l'indépendance que lui-même, par sa politique, avait encouragé. Et il n'a pas vu émerger, dans la tourmente nationaliste et ethnique qui s'en est suivie, une République qui allait faire exploser le système : la Russie.

La parabole de l'œuf

Comment expliquer cette double déconvenue politique, sanctionnée dans son propre pays par une impopularité croissante, devenue abyssale ? Mikhaïl Gorbatchev aurait-il commis quelque erreur théorique ou stratégique ? Aurait-il été dominé puis vaincu par des adversaires plus forts que lui ? Ni l'un, ni l'autre. Mikhaïl Gorbatchev, humaniste sincère et réformateur de bonne volonté, était d'abord le pur produit du système marxiste-léniniste : il lui était impossible de comprendre que le régime soviétique était *irréformable.* Irréformable parce que *totalitaire.* Si le jeune apparatchik de Stavropol désapprouvait le stalinisme et ses épigones, il ne pouvait en discerner la nature profonde. Il n'avait pas lu les essais de la philosophe allemande Hannah Arendt sur le système totalitaire. Il ne connaissait pas non plus, à l'époque, la parabole de l'historien russe Michel Heller qui résumait ainsi son dilemme : « Le totalitarisme est comme un œuf. Or, il n'y a qu'une façon de changer la forme d'un œuf, c'est de le briser ! » Vouloir instiller un peu de transparence, de démocratie ou de liberté dans un système global dont la matrice était précisément la négation « révolutionnaire » de ces trois valeurs « bourgeoises », c'était en miner les fondements et le condamner à mort.

Encore y a-t-il, pour un régime politique, plusieurs façons de mourir. L'Empire romain est mort d'une lente décadence ; la monarchie française, d'un renversement brutal ; l'Autriche-Hongrie, d'une défaite militaire. L'empire soviétique était né dans la violence (révolutionnaire), s'était conforté dans la violence (policière) et assurait sa suprématie par la violence (militaire). A Berlin-Est en 1953, à Budapest en 1956, à Prague en 1968 et même à Varsovie en 1981, il a fait face à l'adversité par la force des chars. Il eût été logique, en 1989, qu'il réprimât aussi par la violence les populations qui défiaient son pouvoir en Pologne, en Hongrie et surtout en Allemagne de l'Est.

S'il n'en a rien été, à la surprise du monde entier, c'est grâce à Mikhaïl Gorbatchev. Dès son arrivée au pouvoir, il avait jeté aux orties la doctrine de la « souveraineté limitée », mais personne ne l'avait cru. Ce n'est qu'après la chute du Mur de Berlin, en novembre 1989, que ses contemporains ont admis, enfin, sa sincérité : les Occidentaux, sous le choc, lui ont même décerné le prix Nobel de la paix, tandis que la masse des Soviétiques, de plus en plus inquiets sur leur avenir, l'ont voué aux gémonies – il est encore aujourd'hui le dirigeant le plus détesté de la population russe.

Qui était donc cet homme ? De qui tenait-il son caractère, sa culture, ses convictions ? Comment le jeune apparatchik venu de la Russie profonde est-il parvenu jusqu'au sommet du pouvoir dans un contexte politique aussi archaïque, un environnement social aussi conservateur, un système policier aussi sélectif ? De qui s'est-il entouré pour appuyer ses décisions audacieuses, voire révolutionnaires ? Par quels moyens a-t-il réussi à entraîner dans son sillage le plus puissant parti politique du monde ? Comment s'est-il fait dépasser par ses propres réformes jusqu'à ne plus rien contrôler, lui qui cumulait plus de pouvoirs que Staline, du pays qu'il dirigeait, et ne rien pouvoir faire contre son éclatement ?

Telles sont les questions auxquelles cette biographie tente de répondre. Elle raconte la vie d'un personnage d'exception, certes, mais elle relate minutieusement les principes qui l'ont guidé, les idées qu'il a lancées, les décisions qu'il a prises, les combats qu'il a menés et les résultats qu'il a obtenus. Le destin de Mikhaïl Gorbatchev, tombeur du Mur de Berlin et fossoyeur de l'Union soviétique, est, à proprement parler, extraordinaire : il est rare qu'un seul homme influe à ce point sur le cours de l'histoire.

Arbre généalogique de Mikhaïl et Raïssa Gorbatchev

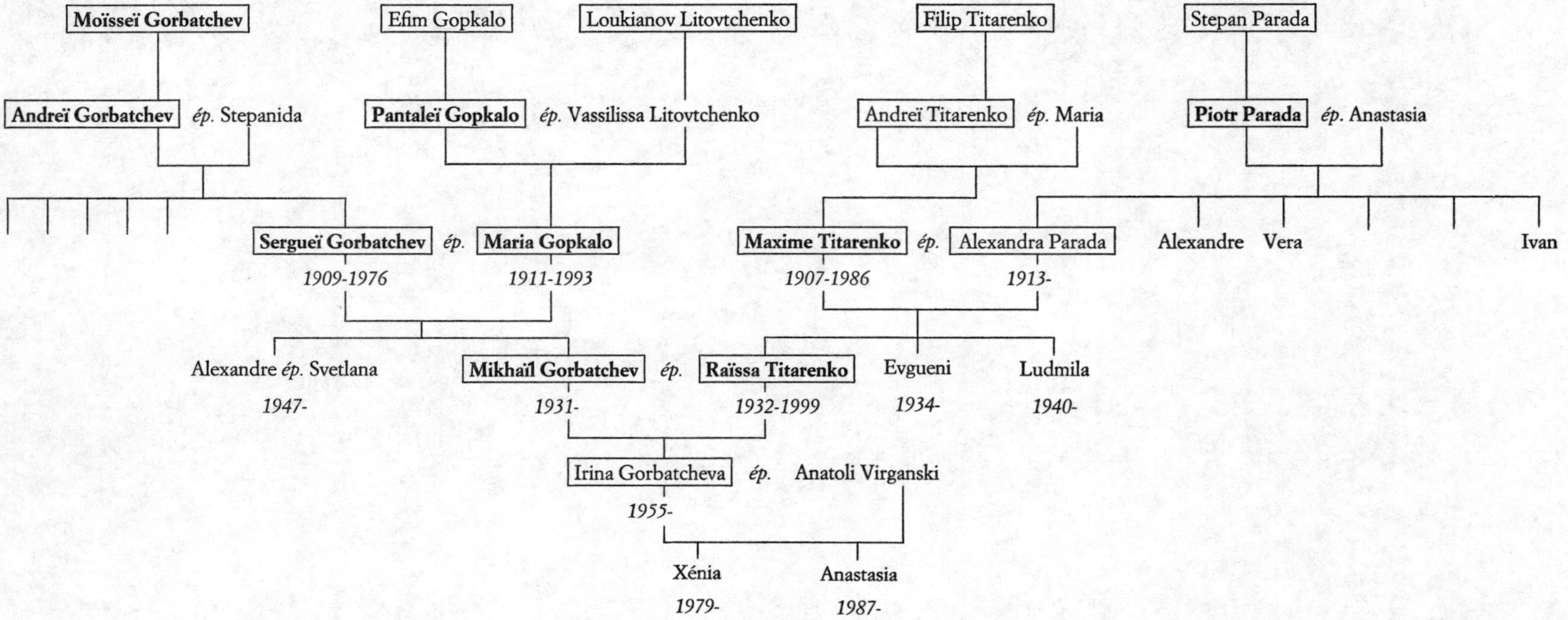

1

Grandir sous Staline

> « La Russie, terre d'esclaves balisée de miradors... »
>
> Albert CAMUS.

Privolnoe. Une bourgade inconnue du sud de la Russie, dans un district anonyme au cœur d'une région immense. Loin de tout. A l'écart des grands axes de circulation, des carrefours de population, des champs de bataille. Que ce modeste village perdu au fond de la steppe, à 50 km de la gare la plus proche, à 125 km de l'ancienne forteresse de Stavropol et à 1500 km de Moscou ait donné à la Russie et au monde un des plus grands personnages de ce temps, tient de l'improbable. D'une facétie du destin.

La Russie profonde

Le village de Privolnoe appartient au « territoire[1] » de Stavropol. Située au nord de la chaîne du Caucase, à égale distance de la mer Noire et de la mer Caspienne, la région est grande comme l'Autriche. Russifiée sous Ivan le Terrible et définitivement annexée à la Russie par Catherine II, elle a longtemps fait partie d'un ensemble administratif appelé « Nord-Caucase ». En 1937, après la promulgation de la nouvelle Constitution de l'URSS, le Kremlin a organisé séparément les régions voisines de Rostov-sur-le-Don, de Krasnodar et de Stavropol.

La région de Stavropol ne s'est pas toujours appelée ainsi. Avant guerre, elle a été baptisée « Ordjonikidze », en hommage à un commissaire à l'Industrie lourde, géorgien d'origine, longtemps proche ami de Staline, qui s'est suicidé en février 1938 et dont le régime a choisi de faire un martyr. Quant à son chef-lieu, la ville de Stavropol, il a été lui-même rebaptisé « Vorochilovsk », du nom de l'ex-bolchevik Klement Vorochilov, un autre proche compagnon de Staline dont le principal fait d'armes fut d'avoir épuré dans le sang l'Armée rouge en 1935-1936. Lorsque les Allemands occuperont la région et son chef-lieu en août 1942, ils redonneront à l'une et à l'autre leurs noms d'origine, et nul ne s'avisera, à la libération du pays, de remonter le cours d'une histoire dangereusement versatile.

Au nord de ce grand territoire, le district auquel appartient Privolnoe ne présente rien de particulièrement remarquable. Autrefois, le chef lieu s'appelait « Medveje », un nom qui, en russe, évoque l'ours *(medved')*. Les dirigeants du Parti communiste en ont fait « Krasnogvardeiskoe » (« Gardes rouges »), en l'honneur de ces milices ouvrières qui constituèrent, pendant la révolution d'Octobre, le bras armé des bolcheviks. En 2014, le bourg s'appelle toujours Krasnogvardeiskoe.

Les 3 millions d'habitants qui peuplent le territoire de Stavropol sont majoritairement russes. Ce détail « ethnique » n'est pas négligeable. Car la région est bordée, au sud, en Géorgie, par une population abkhaze ; au sud-est, par le territoire kabardino-balkare ; à l'est par les Tchétchènes et les Ingouches, ainsi que par le Daguestan, véritable mosaïque de langues et d'ethnies diverses, majoritairement musulmanes ; au nord-est, par les Kalmouks, mi-chrétiens mi-bouddhistes ; enfin, à l'intérieur des frontières du territoire de Stavropol, sur les contreforts du Caucase, vivent les Karachaï et les Tcherkesses, majoritairement musulmans[2].

Cette partie méridionale de la Russie profonde où est né Mikhaïl Sergueïevitch* Gorbatchev est à l'image de l'empire soviétique qu'il

* Les Russes font souvent figurer le patronyme entre le prénom et le nom. « Sergueïevitch » signifie « fils de Sergueï », comme, décliné au féminin, « Maximovna » veut dire « fille de Maxime ».

aura un jour à diriger : une immensité russe entourée de populations ethniquement, culturellement et religieusement différentes – tantôt soumises, tantôt rebelles, selon les périodes.

Une terre de paysans

A perte de vue, des terres fertiles : la Russie du Sud est essentiellement agricole. Avec l'Ukraine et la région voisine du Kouban, elle constitue un des « greniers » de l'Union soviétique. Depuis des générations, les paysans y cultivent du blé, du maïs, du colza, de la betterave, du tournesol. L'industrie locale lui ressemble : on y fabrique des conserves, du matériel agricole et des engrais. On trouve aussi, au sud-est de Stavropol, quelques-unes des stations thermales les plus réputées du pays – Mineralnye Vody, Kislovodsk, Piatigorsk – où les Moscovites aisés et les chefs communistes vont profiter des sanatoriums les plus accueillants du pays.

Avant la révolution de 1917, la moitié des paysans de cette région vivaient convenablement – tout étant évidemment relatif. Les pionniers qui avaient conquis la région à la fin du XIXe siècle avaient pu bâtir des fermes rentables. Ceux qui travaillaient pour le compte des églises ou des monastères n'étaient pas les plus malheureux. Certains avaient commencé à se mécaniser tandis qu'une partie d'entre eux vivaient encore dans une misère médiévale, qui devenait infernale après un hiver trop rude ou une sécheresse assassine.

Mikhaïl Gorbatchev décrira ainsi, dans ses Mémoires, son environnement de petit garçon :

> Dans la maison en pisé au sol en terre battue, il n'y avait pas de lits : on dormait sur le poêle russe ou sur des lattes, une touloupe ou des chiffons en guise de couverture. L'hiver, la maison hébergeait le veau qu'on voulait protéger du gel ; au printemps, la poule couveuse dont on voulait hâter la ponte et, souvent, des oies[3]…

« Avec le recul, ajoute-t-il, cette vie apparaît incroyablement misérable. » Mais Gorbatchev est-il certain qu'avant guerre la vie des paysans pauvres dans le Morvan français, les Asturies espagnoles ou les Pouilles italiennes était si différente ?

A Privolnoe, les Gorbatchev cultivent la terre de père en fils, comme la grande majorité des habitants. Le futur président de l'URSS n'est donc pas issu de cette couche sociale dite « intermédiaire », ni ouvrière ni paysanne, qui a fourni maints cadres du régime bolchevik, mais qui en fut aussi la cible expiatoire dans les périodes de purges. Mikhaïl Gorbatchev est réellement d'origine paysanne, tant du côté de son père que du côté de sa mère.

L'homme qui s'est installé ici, à Privolnoe, dans les dernières années du XIXe siècle, s'appelle Moïsseï Gorbatchev (voir arbre généalogique page 11). Il est originaire de Voronej, une ville située au beau milieu de cette immense plaine de la Russie centrale où les invasions, les pillages et les guerres ont chassé nombre de paysans vers le sud. La lointaine origine hébraïque du prénom Moïsseï (en français : Moïse) ne signifie pas forcément une origine juive – après tout, le prénom Mikhaïl (en français : Michel) est aussi d'origine biblique.

Moïsseï, patriarche à l'ancienne, règne sur sa tribu – il a trois fils et de nombreux cousins – lorsque la région est secouée par la guerre civile provoquée par la révolution de 1917. Les Cosaques qui régnaient sur toute la Russie du Sud n'ayant pas accepté le coup d'Etat bolchevique, c'est par dizaines de milliers que les partisans de Lénine et Trotski tombèrent sous le sabre de ces cavaliers déchaînés, et c'est par milliers que l'Armée rouge, en retour, incendia les villages cosaques dans le cadre d'une « décosaquisation » meurtrière. La lutte fratricide entre les « Blancs » et les « Rouges », en 1918-1920, a endeuillé pour longtemps ces immensités tranquilles.

Une famille déchirée

Quand il évoque pudiquement cette période dans ses *Mémoires*[4], Mikhaïl Gorbatchev laisse percer une vieille souffrance, celle de la division des familles paysannes qui causa tant de malheurs, à l'époque, dans ces contrées rurales qui ne demandaient qu'à vivre en paix. Lui-même a connu dans sa chair ces divergences, ces luttes, ces drames qui furent le lot de beaucoup de Soviétiques de sa génération.

Ainsi, un des fils de Moïsseï, Andreï, le grand-père du futur patron de l'URSS, fonda une famille et monta lui-même son exploitation, non sans mal. Comme beaucoup de paysans du coin, il n'a pas accepté la collectivisation imposée par les nouveaux maîtres de la Russie. Hostile à la mise en commun du travail et au partage de la terre, il développa sa ferme de Privolnoe en dépit des pressions, des menaces et des injustices : les représentants du pouvoir communiste, évidemment, n'accordaient leurs aides, leurs crédits et leurs matériels qu'aux fermes collectives...

A la même époque, son propre voisin Panteleï Gopkalo, lointain descendant de Cosaques, ancien combattant sur le front turc en 1918[5], avait adhéré aux idées neuves propagées après la guerre par des militants « socialistes révolutionnaires » qui, au nom d'une idéologie nouvelle, firent de lui un des promoteurs de la première coopérative de production à Privolnoe, puis, en 1928, le premier président du kolkhoze *Khleborob* (« Le Boulanger »), fierté des communistes locaux. Quelques années plus tard, l'entreprenant Panteleï prit la direction d'un autre kolkhoze appelé *Krasnyi Oktiabr* (« Octobre rouge ») dans un village voisin où il emmena sa femme Vassilissa, une Ukrainienne que tout le monde appelait « Vassioutka », ainsi que leur fille Maria et son mari, lui aussi acquis aux idées nouvelles. Or ce gendre n'était autre que... Sergueï, le propre fils du vieux rebelle Andreï Moïsseïevitch Gorbatchev, qui sera le père du futur président de l'URSS !

C'est donc chez le vieux Panteleï, son grand-père maternel, que le petit « Micha » Gorbatchev, né le 2 mars 1931, fit ses premiers pas, au milieu des vaches, des moutons, des canards et des machines agricoles. C'est aussi chez ce grand-père communiste qu'il vit pour la première fois, sur une étagère en bois, des brochures signées d'auteurs aux noms mystérieux : Marx, Engels, Lénine, Staline, Kalinine. Mais c'est dans la même pièce commune que le gamin vit aussi un *krasnyi ougol'*, ce « coin rouge » traditionnel où sa grand-mère, restée chrétienne, exposait une icône de la Sainte Vierge éclairée par un lumignon. La vie paysanne était ainsi, dans les villages russes. Interrogé beaucoup plus tard par un des plus importants cardinaux du Vatican, Mikhaïl Gorbatchev confiera un détail révélateur: «Il y avait une icône de la Vierge à la maison, mais, bien sûr, elle était recouverte par une photo de Lénine[6] ! »

En ces temps d'impitoyables luttes idéologiques, le destin du petit garçon aurait pu basculer du fait de la foi de sa grand-mère, issue d'une famille très croyante où l'on n'imaginait pas de ne pas baptiser un nouveau-né. On se doute que le grand-père Panteleï désapprouvait cette idée. C'est donc le grand-père Andreï qui, courageusement, décida de faire baptiser son petit-fils Mikhaïl – qui avait d'abord été enregistré sous le nom de Viktor – à l'église orthodoxe du village tout proche de Letnitskoe[7]. En pleine Terreur stalinienne, il fallait du cran pour procéder à une telle cérémonie religieuse, même discrète. Certes, tous les dirigeants de l'URSS qui ont précédé Gorbatchev – Lénine, Staline, Khrouchtchev, Brejnev, Andropov, Tchernenko – furent baptisés, eux aussi, selon le rite orthodoxe, mais c'était avant la Révolution[8] !

Mikhaïl Gorbatchev a souffert des divergences politiques qui ont opposé Andreï, son grand-père, et Sergueï, son père. Le premier faisait partie de ces paysans travailleurs qui risquaient leur vie en cachant leur grain pour ne pas se le faire voler par les milices du nouveau régime; le second, abonné au journal bolchevique *Pravda*, faisait partie de ces militants communistes qui traquaient et confisquaient le peu de grain récolté, non sans peine, par les paysans privés.

La chasse aux «saboteurs»

La collectivisation des terres fut un véritable séisme dans ces immenses régions rurales de la Russie éternelle aux coutumes séculaires. Annoncée à grand fracas par les vainqueurs du coup d'Etat d'octobre 1917, elle a vraiment commencé à l'automne 1929, quand Staline lança autoritairement, à l'échelle de tout le pays, son gigantesque programme de regroupement forcé des paysans en kolkhozes (fermes collectives) et sovkhozes (fermes d'Etat).

L'opération, menée de façon militaire, a plongé les populations de ces territoires dans un enfer inimaginable. D'abord, elle a achevé de désorganiser le pays, que les débuts de la révolution bolchevique et le «communisme de guerre» avaient déjà mené au chaos.

Dans le domaine de l'agriculture, la «planification», c'est-à-dire la gestion autoritaire et centralisée des phénomènes climatiques et des techniques ancestrales, s'avéra d'emblée le défaut principal de l'économie socialiste. Elle allait le rester longtemps.

Ensuite, Staline et sa police ont traité les paysans, riches ou non, en ennemis du régime qu'il fallait mater par la force. Au nom de la «liquidation» des koulaks (paysans riches), les «agitateurs» du Parti et les détachements armés du NKVD, la police politique stalinienne[9], ont semé la haine et la mort jusque dans ces campagnes reculées où les paysans, majoritairement chrétiens et hostiles au communisme, n'acceptaient pas de voir ainsi saccager leurs structures agricoles et leurs coutumes familiales.

Le résultat de cette véritable guerre menée par le pouvoir soviétique contre sa propre paysannerie fut une famine épouvantable qui, en 1932-1933, frappa tout particulièrement l'Ukraine, le Kouban et la Russie du Sud. Combien de dizaines de milliers de morts a coûté cette folie meurtrière déclenchée à l'égard de tout un peuple? Les historiens locaux estiment aujourd'hui à 15 000 victimes le bilan de la famine à Stavropol[10].

Au niveau de la région à laquelle appartient Privolnoe, le Parti communiste est alors dirigé par un vieux bolchevik nommé Andreï Andreev. Sans doute Andreev et ses acolytes ont-ils excellé dans l'art de convertir les paysans à la nouvelle politique puisque son fief enregistre des résultats spectaculaires: 86,4 % des fermes du Caucase-Nord furent collectivisées dès 1931. Au prix de quelles atrocités? De quels massacres, de quelles déportations, de quels drames familiaux? Il est bien difficile de le dire, mais l'histoire de la tribu Gorbatchev montre que la région, comme toute la population de l'URSS, a connu le pire. Si l'on en croit les historiens Roy et Jaurès Medvedev, «au début des années 30, la terreur et l'anarchie régnaient dans toute la région du Nord-Caucase». Un autre historien, A. B. Kosterin, décrit la région comme «un champ de bataille: maisons abandonnées, greniers dévastés, outils agricoles rouillant dans les prairies[11]...».

L'une des victimes de cette «chasse aux koulaks» fut Andreï, le grand-père rétif à la collectivisation. Ayant survécu de justesse à la famine – qui vit périr trois de ses enfants en 1933 –, il fut bien incapable de verser la part de semis, absolument excessive, extorquée par l'Etat aux exploitants individuels : arrêté en 1934 et accusé de « sabotage », il fut envoyé aux travaux forcés en Sibérie et devint bûcheron dans la région d'Irkoutsk, tandis que deux de ses enfants furent recueillis à Privolnoe par son fils Sergueï. Miraculeusement relâché pour bonne conduite, il rentra à la maison en 1935 et s'occupa, pour le compte du kolkhoze, de la porcherie à l'orée du village.

L'élimination des « trotskistes »

Le petit Micha était trop jeune pour s'étonner de la curieuse absence de son grand-père Andreï. On imagine aussi que son père veilla à le tenir à l'écart de ce drame familial. En revanche, il avait 6 ans lorsque des policiers vinrent arrêter, brutalement, son autre grand-père, Panteleï, le président du kolkhoze *Krasnyi Oktiabr*, chez qui il habitait. L'un des pontes communistes de l'endroit, lui-même accusé d'avoir dirigé une « organisation contre-révolutionnaire clandestine trotskiste de droite » *(sic)*, subit des interrogatoires si inhumains qu'il donna la liste de ses « complices », parmi lesquels son adjoint Panteleï Gopkalo, aussitôt accusé d'avoir mené des « activités antisoviétiques » dans son kolkhoze !

Le jeune Micha a été durablement marqué par cette arrestation dans sa propre demeure : « Ce fut mon premier véritable choc, écrit-il dans ses *Mémoires* : on emmena mon grand-père en pleine nuit[12]... » Il a fallu quitter le kolkhoze, retourner vivre à Privolnoe et héberger la femme d'Andreï, Vassilissa, totalement désemparée. On imagine le désarroi général dans la famille, et la sourde inquiétude du gamin que les voisins terrorisés ne viennent plus visiter parce qu'il habite dans la maison d'un « ennemi du peuple » ...

Par miracle, Panteleï échappe de justesse à la peine de mort et, après quinze mois de prison, rentre à Privolnoe. Dégoûté ? Ecœuré ? Vacciné à jamais contre Staline et le communisme ? Non. Il redevient même président de kolkhoze en 1939. Panteleï Gopkalo, comme Sergueï Gorbatchev, comme des milliers de leurs contemporains, ne pouvaient imaginer autre chose qu'une erreur judiciaire, ou un excès de zèle policier, ou une vengeance locale : si le grand Joseph Staline avait été informé, il serait aussitôt intervenu en sa faveur, sans aucun doute ! Combien de dizaines de milliers de braves gens, militants sincères, témoins abusés ou victimes aveugles, ont réagi ainsi… Un jour, beaucoup plus tard, Mikhaïl Gorbatchev aura cette formule : « Le stalinisme pervertit non seulement les bourreaux, mais aussi les victimes[13] ! »

En réalité, la terreur déclenchée par Staline au lendemain de l'assassinat de son ami Kirov en 1934 fut décidée, organisée, planifiée. Personne n'était à l'abri, ni les chefs bolcheviks ni les militaires à leur solde. Ainsi, à Stavropol, le « camarade » Boris Cheboldaev, qui y avait pris la direction du Parti l'année même de la naissance du petit Mikhaïl Gorbatchev, avait bien mérité dudit Parti en menant la vie dure aux « saboteurs » – méthodes policières radicales, menaces incendiaires, déportation de villages entiers –, ce qui ne l'empêcha pas d'être lui-même arrêté, jugé et liquidé en 1937 !

Cette année-là, dans l'Altaï, à 3 000 km de là, un dénommé Piotr Stepanovitch Parada est arrêté et accusé des mêmes forfaits, et de façon aussi absurde, que le grand-père Panteleï : « Activités contre-révolutionnaires clandestines trotskistes », précise le jugement, daté du 3 août 1937. Le malheureux Parada eut moins de chance que Panteleï Gopkalo : il fut exécuté. Pour la petite histoire, sa fille venait alors d'épouser un certain Maxime Titarenko et de lui donner une adorable petite-fille nommée Raïssa…

Les horreurs de la guerre

Retour à Privolnoe. Sur le modeste monument aux morts, au centre du bourg, il y a toute une litanie de « Gorbatchev ». Sept, exactement. C'est que l'arrière-grand-père Moïsseï Gorbatchev avait une famille nombreuse, et que la guerre faucha nombre de ses petits-neveux et arrière-cousins. La Seconde Guerre mondiale fut une immense tragédie – une de plus – pour ce peuple qui y laissa quelque 20 millions de morts. Parmi les survivants figure le petit Mikhaïl Sergueïevitch.

Le gamin a tout juste 10 ans lorsque se produit, le 22 juin 1941, la rupture du pacte germano-soviétique, cet accord passé entre Staline et Hitler qui épargna l'URSS pendant les deux premières années de la guerre. En ce début d'été dramatique, les chars allemands exécutent le « plan Barbarossa » et déferlent sur le territoire russe. Dès la fin de la moisson, Sergueï Gorbatchev est mobilisé. Il connaîtra son baptême du feu devant Rostov, à l'automne, dans la 56e armée du front de Transcaucasie, et participera à l'été 1943 à la bataille de Koursk, le plus grand affrontement de chars de la Seconde Guerre mondiale.

En juillet 1942, la Wehrmacht, qui s'est essoufflée devant Moscou, fonce vers le sud. Une partie file en direction de Stalingrad, sur la Volga ; l'autre descend vers le Caucase et le pétrole de Bakou. La région de Stavropol est occupée, presque sans coup férir, en août 1942. A Privolnoe, l'occupant installe une petite garnison. Le jeune Mikhaïl, qui voit sa scolarité interrompue, travaille aux champs, entretient le potager, nourrit la vache, veille à la réserve de bois de chauffage.

Cinq mois d'occupation relativement tranquille, ce n'est pas suffisant pour marquer une région de façon indélébile. A Privolnoe, on n'a connu de la guerre que les déménagements de matériels, les évacuations de cheptels, les restrictions de nourriture. Point de titanesques combats, de batailles de chars historiques, de dizaines de milliers de morts. Point de faits d'armes, d'exploits de partisans, de résistance acharnée. Au contraire : les victimes du communisme profitent de la situation pour redresser la tête, les kolkhozes sont à moitié démantelés, le bétail est redistribué dans les fermes, les églises sont rendues au culte. La mère de Gorbatchev se fait insulter par des voisins :

« Attends un peu, ce ne sont plus les Rouges qui commandent ! »

Les menaces de représailles contre les communistes se font si pressantes que, une fois, le petit Micha est caché dans la porcherie dirigée par son grand-père Andreï. La situation aurait pu virer au drame si l'Armée rouge n'était revenue en force, libérant le village le 21 janvier 1943.

La guerre laissera à Mikhaïl Gorbatchev de nombreux souvenirs atroces. Deux, en particulier, qu'il n'oubliera jamais. Le jour funeste où, fin août 1944, une lettre arriva à la maison informant sa mère de la mort de l'adjudant-chef Sergueï Gorbatchev, tombé au champ d'honneur dans les Carpates – or c'était une erreur ! Et cette vision de cauchemar qu'il eut, accompagnant des camarades partis explorer un petit bois, en mars 1943, quand les enfants découvrirent les restes d'un groupe de soldats morts, corps putréfiés, os blanchis et casques rouillés, qui avaient livré dans ce bosquet, dix-huit mois plus tôt, leur dernier combat.

Après une telle expérience, on ne voit plus la vie de la même façon.

La « victoire sur le fascisme »

Le 9 mai 1945, c'est la fin du conflit mondial[14]. Ou, comme on l'appelle en URSS, la « victoire sur le fascisme ». A Privolnoe comme ailleurs, les communistes célèbrent leur retour définitif à tous les échelons du pouvoir local. Chez les Gorbatchev, on fête surtout le retour de Sergueï à la maison. Avec retard : le père du petit Micha a été blessé quelques jours plus tôt près de Kosice, en Tchécoslovaquie, et dut se faire soigner dans un hôpital militaire à Cracovie, en Pologne[15], avant de rentrer chez lui.

Pendant que la famille se reconstruit, le jeune Mikhaïl reprend, tant bien que mal, sa scolarité. A Privolnoe, dans deux pauvres salles de classe, l'enseignement est dispensé dans des conditions de précarité extrême. La guerre lui a fait perdre deux années, et même davantage : à la rentrée de 1944, c'est sur l'ordre formel de son mari que Maria Panteleïevna va vendre ses deux moutons pour que le petit Micha, enfin chaussé de bottes, puisse retrouver le chemin de l'école avec un trimestre de retard[16].

Bientôt, il fréquente le collège de Krasnogvardeiskoe, le chef-lieu, à une vingtaine de kilomètres. Le trajet quotidien est trop éprouvant : son père lui paie un lit dans une pension partagée avec deux camarades, ce qui permet à Mikhaïl de ne faire la route qu'une fois par semaine. C'est à cette époque qu'il prend goût à la physique, aux mathématiques, à la littérature, à la poésie – il lit Pouchkine, Lermontov, Maïakovski, Belinski. Très actif, il se passionne pour le théâtre : bon acteur, il participe même à une troupe de comédiens amateurs, dans le cadre du Komsomol, qui lui donnera l'idée, un temps, de devenir comédien professionnel.

En dehors de cette vie de collège, il ne connaît ni week-ends, ni vacances : il consacre tous ses temps libres aux travaux agricoles, avec son père, au kolkhoze. Il a évoqué cette période dans un discours prononcé en septembre 1986 :

> D'avoir dû travailler même épisodiquement dès l'âge de 13 ans, cela ne m'a pas fait de mal ! Et puis, à partir de 15 ans, j'ai travaillé sur une moissonneuse-batteuse, et ce pendant cinq ans. Et c'était une bonne chose. Et je n'en suis pas mort ! Et mes chefs m'ont donné une grande leçon de patience et de modération[17]...

Ces travaux des champs consistent, le plus souvent, à piloter avec son père une énorme moissonneuse-batteuse, dont il connaît bientôt le moindre boulon. Les deux hommes passent parfois vingt heures d'affilée sur leur machine, jour et nuit, car il fallait, le soir, nettoyer et réparer le monstre d'acier. « Il m'arrivait de m'endormir en conduisant », racontera Gorbatchev. Cette expérience permettra à ses biographes officiels, plus tard, d'ajouter une touche « prolétarienne » à son *curriculum vitae* :

> « 1946-1950 : Aide-conducteur de machines agricoles dans une MTS du territoire de Stavropol. »

Les « MTS », ce sont les fameuses « stations de machines et de tracteurs », fierté de l'agriculture collectivisée. Pour Staline, le communisme dans l'agriculture se mesure à sa mécanisation massive. La double fonction de ces MTS, à la fois économique et politique, est de procurer gratuitement aux fermes d'Etat le matériel moderne auquel n'auront jamais droit les derniers agriculteurs individuels. A cet égard, Sergueï et Mikhaïl Gorbatchev, le père et le fils, sont de vrais « stakhanovistes » staliniens, pour qui rien n'est plus important que le résultat des moissons.

Gorbatchev père et fils

La relation que Mikhaïl Gorbatchev entretient avec son père est riche et profonde. Jamais le futur président n'aura ce rapport de complicité avec sa mère, Maria Panteleïevna, une femme « déterminée », au comportement « rude », qui n'a peur de rien et réfléchit peu. Femme au foyer, entièrement dévouée à sa famille, mère tardive d'un second fils, Alexandre[18], en 1947, elle n'entendra pas grand-chose au métier de son aîné. Elle suivra sa carrière de loin, en cultivant son potager sans rien changer à ses habitudes. Quand Mikhaïl Sergueïevitch deviendra le patron du Parti communiste de l'URSS, en 1985, c'est à peine si elle acceptera qu'on raccorde sa maison de Privolnoe à l'électricité[19] !

A la fin de 1949, après une récolte exceptionnelle, le jeune Mikhaïl Gorbatchev est décoré, en même temps que son ami Alexandre Iakovenko, de l'ordre du Drapeau rouge du Travail, tandis que leurs pères respectifs reçoivent l'ordre de Lénine, la décoration suprême attribuée aux travailleurs de choc. Les deux couples, pères et fils, ont pris l'habitude de travailler ensemble et de disposer leurs moissonneuses-batteuses en duo *(tsep)* pour augmenter leur rendement.

A 18 ans, une telle décoration « prolétarienne » est un inestimable viatique pour l'avenir. Elle permet à son détenteur, pourvu qu'il soit bon élève, de déposer un dossier d'inscription à l'Institut des transports de Rostov-sur-le-Don, ou même, pourquoi pas, à l'université de Moscou, la plus prestigieuse du pays. Quelques mois plus tard, le jeune Mikhaïl termine son cursus scolaire avec une « médaille d'argent » (ce qui correspond à une mention « bien ») : de mauvaises notes en allemand l'ont privé de la « médaille d'or ». Mais qu'importe la couleur : cette médaille ajoutée à sa décoration lui ouvre la route de la capitale.

Le mois d'août 1950 n'est pas terminé que l'adolescent quitte son village, une valise à la main et son unique costume sur le dos. Il gagne la gare de Rasshevatka, à Novo Aleksandrovsk, d'où il prend le train pour Moscou, à 1 500 km de là. C'est la première fois que Mikhaïl Gorbatchev voyage. Le train va lentement, marquant de nombreux arrêts : la guerre a fragilisé le réseau ferroviaire, et les convois de marchandises, aussi lents qu'interminables, ont priorité sur les trains de voyageurs. Kropotkine, Rostov-sur-le-Don, Voronej : au fil des places et des villes traversées, le jeune homme découvre que la Russie, cinq ans après la « victoire sur le fascisme », est un immense champ de ruines. Un pays dévasté où tout est à reconstruire.

2

Etudiant à Moscou

«Enlève le droit, et alors qu'est-ce qui distingue l'Etat d'une grosse bande de brigands ?»

Saint Augustin.

Le 1er septembre 1950[1], le jeune Mikhaïl Gorbatchev arrive à Moscou, en gare de Koursk, une valise à la main et l'adresse de son foyer universitaire dans la poche. Il n'a jamais vu autant de monde. Moscou, capitale de l'URSS, grouille d'une population innombrable qui ne s'est pas encore relevée de la guerre. Dans la foule, on croise beaucoup d'invalides. Il y a des chantiers à perte de vue. Il y a encore des milliers de maisons de bois aux palissades et aux volets sculptés, et des centaines de terrains vagues. Nombre de rues sont pavées de planches, d'autres sont boueuses.

A part quelques taxis, il n'y a pas la moindre voiture individuelle. En revanche, à perte de vue, on voit des petits camions pétaradants et malodorants. Le nouvel arrivant cherche à se repérer entre le métro, les taxis, les autobus et les tramways. Le métro, justement considéré comme le plus moderne du monde, impressionne le jeune provincial qui en parcourt les stations magnifiques, les yeux écarquillés ; ébloui par leurs colonnes de marbre, leurs mosaïques modernes et leurs immenses lustres de cristal.

L'entrée à l'université

Autre fierté moscovite : l'université d'Etat de Moscou (MGU). Fondée en 1755 par l'impératrice Elizabeth, fille de Pierre le Grand, elle a traversé tous les régimes. Juste avant la guerre, pour son 185e anniversaire, on l'a baptisée du nom de son inspirateur, le savant Mikhaïl Lomonossov, et on a engagé d'ambitieux aménagements pour l'agrandir et la moderniser. Mais, en juin 1941, l'invasion allemande a interrompu les travaux, mobilisé ses enseignants et ses personnels, dispersé ses 5 000 étudiants et forcé à évacuer les matériels à Achkhabad, au Turkménistan, puis à Sverdlovsk, dans l'Oural, où furent formés à la hâte des milliers de « spécialistes » entièrement tournés vers les besoins militaires.

En 1947, Staline a décidé de construire les fameuses « Sept Sœurs[2] », ces orgueilleux gratte-ciel *(vyssotkye zdania)* érigés aux quatre coins de Moscou et destinés à rivaliser, en hauteur et en prestige, avec les buildings américains de New York et Chicago. L'université moscovite est une de ces « Sept Sœurs ». Sur les monts Lénine, là-haut, dominant la Moskova, des milliers d'ouvriers s'activent pour ériger cette pyramide du communisme. Une tour de 240 m, 36 étages, 33 km de couloirs, 5 000 chambres et bureaux : pour la Russie de l'époque, c'est un projet pharaonique. Mais rien n'est trop beau, trop grand, pour le génial camarade Staline !

Au moment où Gorbatchev débarque à Moscou, le gratte-ciel est encore en chantier. Certains bâtiments abritent déjà les élèves des facultés de mathématiques, de physique, de biologie – les disciplines nobles. Mais les étudiants en sciences humaines (droit, philosophie, lettres) suivent encore leurs cours dans le bâtiment vieillot de l'université situé en face du Kremlin, place du Manège. Ils ne rejoindront le complexe universitaire des monts Lénine qu'en 1954.

Admis à l'Université grâce à sa décoration « léniniste » et à son brillant dossier scolaire, le jeune provincial tout juste débarqué de son kolkhoze a tout à apprendre. Le monde entier s'offre à lui. Il avait d'abord émis un souhait : intégrer la faculté de sciences physiques. Mais il rate l'examen d'entrée. C'est une déconvenue qu'il surmonte vite : le jeune Mikhaïl s'intéresse à tout. « Je ne puis même pas dire pour quelles disciplines j'éprouvais un intérêt spécial, racontera-t-il plus tard, quelles matières me plaisaient davantage et quelles matières me plaisaient moins[3] ». La fac de droit l'attire : on y enseigne l'histoire, la littérature, la philosophie, et même le latin !

Va donc pour la fac de droit. Avec l'idée d'entreprendre une belle carrière d'avocat ? Evidemment non. Dans l'URSS stalinienne, le droit « bourgeois » n'existe pas. Les procès de Moscou, en 1936-1937, ont révélé au monde entier que la justice prolétarienne ne s'embarrassait pas d'une défense formelle, préférant précipiter les condamnations à coups d'aveux forcés, de témoignages extorqués et de preuves fabriquées. Le père de la justice stalinienne, c'est l'ex-procureur général Andreï Vychinski, l'homme des procès de Moscou, de sinistre mémoire. Au pays de la vérité unique et de la technique triomphante, le droit est une discipline secondaire et peu valorisante. D'ailleurs, elle est choisie par moins de 4 % des étudiants soviétiques. Les juristes diplômés, en URSS, deviennent fonctionnaires de justice, juges ou « procurateurs » (magistrats instructeurs). Les plus délurés ambitionnent de travailler au KGB (qui s'appelle encore « ministère de la Sécurité » à l'époque) ou au MVD, le ministère de l'Intérieur.

Mikhaïl Gorbatchev est un pragmatique. Il n'a qu'une « vague idée » de ce qu'est cette discipline – il l'avouera dans ses *Mémoires* – mais il est très intéressé par ce qu'on y enseigne : le droit pénal, civil, matrimonial, financier, kolkhozien, international, etc. Il est décidément attiré par tout ce qui touche aux sciences humaines, aux rapports sociaux et à l'action politique.

Les kiosques de Sokolniki

Gorbatchev, avec 5 000 ou 6 000 autres étudiants, garçons et filles, est logé dans un foyer universitaire *(obchejitie)* dans le quartier Sokolniki, assez loin du centre de Moscou. Le bâtiment, une ancienne caserne construite au temps de Pierre le Grand, donne sur la longue rue Stromynka – qui reliait jadis Moscou au village de Stromyn, sur la route de Souzdal. C'est un gros immeuble sans charme, haut de trois étages, construit autour d'une grande cour intérieure. Les chambres collectives contiennent entre huit et quatorze étudiants, qui n'ont en général qu'un lit sous lequel ils glissent leurs affaires personnelles. Les toilettes et la cuisine sont collectives. Il n'y a ni douche ni salle de bains. Garçons et filles habitent, bien sûr, dans des bâtiments séparés.

Au rez-de-chaussée, il y a une bibliothèque, une salle de lecture, un hôpital, une boutique de tailleur et un restaurant universitaire. En face, c'est-à-dire dans le quartier Preobrajenskaïa, de l'autre côté de la rivière Yaouza, un magasin d'alimentation où les uns et les autres vont acheter, quand ils le peuvent, de quoi améliorer les faméliques menus de la cantine universitaire.

Le charme du quartier, c'est le parc Sokolniki, un immense espace boisé où les tsars venaient pratiquer naguère la chasse au faucon (*sokol* en russe). Les bolcheviks, en 1931, l'ont converti en un grand parc « populaire » avec kiosques à musique, terrains de sport, plusieurs cafés et même un théâtre. La station de métro Sokolniki, terminus de la ligne, fut une des premières stations inaugurées en 1935. La ligne, qui relie ce parc au centre de la ville, au Kremlin, à la bibliothèque Lénine et, plus au sud, à l'université Lomonossov, ne sera prolongée jusqu'à la place Preobrajenskaïa qu'en 1965.

La station de métro est à trois arrêts de tram de la résidence universitaire. Le petit jeu quotidien de tous ces jeunes potaches sans le sou est de voyager sans payer en profitant de l'affluence, afin d'économiser quelques kopeks. Gorbatchev n'échappe pas à la règle. Comme la plupart de ses camarades, il court après les « petits boulots » pour arrondir ses fins de mois : combien de fois a-t-il lâché ses livres pour aller, le soir venu, décharger les camions de légumes ou de charbon au port de Khimki, au nord-ouest de la capitale, ou dans les grandes gares de Moscou !

Une bourse universitaire de 200 à 300 roubles (environ 60 euros) par mois permet peu de fantaisies. Le grand chic, pour ces jeunes gens, est de fréquenter le théâtre Bolchoï, situé à quelques centaines de mètres de leurs salles de cours, où ils se paient des places à bas prix : « Galerie supérieure, place inconfortable », précisent les billets. Mais qu'importe le confort pour ces adolescents venus de la Russie profonde, qui peuvent ainsi découvrir *Carmen* de Georges

Bizet, voir *Don Quichotte* de Léon Minkus ou écouter, une par une, les symphonies de Tchaïkovski !

Mikhaïl Gorbatchev n'est pas un de ces anciens combattants en cours de recyclage qui roulent les mécaniques dans les couloirs de la fac et qui se saoulent entre eux, le soir, en considérant avec mépris les « bleus » et les « civils ». Il n'est pas non plus de ces « fils d'archevêque » vivant grand train à l'ombre des murailles du Kremlin, protégés par les hautes fonctions d'un père secrétaire du Comité central, lauréat du prix Staline, membre de l'Académie des sciences ou général du GRU[4] – ces jeunes-là, reconnaissables à leurs vêtements soignés, ne logent pas en résidence universitaire, mais dans des appartements bourgeois flanqués de guérites et protégés par des hommes en uniforme !

En revanche, Gorbatchev est un des rares étudiants de Moscou à descendre directement de sa moissonneuse-batteuse. C'est un jeune provincial désargenté, encore un peu maladroit, mais curieux de tout. Il parle bien, il est beau garçon, il est gentil et bien élevé. Il ne s'étourdit pas le soir dans des fêtes interminables, il ne fume pas, il ne boit pas – c'est aussi pour cela qu'il plaît aux filles. Il est conscient, par rapport aux millions de jeunes Soviétiques formés à la va-vite dans des villes insalubres aux quatre coins d'une Union en pleine reconstruction, d'être un privilégié. Le gamin de Privolnoe est bien décidé à ne pas laisser passer la chance qui est la sienne : il est là pour travailler.

Dans ses propres Mémoires, sa femme Raïssa se rappelle les « sommités » qui composaient alors le corps professoral. Une chaire à Moscou, c'était le rêve de tous les enseignants de l'URSS, et il était normal d'y retrouver les meilleurs : Asmus, Oizerman et Narski en philo ; Rubinstein, Leontiev et Lourye en psycho[5]. On y compte même quelques vieux professeurs de l'Ancien Régime ayant survécu, tant bien que mal, à la révolution d'Octobre !

Il est normal que cette génération d'étudiants moscovites, talentueux et enthousiastes, ait fourni au pays la plupart de ses cadres : économistes, académiciens, hommes politiques, écrivains et journalistes. D'autres futures personnalités du régime figurent alors sur les mêmes bancs de la fac, comme Anatoli Loukianov, de deux ans son aîné, qui sera chef de cabinet de Brejnev et finira président de l'URSS ; Abel Aganbeguian, futur académicien et théoricien de la *perestroïka* ; Richard Kosolapov, futur patron du journal *Kommunist* ; Rudolf Koltchanov, futur rédacteur en chef du journal des syndicats *Troud* « Le Travail » ; Vladimir Kouzmine, futur procureur général de Russie ; ou Anatoli Adamichine, qui deviendra vice-ministre des Affaires étrangères.

L'ami tchécoslovaque

« Prolétaires de tous les pays, unissez-vous ! » Le slogan est partout dans Moscou, peint sur les façades et fiché sur les toits en lettres énormes. Il eût été étrange que l'université de Moscou ne soit pas ouverte sur le monde communiste, en plus de compter de nombreux étudiants venus des Républiques périphériques de l'URSS : Kirghizes, Géorgiens, Ouzbeks, Baltes et autres. Dès la fin de la guerre, en 1946, ses portes se sont ouvertes aux étudiants étrangers. Pas n'importe quels « étrangers », bien sûr : au nom de l'internationalisme prolétarien, les autorités soviétiques faisaient venir à Moscou, afin de les former intellectuellement et idéologiquement, des représentants des pays « frères » et des régions « en lutte » : Chinois, républicains espagnols, combattants vietnamiens, Albanais, Yougoslaves, Polonais, Tchèques, Bulgares, etc. Tous ces jeunes gens, dûment sélectionnés, sont mêlés aux Russes, suivent les mêmes cours, partagent les mêmes cantines, travaillent dans les mêmes bibliothèques et logent dans les mêmes résidences universitaires. Cette coopération universitaire suivra les hauts et les bas de la grande politique : au fil des ruptures idéologiques et diplomatiques, les étudiants yougoslaves disparaîtront du paysage en 1948, les étudiants chinois en 1960, les étudiants albanais en 1961…

C'est ainsi que Mikhaïl Gorbatchev fait la connaissance d'un jeune Tchèque, Zdenek Mlynar, avec lequel il va devenir très ami. Cette relation serait anecdotique si le sympathique Zdenek n'était pas appelé à devenir, treize ans plus tard, un des acteurs du « Printemps de Prague ». Proche d'Alexandre Dubcek, il fera partie de ces intellectuels refusant la « normalisation » imposée par le grand voisin soviétique. Il sera un des premiers signataires de la Charte 77[6], et sera forcé de quitter son pays pour s'installer à Vienne, d'où il ne reviendra qu'après la chute du Mur de Berlin et la « Révolution de velours » de novembre 1989.

Au début des années 1950, Mlynar est un communiste fervent et sincère. L'étudiant Gorbatchev ne court aucun risque à fréquenter ce jeune « camarade » tchèque. Mais l'époque est à la méfiance. En août 1951, Mlynar adresse une banale carte postale de Prague à son ami « Michka » qui travaille, cet été-là, au kolkhoze de Privolnoe. Une correspondance venant de l'étranger, dans ce pays où la paranoïa est générale, est aussi rare que suspecte : c'est un fonctionnaire du KGB, et non le facteur, qui va lui-même remettre la carte au jeune Gorbatchev[7] !

Le témoignage de Mlynar est précieux. Voici comment il décrit, trente ans plus tard, son condisciple :

> Nous étions davantage que de simples camarades d'études. [...] Gorbatchev n'était jamais cynique, et d'un naturel plutôt réformateur. [...] Il était quelqu'un d'ouvert, son intelligence ne le menait jamais à l'arrogance, il savait et voulait écouter les autres. Il était honnête et de bonne volonté. Il avait acquis une autorité réelle et non formelle. Il avait tout de même son orgueil, l'orgueil d'un homme dont les réalisations étaient dues à ses propres forces, à ses dons et à son travail, et non à ses relations ou à son appartenance sociale. Cet orgueil s'est plutôt amplifié au fil des années[8]...

Réformateur ? Voulant bien faire, plutôt. Et pas borné. Entre eux, Zdenek et Mikhaïl parlent de tout. Notamment des faiblesses du socialisme réel, de ses lenteurs bureaucratiques et de ses excès policiers. Les deux jeunes gens, ambitieux et idéalistes, sont prêts à relever tous les défis de leur génération. Et tant pis si le régime leur apparaît trop ceci ou pas assez cela. Mlynar racontera plus tard que Gorbatchev corrigeait parfois la version officielle des manuels, évidemment peu prolixes sur la réalité de la justice politique et des violences policières à la campagne. Ou sur la vraie misère des kolkhozes, fortement enjolivée dans un célèbre film de l'époque, *Les Cosaques du Kouban*[9]. En 1955, à la fin de leurs études communes, Zdenek offre à Mikhaïl un exemplaire de sa thèse de droit public, orné d'une dédicace personnelle : « Pour

Micha, mon bon ami, pour qu'il se souvienne que nous sommes des juristes au *profil large* ! » On imagine, à lire ces quelques lignes improvisées, les discussions agitées qui ont occupé les deux jeunes gens sur la « largeur » ou l' « étroitesse » de leur « profil » à venir !

Mlynar restera un proche ami de Mikhaïl et Raïssa Gorbatchev : il ira même les revoir à Stavropol en 1967, quelques mois avant le « Printemps de Prague ». Comment ne pas imaginer que les deux anciens condisciples ont beaucoup parlé, à cette époque, des événements tchèques et de ce qui nourrira le livre publié par Mlynar en mai 1968 : *Vers une organisation politique démocratique de la société.* A l'époque, les Gorbatchev ne se sont certainement pas vantés d'avoir des relations étroites avec un « ennemi du peuple » ! Juste retour de prudence : en 1978, quand Mlynar publiera ses souvenirs en Allemagne sous le titre *Nachtfrost*[10], il ne citera pas une seule fois son ami Gorbatchev, même dans sa longue recension de ses cinq années d'études à Moscou !

Le « camp de la paix »

Sincères ou calculateurs ? Engagés ou opportunistes ? Loyaux ou dissimulateurs ? Ni criminels ni dissidents, les jeunes Soviétiques de l'après-guerre sont tous un peu schizophrènes. « Nous étions les enfants de notre époque », écrira joliment Gorbatchev dans ses *Mémoires* où il se rappellera avoir terminé ses études secondaires à Krasnogvardeiskoe par une superbe dissertation sur le thème : « Staline est notre gloire militaire, Staline est l'élan de notre jeunesse ». Pendant des années, raconte-t-il avec un brin de fierté contrite, « ma prose fut exposée comme un modèle pour les élèves de terminale » !

Hypocrites, les étudiants moscovites ? Ou cyniques ? Ou simplement conformistes ? La réponse n'est pas si simple. D'abord, dans les amphis et les salles de lecture, leurs nombreux condisciples en tenue militaire leur rappellent que la guerre n'est pas une lointaine fiction. Tous ces jeunes, engagés ou non, sont bien les héritiers, parfois meurtris, de la guerre et de la « victoire sur le fascisme ». Les discours, la radio, les journaux ne cessent de le leur rappeler.

Ils vont faire signer, à la sortie du métro, l'« Appel de Stockholm » exigeant l'interdiction de la bombe atomique ou l'arrêt de la guerre de Corée. Mikhaïl et Zdenek sont sincèrement convaincus d'appartenir au « camp de la paix », quelles qu'en soient les pesanteurs idéologiques ou les dérives bureaucratiques : face aux « revanchards » allemands, aux « impérialistes » américains et autres ennemis « de classe » dont la presse leur rebat les oreilles, comment ne pas admettre que le meilleur moyen de militer pour la paix dans le monde, c'est de contribuer à propager partout l'espérance du « socialisme » – dans sa version soviétique, s'entend ?

Mikhaïl et ses compagnons de chambrée savent ce que la guerre a coûté au pays. Pas seulement en vies humaines : pour venir à Moscou, ils ont tous traversé un morceau de Russie en ruine, et voient bien les difficultés dans lesquelles les dirigeants se débattent pour reconstruire le pays, pour subvenir aux besoins, pour inventer l'avenir. Chaque immeuble neuf, chaque école reconstruite, chaque nouveau laboratoire, chaque cinéma inauguré en grand tralala, est présenté comme une victoire.

Victoire sur quoi, sur qui ? Mlynar explique bien, dans ses souvenirs, que la guerre a ancré tous ces jeunes dans l'idée qu'il fallait « se battre ». La question étant : contre qui ? Il y a adéquation parfaite entre la lutte « révolutionnaire », la lutte contre les chars allemands, la lutte « contre le fascisme », la « lutte des classes », la « lutte finale », la lutte pour la vie... Reprenant une vieille formule de Lénine, Staline avait titré un de ses plus célèbres articles ainsi : « *Kto – kovo ?* » Ce qui veut dire, en russe : « Qui contre qui ? », au sens de : « Qui l'emportera sur qui ? » ou mieux : « Qui éliminera qui ? ».

La réponse à la question est simpliste : on se bat contre les « ennemis de classe », qu'il faut « débusquer » et « liquider » sans faiblesse. Certes, Mikhaïl Gorbatchev et ses amis membres du Komsomol ne sont pas des monstres assoiffés de sang, mais ils admettent, peu ou prou, qu'on ne peut tolérer la moindre faiblesse dans ce combat titanesque du Bien contre le Mal. Et que le seul critère de jugement, dans un monde agité, imparfait et parfois cruel, où certaines réalités peuvent semer le doute, c'est le sacro-saint « intérêt de la classe ouvrière ».

Membre du Komsomol

A l'automne 1950, dès son arrivée à l'Université, Gorbatchev s'est inscrit à la section locale de l'Union des Jeunesses communistes (Komsomol)[11], dont il était déjà membre à Privolnoe. Pour un jeune homme ambitieux, dynamique et plutôt extraverti, c'est une démarche naturelle. Dans l'URSS de Staline, il n'y a pas d'associations culturelles, de groupes religieux, de clubs de réflexion autonomes. Les rares cercles qui se constituent le font sous la houlette du Parti communiste et de sa filiale directe, le Komsomol. Un jeune Soviétique, à 19 ou 20 ans, ne peut imaginer une quelconque intégration sociale qui ne passe pas par cette filière. Cette dernière est aussi le passage obligé pour accéder un jour à une fonction plus ou moins publique. Un futur ingénieur peut imaginer se concentrer sur ses travaux de recherche ; un futur professeur de gymnastique peut exercer son métier sans passer par le Parti ; mais un « juriste » aura du mal à faire carrière en dehors de cette sphère dite « dirigeante » – puisqu'elle constitue, selon le dogme léniniste, l' « avant-garde » de la classe ouvrière. C'est là qu'on donne le ton, que se prennent les décisions, et, surtout, qu'on distribue les postes.

Faire partie du Komsomol, enfin, c'est aussi appartenir à une élite, une caste d'initiés dont les réunions et les « actions » visent à propager le Bien et à dénoncer le Mal. C'est le bon combat, celui qui offre un sens à la vie, qui soude les amitiés, qui donne confiance en soi. Mikhaïl Sergueïevitch y excelle, lui qui parle avec aisance, qui aime séduire et convaincre, qui se grise des applaudissements d'une salle, et qui croit sincèrement au modèle communiste soviétique. Il racontera cela, plus tard, en termes enthousiastes :

> Un militant du Komsomol, à l'époque, c'était un militant qui faisait preuve d'acharnement, qui en faisait beaucoup, vraiment beaucoup ! Il avait une soif de connaissance et de compétence, et se dépensait énormément. [...] Dans les réunions, je parlais spontanément de tout, ces réunions étaient des événements très militants[12]...

Ces étudiants modèles se lèvent tôt pour réserver des places à la bibliothèque de la Stromynka avant d'aller faire signer des pétitions à l'*agitpunkt* (« lieu d'agitation et de propagande ») de telle ou telle sortie de métro. Ils participent à un maximum de séminaires, de conférences et de cours magistraux, trouvent encore du temps pour participer aux « meetings » organisés par le Komsomol. En période d'élections, ils vont faire du porte-à-porte pour inciter les électeurs à aller voter : en 1951, Gorbatchev a ainsi quadrillé le quartier de Krasnaïa Presnia au point d'en connaître toutes les vieilles maisons de bois. Bien entendu, ces réunions sont parfaitement encadrées, mais on aurait tort d'imaginer que les jeunes gens y assistent passivement, comme des robots manipulés. Un jour, un meeting de protestation contre les conditions de vie réservées aux étudiants mariés et jeunes parents – Mikhaïl, alors jeune marié, est directement concerné – force les responsables universitaires à prendre quelques mesures pour leur faciliter la vie. Un journal satirique publie ce jour-là un dessin représentant le recteur de l'université piétinant sous sa botte un certificat de mariage.

L'affaire des « Blouses blanches »

C'est après quelques années de ce mode de vie que les étudiants les plus ouverts, notamment Mikhaïl Gorbatchev et Raïssa, vont aiguiser leur regard critique – le plus souvent en silence, et strictement dans la sphère privée – sur la bureaucratie universitaire, sur le dogmatisme des études, sur le manque d'ouverture des enseignants, sur la censure dans les bibliothèques. Les cours de « matérialisme dialectique » *(diamat)* sont, pour la plupart d'entre eux, de véritables corvées, où des professeurs insipides font commenter, en langue de bois, les textes fondamentaux de Lénine et de Staline. Gorbatchev, avec le recul, parlera de « carcan idéologique ». Raïssa, dans ses propres souvenirs, précise : « Nous étions obligés d'apprendre par cœur le discours de Staline au XIXe Congrès du Parti, mais n'avions pas accès aux Soloviev, Karamzine, Berdiaev et autres Florensky[13] ! »

Les jeunes de l'après-guerre n'ont aucun outil intellectuel ou moral pour comprendre ce qui se passe réellement dans les coulisses du pouvoir soviétique, ces « affaires » dont on perçoit furtivement quelques rumeurs mais dont la presse ne parle jamais. Mikhaïl

Gorbatchev a-t-il entendu parler des purges de Leningrad[14] en 1949 ? Certainement, mais que pouvait-il en comprendre ? Lui et son camarade tchèque Zdenek ont-ils eu le moindre doute sur la culpabilité des Rudolf Slansky et autres Laszlo Rajk, condamnés à mort lors des parodies de procès organisées à Prague en 1952 ? Mlynar est réellement convaincu, alors, qu'il faut être impitoyable à l'encontre des « ennemis de classe », des « agents de l'impérialisme », des « traîtres à la classe ouvrière ».

Pendant l'hiver 1952-1953, l'étudiant Gorbatchev a-t-il entendu parler du « complot des Blouses blanches », cette conspiration imaginaire imputée par Staline à une poignée de médecins, majoritairement juifs ? Le hasard fait qu'un de ses plus proches camarades, Volodia Liberman, lui-même ancien combattant, se fait expulser d'un tramway, à l'époque, par un groupe d'énergumènes excités proférant des injures antisémites. Gorbatchev est très choqué par cet incident. Que pouvait-il bien comprendre à ces rumeurs de complots fomentés par les Juifs, ces « cosmopolites apatrides », contre le camarade Staline ? Or, comme le laisse entendre le soviétologue Michel Tatu[15], il y a gros à parier que le jeune Gorbatchev, secrétaire à l'idéologie du Comité du Komsomol de sa faculté, s'appliqua à expliquer dans des amphis à moitié déserts ou peu attentifs que l'URSS se battait vaillamment contre le « cosmopolitisme », les « Judas de la médecine » et le « libéralisme pourri » !

Comme pour tous les membres du Komsomol et du Parti communiste ayant ainsi milité sous le régime stalinien, il est impossible de savoir jusqu'à quel point il croyait à ce qu'il disait. Gorbatchev a fait partie de la première génération de ces « hommes doubles » que décrira plus tard dans un livre saisissant le dissident Alexandre Dimov[16]. En 1950, ces jeunes-là sont réellement isolés du reste du monde et font plutôt confiance, globalement, à leurs dirigeants. Mais ils sont trop intelligents pour tout avaler de la propagande officielle, souvent grossière et simpliste, qui les abreuve de discours, de bulletins, d'articles et de tracts expliquant que le marxisme-léninisme, pour conforté qu'il soit en URSS par la « victoire sur le fascisme », doit se défendre contre ses ennemis, et qu'il est normal d'éliminer ceux qui le trahissent au profit de ceux-ci – en particulier s'ils sont juifs.

La mort de Staline

Le moment qui va révéler le plus crûment la dualité de ces «hommes doubles», c'est la mort de Staline, que Gorbatchev apprend au petit matin du 5 mars 1953. Dans la salle n° 16 où il devait suivre un cours magistral, un professeur vient annoncer aux étudiants la mort du «Petit Père des peuples» à l'âge de 74 ans. Staline ? Mort ? Alors qu'on le croyait immortel ? La nouvelle est à peine croyable. L'homme a des sanglots dans la voix. Un silence de plomb s'abat sur l'assemblée. L'émotion est réelle. Beaucoup de visages sont en pleurs. Pour Gorbatchev comme pour la majorité de ses camarades, c'est «une tragédie pour le pays». Avec quelques condisciples, le jeune homme décide d'aller rendre hommage au défunt, dont la dépouille est exposée, comme le veut la tradition moscovite, dans la salle des Colonnes de la Maison des Syndicats.

Les rues sont pleines de gens ayant pris la même décision, marchant vers le même but. Des dizaines de milliers, des millions de Moscovites ont eu ce réflexe et piétinent déjà dans le froid. Il faut plusieurs heures à Gorbatchev et à ses camarades pour arriver à la Maison des Syndicats. Encore connaissait-ils assez bien le centre de la capitale pour prendre quelques raccourcis, et pour éviter la place Troubnaïa totalement bloquée : on apprendra le lendemain que des dizaines de malheureux sont morts étouffés dans cette bousculade historique.

Quelle est la part d'émotivité, de sincérité, de calcul et de naïveté dans les sentiments, mitigés sans doute, que ces jeunes éprouvaient pour Staline, pour les dirigeants du pays, pour le système communiste ? Le savaient-ils eux-mêmes ? L'ami Zdenek racontera plus tard, lui aussi, une drôle d'histoire. Lors d'un stage qu'il effectua chez un procureur de Moscou, en 1954, il fut témoin d'un litige dont le plaignant était un kolkhoze situé à 20 km au nord des monts Lénine, représenté par ses dirigeants : pour permettre l'inauguration officielle du gratte-ciel de l'université Lomonossov, et afin d'en assurer l'approvisionnement électrique, on avait dû couper l'électricité à quelques villages de la banlieue sud de Moscou. Or on n'avait jamais rétabli l'électricité dans ce malheureux kolkhoze, paralysé depuis un an déjà. L'étudiant tchèque commença à se poser des questions, quand le procureur impassible déclara qu'aucune loi ne stipulait qu'un kolkhoze « devait » avoir l'électricité, et que le parquet était donc incompétent[17] !

Premiers déboires

A la rentrée 1952, après deux ans d'observation, le *komsomolets* Mikhaïl Gorbatchev se fait élire délégué de sa faculté de droit – il fallait en désigner une dizaine au total – et, dans le même temps, adhère au Parti communiste dont il n'était, jusque-là, que *kandidat* (postulant). Seule cette double appartenance permet à coup sûr de progresser dans l'appareil.

Encore ces premiers pas en politique seront-ils parfois agités. Gorbatchev fait partie de la deuxième grande génération d'étudiants de l'après-guerre en URSS. La première est constituée de tous les rescapés du conflit mondial. Ces chouchous du régime continuent, bien souvent, de porter leurs tenues militaires dans les couloirs de la fac. Ils sont surnommés les « anciens » *(starchi),* ou les « hommes du front » *(frontoviki)* par leurs jeunes condisciples de 18 ou 19 ans fraîchement débarqués de leurs lycées de province, qui n'ont pas du tout la même vision du monde.

Il semble que ce choc de générations ait été fatal aux ambitions de Gorbatchev. D'après l'enquête menée par Michel Tatu[18], il aurait ainsi perdu son poste de secrétaire du Komsomol de la faculté de droit lorsqu'en 1954 celle-ci fusionna avec l'Institut de droit de la capitale : à cette occasion, les *frontoviki,* plus nombreux et mieux organisés, remplacèrent le jeune provincial de Stavropol par un des leurs, l'étudiant Kondratienko.

Cette péripétie politicienne, dont l'importance ne dépasse pas les limites du grand amphi de la fac de droit, correspond à un certain durcissement de l'appareil communiste de la capitale, qui exerce sa tutelle sur l'université de Moscou. Dans ses recherches, Michel Tatu a observé que plusieurs responsables de l'appareil du Komsomol moscovite de cette époque – Sergueï Pavlov, Alexandre

Soubbotine – et quelques-uns de leurs aînés du Parti communiste de Moscou – Vassili Prokhorov, Vladimir Promyslov – devaient curieusement être écartés au moment de l'arrivée de Gorbatchev au pouvoir, trente ans plus tard : coïncidence ou vengeance tardive ? Tatu note aussi que l'homme qui avait accueilli Gorbatchev dans les rangs du Komsomol, Ivan Kapitonov, déplacé juste avant la bataille de la fac de droit, a eu droit à un poste en or – président de la Commission centrale de révision – trente ans plus tard, lors de l'arrivée au pouvoir de son ancien protégé[19]. Encore un hasard ?

Bien entendu, on ne trouve rien de tout cela dans la biographie officielle du futur président de l'URSS.

3

Raïssa Maximovna

« Un homme sans femme ne tient pas l'hiver. »

Proverbe québécois.

« Micha ! Micha, viens voir ! Il y a là une de ces filles ! Une nouvelle ! »

En cette mémorable soirée de 1951, « Micha » a craqué. Abandonnant ses livres et ses cahiers, il a suivi au club de la rue Stromynka ses copains Iouri Topiline et Vladimir Liberman, pour se distraire et par curiosité[1]. Il ne s'attendait pas à rencontrer, ce soir-là, la femme de sa vie. C'est vrai qu'elle était jolie, Raïssa ! Des cheveux châtains, des yeux noisette, des fossettes charmantes. Un visage sérieux, presque grave, parfois éclairé par un regard mutin. La taille mince, la démarche décidée, la posture volontaire. Une veste gris perle, un corsage bordeaux…

Un coup de foudre. Un vrai, un définitif. Oublié, du côté de Mikhaïl, la ravissante étudiante en droit qu'il courtisait assidûment, et qui avait succédé dans son cœur à la fille d'un de ses professeurs[2] ; évanouis, du côté de Raïssa, un premier chagrin d'amour – un certain Oleg dont le père était général[3] – et tous les admirateurs qui « bourdonnaient » autour d'elle, ce thésard lituanien, cet étudiant yougoslave ! On dirait un roman à l'eau de rose : d'un coup, d'un seul, en une soirée, en un regard, ces deux-là se sont trouvés. Pour toujours.

Une sacrée chance : la belle habite la même cité universitaire de Sokolniki. Elle fréquente aussi le vieux bâtiment de l'université, place du Manège. Elle n'étudie pas le droit, mais les sciences humaines : philosophie, sociologie, psychologie. Tous les matins, elle aussi, elle quitte l'*obchejitje* de Sokolniki pour aller prendre le tramway, puis le métro jusqu'à la station Biblioteka Im. Lenina, au pied des murailles du Kremlin.

Raïssa, au tout début de leur relation, est peut-être un peu moins amoureuse que Mikhaïl. Elle est surtout trop sérieuse pour succomber rapidement à qui que ce soit. C'est pourquoi Mikhaïl se fait un devoir de la retrouver le plus souvent possible, de lui faire la cour, de l'emmener en promenade dans les quartiers du centre, de l'Arbat à la place Rouge, dans la plaine de Loujniki, le long du *Sadovoie Kaltso* (boulevard circulaire) et dans le parc de Sokolniki – l'été au bord du petit étang « aux Cerfs », l'hiver à la patinoire, où une seule et même rengaine tourne en boucle, inlassablement :

Des flocons blancs tombent…
Rattrape-moi…

Débarqués tous les deux de leur province lointaine, issus de familles nombreuses russo-ukrainiennes, empreints des mêmes valeurs paysannes, témoins des mêmes tragédies politico-familiales, ils portent tous les deux le même regard sur Moscou, ils ont le même désir de se cultiver, de réussir leur vie, de servir leur pays. Mikhaïl et Raïssa sont vraiment faits l'un pour l'autre.

Fille de cheminot

Elle s'appelle Raïssa Maximovna Titarenko. Un nom à consonance ukrainienne. Son père, Maxime Andreïevitch Titarenko, est employé aux chemins de fer. Il est né en 1907 à Tchernigov, au nord de l'Ukraine. Ses propres parents, Andreï et Maria, simples paysans ukrainiens, avaient quitté leur terre pour venir s'installer dans cette ville au riche passé[4], alors peuplée de 50 000 habitants. En 1929, le jeune Maxime est parti avec un groupe d'amis courageux pour aller travailler à la construction de la voie ferrée Roubtsovsk-Semipalatinsk, dans l'Altaï, au sud de la Sibérie. A plus de 4 000 km de chez lui ! Il avait 22 ans. C'était son premier poste.

C'est là qu'il a rencontré Alexandra, une jeune femme de Vessolaïarsk, un des villages situés sur la ligne en construction. Alexandra Petrovna, âgée de 19 ans, était une Russe originaire d'une famille paysanne où, depuis l'âge de 8 ans, elle labourait la terre et filait la laine. L'année de son mariage, elle ne savait encore ni lire ni écrire. Elle en a souffert, c'est pourquoi elle tiendra à ce que ses propres enfants – et notamment sa fille aînée – soient parfaitement instruits.

Le 5 janvier 1932, les deux jeunes gens ont eu une fille, que Maxime a baptisée sous le nom de Raïssa. C'était doublement original. D'abord, au plus fort de la lutte antireligieuse, il fallait être courageux pour baptiser un bébé – non pas dans une église, d'ailleurs, mais au domicile d'un prêtre orthodoxe. Ensuite, Raïssa n'est pas un prénom russe traditionnel et chrétien comme Vera, Natalia, Elena, Anna ou Eva. A l'époque, on affublait souvent les nouveau-nés de prénoms inspirés de la révolution d'Octobre (Oktiabrina) ou de Vladimir Ilitch Lénine (Vladilena) ou pire encore (Revolutsia, Elektrifikatsia). Le jeune Titarenko, lui, qui ignorait jusqu'à l'existence d'une sainte chrétienne ayant porté ce nom au IVe siècle, avait forgé ce prénom sur le mot *raï* (paradis) : Raïssa, ou Raïetchka. Gorbatchev l'appellera « Raïa », « Raïtchonka » et autres diminutifs affectueux qui font le charme de la langue russe.

Maxime et Alexandra déménagaient tout le temps, de ville en ville, au rythme de l'avancement des travaux du chemin de fer. A chaque déménagement, il fallait s'adapter à la situation. Une fois, la famille habita une cabane de chantier ; une autre fois, un beau chalet de bois ; une autre fois encore, un appartement dans un monastère. Maxime travaillait dur. Alexandra s'occupait des trois enfants – Raïssa eut un frère en 1935 et une sœur en 1939[5] – et tenait la maison, tâche rendue difficile par ces logements précaires. La petite fille découvrit très jeune les différentes manières de voyager : en wagon de marchandises, en « diable » sur les lignes en construction, en traîneau à travers la taïga, emmitouflés dans des manteaux en peau de mouton…

Un secret de famille

Quand elle évoque sa famille, la jeune Raïssa ne parle jamais de ses grands-parents maternels. Elle a ses raisons que Mikhaïl, évidemment, respecte. Elle va garder longtemps secret ce pan d'histoire personnelle, comme l'ont fait des milliers de Soviétiques dont la famille a subi naguère les pires exactions staliniennes. Piotr Stepanovitch Parada et sa femme Anastasia avaient travaillé dur longtemps, eux aussi, sans autre horizon que leur terre. Et six enfants à nourrir. Après la révolution de 1917, ils ont eu l'opportunité d'être propriétaires de leur terre : « Lénine a donné la terre aux paysans », répétait toujours la mère de Raïssa. Piotr a-t-il trop bien réussi ? Sous Staline, au début des années 1930, ils sont qualifiés de « riches paysans » (koulaks) et se retrouvent dans le collimateur des agents bolcheviks chargés de traquer et d'éliminer ces ennemis du nouveau régime : on leur enlève brutalement la terre et la maison. Piotr devient journalier, puis il est arrêté, accusé de « trotskisme » et emmené on ne sait où. Il ne reviendra jamais.

Sans ressources, veuve d'un « ennemi du peuple », Anastasia est morte de privations et de chagrin, laissant quatre enfants, les deux autres étant morts prématurément. « Aujourd'hui encore, racontera Raïssa beaucoup plus tard, ma mère ne sait pas pourquoi son père a été arrêté[6] ! »

En juin 1941, la guerre éclate. Maxime Titarenko est appelé sous les drapeaux. Alexandra est catastrophée. Le jour du départ, elle accompagne son mari à la gare surpeuplée. Elle tient par la main son aînée, la petite Raïssa, âgée de 9 ans, qui n'en mène pas large. La jeune femme a raison de s'affoler : qui va nourrir la famille ? Coup de chance : Maxime rentre très vite à la maison, en uniforme. Il ne bénéficie pourtant d'aucun privilège, d'aucune protection – il n'est pas membre du Parti. Mais son métier l'a sauvé : il est affecté à l'entretien du réseau ferroviaire. Celui-ci est devenu un élément primordial de la défense nationale, et la construction de nouvelles voies ferrées demande un maximum de compétences. Pour Alexandra et ses trois enfants, c'est un miracle.

La famille Titarenko doit alors déménager dans le district de Sverdlovsk, dans l'Oural : c'est là que le chemin de fer joue un rôle stratégique et militaire majeur, tant pour transporter loin des combats les usines démantelées de la Russie d'Europe que pour acheminer vers le front les armements qu'on y produit jour et nuit.

La petite Raïssa était trop jeune en 1936 pour comprendre le drame de la mort de son grand-père. Mais, quand la guerre est à son paroxysme, elle a 11 ans. Elle a entendu parler, à l'école et chez les Pionniers[7], pendant l'été 1939, des épisodes militaires impliquant la glorieuse Union soviétique – guerre d'Espagne, guerre de Finlande, tensions avec le Japon. Cette génération élevée dans la détestation de la guerre va en subir toutes les horreurs. Raïssa se souviendra toute sa vie des privations de cette époque dramatique :

> La faim, la peur... La terreur de perdre sa carte de rationnement... On allait glaner dans les champs des pommes de terre gelées[8]...

Le temps du collège

Dans les souvenirs de la petite fille, les fracas de la guerre et les pires tragédies n'effacent pas ce que la vie, malgré tout, apporte de positif : les odeurs et les couleurs de l'Oural au printemps, les comptines de l'enfance, les rondes dans la cour de l'école, les jeux avec les petits camarades. Après guerre, avec l'organisation des Pionniers, elle participe à des marches dans la campagne pour ramasser tous les débris du conflit, elle apprend des chansons à la gloire de Staline. Elle connaît par cœur, comme tous les enfants de cet âge, l'histoire de Zoïa Kosmodemianskaïa, une jeune fille de 18 ans qui a héroïquement résisté aux nazis et qui a fini pendue, non sans avoir lancé à ses bourreaux : « Vous pouvez bien me pendre, vous ne parviendrez pas à pendre 170 millions de Soviétiques[9] ! »

L'école a repris, tant bien que mal. Elle fonctionne avec des bureaux de fortune, des alphabets bricolés, des cahiers de classe en mauvais papier et de l'encre fabriquée avec de la suie. C'est l'époque des habits faits main, des vestes rembourrées et rapiécées, des tricots en laine, des manteaux grossiers. Raïssa se rappellera toute sa vie ce pardessus que son père lui a acheté, alors qu'elle était déjà étudiante, après avoir gagné 1 000 roubles à une tombola – un événement dans l'histoire de la famille[10] !

Vient le temps du lycée. Les émois de l'adolescence. Les premières lettres d'amour. Le journal mural, la chorale, le théâtre, la gymnastique : quand sa classe fait la « pyramide humaine », elle est si menue que c'est toujours elle qui monte au sommet ! Raïssa est curieuse de nature. Elle lit tout ce qui lui tombe sous la main : Gogol, Tolstoï, Cholokhov, mais aussi Victor Hugo *(Notre-Dame de Paris),* Alexandre Dumas *(Les Trois Mousquetaires)* et aussi, à haute voix dans la maisonnée, et de préférence dans la langue de sa grand-mère Maria, le poète ukrainien Tarass Chevtchenko *(Le Joueur de Kobza).*

Raïssa est bonne élève. En 1949, quand elle termine le lycée à Sterlitamak, en Bachkirie, au sud de l'Oural, ses excellents résultats scolaires et sa conduite exemplaire lui valent une « médaille d'or » – l'équivalent de notre mention « très bien ». Ce qui lui donne le droit d'« accéder sans examen d'entrée aux institutions d'enseignement supérieur de l'URSS ». Une chance, un privilège inestimables. Tant qu'à faire, autant viser haut : sans complexes, Raïssa décide de s'inscrire à l'université de Moscou.

Elle a 17 ans quand elle monte dans un de ces trains surpeuplés, tiré par une locomotive poussive, où toutes les places sont occupées par des gens chargés de valises grossières et de paquets divers envahissant les plates-formes à bagages, y compris dans les compartiments couchettes sans draps et dépourvus du moindre confort. Il n'y a pas de samovar dans le train : il faut profiter des arrêts pour aller, sur le quai, chercher de l'eau chaude au réservoir fumant, pris d'assaut par les voyageurs, ou négocier avec les paysans du coin venus vendre le produit de leurs lopins individuels : miches de pain, pommes de terre bouillies, lait, concombres marinant dans la saumure, mûres et baies des bois voisins et, bien sûr, *samogon*, cette vodka « maison » souvent frelatée qui va contribuer à égayer la suite du périple. Raïssa se souvient : 5 kopeks la cruche d'eau, c'était bien cher !

Arrivée à Moscou, gare de Biélorussie, une valise à la main, l'adolescente connaît les mêmes affres que le jeune Gorbatchev éprouvera un an plus tard. Dans le bruit et la cohue, elle a la tête qui tourne et serre contre elle l'adresse de la résidence universitaire où elle doit se rendre, à Sokolniki. La joie, la curiosité, l'enthousiasme et la fierté d'être à Moscou lui font vite oublier les désagréments d'un tel voyage solitaire, la tristesse de quitter les siens et l'appréhension face à l'avenir.

Le Bolchoï et la Tretiakov

A l'université, Raïssa se fait des amis. Elle est plutôt sociable, elle est jolie, même si elle a toujours l'air un peu sévère. Elle a encore une charmante natte qu'elle coupera quelques mois plus tard. Elle va laisser à ses onze camarades de chambrée l'image d'une « bosseuse », même si elle participe volontiers aux activités collectives, aux jeux d'adolescents entre garçons et filles. Elle est très organisée, méthodique, presque maniaque. Chez elle, déjà, ses livres sont classés par ordre alphabétique. Et, quand elle se lance dans la découverte de Moscou, elle établit un programme de visites sur une base chronologique, de la fondation de la ville à nos jours en passant, bien sûr, par les vieilles églises du Kremlin. Cette façon systématique de se cultiver la fera passer parfois pour pédante chez certains de ses condisciples.

Elle gardera des liens avec plusieurs de ses voisins d'amphi, comme le Géorgien Merab Mamardachvili, brillant étudiant en philosophie, qui fréquente sa meilleure amie – et qui va d'ailleurs l'épouser. « Merab, racontera Raïssa, nous a aidées à digérer *Le Capital* de Marx ! » Un autre étudiant venait souvent bavarder avec les filles de la chambrée : Iouri Levada. Le jeune homme, qui va aussi épouser l'une des camarades de Raïssa, deviendra quarante ans plus tard, au temps de la *glasnost*, l'un des premiers sociologues à cultiver, en URSS, l'art du sondage d'opinion.

Mikhaïl Gorbatchev est beau garçon, ambitieux et séducteur. Il parle bien. Il est gentil, prévenant et *kulturno* – ce qui veut dire en russe à la fois « cultivé », « bien élevé » et « civilisé ». Il tient cela de son père, qu'il n'avait jamais vu élever la voix contre sa propre femme, ce qui n'est pas fréquent en Russie. Il ne boit pas, ce qui est encore plus rare dans ce pays rongé par l'alcoolisme. C'est une chance : un rustre ou un saoulard n'auraient jamais attiré l'attention de Raïssa. Lui aussi, derrière son humour gouailleur et son sourire irrésistible, est un garçon sérieux, méthodique et travailleur.

Les deux jeunes gens ne se quittent plus. Ils sympathisent, parlent beaucoup, sortent ensemble. Ils étudient dans les mêmes salles de cours du vieux bâtiment de l'université, au coin de la rue Herzen et de la rue Mokhovaïa. Ils aiment la littérature, la poésie, l'opéra, la peinture. Outre le théâtre Bolchoï où ils vont voir et revoir la danseuse étoile Galina Oulanova dans *Le Lac des Cygnes*, ils fréquentent le musée Pouchkine, à deux pas de l'université, mais aussi le cinéma *Molot* (« Le Marteau ») de la rue Roussakov ou les « bains » à l'ancienne de la rue Boukhvostovskaïa. Souvenir de cette époque romantique : par jeu, Mikhaïl la surnommera longtemps « Zakharka », du nom d'un célèbre portrait de jeune fille du peintre russe Alexeï Venetsianov, qu'ils découvrirent un jour à la Galerie Tretiakov.

Ils s'aiment d'amour, ils ne peuvent plus se passer l'un de l'autre, mais ils souffrent, comme beaucoup de jeunes couples moscovites, d'un cruel manque d'intimité. Dans ce pays, les appartements sont communautaires, les chambres sont collectives, il n'y a pas de petits hôtels, pas de chambres à louer, pas de boîtes de nuit à l'occidentale, et dans les jardins publics, la nuit, il gèle huit mois sur douze ! Leur première nuit complète, Mikhaïl et Raïssa l'ont passée, en juin 1952, à se tenir la main sur un banc du square jouxtant leur foyer universitaire…

Un mariage express

Au début du printemps 1953, ils décident de se marier. La cérémonie – purement administrative – aura lieu à Moscou, à l'automne. Pas question, évidemment, de se marier à l'église : pour des *Komsomoltsy*, c'eût été inimaginable. Pas question, non plus, d'organiser une grande fête à la campagne : c'est trop loin, trop compliqué, et leurs parents n'ont pas le sou. Ils se contenteront de prévenir leurs familles respectives « à la dernière minute ». Celle de Raïssa en sera longtemps vexée.

Le 23 septembre 1953, ils vont signer le registre d'état civil dans un « Bureau des mariages » situé à deux pas de la résidence universitaire, au rez-de-chaussée d'un grand bâtiment neuf, de l'autre côté du pont sur la Yaouza. Un simple papier – l'attestation RV047489 – les déclare officiellement unis par les liens du mariage. Le 7 novembre, jour anniversaire de la révolution d'Octobre, ils organisent une fête à la résidence de la rue Stromynka avec tous leurs copains de fac : Ida, Kolia, Volodia, Naïl, Chalida, Ioura, Nina, etc. Les garçons, comme le veut la tradition, se débrouilleront pour leur laisser une chambrée vide pour la nuit de noces.

Pas d'alliances en or, pas de chaussures neuves, mais un costume pour lui et une robe spéciale pour sa fiancée : Gorbatchev a fait le maximum. Il a travaillé tout l'été, se partageant entre un stage chez le procureur du district de Krasnogvardeiskoe, près de chez ses parents, et les moissons à Privolnoe aux commandes de la moissonneuse-batteuse du kolkhoze de son père, en compagnie de ses oncles et cousins Semion, Anna, Vassili, etc. La récolte ayant été exceptionnellement bonne, il a rapporté à Moscou près de 1 000 roubles, aussitôt engloutis dans la cérémonie.

Cet été-là, à chaque moment de libre, il écrit à sa fiancée, couchant quelques lignes sur le papier à en-tête du procureur lors de la pause de midi, ou griffonnant quelques mots au crayon dans la cabine de la moissonneuse-batteuse. Dans ces lettres – que Raïssa a toutes gardées[11] – Gorbatchev multiplie les tirades amoureuses et les plaisanteries affectueuses, mais il livre aussi quelques récits sur son travail :

> [...] On se lève bien avant l'aube. On prépare la machine pour la journée en effectuant les réparations nécessaires, ce qui prend trois ou quatre heures. [...] Puis on commence à moissonner le grain. On continue aussi longtemps que possible, c'est-à-dire tant que le blé est sec. Pour moissonner la nuit, on utilise une lampe spéciale. [...] Chaque jour on passe vingt heures debout. En plus, on se démène

dans une poussière horrible et sur du métal brûlant, tant le soleil est intolérable…

Il envoie aussi à sa promise quelques réflexions sur la réalité de l'économie et du socialisme tel qu'il est pratiqué sur le terrain. Des remarques désabusées, agacées, voire violemment critiques. Il s'insurge contre la « manière de vivre des cadres locaux », caractérisée par une « passivité » et un « conservatisme » affligeants :

> L'acceptation des conventions, de la subordination, tout est prédéterminé, l'impudence sans fard des représentants du régime et leur arrogance ! Quand on regarde un de ces cadres, on ne voit rien de remarquable à part sa panse. Mais quel aplomb, quelle arrogance et quel ton condescendant, suffisant !

L'abîme qui sépare cette réalité sordide et les rêves idéalistes des étudiants de la MGU le mène au bord de la déprime – c'est lui-même qui le raconte. Comment un jeune homme brillant et loyal, conscient des gigantesques besoins de la société dans laquelle il fait ses premiers pas, pourrait-il se satisfaire des mœurs politiques générées par un régime collectiviste, bureaucratique et policier ? Mais Mikhaïl, tout comme sa fiancée, ne connaît pas d'autre système de gouvernement et, s'il s'émeut du je-m'en-foutisme ambiant, il est encore bien loin de l'imputer au régime en place.

L'heure des choix

En cette rentrée 1953, le mariage de Mikhaïl et Raïssa coïncide avec leur déménagement dans la résidence universitaire construite sur les monts Lénine, près de la nouvelle université Lomonossov. C'est en camion spécial que les étudiants concernés ont été transférés avec leurs affaires depuis Sokolniki. L'*obchejitie* est toute neuve, moderne, beaucoup plus confortable. On y loge des diplômés supérieurs, en fin d'études ou en troisième cycle.

Comme tous leurs camarades, Mikhaïl et sa femme bénéficient de petites chambres individuelles, ce qui est un luxe inouï. Le seul problème, c'est la quasi-impossibilité de se retrouver nuitamment chez l'un ou chez l'autre. On ne plaisante pas avec la morale socialiste : des agents en uniforme à l'entrée des résidences et des femmes « de service » *(diejournye)* à tous les étages veillent à ce que chacun rentre chez soi avant le couvre-feu. Quarante ans plus tard, Mikhaïl Gorbatchev aura encore dans l'oreille la « voix stridente de la surveillante d'étage » qui venait ainsi troubler leur romance « à 23 heures tapantes » : « Une personne extérieure se trouve chez vous[12] ! »

Sur tous les plans, c'est l'heure des choix. Mikhaïl est plutôt serein : en principe, un emploi l'attend au parquet de Moscou à l'automne 1955, tandis que Raïssa, de son côté, a réussi un examen pour entamer une thèse de doctorat d'Etat. L'avenir immédiat sourit au jeune couple. Ils sont assurés de conserver leur *propiska*, ce document essentiel qui leur permet – privilège extrême – de résider à Moscou.

Mais patatras ! Après son dernier examen le 30 juin, on fait savoir à Gorbatchev qu'il n'y a plus de poste pour lui dans la capitale. Les innombrables « affaires » nées de la libéralisation khrouchtchévienne – des millions de braves gens libérés des camps de Sibérie qui demandent à être réhabilités, indemnisés ou relogés – sont trop délicates pour être confiées à des fonctionnaires débutants. Déçu, le jeune homme se voit offrir un emploi à Tomsk, en pleine Sibérie. Un autre à Blagovetchensk, à l'est de la Mongolie extérieure. Un troisième au Tadjikistan…

Les deux tourtereaux hésitent. Attendre un an, sans ressources, en prolongeant leurs études supérieures ? On propose à Gorbatchev de rédiger une thèse de doctorat sur le droit kolkhozien – mais il est bien placé pour savoir que ce sujet n'est pas intéressant. La décision n'est pas facile à prendre. « Micha » n'aime pas Moscou, qui n'est pas à son échelle : l'ex-petit provincial continue de se sentir étranger à cet univers violent et impersonnel. Raïssa, quant à elle, serait prête à quitter la capitale sans rechigner, car elle souffre de rhumatismes – elle expliquera à sa fille que c'était à force de marcher dans la neige avec des chaussures légères – et les médecins lui conseillent de changer de climat.

Mikhaïl suggère alors une solution radicale : tant qu'à s'éloigner de Moscou, autant aller travailler dans le Sud, dans sa région, à Stavropol. Il n'aura pas de mal à y trouver du travail, et l'air y est moins pollué que dans la capitale. Pour le meilleur et pour le pire, va donc pour Stavropol !

4

Les jardins de Stavropol

«Le Caucase, douce mélodie de ma patrie.»

Mikhaïl LERMONTOV.

Quand il débarque à Stavropol par le train de Moscou, le 5 août 1955, Mikhaïl Gorbatchev porte deux valises pleines d'affaires personnelles qu'il dépose à la consigne de la gare : une grosse caisse de livres suivra à «petite vitesse» pour réduire le coût du transport. Il est seul : Raïssa est allée passer l'été chez ses parents dans l'Oural. Le jeune homme s'installe à l'hôtel Elbrouz, près de la gare, le temps de trouver à se loger. Il est attendu le jour même par le procureur régional, un certain Petoukhov. Le jeune homme arpente pour la première fois les rues de la capitale régionale.

Stavropol. En grec : la «ville de la croix». Une ancienne place forte qui défendait naguère la Russie du Sud contre l'Empire ottoman. Au loin, les premiers contreforts du Caucase. Une ville plaisante d'environ 120 000 habitants : rien à voir avec une mégalopole brouillonne, bruyante et anonyme comme Moscou. Voilà une cité paisible, typiquement provinciale. Avec son climat sensiblement plus doux que celui de la capitale. Avec ses anciens hôtels particuliers d'avant la Révolution, ses maisons basses en bois aux palissades ajourées, ses jardins embaumés, ses parcs, ses arbres et ses parterres de fleurs, Stavropol est «la ville la plus verte de Russie», comme titre un documentaire de l'époque. Voici comment Raïssa la décrit dans ses souvenirs :

> C'est un océan de verdure. La ville entière semble couverte d'un luxuriant habit vert. Il y a des peupliers d'Italie, d'innombrables châtaigniers. Des saules, des chênes, des ormes. Et du lilas. Des fleurs partout. En automne, tout n'est que pourpre et or, la ville devient d'une douceur mélancolique. Elle est alors la quintessence même de l'automne[1]…

Stavropol est aussi la capitale d'une grande région dont Gorbatchev ne connaissait que la partie septentrionale. Or ce territoire immense regorge de beaux paysages diversifiés et d'espaces magnifiques, depuis les rives marécageuses de la rivière Manytch jusqu'aux pentes sévères du mont Dombaï (4046 m), dans le Caucase. Raïssa évoquera aussi avec enthousiasme ce qui devint, en 1955, sa nouvelle région d'adoption :

> Une région fantastique ! Un pays inondé de soleil, du blé et des jardins à profusion. Et les tournesols qui s'orientent selon le soleil pendant les chaudes journées. Un pays de merveilleuses montagnes et de steppes odorantes…

A Stavropol, on se connaît, on se salue. On circule à pied – d'ailleurs, seules la grande place Lénine, l'avenue Staline[2] et quelques rues privilégiées sont pavées, au point qu'à la moindre pluie on s'y promène en bottes à cause de la boue. On y boit l'eau aux fontaines publiques. C'est un des premiers constats de Gorbatchev à son arrivée : la ville est agréable, mais elle ne connaît ni le chauffage urbain, ni l'eau courante, ni le tout-à-l'égout…

Le Komsomol recrute

Le procureur Petoukhov accueille avec plaisir le nouvel arrivant, trop heureux d'embaucher, au fond de sa province, un jeune et fringant diplômé de l'université de Moscou. Mais la désillusion est immédiate. Le jeune Gorbatchev démissionne au bout de dix jours : le travail est vraiment trop ennuyeux. Il n'a pas le goût de la paperasse. Le stage qu'il avait fait pendant l'été 1953 à Krasnogvardeiskoe lui avait déjà laissé quelques souvenirs amers. Dès les premiers instants, il retrouve la bureaucratie, avec son cortège d'indifférence, d'incompétence et de favoritisme. Ce n'est pas la vie de bureau, avec tous ses travers, qui l'attire, mais la vie politique.

Justement, l'appareil local du Komsomol recrute. L'expérience de Mikhaïl à l'université de Moscou intéresse Viktor Mironenko, Premier secrétaire de l'organisation régionale *(kraïkom)* des Jeunesses communistes. La faconde du nouvel arrivant séduit autant que son diplôme de la MGU. Gorbatchev est engagé comme directeur adjoint de l'*agitprop* du Komsomol pour le territoire de Stavropol. Voilà qui correspond bien mieux à son tempérament, à ses convictions et à son goût pour les contacts humains.

Pendant des mois, il va passer ses journées à sillonner la région en train, en camion, en carriole ou à pied, pour y prêcher la bonne parole. A parler, à discourir, à exposer, à discuter, à convaincre. Et à faire des rapports à ses chefs. Il se collette la réalité du « terrain » : des villages sans électricité, sans journaux, sans radio, sans cafés, sans routes carrossables ; des responsables locaux sans moyens, sans vision, sans culture, parfois sans scrupules. « On pouvait s'estimer heureux quand l'un d'entre eux pensait à vous offrir un verre de lait et un quignon de pain », se rappellera Gorbatchev dans ses *Mémoires*. Le jeune homme, commis voyageur du stalinisme, est bien loin des débats contradictoires de la fac de droit, des discussions théoriques de la capitale et des sempiternels bulletins de victoire de la presse officielle !

Gorbatchev a trouvé une minuscule chambre de 11 m² rue Kazanskaïa, une rue en pente assez loin du centre-ville, dans une maison en pierre, propriété d'un couple d'instituteurs à la retraite. Comme la plupart des constructions de Stavropol, celle-ci est couverte de houblon et de vigne vierge. Les trois petites fenêtres de la chambre, où trône un énorme poêle, donnent sur des arbres. Le jeune couple dispose d'un lit en fer, de deux chaises achetées sur place et d'une énorme caisse de livres qui supporte l'unique table. Ils font la cuisine sur un petit réchaud à pétrole, dans le couloir. Et ils chargent eux-mêmes le poêle à bois.

Le nouvel apparatchik, salarié par le Komsomol, gagne 1 000 roubles par mois – des « anciens roubles », correspondant à 100 roubles des années 1990 (soit environ 100 euros). Après prélèvements et cotisations diverses, il reste au couple la somme de 840 roubles. Là-dessus, il faut encore prélever 250 roubles rien que pour le logement, sans les charges. Parfois, les parents de Mikhaïl lui font passer quelques colis de produits alimentaires venant du kolkhoze de Privolnoe. Ce n'est pas la grande vie, certes, mais ce n'est pas non plus la misère.

Raïssa l'intermittente

Pour Raïssa, qui a rejoint son époux au bout de quelques semaines, ce déménagement est un saut dans l'inconnu. Avec ses espoirs et ses déceptions. Ainsi, la jeune femme n'imagine pas devenir femme au foyer. Mais comment trouver un travail intellectuel dans une région reculée où la seule chose qui importe est la reconstruction du pays ? L'URSS est entièrement mobilisée autour du Ve Plan quinquennal (1951-1955), lequel prévoit de « dépasser l'économie des pays capitalistes » *(sic)* : on a besoin d'ingénieurs, de physiciens, de mécaniciens, pas de diplômés en lettres et sciences humaines. Ah ! si elle avait été spécialiste en forages hydrauliques, en études géologiques ou en construction de pipe-line ! Une toute récente découverte agite beaucoup les responsables locaux : un gisement de gaz naturel, mis au jour en 1946, va bientôt transporter le gaz vers le nord et alimenter Moscou. On engage des gaziers, des architectes, des techniciens par dizaines. Mais que faire d'une philosophe ? Malgré tous ses efforts, malgré l'aide de son mari, Raïssa va rester quatre ans sans poste fixe.

Elle a encore le statut d'étudiante quand l'association *Znanie* (« Savoir ») l'invite à prononcer une conférence dans un club d'usine. C'est la première fois qu'elle se montre en public. L'habitude, lui explique-t-on, est de coupler une conférence savante et une soirée dansante – ce qui garantit une certaine affluence à la conférence, mais pas forcément un intérêt pour le sujet traité ! Raïssa planche doctement sur « Le sommeil et le rêve dans l'enseignement de I. P. Pavlov » – le « Pavlov » du fameux chien qui salive à cause de son réflexe conditionné. La jeune femme a préparé consciencieusement sa conférence, elle a travaillé des heures à la bibliothèque, elle a rédigé soigneusement son texte, qu'elle lit, de la tribune, sans lever la tête une seule fois. Quand elle termine, elle s'étonne : il n'y a ni questions ni applaudissements. Le silence. Puis un brouhaha : place à la musique et à la danse, tous au bar !

Malgré cette première expérience frustrante, Raïssa va rester une conférencière attitrée de l'organisation *Znanie*, dont elle rejoindra, plus tard, le présidium régional. Cette activité non rémunérée lui fera au moins rencontrer des écrivains, des poètes, des compositeurs, des artistes et des acteurs. A Stavropol, qui n'est pas exactement une capitale culturelle, ces contacts sont rares, donc précieux.

Raïssa connaît le sort d'un enseignant débutant qui travaille par intermittence : remplacements, cours du soir, contrats à courte durée. Pendant quelques mois, elle enseigne l'« histoire de l'athéisme et de la religion ». Elle s'étonne d'avoir les pires difficultés pour se procurer de la documentation, à commencer par la Bible, les Evangiles et le Coran. Dans l'URSS des années 1950, tout cela ne se trouvait évidemment pas en librairie. « Par quels étranges détours ai-je dû me les procurer ! », ironisera Raïssa trente ans plus tard, sans en révéler davantage sur ses mystérieux fournisseurs.

Son premier cours magistral, elle le donne à l'Institut médical de Stavropol. Thème général : le marxisme-léninisme. Sujet : l'histoire de la philosophie. Le hasard veut qu'une brochette de doyens et de dignitaires des facultés de la ville passent par là et voient ce petit bout de femme de 50 kg, en robe verte et petit fichu, à moitié terrorisée, raconter Descartes, Kant et Lénine à des étudiants apparemment plus âgés qu'elle. Le directeur de l'établissement, Nikolaï Khvorostoukhine, est-il ému par sa prestation ? Toujours est-il qu'il propose à Raïssa, quelques mois plus tard, un poste de professeur à plein temps. Enfin ! Mais le destin est cruel : le directeur meurt bientôt d'un cancer : Raïssa perd aussitôt son poste et doit chercher ailleurs.

Les joies de la kommunalka

C'est dans la petite chambre de la rue Kazanskaïa que naît Irina le 6 janvier 1955, à la veille du Noël orthodoxe. Le bébé est une adorable petite fille de 3,3 kg et 50 cm, que la sage-femme déclare « en parfaite santé ». C'est un grand soulagement pour Raïssa, à qui les médecins avaient laissé craindre une grossesse à risques, en raison de ses rhumatismes chroniques. La grand-mère Vassilissa est la première à venir aider la jeune maman. Sans rien dire à personne, « Vassioutka » ira secrètement faire baptiser Irina dans une église orthodoxe, à l'insu des parents[3] !

Un bonheur très grand, donc, mais une chambre vraiment trop petite… Mikhaïl fait jouer ses relations et obtient de ses collègues du Komsomol un « appartement gouvernemental » dans un immeuble moderne, dont les deux étages ont déjà été divisés en logements : au rez-de-chaussée, les bureaux sont à leur tour convertis en un immense appartement communautaire de neuf logements. Gorbatchev se voit allouer un deux pièces constitué à partir d'un bureau et d'une salle d'attente.

Les deux pièces sont « privées », mais elles font partie, avec les huit autres logements, d'une *kommunalka.* Depuis l'abolition de la propriété privée en 1918, environ 80 % de la population des villes russes vivent dans des logements communautaires, en général « découpés » autoritairement dans des appartements anciens. Les différents habitants y partagent la cuisine, la salle de bains, les toilettes et le vestibule, dans une promiscuité difficile à supporter à cause du bruit, des cris des enfants, des animaux domestiques et des mille et un tracas de la vie quotidienne[4].

Dans le cas du couple Gorbatchev, il semble que cela se passe plutôt bien. Les colocataires de l'appartement sont : un militaire démobilisé, un mécanicien travaillant dans une usine de vêtements, un ouvrier soudeur, un agent hospitalier, tous ayant femme et enfants, et aussi quatre femmes seules – les célibataires et les veuves sont nombreuses dans l'URSS de l'après-guerre. La discipline commune est respectée par tous, racontera Raïssa, sauf quand l'un ou l'autre a abusé de la vodka. On joue le soir aux dominos, on fête les anniversaires des uns et des autres. Raïssa sympathise même avec la femme du militaire, Zoïa Karetnikova, une ex-Moscovite aux doigts de fée qui arrondit ses fins de mois en reprisant et en cousant pour tous ses voisins.

Ce qui pèse le plus à Raïssa, ce n'est pas cette cohabitation communautaire, que nos deux jeunes mariés pleins de dynamisme parviennent à supporter plus facilement que d'autres, mais le faible niveau culturel de la région. Moscou lui manque. A l'exception des cinémas Gigant, Octobre et Patrie, du Théâtre Lermontov au répertoire un peu court et de la bibliothèque municipale au fonds limité, Stavropol n'offre aucune distraction, à part les sempiternelles compétitions sportives.

La télévision n'existe pas encore, on ne peut pas voyager, l'argent manque : il n'y a rien à faire. Et on se lasse vite des parties de dominos disputées, le soir, avec les autres habitants de la *kommunalka*. Heureusement, Raïssa aime lire. Les romanciers classiques, les poètes contemporains, certains auteurs étrangers. Elle partage ses découvertes et ses émotions littéraires avec son mari. Elle sait où se procurer les opuscules nouveaux, les textes à la mode et même certaines publications politiquement incorrectes. Elle lit les vers d'Anna Akhmatova, antistalinienne notoire, et ceux de son mari Nikolaï Goumilev, un poète fusillé par les bolcheviks après la Révolution. Elle aime les textes de Boris Pasternak, futur Prix Nobel mis à l'Index par le Parti. Elle est abonnée à la très ancienne revue *Novy Mir,* dirigée par l'anticonformiste Alexandre Tvardovski, qui va publier avec l'aval de Nikita Khrouchtchev, en 1962, un émouvant récit sur le goulag stalinien, *Une journée d'Ivan Denissovitch,* écrite par un écrivain inconnu originaire de la région de Stavropol, un certain Alexandre Soljenitsyne[5].

La détente préférée des Gorbatchev, c'est la marche dans les bois, dans la steppe ou dans la montagne. Ils font de longues balades de 15 ou 20 km à pied. Il leur est même arrivé de se perdre dans la forêt. Ou d'être surpris par un orage en pleine montagne. Et même, une fois, par une violente tempête de neige : ils ont suivi à l'aveugle, pendant des heures, une ligne électrique, tandis que leurs amis inquiets avaient déjà donné l'alarme. Une autre fois, dans un bois, ils se sont fait tirer dessus, de loin, par des voyous !

Mikhaïl et Raïssa se font des amis, qui les suivent rarement dans leurs grandes expéditions pédestres. Sauf, peut-être, Lydia et Alexandre Boudyka : elle est pédiatre et veillera souvent sur la santé de leur fille Irina ; lui est ingénieur et responsable des questions agricoles au Parti local. Ou encore Lilia et Vladimir Koloditchouk : elle est une collègue de Raïssa à la faculté de philosophie de l'Institut supérieur d'agriculture de Stavropol ; lui dirige le département de la culture du Comité du Parti de la ville. C'est avec la complicité de Vladimir que Gorbatchev fera construire, plus tard, un « Palais de la culture » polyvalent dans la capitale régionale, et qu'il lancera une manifestation annuelle, l'« Automne musical » de Stavropol.

1956 : le rapport Khrouchtchev

Au printemps de 1956, une incroyable tempête s'abat sur le Parti communiste de l'URSS. Le 24 février, clôturant à Moscou le XXe Congrès du PCUS, Nikita Khrouchtchev s'adresse aux 1 436 délégués réunis à huis clos, dans le plus grand secret : « Rien ne devra filtrer à l'extérieur. La presse spécialement ne doit pas être informée. Nous ne devons pas fournir des munitions à l'ennemi, nous ne devons pas laver notre linge sale devant ses yeux… »

Et l'orateur de prononcer son rapport sur le « culte de la personnalité », qu'on appellera le « rapport Khrouchtchev »[6] : à la stupéfaction générale, il y dénonce les déportations massives, les arrestations arbitraires « d'honnêtes communistes et de chefs militaires traités en ennemis du peuple » ; il y stigmatise les erreurs grossières du dictateur dans la gestion de la guerre ; il y révèle enfin son caractère irascible et violent, y compris dans ses rapports avec les Partis communistes frères.

A Stavropol, les responsables du Parti et du Komsomol reçoivent au bout de quelques semaines le bulletin d'information du Comité central du PCUS qui reproduit mot pour mot les termes du « rapport Khrouchtchev ». Comme dans toute l'URSS, les dirigeants locaux n'en croient pas leurs yeux. Le désarroi est total. Certains, souvent les plus anciens, mettent en doute jusqu'à l'authenticité du texte, et se gardent prudemment de tout commentaire. D'autres critiquent, du bout des lèvres, son opportunité : était-il nécessaire d'aller aussi loin dans la critique ? D'autres encore adoptent aussitôt la « nouvelle ligne » du Parti et dénoncent à leur tour les méfaits du stalinisme – sans que l'on sache, le plus souvent, si c'est par conviction ou par opportunisme.

Il semble que ce soit le cas de Gorbatchev. Si l'on doit prendre avec réserves le récit qu'il en donne quarante ans plus tard, le jeune homme paraît avoir suivi sans hésiter les instructions venues de Moscou. Il est d'ailleurs envoyé, parmi d'autres, prêcher la bonne parole dans un district, celui de Novo Alexandrovsk, où il mesure la difficulté de la tâche : à la base, en majorité, les communistes qu'il admoneste ne sont pas d'accord pour brûler ainsi ce qu'ils ont adoré.

Il passe quinze jours dans ce district, à rencontrer toutes les cellules du Parti et du Komsomol, et à batailler ferme. Gorbatchev comprend qu'il ne peut se contenter de transmettre autoritairement la nouvelle ligne fixée par le Kremlin : il choisit de discuter, d'échanger, d'écouter, de commenter, de modérer. Les discours politiques formels sont inopérants, il faut les remplacer par des entretiens « francs et amicaux », comme on dit dans la langue du Parti. A Stavropol, Mikhaïl crée un « club de discussion municipal » qui attire les jeunes, certes, mais qui n'endigue pas toujours les polémiques et frôle plusieurs fois la fermeture…

La tâche est rude. La critique officielle s'efforce d'exonérer le Parti des crimes de son chef et des excès du stalinisme. « Le culte de la personnalité est un abcès superficiel sur l'organe parfaitement sain du Parti », écrit la *Pravda*. C'est donc le « culte de la personnalité », et lui seul, qui était « contraire aux principes du marxisme-léninisme ». Or, il ne faut pas longtemps aux communistes de tout poil pour saisir le véritable enjeu de cette dénonciation du « culte de la personnalité » : les cadres locaux du Parti ne sont pas très cultivés, mais la plupart comprennent, intuitivement, que les reproches faits à Staline déstabilisent forcément tous ceux qui furent ses défenseurs, thuriféraires et autres porte-drapeaux ; et qu'ils ne peuvent que déboucher sur une critique du système lui-même. Vertigineuse perspective !

Gorbatchev franchit l'obstacle. Il a des qualités propres à ce genre de travail. D'abord son incontestable dynamisme – c'est un « hyperactif chronique », disent ses proches. Mais aussi sa franchise apparente, même s'il sait se taire quand il le faut ; son contact direct avec les gens ; sa simplicité, là où les autres sont facilement arrogants ; son respect des autres, qu'il sait écouter. Ce sens de l'écoute lui permet de s'imbiber, telle une éponge, de ce que lui disent ses interlocuteurs, au point de donner raison, parfois, à son contradicteur et de modifier son point de vue. C'est une preuve d'intelligence dans un pays qui n'a pas la moindre culture du dialogue, qui n'a jamais connu la démocratie, où l'on confond autorité et autoritarisme, où le pouvoir se mesure à la force qu'on y emploie. Gorbatchev a surtout un don : celui de bien parler, sans notes, de n'importe quel sujet, en ajoutant à sa faconde l'émotion, l'humour et la fermeté qui conviennent. Au pays de l'idéologie reine, celui qui maîtrise le langage détient, consciemment ou non, les clés du pouvoir.

En outre, Stavropol n'est pas Moscou. On y a moins peur de la police politique. Il arrive souvent que Mikhaïl Gorbatchev passe boire un verre dans les bureaux de la *Stavropolskaïa Pravda* (le quotidien du Parti) pour y discuter librement, ou presque, avec les journalistes locaux. L'un de ceux-ci, rédacteur débutant au *Molodoï Leninets* (l'organe du Komsomol), se rappelle ces échanges « en toute simplicité » où l' « on croyait, à tort, que la démocratie était possible[8] ». Le jeune journaliste s'appelle Vladimir Maximov. Il va devenir un des dissidents les plus virulents du monde communiste dans les années 1970.

Raïssa sociologue

De son côté, Raïssa a fini par trouver un poste de maître de conférences à la faculté d'économie de l'Institut supérieur d'agriculture de Stavropol. C'est à cette époque qu'elle se prend de passion pour une discipline qui progresse en Occident mais n'existe quasiment pas en URSS : la sociologie. Au plus fort du dogmatisme stalinien, dans les années 30, les idéologues du régime avaient jugé cette nouvelle science « indésirable » et « dangereuse ». Et l'avaient interdite[9]. L'histoire, passe encore : on a besoin d'« historiens » pour rappeler les méfaits de l'Ancien Régime. Mais des sociologues, pour quoi faire ? A quoi bon étudier la société de façon critique, puisque le marxisme-léninisme est en train de la rendre parfaite, et que toute observation négative serait une entrave à la construction de l'avenir radieux ?

Dans ses Mémoires, Raïssa dénoncera le « dogmatisme aveugle de la pensée sociale théorique » qui, après une esquisse d'assouplissement au début des années 1960, lors du « dégel » khrouchtchévien, reprendra de plus belle sous la période dite de la *zastoï* (« stagnation »), c'est-à-dire sous Brejnev[10]. Pense-t-elle vraiment cela à l'époque où elle vit à Stavropol ? Difficile à dire. Ce qui est certain, c'est qu'elle se garde bien, alors, d'exprimer ce type d'indignation en public.

Pourtant, Raïssa se lance. A rebours de son époque, elle va préparer une thèse de troisième cycle de sociologie. Est-ce son mari qui la conseille ? Sont-ce ses propres origines paysannes qui l'inspirent ? Elle choisit d'étudier la vie des villages russes de sa région d'adoption, et notamment la situation des familles kolkhoziennes. La jeune Ukrainienne n'ignore rien de la campagne. D'ailleurs, à l'époque, comme tous les citoyens valides de Stavropol, elle va régulièrement « aux champs », dans les kolkhozes voisins, au sein de « brigades » d'enseignants et d'étudiants, pour récolter le maïs, ramasser le raisin et arracher les pommes de terre. Il existe une photo d'elle en pleine récolte, au milieu de ses élèves de l'Institut d'agronomie de Stavropol, où rien ne la distingue de ses étudiantes.

Ces travaux d'été, tout comme les « samedis volontaires » *(soubotniki)* où chaque citoyen doit participer aux tâches collectives, ne sont rien à côté de ce que la sociologie va lui faire accomplir : des années d'enquête, été comme hiver, en charrette sur les chemins poussiéreux, à pied dans les sentiers défoncés, en traîneau sur les routes enneigées, à visiter des centaines de familles paysannes dans les fermes collectives de six gros villages des environs.

Visites aux ouvriers agricoles, aux brigades de travail, aux écoles, aux bibliothèques, aux magasins, aux crèches, aux maisons de retraite ; travail de recherche dans les archives des municipalités et les données statistiques des kolkhozes ; entretiens individuels dans les fermes les plus reculées. Elle va passer des semaines et des mois, en bottes en caoutchouc, dans les chemins boueux qui mènent aux villages et aux *stanitzas* cosaques de la région. A moto, en camion, en charrette. A boire des centaines de verres de thé brûlant dans des verres ébréchés avec les vieilles paysannes, les retraités et les veuves de guerre. Elle va mener un vrai travail d'enquête – comme peu de gens en menaient en URSS à l'époque –, recueillant quelque 3 130 questionnaires qu'elle fait souvent remplir sur place, sur un coin de table.

Elle soutiendra sa thèse en 1967 à l'Institut pédagogique d'Etat de Moscou. Elle en publiera un livre deux ans plus tard à Stavropol, tiré à 1 500 exemplaires :

> « R. M. Gorbatcheva : Abrégé d'une thèse soumise en vue de l'obtention d'un doctorat en philosophie. » Titre : *Apparition d'aspects nouveaux dans le mode de vie paysan dans les fermes collectives – Conclusions d'une enquête sociologique dans le district de Stavropol.*

La présentation, le ton et le style sont ceux de l'époque. En apparence, l'ouvrage est d'un grand conformisme. Mais, en comparaison des travaux scientifiques habituels de son temps, la thèse de Raïssa ne manque pas d'originalité, voire d'un certain courage. Elle y critique évidemment les fermes traditionnelles, l'alcoolisme, les parties de dominos et les fêtes religieuses, mais elle n'y déforme pas la réalité. Un « thésard » moins courageux aurait passé sous silence, par prudence, tout ce qui touche à la religion. L'objectivité de son travail sera fort utile à son apparatchik de mari lorsque celui-ci voudra mieux comprendre les habitants du territoire qu'il gouverne.

C'est à cette occasion qu'elle découvre un autre sujet de réflexion, qui ne figure pas non plus dans les programmes universitaires de l'URSS poststalinienne : la *condition féminine*. Raïssa constate très vite qu'un quart des foyers qu'elle visite se composent d'une femme seule : soit une veuve de guerre, soit une jeune célibataire ayant pris son parti d'un monde démographiquement déséquilibré par le conflit mondial. L'Union soviétique manque cruellement d'hommes, en ces années cruciales. Et les femmes doivent se débrouiller toutes seules.

Raïssa collectionne les témoignages sur les inégalités de salaires entre hommes et femmes, sur les violences faites aux femmes à cause de l'alcoolisme, sur l'extrême difficulté de mener à la fois une vie familiale et une activité professionnelle. Elle note aussi – avec prudence – que le marxisme-léninisme aggrave en la matière ce qu'il est censé combattre : plus on s'élève dans la hiérarchie, y compris dans le Parti communiste, plus les hommes marginalisent les femmes. Dans ce pays où la Révolution a triomphé, où les femmes sont beaucoup plus nombreuses que les hommes, on n'en a jamais vu une seule siéger au secrétariat du Comité central ou au Politburo[11] !

5

Les premiers pas

> « On fait semblant de nous payer,
> nous faisons semblant de travailler ! »
>
> Proverbe soviétique.

Le tremblement de terre que furent le XXe Congrès du Parti et le sulfureux « rapport Khrouchtchev », en février-mars 1956, aura été une sorte de baptême du feu pour le jeune apparatchik qu'est devenu Mikhaïl Gorbatchev. En terre communiste, il n'est pas toujours facile de suivre la « ligne ». Surtout loin du Kremlin. Un faux pas est vite commis, qui peut brutalement mettre fin à un début de carrière. Ou pire. Apparemment, Gorbatchev a correctement franchi l'obstacle puisqu'il est promu, quelques mois après ces événements troublés, au poste de Premier secrétaire du Komsomol de la ville de Stavropol.

Il remplace Vsevolod Mourakhovski, de cinq ans son aîné, qui l'a proposé comme successeur avant de poursuivre sa propre ascension dans la hiérarchie locale. Les deux hommes, qui se sont bien entendus, vont faire des carrières parallèles : vingt ans plus tard, c'est Mourakhovski qui succédera à Gorbatchev à la tête du *kraïkom* de Stavropol ; et trente ans plus tard, quand celui-ci deviendra le numéro un du PCUS, il nommera Mourakhovski vice-Premier ministre chargé du complexe agro-industriel – les kolkhozes et les sovkhozes, toujours !

Mikhaïl Gorbatchev a 25 ans. En 1955, il avait commencé tout en bas de l'échelle, comme modeste chargé de l'*agitprop* dans l'appareil municipal du Komsomol – un poste en dessous de la valeur que lui conférait son diplôme de l'université de Moscou. Cette fois, il s'agit d'un vrai poste de responsabilité. Certes, il n'est pas très important : d'abord, Stavropol n'est jamais que la soixante-dixième ville d'Union soviétique ; ensuite, l'organisation « jeune » qu'il dirige n'est que la courroie de transmission du Parti communiste. Mais lors des défilés traditionnels du 1er mai et du 7 novembre, sur la tribune de la place Lénine, ce grand espace où l'on achève de construire le nouveau palais du gouvernement et où ne trône pas encore une grande statue du fondateur de l'URSS, le jeune Gorbatchev fait partie des officiels. En bout de file.

Chef du Komsomol de la ville de Stavropol de 1956 à 1958, Gorbatchev va devenir deuxième secrétaire, puis, en mars 1961, Premier secrétaire du Komsomol pour toute la région de Stavropol. Etre le « numéro un » des Jeunes communistes d'une grande région, c'est avoir déjà un pied dans le Parti communiste lui-même. C'est faire partie, au niveau local, de la *nomenklatura*[1]. C'est disposer d'une automobile, une Gazik (sorte de Jeep russe) destinée à aller diffuser jusqu'aux Comités les plus reculés les instructions venues de Moscou. C'est disposer enfin d'un appartement individuel dans une résidence d'Etat. Mikhaïl et Raïssa quittent l'appartement communautaire de la rue Kazanskaïa. Le destin en a décidé ainsi : ils ne retomberont plus jamais dans le quotidien sordide du Soviétique moyen.

Dans les coulisses du XXIIe Congrès

Cette promotion est aussi l'occasion d'aller représenter le territoire à Moscou, lorsque le « Centre » réunit les « organisateurs » et autres « activistes » de toutes les régions du pays. C'est au cours d'une de ces réunions que Gorbatchev fait la connaissance d'un autre jeune plein d'avenir, alors Premier secrétaire du Komsomol pour la Géorgie, un certain Edouard Chevardnadze. Les deux jeunes gens, aussi intelligents et ambitieux l'un que l'autre, pouvaient-ils imaginer que, trente ans plus tard, le second serait le ministre des Affaires étrangères du premier ?

En octobre 1961, Gorbatchev est désigné comme membre de la délégation officielle qui représentera le territoire de Stavropol au XXIIe Congrès du Parti communiste à Moscou. C'est à la fois un honneur et une aventure. Le voilà, pendant deux semaines, noyé au milieu de 5 000 délégués dans la grande salle du Kremlin, prêt à prendre sa première leçon de haute politique.

Car ce XXIIe Congrès s'annonce très agité et très instructif. C'est le grand rendez-vous de la déstalinisation : Nikita Khrouchtchev y condamne à nouveau le « culte de la personnalité » dans l'esprit de son rapport de 1956, et associe dans son opprobre le « groupe anti-Parti » (Molotov, Malenkov, Kaganovitch) qui a voulu le renverser trois ans plus tôt. Le tout en lançant de nouvelles réformes de structure, en procédant à de nombreux remaniements et, manifestement, en accaparant l'essentiel du pouvoir.

C'est au cours de ce Congrès, le 30 octobre, que la décision est prise, à main levée, de retirer le corps embaumé de Staline du Mausolée de la place Rouge. On envoie aussitôt des ouvriers déplacer la dépouille du dictateur déchu, n'y laissant que celle de Lénine. Mais on le fait pendant la nuit pour éviter toute manifestation intempestive des nostalgiques du « Petit Père des peuples » : on ne sait jamais. A l'extérieur du Congrès, beaucoup de vieux bolcheviks et nombre d'anciens combattants désapprouvent cette mesure. Gorbatchev, lui, vote avec enthousiasme cette proposition, comme il le racontera à l'un de ses collaborateurs : « Et comment, que j'ai levé la main[2] ! »

En réalité, il est toujours aussi partagé. Certes, depuis quatre ans, il est parfaitement en phase avec Khrouchtchev sur la déstalinisation : il a peu à peu réalisé jusqu'à quel degré de folie meurtrière Staline avait conduit le pays, et que celle-ci avait fait des victimes jusque dans sa propre famille[3]. Mais il continue de se méfier, en son for intérieur, du « subjectivisme » et du « volontarisme » du nouveau maître de l'URSS, dont il désapprouve silencieusement les décisions brouillonnes, notamment en matière agricole. Comme beaucoup de délégués, il est agacé par les débordements flatteurs à l'endroit de Khrouchtchev qui, visiblement, ne déteste pas qu'on l'adule à son tour. Mais le jeune délégué de Stavropol n'est pas fou : il applaudit vivement, comme tout le monde, les plus grossières flagorneries adressées au successeur de Staline.

Si l'on en croit son ex-supérieur et ami Nikolaï Dorokhine, qui partageait la même chambre d'hôtel, Gorbatchev était très sceptique, voire critique, lors des grandes envolées lyriques et « émotionnelles » de Nikita Khrouchtchev : quand celui-ci, à la tribune du palais du Kremlin, annonce triomphalement que chacun des présents « verra de son vivant l'achèvement du communisme », les deux jeunes délégués se regardent sans mot dire, mais en haussant discrètement les sourcils[4]...

La délégation au sein de laquelle Gorbatchev fait ainsi ses classes est dirigée par le nouveau patron de la région de Stavropol, Fedor Koulakov, nommé quelques mois plus tôt. On ne sait pas encore quel est le réel pouvoir de ce nouveau chef parachuté de Moscou, où il avait rang de ministre. Bannissement politique ? Disgrâce définitive ? Ou simple sanction temporaire pour un dirigeant que Nikita Khrouchtchev a seulement voulu éloigner du pouvoir central ?

Stavropol, voie de garage ?

Il faut dire que le *kraïkom* de Stavropol, depuis la guerre, a vu passer davantage de dirigeants sur le déclin que de jeunes espoirs du Parti – au point d'être considéré parfois comme une voie de garage.

Le plus connu des anciens dirigeants du *kraïkom* de Stavropol est Mikhaïl Souslov. Celui qui va devenir un des plus importants responsables du PCUS, celui qu'on qualifiera longtemps de « gardien de l'idéologie », celui qui sera le « tombeur » de Khrouchtchev en 1964, a fait, pendant la guerre, ses premières armes dans cette région du Nord-Caucase : c'est lui, notamment, qui organisa la déportation forcée des Tchétchènes et des Ingouches, considérés comme peu sûrs, vers la Sibérie.

En 1945, Staline appelle Souslov à Moscou. Celui-ci est alors remplacé à Stavropol par Ivan Boitsov, ancien combattant respecté mais parfait « stalinien », autoritaire et cassant, qui est lui-même évincé en 1956, juste après le XXe Congrès du Parti communiste de l'URSS, non sans avoir essuyé de sévères critiques dans la presse.

Son successeur, Ivan Lebedev, est énergique, dynamique et combinard. Il a inauguré son règne en recevant l'ordre de Lénine des mains de Khrouchtchev, venu le lui remettre en personne devant le ban et l'arrière-ban de la *nomenklatura* régionale. C'est la première fois que Gorbatchev voit, en chair et en os, le maître du Kremlin : il note « ses manières franches et ouvertes, son côté populaire, sa volonté de parler avec tout le monde », non sans se demander si cette décontraction, « quand elle manque de culture », ne risque pas de « déraper vers la vulgarité[5] ».

Lebedev sera à son tour limogé en janvier 1960, après avoir encouru publiquement, de la bouche de Khrouchtchev en personne, de durs reproches quant à sa gestion très contestable des affaires agricoles. On apprendra plus tard que Lebedev, pressé par Moscou de « rattraper et dépasser les Etats-Unis » *(sic)* comme tous les chefs régionaux du pays, fermait les yeux sur des pratiques illégales quoique fort répandues à l'époque : les directeurs de sovkhozes, au lieu de produire de la viande bovine à partir des fermes collectives, achetaient des bêtes à prix d'or aux détenteurs de lopins individuels, plombant durablement le budget de l'Etat et empêchant le cheptel local de se reproduire en nombre suffisant. Le tout en maquillant outrageusement les statistiques. A la trappe, Lebedev !

En juillet 1958, on vit aussi débarquer à Stavropol le célèbre maréchal Boulganine, ancien Premier ministre, ancien directeur de la Gosbank, que Khrouchtchev avait exilé là pour se venger de lui : Nikolaï Boulganine avait appuyé le groupe « anti-Parti » Molotov-Malenkov-Kaganovitch dans sa tentative de le renverser en 1957. Boulganine devint président d'un de ces nouveaux « Conseils régionaux de l'économie nationale » (*sovnarkhozi*) qui seront supprimés en 1964 dès l'éviction de Nikita Khrouchtchev, génial inventeur de cette éphémère structure administrative totalement inefficace.

Entre-temps, en janvier 1960, Lebedev a été remplacé par Nikolaï Beliaev, auquel Khrouchtchev venait de retirer le poste

– beaucoup plus important – de chef du Parti au Kazakhstan. C'est un dirigeant en pleine disgrâce qui se trouve ainsi « exilé » à Stavropol, où il ne reste que cinq mois : en juin 1960, le Politburo l'expédie définitivement à la retraite. Et le remplace à Stavropol par Fedor Koulakov.

Dans l'ombre de Koulakov

Fedor Davidovitch Koulakov, 42 ans, est originaire de la campagne, contrairement à tous ses collègues d'extraction « prolétarienne ». Compétent mais autoritaire, colérique, parfois brutal avec ses subordonnés, il a fait toute sa carrière comme spécialiste de l'agriculture. Cela va le rapprocher du jeune Gorbatchev, lui aussi de souche paysanne, lui aussi de culture moscovite, lui aussi spécialisé dans les questions agricoles.

Sans faire partie des plus hautes sommités du Parti communiste, Koulakov a été un très jeune vice-ministre de l'Agriculture avant d'obtenir un portefeuille de ministre « technicien », celui des Produits panifiables. Il a su se rendre indispensable dans ce secteur qui devient peu à peu crucial : l'Union soviétique développe son industrie, se dote de l'arme nucléaire, envoie le premier Spoutnik dans l'espace, renforce son influence dans le monde, mais… ne parvient pas à nourrir sa population.

Si Koulakov est envoyé à Stavropol, région rurale par excellence, c'est aussi pour y appliquer les réformes agricoles ambitieuses ordonnées par Khrouchtchev. Lui aussi, à son niveau, a besoin de cadres intelligents capables d'être ses relais sur le terrain. Il est normal qu'il les cherche dans le vivier politique et humain que constitue le Komsomol local. C'est ainsi qu'il enrôle dans son équipe le jeune Mikhaïl Gorbatchev, 29 ans, qu'il a eu tout loisir de connaître à Moscou pendant le XXIIe Congrès du Parti.

En mars 1962, Koulakov nomme, au sein du Parti, seize « directeurs territoriaux de production kolkhozes-sovkhozes » *(sic)* qui se partageront administrativement les vingt-quatre districts du territoire de Stavropol. Gorbatchev est l'un des seize promus. Il se voit confier trois districts des environs de la capitale régionale.

L'objectif est clair : réaliser l'audacieuse réforme khrouchtchévienne qui vise à regrouper kolkhozes et sovkhozes en grandes entités économiques – bouleversant toutes les structures agricoles existantes et transformant, au passage, tous les paysans en salariés.

Quelques mois après cette nomination, Khrouchtchev lance une nouvelle réforme, plus ambitieuse encore : en novembre 1962, il divise en deux l'appareil du Parti, qui doit se réorganiser en deux branches, une « industrielle » et une « agricole », au risque de perdre son implantation territoriale et de créer une concurrence entre ces deux entités politico-administratives. Dans un territoire comme celui de Stavropol, c'est l'organisation « agricole » qui prend le pas sur l'autre. Koulakov en prend la tête, et confie l'organisation « industrielle » à son second, Nikolaï Bosenko.

Pour diriger le service des « cadres » qui chapeaute l'organisation régionale de la branche agricole du Parti, et qui figure immédiatement sous ses ordres, Koulakov choisit Mikhaïl Gorbatchev. La nomination est effective le 1er janvier 1963. A 31 ans, celui-ci dirige désormais l'échelon le plus important du Parti de la région : celui par lequel passent toutes les nominations, affectations, mutations et limogeages. La gestion des « cadres », c'est le nerf du pouvoir dans un immense pays qui souffre d'une cruelle pénurie de logements : toute nomination, promotion ou relégation, en URSS, peut être une véritable catastrophe sur le plan personnel ou familial.

Gorbatchev va rester près de quatre années à ce poste stratégique, dans l'ombre de celui qui deviendra son protecteur. Son nouveau travail ne le porte pas à s'exposer politiquement ni à réagir publiquement aux événements nationaux. L'ancien diplômé de droit est dorénavant un spécialiste des questions agro-alimentaires : sa compétence est mi-économique, mi-administrative. Il suit, applique, adapte et… subit les nombreuses réformes imposées dans ce secteur par Khrouchtchev, dont on sait qu'il désapprouvait parfois, toujours en silence, les embardées irréalistes et les décisions contradictoires.

Le jeune apparatchik prend modèle sur son nouveau patron, dont il a vite mesuré les forces et les faiblesses. Ainsi, il a bien remarqué, en janvier 1961, que Fedor Koulakov n'avait pas été invité à prendre la parole au plenum du Comité central pourtant consacré aux problèmes agricoles. Pas plus qu'au XXIIe Congrès du Parti, en octobre. Prudence tactique ou réelle mise à l'écart ? L'agriculture, bouc émissaire d'un pouvoir incapable d'assurer le ravitaillement du pays, est un terrain glissant. Ses déficiences suscitent l'énervement des dirigeants du sommet, mais elles servent aussi de prétextes à des manœuvres de couloir sans rapport avec les aléas climatiques et les mauvaises récoltes.

Comment Mikhaïl Gorbatchev n'aurait-il pas lu cet article incendiaire de la *Pravda* du 31 janvier 1961 critiquant les dirigeants du Parti de Stavropol, coupables de « continuer de suivre les vieux sentiers battus des directives imposées d'en haut sans tenir compte des conditions locales, sans en discuter avec les travailleurs ruraux » ? N'est-il pas, lui, Gorbatchev, adjoint de Koulakov, un de ces dirigeants que le journal, c'est-à-dire le Kremlin, tance ainsi ?

Comment n'aurait-il pas été désagréablement surpris, en décembre 1981, par la résolution adoptée par le bureau du Comité central du Parti de la Fédération de Russie (RSFSR) reprochant aux dirigeants communistes de Stavropol leurs « insuffisances dans l'explication et l'étude des documents du XXIIe Congrès » ? Convoqué aussitôt, le plenum du *kraïkom* se fend d'une résolution exigeant de ses chefs – y compris Gorbatchev, donc – qu'ils « renforce[nt] [leur] contrôle sur le contenu idéologique de l'*agitprop*[6] ».

Koulakov encaisse coup sur coup. Gorbatchev voit bien, concrètement, que son mentor n'est pas dans les petits papiers du Kremlin. Mais il constate qu'il n'a pas disparu de la scène politique. Il n'est pas toujours facile de décoder les résolutions du Comité central, d'interpréter les articles de la *Pravda* et de décrypter les petites manœuvres complexes qui agitent, de tous temps, le Parti communiste de l'URSS. Les pressions contradictoires faites sur Koulakov et ses collaborateurs depuis le Kremlin auront au moins fait comprendre à Gorbatchev qu'on ne peut durer, dans cet univers, sans faire preuve d'une constante vigilance politique et d'une grande souplesse idéologique…

La chute de Khrouchtchev

14 octobre 1964. La nouvelle tombe, sensationnelle : Khrouchtchev est limogé ! Ou plutôt : « Le camarade N. S. Khrouchtchev a démissionné en raison de son âge et de sa santé. » Le communiqué officiel, qui paraît en fin d'après-midi, ne trompe personne : c'est bien une révolution de palais qui vient de se produire à Moscou. Dans la crainte que le déroutant Monsieur K, pour avoir les mains libres, ne procède à un gigantesque coup de balai dans les hautes sphères du Parti, ses victimes potentielles ont décidé de se débarrasser de lui. Pas besoin de complot, cette fois : les alliés actifs de Khrouchtchev – Mikoïan et Poliakov – étaient si isolés au niveau du Politburo, et l'exaspération était si générale dans les rangs du Comité central, qu'il a suffi à Souslov, Brejnev et Chelepine de convoquer les membres du présidium le 11 octobre sans prévenir le principal intéressé, en vacances dans sa résidence de Pitsunda en Crimée. Les vingt-deux dirigeants présents ayant entériné la destitution du Premier secrétaire, il n'y avait plus qu'à convoquer celui-ci à Moscou, le 13 octobre, pour une nouvelle réunion du présidium au cours de laquelle on lui signifia son renvoi. Il ne fallut pas longtemps à Khrouchtchev pour comprendre que son sort était scellé. Son renvoi fut ratifié le lendemain par une réunion du Comité central introduite par Brejnev et présidée par Mikoïan. La plupart des participants, soigneusement briefés, ont acquiescé sans broncher. La décision fut votée, bien sûr, à l'unanimité. Jamais, dans ce pays, un changement de pouvoir ne s'était passé aussi pacifiquement !

Personne, en URSS, ne croit que Khrouchtchev a vraiment choisi de démissionner pour raisons de santé. D'ailleurs, l'ex-maître du Kremlin est bel et bien accusé dans la *Pravda* du 17 octobre – Raïssa a longtemps gardé cette coupure de presse dans ses dossiers – de « subjectivisme », de « déviationnisme », de « dérive bureaucratique », de décisions « personnelles ». Autant de critiques qui recoupent, en fait, le sentiment diffus de Mikhaïl Gorbatchev. Sentiment confirmé par Zdenek Mlynar, l'ami tchèque, lequel rapporte dans ses souvenirs la réaction balancée de son ex-condisciple qu'il est allé visiter en 1967 chez lui, à Stavropol : le jeune

Gorbatchev approuvait, en fait, la chute de Khrouchtchev, en raison de ses méthodes irréfléchies et un peu trop personnelles[7].

Dans ses *Mémoires*, trente-cinq ans plus tard, Gorbatchev s'interroge : Khrouchtchev aurait-il pu aller plus loin dans les réformes ? Et l'inventeur de la *perestroïka* de risquer une analyse qui pourrait, mot pour mot, s'appliquer à son propre parcours :

> De très importantes pressions exercées par les structures du Parti et du gouvernement le contraignirent à louvoyer et à composer avec son environnement. [...] Bien entendu, son objectif ne fut jamais de battre en brèche le rôle dirigeant du Parti : il voulait simplement le moderniser et réduire son monopole sur la société. Mais il se heurta à une résistance acharnée qui le conduisit finalement à sa perte[8].

Gorbatchev, comme tout responsable soviétique, est attentif à la position adoptée par son supérieur. Or, Fedor Koulakov, c'était notoire, n'aimait pas Khrouchtchev, et ce manque de confiance était réciproque. Selon les historiens soviétiques[9], Koulakov a même joué un rôle actif dans le processus de destitution de Monsieur K en octobre 1964. C'est chez lui, dans une datcha résidentielle des bords du lac Manytch, que se seraient réunis autour de Mikhaïl Souslov – un habitué des lieux – les comploteurs qui ont mis au point le scénario de la délicate destitution du successeur de Staline.

Gorbatchev n'est évidemment pas dupe de ces manœuvres de couloir. L'eût-il été que la spectaculaire promotion de Koulakov, en décembre 1964, eût achevé de l'en convaincre : voilà que son patron est appelé à remplacer Vassili Poliakov, le principal collaborateur de Khrouchtchev en matière agricole ! Mieux encore : en septembre 1965, il est nommé secrétaire du Comité central du PCUS, le dernier échelon du pouvoir soviétique avant le Politburo.

A Stavropol, Fedor Koulakov est alors remplacé par Leonid Efremov, un vieil apparatchik plutôt ouvert, cultivé, mais sur le déclin, qui devient le nouveau supérieur de Gorbatchev. Nul doute que celui-ci a veillé à entretenir avec lui de bonnes relations, tout en se gardant de trop se compromettre avec un homme considéré comme un ancien affidé de Khrouchtchev. L'autre « supérieur » de Gorbatchev, à Moscou, c'est l'ancien *komsomolets* Ivan Kapitonov qui, à partir de 1965, supervise la gestion des cadres de l'appareil du Parti pour toute la Russie. C'est à lui, d'abord, que Gorbatchev doit rendre des comptes.

Plus tard, après 1985, le kremlinologue Michel Tatu notera que ces deux personnages ont tiré bénéfice de l'arrivée au pouvoir de leur ancien subordonné : Efremov sera nommé, à 75 ans, membre de la puissante Commission centrale de révision et premier vice-président du Comité d'Etat pour la science et la technique ; et Kapitonov, à 72 ans, présidera ladite Commission centrale de révision. Ainsi vont les alliances, les complicités, les trahisons et les fidélités au sein du Parti communiste de l'URSS.

Encore faut-il noter qu'un grand changement s'est produit dans la vie politique soviétique par rapport à l'époque stalinienne. Désormais, quand un dirigeant déplaît en haut lieu, il n'est plus jeté en prison, ni expédié au goulag, ni condamné à mort : il perd seulement ses avantages, on le met à la retraite d'office, ou il est envoyé dans un poste subalterne à des milliers de kilomètres de Moscou – comme Viatcheslav Molotov, principal rival de Khrouchtchev, nommé ambassadeur en Mongolie extérieure…

Savoir naviguer

Au lendemain de la chute de Khrouchtchev, Gorbatchev s'interroge. Doit-il continuer à végéter dans l'appareil régional du Parti communiste – où l'on ne rencontre pas que des gens intelligents, cultivés et honnêtes – ou doit-il plutôt se tailler un poste de dirigeant d'une grande entité économique ? Il a une bonne image, il est à l'aise dans son travail, mais la réforme khrouchtchévienne – même si le Parti a péniblement retrouvé son unité – a tendu les relations internes, exacerbant ambitions et jalousies, tout en paralysant totalement le travail.

En 1964, Gorbatchev s'inscrit comme « étudiant extérieur » à la faculté d'économie de l'Institut d'agronomie de Stavropol – l'établissement où Raïssa enseigne le marxisme-léninisme. Il va passer trois ans à suivre avec assiduité les cours par correspondance, afin de parfaire sa formation de gestionnaire. C'est Koulakov qui lui a donné cette idée : lui-même, alors qu'il était déjà ministre, en 1957, avait suivi par correspondance les cours de l'Institut fédéral d'agriculture, et passé son diplôme d'agronome avec succès, devenant un « spécialiste » incontesté des questions agricoles.

Gorbatchev passe son examen de fin d'études en 1967. A-t-il réellement suivi toute la scolarité ? Ce n'est pas impossible. Même si l'on voit mal qui aurait pu refuser son diplôme à un homme devenu entre-temps, en septembre 1966, Premier secrétaire du Parti communiste pour la ville de Stavropol ! Cette dernière promotion a-t-elle été suggérée par Koulakov ? Sans doute. A Moscou, celui-ci avait déjà soufflé son nom, en vain, lors de la désignation d'un nouveau patron pour le Komsomol de l'URSS. La légende veut que Leonid Brejnev, en découvrant la photo de Mikhaïl Gorbatchev dans le dossier personnel qu'il s'était fait apporter, ait proféré ce jugement définitif :

« Ce jeune homme n'a pas assez de cheveux pour représenter la jeunesse ! »

Il faut dire que le Mikhaïl Gorbatchev qu'on voit sur les photos de l'époque est, en effet, plutôt enveloppé, prématurément dégarni et vêtu de costumes mal taillés, ce qui lui donne, malgré son jeune âge, l'air d'un petit notable provincial.

Premier secrétaire du *gorkom* du Parti de Stavropol : à 35 ans, ce n'est déjà pas si mal. Le voilà qui emménage, cette fois, dans un ancien hôtel particulier où logeait, sous le régime tsariste, le gouverneur de la province. Une grosse maison bourgeoise de trois étages, au 94 de la rue Karl-Marx, dans laquelle il bénéficie d'un appartement « réservé », à deux pas de l'immeuble où siège le Comité du Parti de la ville. Ainsi la *nomenklatura* a-t-elle calqué ses échelons et ses avantages, précis et méthodiques, sur la cour de l'Ancien Régime tsariste...

A peine Gorbatchev a-t-il endossé son costume de « numéro un » du Parti de la ville qu'il entérine un ambitieux plan de développement pour celle-ci, valable pour les vingt-cinq années à venir. Ce n'est pas lui qui a conçu ce plan, mais c'est lui qui va le mettre à exécution. Stavropol se couvre d'échafaudages divers, on y ouvre une filiale du prestigieux Institut polytechnique de Krasnodar[10], des quartiers entiers sortent de terre, on couvre d'asphalte les principales rues de la cité, on installe un réseau de trolleybus flambant neuf, on construit un *Dom kultury* («Palais de la culture»), un *Dom knigi* («Maison du livre»), une piscine, des parcs, et même un cirque dont le bâtiment en béton, de loin, ressemble à une soucoupe volante.

En juillet 1968, de sourdes luttes d'influence se déroulent dans l'entourage du Premier secrétaire de région, Leonid Efremov, qui se voit contraint, pour d'obscures raisons, de déplacer son adjoint. Il faut donc remplacer celui-ci, ce qui ajoute encore aux tensions internes. Mikhaïl Gorbatchev n'est pas un ennemi d'Efremov, mais il sait pertinemment que celui-ci n'a pas une grande considération pour lui. Il s'apprête à partir en vacances avec Raïssa et Irina, quand un télégramme arrive sur le bureau d'Efremov, en provenance directe du Kremlin : c'est Gorbatchev qui doit être nommé. On ne discute pas un ordre du Comité central : Gorbatchev est donc «élu» deuxième secrétaire du Parti pour la région de Stavropol. A l'unanimité, comme il se doit.

Renonçant à ses vacances, le nouveau promu s'installe dans son spacieux bureau lorsque, le 21 août, une nouvelle vient briser le calme de l'été : les chars soviétiques ont envahi la Tchécoslovaquie et écrasé le «Printemps de Prague». Mikhaïl Gorbatchev remplace alors provisoirement son chef, lui-même parti en congés. Il est certainement le seul dirigeant de Stavropol à savoir ce qui se passe à Prague, grâce à son ami Zdenek Mlynar, qui est devenu… un des principaux animateurs dudit «Printemps».

C'est pourtant lui qui préside la séance du *kraïkom* convoquée pour «examiner» le communiqué diffusé par le Kremlin sur l'entrée des troupes du Pacte de Varsovie en Tchécoslovaquie. Et c'est lui qui fait adopter un texte «approuvant les mesures fermes et opportunes prises pour la défense des acquis du socialisme en République socialiste tchécoslovaque». A Stavropol comme ailleurs, pas d'hésitation : le Parti applaudit vigoureusement à l'écrasement du «Printemps de Prague» par les chars soviétiques. A l'unanimité, évidemment.

Tout poste de responsabilité, en URSS, exige d'avoir l'échine souple. Ainsi, en 1969, un des collègues de Raïssa, le professeur Sadykov, publia à Stavropol un livre de philosophie politique intitulé *Unité du peuple et contradictions du socialisme*, inspiré des débats soulevés pendant les années Khrouchtchev. Il en tira un article dans la célèbre revue *Voprosy Filosofii* («Questions de philosophie») qui alerta le Comité central, lequel envoya à Stavropol un ordre de «démolir» ce dangereux déviationniste. On ne discutait pas les ordres de Moscou. Le 13 mai 1969, le coupable fut condamné publiquement pour ses «erreurs graves», démis de sa chaire et prié d'aller chercher un autre poste à Oufa, dans l'Oural. A l'unanimité des membres du bureau du *kraïkom*, naturellement.

Une première consécration

Le 10 avril 1970, Mikhaïl Gorbatchev devient Premier secrétaire du Comité du PC pour la région *(kraïkom)* à la place d'Efremov, muté à Moscou. C'est une consécration qui étonne un peu, au moins pour deux raisons. D'abord, le nouveau promu a 39 ans, ce qui n'est pas banal dans un système gérontocratique qui remplace rarement les camarades vieillissants. Il est vrai que les purges staliniennes et la Seconde Guerre mondiale ont décimé la population masculine, et qu'il faut bien puiser dans les jeunes générations pour fournir au Parti les cadres nécessaires à son renouvellement.

Ensuite, c'est la première fois que le grand patron de la région de Stavropol est lui-même originaire du lieu. L'habitude est de «parachuter» des dirigeants venus d'ailleurs, un peu comme des préfets, et de les déplacer en fonction d'une hiérarchie administrative compliquée. La méthode n'est pas propre à l'URSS: si l'on veut qu'un représentant de l'Etat central fasse preuve d'autorité et d'impartialité, il vaut mieux qu'il soit extérieur au sérail. Le choix de Gorbatchev est donc exceptionnel.

Comment s'est faite cette nomination? Elle a été suggérée, à Moscou, par Fedor Koulakov. Mais un autre homme a probablement soutenu la candidature du jeune Gorbatchev: en avril 1969, Iouri Andropov, le puissant et redouté chef du KGB, a passé des vacances dans la station thermale de Jeleznovodzk, à côté de Mineralnye Vody[11], dans la région de Stavropol. La tradition, pour un dirigeant local, est d'aller accueillir et saluer un tel haut personnage qui passe par son fief. L'ambitieux Gorbatchev n'allait pas manquer une pareille occasion de se faire bien voir. Il est clair qu'il ne s'est pas contenté de serrer humblement la main du chef du KGB[12] avant de repartir. D'ailleurs, il existe une photo où on le voit jouer aux dominos avec un Andropov détendu, en bras de chemise, dans un endroit ensoleillé, quelque part à la campagne…

Andropov est un homme intelligent. Nul doute qu'il a été séduit par ce jeune dirigeant local dont on lui a dit, dans son entourage, qu'il était *perspektivnyi,* c'est-à-dire qu'il avait « du potentiel ». Quand on est le patron du KGB, il n'est pas difficile de vérifier ce type d'informations afin de nourrir le dossier secret du candidat possible, qui va figurer dans la « cartothèque » du département des cadres tenu par Ivan Kapitonov, une vieille connaissance : c'est là qu'on va chercher de quoi alimenter toutes les nominations, promotions ou… rétrogradations dans l'appareil. Non sans avoir consulté, évidemment, les experts du 5e directorat du KGB chargés de la surveillance des cadres et dirigeants.

Dans les premiers jours d'avril 1970, à quelques jours de l'ouverture du XXIVe Congrès du Parti, Gorbatchev a été convoqué au Kremlin par Leonid Brejnev en personne. Il est normal que le nouveau maître du Kremlin veuille savoir qui est ce jeune homme brillant dont on lui a parlé plusieurs fois. Gorbatchev a rencontré successivement Kapitonov, Koulakov, Kirilenko et Souslov avant cet entretien en tête à tête dans le bureau du *guensek* (secrétaire général), au cinquième étage du bâtiment de la Place Vieille. Le nouveau patron du territoire de Stavropol pouvait-il imaginer, en entrant dans ce lieu impressionnant, qu'il en serait le titulaire vingt-cinq ans plus tard ?

Pour Brejnev, il ne s'agissait pas seulement de promouvoir un jeune dirigeant prometteur. L'enjeu d'une telle nomination était très politique. Le jeune Gorbatchev était-il prêt à rejoindre le groupe des patrons de région constituant la garde rapprochée du nouveau secrétaire général du Parti ? L'un et l'autre se rappelaient très bien que, en 1957, c'est en convoquant d'urgence ses partisans à la tête des régions, majoritaires au Comité central, que Khrouchtchev avait déjoué la première tentative de limogeage fomentée contre lui par ses collègues du Politburo. Ce sont d'ailleurs les mêmes qui l'avaient finalement renversé en 1964.

Gorbatchev a dû satisfaire à la curiosité de Brejnev puisque, à l'issue d'une longue conversation de plusieurs heures, celui-ci l'adouba définitivement d'une seule phrase :

« Eh bien, jusqu'à présent cette fonction était occupée par des gens de l'extérieur, elle le sera désormais par quelqu'un du pays ! »

C'est ainsi que Gorbatchev fut élu membre titulaire du Comité central du PCUS. Il n'aura jamais été suppléant. Entrer dans le « saint des saints » du régime, c'est une consécration. Surtout à 40 ans. Il n'est pas le benjamin du Comité central, mais presque : la cosmonaute Valentina Terechkova, héroïne de l'espace, est plus jeune que lui, ainsi qu'un ou deux ouvriers méritants sans importance. Un bonheur n'arrivant jamais seul, son protecteur Fedor Koulakov, déjà secrétaire du Comité central, entre alors au Politburo et devient ainsi un des trois ou quatre successeurs possibles de Brejnev.

Son protecteur est bien placé. Son horizon est dégagé. L'avenir de Gorbatchev est plein de promesses.

Au lendemain de cette nomination, Mikhaïl Gorbatchev reçoit une avalanche de félicitations. Notamment une lettre de son père, Sergueï : « La joie qu'éprouvent ta mère et ton père est sans bornes. Puisse cette joie durer toujours[13] ! » Une autre de son ancienne institutrice, Maria Larionova : « Notre région est maintenant dirigée par un autochtone qui fut un petit garçon de Privolnoïe… » Une autre du poète Volodia Gneouchev, un enfant du pays : « Votre élection est une excellente chose pour la région, qui hérite en votre personne d'un patron et d'un ami… » Une d'un autre écrivain local, Evgueni Karpov : « La vie nous enseigne que la jeunesse représente la gardienne et le renouveau. Elle est pareille au vent. Je vous souhaite d'être porté par de bons vents, même s'ils soufflent en tempête[14] ! »

Pour l'heure, en effet, les vents sont favorables. C'est plus tard qu'ils souffleront en tempête…

6

Camarade Premier secrétaire

> « Tous ces hommes appartiennent
> au même grand et seul parti de la bureaucratie… »
>
> Charles Péguy.

Au travail ! Mikhaïl Gorbatchev est peut-être un calculateur et un arriviste, il n'est cependant ni un profiteur ni un tire-au-flanc. Promu Premier secrétaire d'une grande région agricole, il se jette à corps perdu dans son travail, à commencer par l'adoption d'un plan décennal de développement de l'agriculture pour le *kraï* de Stavropol. Ce gros dossier va lui prendre l'essentiel de son temps pendant les huit années qu'il passera à ce poste.

Fils et petit-fils de paysan, Gorbatchev a du mal à admettre qu'une région aussi fertile rencontre des difficultés chroniques pour nourrir sa population. Il n'en est pas encore, à l'époque, à s'interroger sur la pertinence et l'efficacité du système économique soviétique. Il concentre toutes ses critiques sur les méthodes de gestion, les techniques d'irrigation, la sélection des semences, les performances mécaniques, la formation des cadres. Sa foi dans la science et les études qu'il a faites le poussent à concentrer son attention sur les choix technologiques, les bonnes et mauvaises pratiques, la discipline du travail. Lui-même ne s'épargne aucunement : il avance « à l'énergie » et, selon tous les témoins, travaille de douze à quatorze heures par jour.

Parmi ses grands projets figure l'irrigation de cet immense territoire où la steppe est régulièrement asséchée, au point d'en devenir incultivable, par les vents d'est venus de la Caspienne. Un premier réseau de canaux avait été creusé dans les années 1930, mais il aurait fallu doubler sur une longueur de 480 km le « Grand Canal de Stavropol » reliant le Kouban à la Kalmoukie : une tâche colossale ! Sans l'appui de Leonid Brejnev en personne, qui lui accorde son soutien officiel en décembre 1970, ce projet pharaonique, bombardé « chantier de choc du Komsomol de l'Union », serait resté dans les cartons, et n'aurait pas mobilisé chaque été des dizaines de milliers de jeunes « volontaires » armés de barres à mine, de pelles et de brouettes.

De même, l' « agronome » Gorbatchev plaide pour une nouvelle utilisation des terres introduisant le principe de la jachère, à l'encontre de toutes les directives venant du « Centre », secrétariat du Comité central et ministères confondus, où l'on est unanimement hostile à la jachère. Là encore, c'est Leonid Brejnev, auquel il réussit à faire passer une note sur son lieu de vacances en août 1976, qui tranche en sa faveur : « J'ai lu ton texte, Mikhaïl Sergueïevitch. J'ai réfléchi, j'ai pris des avis [...]. Fonce ! Je te soutiendrai[1] ! »

Ainsi Brejnev joue le jeu. Il protège et défend le jeune apparatchik qu'il a nommé à la tête du territoire de Stavropol, y compris contre certains caciques du Politburo et quelques ministres jaloux de leur pouvoir. Il en attend, en retour, une parfaite loyauté politique, notamment face aux deux hommes avec lesquels il doit partager le pouvoir suprême : Nikolaï Podgorny, président du présidium du Soviet suprême, et Alexeï Kossyguine, chef du gouvernement. Gorbatchev n'y faillira pas.

Un pilier du système

Les Premiers secrétaires – de région, de territoire ou de République – sont les piliers du système soviétique[2]. Un peu comme l'avaient été, avant la révolution de 1917, les gouverneurs de la Russie tsariste. Ils constituent l'armature du parti dirigeant et, par conséquent, de l'Etat qui lui est entièrement soumis. Les patrons régionaux du Parti communiste sont tout-puissants dans leurs fiefs, ils contrôlent toutes les nominations – à l'exception de celles du KGB et de l'armée – et prennent toutes les décisions importantes. Ils n'ont qu'une faiblesse : ils détiennent tous leurs pouvoirs et leurs privilèges afférents du « Centre », c'est-à-dire du secrétaire général du PCUS. C'est leur force, mais aussi leur talon d'Achille.

Là est le secret de l'ascension du jeune Mikhaïl Sergueïevitch. Tant que le *guensek* le soutient, il ne peut rien lui arriver de fâcheux. Qu'il soit compétent, en outre, ne peut le desservir. Pour peu qu'il ait de la chance, en sus, sa carrière s'annonce exemplaire : après la sécheresse désastreuse de 1976, la région de Stavropol connaît une récolte assez bonne en 1977, et une moisson exceptionnelle en 1978. Le surplus de fourrage arrive juste à temps pour éviter de décimer le cheptel ! Ces résultats inespérés, autant que le soutien affiché de Brejnev, lui permettent de manœuvrer à son avantage dans les multiples entrelacs bureaucratiques qui font de chaque projet économique, chaque entreprise culturelle, chaque initiative sociale, une épuisante course d'obstacles.

La bureaucratie est un des piliers du système totalitaire. Elle réduit à peu de chose l'individu lambda quotidiennement soumis à l'absurde, à l'impuissance et à la bêtise d'administrations pusillanimes qui se paralysent les unes les autres. Mais elle contrarie aussi tout dirigeant sincèrement soucieux de régler les problèmes de la ville ou du territoire qu'il doit gérer. Combien de dizaines de fois le Premier secrétaire Gorbatchev doit-il prendre l'avion pour Moscou et y passer des heures, parfois des journées entières, à décrocher un rendez-vous, à débloquer un dossier, à convaincre un fonctionnaire, à obtenir une signature au bas d'un document !

Le revers de la bureaucratie triomphante, c'est l'absence de statistiques fiables. Engoncées dans leur inertie, toutes les administrations maquillent leurs mauvais résultats, truquent leurs documents budgétaires, camouflent leurs impérities comptables. En l'absence de tout contrôle démocratique ou simplement indépendant, le mensonge statistique génère, à grande échelle, l'irresponsabilité générale, le détournement des ressources, le vol des biens de l'Etat, voire l'escroquerie organisée. Dans certaines régions, c'est un véritable système mafieux qui se développe, en toute impunité, quand il n'est pas discrètement encouragé depuis quelque bureau moscovite.

Tout cela, Gorbatchev le savait déjà. Il en prend désormais la véritable mesure et, contrairement à tant de ses collègues, refuse de fermer les yeux sur ces abus, dérives et autres scandales. Ainsi, en 1973-1974, s'inquiète-t-il du développement sensible de la criminalité dans la région de Stavropol. Il observe que la multiplication des blâmes et des critiques à l'encontre des responsables locaux de la police et de la justice n'a aucun effet, et constate que les commissions instituées par le ministre de l'Intérieur, Nikolaï Chtchelokov, sont absolument inopérantes. Alors il réunit sa propre commission de « sages », limoge tous les généraux dépendants du ministère de l'Intérieur (MVD), remanie tous les services concernés... jusqu'à s'attirer l'hostilité de Chtchelokov : le ministre, à coups de statistiques falsifiées, accuse solennellement le Premier secrétaire de Stavropol de détenir le record des crimes commis sur son territoire ! Chtchelokov étant bien en cour à Moscou, Gorbatchev sent passer le vent du boulet – il ne sauvera son poste, une fois de plus, que grâce à Leonid Brejnev. Bien des années plus tard, à la faveur de la *perestroïka*, deux juges d'instruction indépendants[3] enquêteront sur cette affaire et apporteront la confirmation à Gorbatchev que le ministre Chtchelokov, en effet, avait juré d'avoir sa tête...

Il s'en sort donc, et poursuit sa carrière. Mais il sait qu'il doit rester effacé. A Moscou, ses « collègues » plus âgés ne lui feront pas de cadeau. Pas une fois, en huit ans, on ne lui donnera la parole lors d'un plenum du Comité central, alors qu'y ont déjà fait leurs premières armes, en 1976, ses collègues de Krasnodar (Medounov) et de Rostov-sur-le-Don (Bondarenko). Le statut de benjamin, au Kremlin, n'a pas que des avantages.

Sur le terrain, ses collaborateurs et partenaires de l'époque ont tous souligné son dynamisme, son obstination, sa capacité de persuasion et, surtout, son réalisme : quand il s'agit de mener à terme l'électrification du territoire de Stavropol ou la construction d'une gigantesque usine de viande de poulet[4], peu importent les principes idéologiques, le catéchisme marxiste ou les règles du Plan quinquennal ! Mikhaïl Gorbatchev, déjà, est avant tout un *pragmatique*.

Le « succès » d'Ipatovo

L'« expérience d'Ipatovo » est le plus bel exemple de son empirisme opportuniste. De par son expérience familiale, Gorbatchev est enclin à prôner une certaine autonomie des entreprises et des kolkhozes. Il s'est assez battu contre les aberrations de la gestion centralisée et autoritaire d'une agriculture planifiée à l'excès ! Il sait aussi qu'une brigade de kolkhoziens travaille mieux si on rémunère ses membres en fonction des résultats. En 1976, il généralise donc la gestion « souple » des kolkhozes, et s'en trouve récompensé, en 1977, par une bonne récolte.

Mais, cette année-là, voilà que son mentor Fedor Koulakov décide d'expérimenter une autre méthode dans un *raïon* proche de celui de Krasnogvardeiskoe, le *raïon* d'Ipatovo, qui va entrer dans l'histoire : la récolte, dans ce canton, est engrangée en un temps record par des batteries de moissonneuses-batteuses *(kombaïn)* travaillant en gigantesques brigades compactes : une dizaine de machines groupées qui diminuent les temps de transport, réduisent les coûts et rationalisent la main-d'œuvre.

Cette technique remporte ce qu'on appellerait aujourd'hui un colossal succès médiatique : félicitations venues du Kremlin, articles dithyrambiques dans la *Pravda*, médailles et diplômes distribués aux valeureux *oudarniki* (« ouvriers de choc »), etc. Dans l'euphorie générale, Koulakov obtient depuis Moscou, par décret, de généraliser cette formidable « expérience d'Ipatovo » sur tout le territoire.

Comment réagit Gorbatchev ? D'abord en se vantant personnellement de cette réussite – dans une interview très remarquée en « une » de la *Pravda* du 16 juillet 1977 – qui rejaillit sur toute la région qu'il administre ; ensuite, en faisant retailler sa propre circonscription législative qui englobe, à partir de 1979, le territoire d'Ipatovo ; enfin, en se posant comme le principal champion de cette méthode « révolutionnaire » qui lui vaut d'être décoré, le 1er mars 1978, de l'ordre de la Révolution d'Octobre. Heureuse période : en mai, Mikhaïl Souslov vient personnellement à Stavropol présider le bicentenaire de la ville. La cote de Gorbatchev n'a jamais été aussi haute.

Mais déjà, en cette même année 1978, le vent tourne. La mort de Koulakov, premier promoteur de l'expérience d'Ipatovo, va mettre fin aux félicitations tonitruantes du Kremlin, et les journaux du Parti, à partir de 1982-1983, vont peu à peu brocarder ces armadas de moissonneuses-batteuses qui dévastent aveuglément d'immenses territoires sans respect pour les cultures secondaires, les fermes de taille moyenne et l'environnement rural. Faut-il préciser que Gorbatchev a cessé, alors, de défendre la grandiose méthode d'Ipatovo, pour en revenir à ses idées sur l'autonomie des kolkhozes et leur gestion à taille humaine ?

Un écrivain nommé Brejnev

Gorbatchev sacrifie aussi, comme tous ses collègues, au culte grandissant de Leonid Brejnev. Celui-ci a publié en 1978 un court récit de son expérience militaire, *Malaïa Zemlia* (« La Petite Terre »), qui devient peu à peu, au fil des éloges obligés, un chef-d'œuvre littéraire relatant les exploits hors du commun du futur secrétaire général : l'avalanche de dithyrambes obséquieux fait que la fameuse « Petite Terre » rivalise désormais, dans les commémorations, avec la bataille de Stalingrad !

Personne n'est dupe, mais c'est ainsi. Ne pas encenser le grand leader, c'est s'exposer à des reproches, des critiques, voire des dénonciations en haut lieu. En mai 1978, Gorbatchev prononce une conférence « idéologique » à Stavropol où il célèbre avec emphase le culte de Brejnev :

> Le livre *Malaïa Zemlia* n'est pas très grand par son nombre de pages, mais par la profondeur de son contenu idéologique, par l'ampleur des idées exprimées par son auteur [...]. Les communistes et tous les travailleurs de Stavropol expriment une reconnaissance infinie à Leonid Ilitch Brejnev pour cette œuvre littéraire et politique qui

décrit avec une profonde inspiration philosophique les sources du grand exploit de notre héroïque pays, sa force morale, sa ténacité, son courage[5]...

Ce n'est pas le texte dont Gorbatchev se vantera le plus dans l'avenir. Mais qui sait s'il ne va pas contribuer, quelques mois plus tard, à sa promotion ?

Son ascension politique se poursuit aussi sur le terrain parlementaire, comme le veut le système. Chaque responsable du Parti, en URSS, se doit d'être un authentique « représentant du peuple » et se voit attribuer, en fonction d'une hiérarchie complexe, un siège de parlementaire. Gorbatchev a donc été « élu » en mars 1969 député au Soviet suprême de l'URSS. La « base » du Parti en a fait son candidat dans la circonscription du centre de la région de Stavropol, qui englobe son propre village natal, Privolnoe. C'est le privilège de tous les dignitaires du régime – qui ne risquent pas d'être battus puisqu'ils sont les seuls candidats.

Certes, en URSS, le Parlement n'est qu'une chambre d'enregistrement aux ordres du Parti unique, et ce mandat de député n'est qu'une fiction démocratique. Mais il permet à son titulaire de se familiariser avec nombre de dossiers qui ne sont pas de sa compétence directe. Ainsi Gorbatchev fait-il partie, au Soviet suprême, de la commission de la « protection de l'environnement », un sujet qui n'est pas sa spécialité mais auquel il trouvera, contrairement à ses prédécesseurs, un grand intérêt.

Réélu aux élections de 1974, il deviendra président de la Commission de la Jeunesse du Soviet des nationalités, la seconde Chambre du Parlement de l'URSS[6], ce qui lui ouvrira aussi quelques horizons nouveaux. En mars 1979, il deviendra président de la puissante Commission des lois. L'année suivante, il sera candidat à la députation dans l'Altaï, la région d'où Raïssa est originaire. Enfin, en 1984, il héritera de la prestigieuse présidence de la Commission des Affaires étrangères du Soviet de l'Union, ce qui lui conférera une stature internationale et lui vaudra de resserrer ses liens personnels avec son ministre référent, l'indéboulonnable Andreï Gromyko.

Les privilèges de la nomenklatura

La vie matérielle d'un Premier secrétaire de région n'a plus rien à voir avec le quotidien des simples mortels. Encore est-elle bien loin des standards occidentaux. Certes, les Gorbatchev bénéficient désormais d'un appartement de trois pièces, rue Dzerjinski, dans une maison réservée aux pontes du Parti local. Certes, ils jouissent dorénavant d'une agréable petite datcha dans les bois, non loin de la ville. Certes, ils disposent d'une voiture de fonction et d'un peu de personnel – notamment une femme de ménage dévouée que la petite Irina appelle « tante Xénia ». Mais ils ne roulent pas sur l'or. En URSS, un dirigeant régional du Parti communiste cumule les privilèges, mais il ne touche ni salaire énorme, ni indemnités confortables. S'il fait parfois fortune, c'est « au noir », ou « sous la table » – ce qui n'est pas le cas ici.

Le jeune couple ne change pas son mode de vie. C'est à pied, le plus souvent, que Mikhaïl Gorbatchev continue de se rendre à son bureau, en traversant la place Lénine. Raïssa enseigne alors la philosophie à la faculté d'économie de l'Institut supérieur d'agriculture de Stavropol. On lui a proposé de devenir professeur titulaire et de diriger le département concerné, mais elle a refusé ce qu'elle a pris pour une faveur accordée à la femme du Premier secrétaire. Quant à Irina, elle est inscrite à l'école municipale de son quartier, et fait ses devoirs, le soir, avec sa mère.

Raïssa n'abuse pas non plus, semble-t-il, des comptoirs spéciaux où s'approvisionnent les familles de la *nomenklatura*. Elle doit se faire violence, parfois, car les magasins normaux sont désespérément vides. La région de Stavropol – qui produit pourtant du blé, de la viande et du lait – souffre toujours d'un *« defitsit »* (pénurie) chronique de produits alimentaires. De même la laine est introuvable, dans ce territoire où l'on élève des millions de moutons ! Pourtant Stavropol n'est ni la toundra sibérienne, ni le désert turkmène, ni le Grand Nord gelé : pourquoi ces magasins vides, pourquoi ces files d'attente interminables dès qu'un camion livre à l'improviste des gants de laine, des bouteilles de kéfir ou des cageots de choux-fleurs ?

Un dirigeant local « se débrouille » toujours, grâce à ses relations avec les directeurs de kolkhoze de la région, pour se faire livrer à domicile de quoi recevoir fastueusement ses collègues lors des dîners ou des réceptions qu'il donne chez lui – notamment pour les fêtes obligatoires du 1er mai (fête du Travail) et du 7 novembre (anniversaire de la Révolution). Le tout-puissant Premier secrétaire de la région de Stavropol ne manque pas d' « amis », on s'en doute, à la tête des 150 kolkhozes et 250 fermes d'Etat qui dépendent de lui – et qui le fournissent discrètement *na levo* (« à gauche ») en viandes, volailles, fruits, légumes ou autres laitages.

Raïssa, dans ses souvenirs, se rappelle aussi qu'elle profitait des innombrables voyages d'affaires de son mari pour lui passer commande : « A chaque fois, nous faisions une liste de nos besoins et de ceux de nos amis : médicaments, pardessus, stores, sous-vêtements, chaussures, collants, casseroles, détergents, etc. » Combien de fois Mikhaïl Sergueïevitch lui écrit-il, à la fin de ses lettres postées de Moscou, de Leningrad ou de Sotchi, qu'il a « trouvé des chaussures à la bonne taille » comme s'il avait remporté une victoire[7] !

Pour ce qui est des livres, en particulier, Raïssa prend l'habitude de les commander à la « réserve spéciale » du Comité central, à Moscou. Notamment les ouvrages étrangers, presque tous introuvables en librairie. Ces livres-là sont traduits et édités en nombre limité par les Editions du Progrès, seul intermédiaire autorisé à se les procurer en dehors des frontières. Gorbatchev lui-même profite de cette facilité pour lire quelques auteurs sulfureux comme Gramsci, Togliatti, Heidegger, Marcuse ou Sartre : la bibliothèque de Mikhaïl et Raïssa n'a rien de commun avec celle du Soviétique moyen. Un jour, devenu secrétaire général, Gorbatchev confiera à un journaliste de la NBC sa bonne connaissance des auteurs américains contemporains : la phrase sera censurée dans le texte russe diffusé par l'agence Tass[8] !

Autre privilège appréciable : l'accès aux soins médicaux. Un « Premier secrétaire » bénéficie des services gérés par la VIe division du ministère de la Santé : il peut se faire établir un bilan de santé à la clinique spéciale de la *Roublevskoïe Chosse*, à Moscou ; il peut se procurer des médicaments introuvables et de bonnes montures de lunettes ; il peut se faire prescrire une cure de repos dans un centre « réservé » au bord de la Baltique ou de la mer Noire. Au début des années 1970, les Gorbatchev découvrent ainsi la très confortable maison « Nijnaïa Oreanda », dominant la mer Noire, à quelques centaines de mètres du célèbre palais Livadia où furent signés les accords de Yalta, en Crimée : ils reviendront y passer quelques séjours enchanteurs.

Il faut dire que, pendant les neuf ans où Gorbatchev dirige la région, Raïssa et lui n'auront pas pris beaucoup de vacances. Il est rare qu'ils passent même un dimanche tranquille. A part ces quelques exceptionnels séjours en Crimée, ils ont pris l'habitude de prendre un peu de repos après la saison agricole, c'est-à-dire au début de l'automne, dans leur propre région – laquelle compte, en effet, nombre d'endroits remarquables qui permettent de joindre l'utile à l'agréable.

Ils ont aussi gardé cette habitude de marcher en forêt, tous les deux ou avec quelques amis proches, pendant des dimanches entiers. C'est leur oxygène, dans tous les sens du terme. Le rituel, toujours le même, est devenu plus confortable : les familles de dirigeants locaux se font déposer par leurs chauffeurs – Gorbatchev est un des rares à conduire lui-même sa voiture – dans le même lotissement boisé où ils ont tous leurs datchas, et d'où les plus sportifs partent aussitôt en promenade, pique-nique à l'épaule, tandis que les autres entament d'interminables parties d'échecs au soleil.

La pédiatre Lydia Boudyka, qui est toujours une des meilleures amies de Raïssa, racontera plus tard :

> Je trouvais la compagnie des Gorbatchev très enrichissante. Ils étaient intelligents, d'une moralité irréprochable et fidèles à leurs principes. Nous avons passé ensemble des heures très agréables. [...] Avec eux, on pouvait parler de tout, même des sujets les plus épineux. A Stavropol, ils vivaient simplement, comme des gens ordinaires. Ils étaient sociables et connaissaient énormément de monde[9]...

Raïssa joue le jeu, bien sûr. La *« first lady »* de Stavropol reçoit elle-même, à domicile, les collègues de Mikhaïl. Sur les photos de l'époque, elle est d'ailleurs beaucoup plus ronde que par la suite, et ne brille pas par ses tenues vestimentaires. Elle porte des tailleurs stricts, un simple imperméable, des foulards, des robes en brocart – et, bien sûr, jamais de décolletés ! On la voit souvent vêtue d'un manteau molletonné rehaussé d'un col en fourrure, coiffée d'une chapka classique qu'elle incline gracieusement sur le côté, et chaussée de bottes en daim : rien de choquant, rien d'ostentatoire.

La mode, chez les dirigeants soviétiques, est à la sobriété : d'abord par manque de choix dans les magasins ; ensuite pour ne pas susciter jalousies secrètes ou rumeurs malveillantes. Raïssa n'aime pas particulièrement ces journées où les femmes parlent de futilités pendant que leurs maris, souvent, vident vodka sur vodka, cul sec, en riant très fort. Le niveau culturel n'est pas très élevé dans cette petite capitale provinciale où les deux anciens étudiants moscovites, prudents, font très attention à ne paraître ni prétentieux ni méprisants.

Raïssa n'est pas snob, mais, telle une héroïne de Tchekhov, elle s'ennuie dans sa province. Son grand plaisir, au fil des ans et de l'ascension de Mikhaïl, c'est de profiter des innombrables voyages de celui-ci à la capitale pour l'accompagner le plus souvent possible, et aller à l'Opéra ou au théâtre. A chaque fois qu'elle le peut, elle entraîne son mari à la Taganka, ce théâtre d'avant-garde fondé en 1964 par le futur dissident Iouri Lioubimov[10], particulièrement apprécié par le tout-Moscou intellectuel et contestataire – avec des billets délivrés par les services du Comité central.

Premiers voyages à l'Est…

Autre privilège marquant, dans un pays où les déplacements sont rares : les voyages. Le tourisme est quasi inexistant dans cet immense territoire où le régime avait rétabli, en 1932, l'interdiction pour le paysan de quitter sa terre, et où les principales occasions de voir du pays furent les guerres, déportations, relégations et autres séjours en camps. Les Gorbatchev, au fil de la carrière de Mikhaïl, ont commencé à découvrir l'intérieur de l'URSS : outre Leningrad, l'ancienne capitale des tsars de Russie, et leur villégiature de vacances en Crimée, ils ont ainsi visité l'Ouzbékistan – Tachkent,

Samarkande, Boukhara et le désert de Kyzyl-Koum, au cœur de l'Asie centrale.

Bientôt, privilège encore plus considérable, Mikhaïl Gorbatchev commence à voyager hors des frontières de l'Union soviétique. Le seul fait de pouvoir visiter tel ou tel pays étranger est un rêve inaccessible pour le Soviétique moyen : à l'époque, un habitant de Stavropol ne peut même pas imaginer aller visiter la France ou l'Italie. Seuls les responsables du Parti, et encore dûment sélectionnés, ont le droit de sortir du pays : c'est à cette faculté qu'on reconnaît quelqu'un d'important au sein de la *nomenklatura*.

Le premier rapport de Gorbatchev avec l' « étranger », si l'on excepte son ancienne relation amicale avec l'étudiant tchèque Zdenek Mlynar, date de l'été 1957. Lors du premier Festival mondial de la Jeunesse organisé à Moscou par le Komsomol, le jeune Mikhaïl Gorbatchev fut chargé de cornaquer un groupe de jeunes communistes italiens : les émules de Togliatti lui donnèrent du fil à retordre, au milieu des 30 000 participants, tant ils étaient incontrôlables et rebelles à la discipline !

Son premier vrai contact avec le monde extérieur date de 1966. Mikhaïl Gorbatchev, qui n'est encore que le patron de la ville de Stavropol, participe cette année-là à un voyage organisé pour des « fonctionnaires du Parti » en Allemagne de l'Est (RDA). Pour la première fois de sa vie, il quitte le territoire de l'URSS. Ce voyage de dix jours, dont le but officiel est d'étudier la planification est-allemande, le passionne : Berlin-Est et les décombres du Reichstag, non loin du « Mur » érigé cinq ans plus tôt ; Hoyerswerda, son camp libéré par l'Armée rouge en mai 1945, ses nouveaux quartiers « prolétariens » ; la forêt de Spreewald, ses marais et ses canaux ; les canyons escarpés de l'Elbe dans la « Suisse saxonne » ; Potsdam, son palais de Sans-Souci hanté par le souvenir de Frédéric II, ses quartiers rasés par les Britanniques en avril 1945 et reconstruits, bien sûr, avec l'aide des Soviétiques.

C'est à cette occasion que Gorbatchev rencontre pour la première fois Erich Honecker, qui n'est encore qu'un ambitieux secrétaire du Comité central du Parti communiste est-allemand (SED) chargé de la Sécurité et haut responsable de la police politique, sous l'autorité du vieux Walter Ulbricht, chef historique de la RDA. C'est aussi lors de ce voyage qu'il découvre le principal attrait de l'Allemagne de l'Est aux yeux des Soviétiques : ses magasins, notamment d'électroménager, où les apparatchiks russes achètent sans retenue des objets de consommation courante introuvables chez eux : réfrigérateurs, aspirateurs, cafetières électriques, électrophones !

Le deuxième voyage de Gorbatchev à l'étranger, en septembre 1969, a pour destination la Bulgarie, ce « pays frère » si docile que les Soviétiques l'appellent, non sans mépris, la « seizième République de l'URSS ». L'occasion en est la célébration du 25e anniversaire de l'entrée de l'Armée rouge sur le sol bulgare, le 8 septembre 1944, date considérée comme la naissance de l'Etat communiste bulgare. Une délégation de la région de Stavropol a été invitée à fêter l'événement à Pazardzik, un petit territoire à mi-chemin entre Sofia et Plovdiv, avec lequel elle est jumelée. Echanges de toasts, visites banales, démonstrations d'amitié éternelle et torrents de langue de bois : Gorbatchev ne semble pas avoir été marqué par ce pays, où il retournera en 1974 pour y découvrir notamment ses productions viticoles et horticoles : du vin et des roses, deux produits d'exportation massive en direction de l'URSS…

En novembre 1969, Gorbatchev fait partie d'une délégation officielle envoyée en Tchécoslovaquie. Son collègue Egor Ligatchev, Premier secrétaire de Tomsk, est du voyage, ainsi que Boris Pastoukhov, un des dirigeants du Komsomol. Quatorze mois après l'écrasement du « Printemps de Prague » par les chars soviétiques, la « normalisation » du pays est en marche, même si la situation reste tendue. Dès leur arrivée, les « camarades » soviétiques comprennent qu'ils ne sont pas les bienvenus, y compris aux yeux de certains dirigeants du Parti communiste tchécoslovaque. A Brno, lors d'une visite d'usine, les ouvriers tournent ostensiblement le dos à la délégation. A Bratislava, où les murs sont couverts de graffiti antisoviétiques, aucun officiel ne les accueille. « Nous quittâmes la ville le cœur gros », note Gorbatchev dans ses *Mémoires*.

Le visiteur de Stavropol ne dit rien, mais il n'est pas dupe de ce qu'on lui explique sur place pour justifier la répression. Il n'a rien oublié des espoirs de son ex-condisciple Zdenek Mlynar, venu le voir à Stavropol deux ans plus tôt. Mlynar, qui fut un des principaux animateurs du « Printemps », a disparu de la scène politique tchécoslovaque : il est devenu vigile au Musée national de Prague. Gorbatchev, qui n'est pas fou, ne cherche pas à le joindre, et Mlynar, de son côté, se garde de lui faire signe. Derrière les discours obligés et les hommages rendus à l'« internationalisme prolétarien », Gorbatchev gardera au cœur, pendant toutes ces années, un sentiment mitigé sur l'affaire tchécoslovaque.

... et à l'Ouest

Pour un Soviétique, le vrai saut dans l'inconnu, c'est la découverte de l'Occident – l'Occident honni, vilipendé, haï, mais si attirant, séduisant, fascinant. Visiter Londres, Paris ou Rome, c'est un privilège qui n'est accordé qu'aux communistes méritants et aux personnes sûres : il est si tentant, quand on visite l'Angleterre ou la France, de « manquer » l'avion du retour et de demander l'asile politique ! C'est le cauchemar du KGB qui, pourtant, filtre sévèrement les candidats au voyage et veille au grain : tant de sportifs envoyés défendre les couleurs de l'URSS dans des compétitions internationales se sont déjà volatilisés entre deux sprints... Tant de musiciens, de chanteurs ou de danseurs, partis en tournée triomphale au bout du monde, ne sont pas rentrés à leur hôtel la veille du départ pour Moscou !

Gorbatchev ne fait évidemment pas partie de cette catégorie. Il se prête sans arrière-pensée à toutes les formalités exigées conjointement par les bureaucrates et la police politique. En octobre 1972, il part pour la Belgique à la tête d'une délégation invitée par le Parti communiste belge. En mai 1975, il fait partie d'une délégation soviétique invitée en Allemagne fédérale (RFA) pour le 30e anniversaire de la fin de la Seconde Guerre mondiale. En mai 1977, il va visiter Turin, Florence et la Sicile, en autocar, dans une délégation de « fonctionnaires du Parti ».

Mais le pays qui a le plus fasciné Mikhaïl Gorbatchev, à cette époque, c'est la France, où il a l'occasion de se rendre à deux reprises. La première fois en novembre 1976[11] à l'invitation du

Parti communiste français (PCF), qui a concocté pour ce « haut dirigeant » prometteur et spécialiste de l'agriculture, flanqué d'une délégation d'une dizaine d'« experts », un programme « agricole » comprenant une visite à Noé, près de Toulouse, chez Jean-Baptiste Doumeng, le truculent et richissime patron communiste de l'entreprise Interagra. Coïncidence : celui-ci avait visité Stavropol onze années plus tôt[12]. La visite de Gorbatchev chez celui que les journaux surnomment le « milliardaire rouge » restera longtemps dans sa mémoire comme une leçon de pragmatisme économique et idéologique. Les deux hommes garderont d'ailleurs un contact étroit jusqu'à la mort de l'homme d'affaires en 1987.

Grâce à ses nouveaux amis du PCF, Gorbatchev se fait inviter l'année suivante, avec Raïssa, pour trois semaines de vacances absolument extraordinaires pour un apparatchik soviétique. Depuis le voyage de Nikita Khrouchtchev à Paris en 1961, le PCF invitait chaque année cinq cadres du PCUS à passer des vacances en France avec leurs conjoints[13]. C'est ainsi que le futur patron de l'URSS va parcourir quelque 5 000 km à bord d'une Dauphine prêtée par les « camarades » français de la Régie Renault : Paris sous toutes les coutures, d'abord ; puis l'autoroute du Sud, Lyon, Cannes ; Nice, où Raïssa tient à aller s'incliner sur la tombe du révolutionnaire russe Alexandre Herzen[14] ; Monte-Carlo, où les visiteurs soviétiques fascinés découvrent les machines à sous ; Marseille, où ils passent la nuit dans un Sofitel donnant sur le Vieux-Port ; le château d'If en bateau, une corrida à Nîmes, une nuit dans un camping de Dijon…

A Marseille, au soir du 15 septembre, ils suivent en direct à la télé de leur hôtel, captivés, le clash historique entre Robert Fabre et Georges Marchais signifiant la rupture de l'Union de la Gauche. Gorbatchev est passionné par la vie politique française. Avant de descendre dans le Sud, il a écouté le discours de Marchais à la Fête de l' « Huma », à La Courneuve, où les a cornaqués le jeune Pierre Juquin, espoir du PC français. La veille de repartir pour Moscou, il a voulu se rendre à l'Assemblée nationale, dans les tribunes réservées au public, pour assister, attentif, à une séance de questions orales.

Mikhaïl et Raïssa se remémoreront longtemps ce magnifique périple. Ils évoqueront souvent, à l'abri des micros du KGB, deux des conclusions qu'ils ont tirées de leurs voyages à l'Ouest, et qui ne correspondent pas à la vulgate marxiste-léniniste. La première est que partout, au cours de leurs étapes belges, allemandes, italiennes ou françaises, ils sont reçus par les «capitalistes» avec une grande gentillesse – eux, les «rouges», les «ennemis de classe»! La seconde est qu'on vit incontestablement mieux en Occident qu'en Russie soviétique. A chaque voyage, la studieuse Raïssa remplit de notes fort sages des petits calepins d'écolier, essentiellement consacrées à ce qu'elle voit dans les musées, mais aussi à ses propres réflexions, plutôt brouillonnes, sur la société occidentale. En se relisant, un jour, elle pose la question à son apparatchik de mari: «Micha, pourquoi vivons-nous plus mal qu'eux[15] ?»

Mineralnye Vody

Retour à Stavropol. Ses dimanches un peu mornes, son rythme provincial, ses grandes balades dans la steppe et la forêt, ses stations thermales réputées. De celles-ci Gorbatchev va se servir comme d'un formidable outil de relations publiques pour sa région et pour lui-même. Un peu comme son collègue Sergueï Medounov dans la région voisine de Krasnodar qui dispose, lui, de la station balnéaire de Sotchi, sur la mer Noire[16]. Encore les pontes du Politburo, avançant en âge, préfèrent-ils les clubs très fermés des stations thermales aux folles soirées dans les boîtes de nuit du littoral. En sus, le couple Gorbatchev plaît beaucoup à tous ces vieux messieurs: Mikhaïl et Raïssa sont agréables, cultivés et pas du tout obséquieux – ce qui les change des autres cadres du Parti.

Parmi les habitués de Mineralnye Vody et Kislovodsk, les deux stations les plus cotées, il est un personnage avec lequel Gorbatchev va sympathiser jusqu'à devenir presque intime. Ce curiste-là n'est pas le premier venu: Iouri Vladimirovitch Andropov n'est rien de moins, depuis mai 1967, que le tout-puissant chef du KGB. Un homme qu'il vaut mieux avoir comme ami plutôt que comme ennemi. Un ancien ambassadeur en Hongrie qui pilota la répression de l'insurrection de Budapest en 1956. Un dirigeant qui sait tout sur tout le monde, qui bénéficie, lui, de statistiques exactes, et qui sait parfaitement que le régime soviétique n'est ni le paradis terrestre, ni un modèle pour le reste de la planète.

Or cette personnalité énigmatique et redoutée, qui fait alors fantasmer tous les services secrets occidentaux, n'est pas le « super-flic » cruel et machiavélique que l'on croit en général. Certes, en tant que patron de la police politique d'un régime encore très stalinien, il ne fait preuve d'aucune tendresse à l'égard des opposants, nationalistes, croyants ou contestataires de tout poil – tels Alexandre Guinzbourg, Alexandre Soljenitsyne, Vladimir Boukovski, Andreï Sakharov et autres figures de la « dissidence ». Mais cet homme cultivé et intelligent n'aime ni les fastes du pouvoir ni les banquets où l'on se saoule entre puissants. D'un abord plutôt simple, il préfère nettement les chachliks dégustés autour d'un feu de camp où l'on alterne conversations personnelles, récitation de poèmes, airs de guitare et chansons populaires. Gorbatchev se rappellera longtemps sa romance préférée :

Qui en avait besoin ?
Nul n'en avait besoin…

Fils de Cosaque, Iouri Andropov connaît par cœur – c'est encore Gorbatchev qui raconte – tout le répertoire des chansons cosaques traditionnelles. Mais il est aussi « fan » d'un chanteur très populaire dans les milieux estudiantins de l'époque, Vladimir Vyssotski, qui ne passe pas pour favorable au régime.

A chaque fois qu'Andropov séjourne avec sa femme Tatiana dans les sanatoriums *Krasnye Kamni* (« Les Pierres rouges ») ou *Doubovaïa Rochtcha* (« La Chênaie »), les Gorbatchev sont invités à déjeuner ou à dîner, en toute simplicité. Certes, le chef du KGB ne se livre jamais complètement à ses hôtes, mais il éprouve une réelle sympathie pour son jeune collègue de Stavropol qui n'apprécie pas beaucoup, lui non plus, les discours emphatiques et les fins de banquet trop arrosées.

Il y a un autre homme très puissant que Gorbatchev rencontre souvent à titre privé, notamment quand il va prendre du repos à *Krasnye Kamni* ou bien à Dombaï, sur les premières pentes du Caucase, c'est Alexeï Nikolaïevitch Kossyguine. Le Premier ministre, qui est veuf depuis peu, n'est pas un boute-en-train. Discret, austère, silencieux, lui aussi déteste les banquets, les cérémonies et les beuveries – encore est-il un excellent danseur, rapporte Gorbatchev.

Grand marcheur, il entraîne son cadet dans de longues promenades où les deux hommes échangent des idées, très directement, y compris sur l'économie soviétique – sujet que Kossyguine connaît mieux que personne. Partage-t-il les doutes de Gorbatchev sur les méfaits de la centralisation à outrance ? Le patron de la région de Stavropol a beau lui décrire les absurdités d'une gestion où la moindre nomination d'une dactylo remonte jusqu'au Kremlin, jamais il n'a entendu Kossyguine admettre ses critiques.

« Si Gorbatchev avait été Premier secrétaire de la région de Mourmansk[17], jamais il ne serait devenu secrétaire général du PC de l'URSS », a écrit le journaliste allemand Christian Schmid-Häuer[18]. Une scène d'anthologie sera cent fois rapportée après l'accession de Gorbatchev au pouvoir. Elle décrit un « sommet » improvisé qui eut lieu sur le quai de la gare de Mineralnye Vody le 25 septembre 1978. Ce jour-là, le train spécial de Leonid Brejnev, qui l'a emmené faire une visite officielle de quatre jours en Azerbaïdjan et qui remonte vers Moscou depuis Bakou, fait halte dans cette gare. Brejnev, inévitablement flanqué de son assistant Konstantin Tchernenko, y retrouve Iouri Andropov qui y passe ses vacances. Comme il se doit, les trois hommes sont salués par le dirigeant de la région, qui n'est autre que Mikhaïl Gorbatchev. Qui aurait pensé, en voyant ces quatre hommes converser tranquillement sur ce quai de gare désert, à 1500 km de Moscou, qu'ils allaient diriger l'URSS, successivement, pendant un tiers de siècle ?

7

Dans les coulisses du Comité central

«Le prochain dirigeant de l'URSS sera Oustinov,
puis un jeune général.»
François MITTERRAND
(novembre 1983)

Dimanche 26 novembre 1978. Ce soir-là, à Stavropol, Raïssa est rentrée tard à la maison. Vers 22 heures, le téléphone sonne. C'est Mikhaïl Gorbatchev qui appelle depuis l'hôtel Rossia, à Moscou :

« Raïa ! Quelqu'un m'a fait part d'une proposition inattendue, je tenais à te le dire. Un plenum doit se réunir demain. Tu verras, je t'appellerai[1]... »

Mikhaïl Gorbatchev raccroche. Raïssa l'a trouvé un peu nerveux. Ce dimanche, à Moscou, il avait longuement fêté l'anniversaire d'un vieux camarade du Komsomol, Marat Gramov, et ce n'est qu'en fin de journée, un peu après 18 heures, qu'il apprit que Leonid Brejnev avait cherché à le joindre tout l'après-midi. C'est Konstantin Tchernenko, finalement, qui l'a convoqué d'urgence dans son bureau de la Place Vieille, pour l'informer, en quelques phrases, que le *guensek* avait l'intention, le lendemain, de proposer son nom au poste de secrétaire du Comité central chargé de l'Agriculture.

Mikhaïl n'a pas pu tout lui dire, mais Raïssa se doute bien de ce qui est en train de se passer. Son mari ne lui cache jamais rien de son travail, de ses réussites, de ses espoirs et de ses désillusions. Combien de fois sont-ils allés « se promener » dehors, bras dessus, bras dessous, y compris en pleine nuit, pour échanger leurs réflexions à l'abri des micros dont la police politique truffe les appartements des membres de la *nomenklatura* ! Elle sait que la disparition brutale de Fedor Koulakov, le 17 juillet précédent, a bouleversé le paysage politique, et placé Mikhaïl dans une position aussi avantageuse que périlleuse.

La succession de Koulakov

Fedor Koulakov, 60 ans, benjamin du Politburo, est mort d'un arrêt cardiaque : accident naturel, stress, surmenage, soirée trop arrosée ? Ou suicide, comme le bruit a aussi couru ? Il se serait ouvert les veines, mais pourquoi ? Mystère. Nul ne s'appesantira jamais sur la cause de ce décès inattendu. « Son cœur s'est arrêté de battre », dit le communiqué officiel rédigé par le docteur Tchazov, cardiologue éminent et futur ministre de la Santé.

Gorbatchev a aussitôt sauté dans le premier avion pour Moscou. Surprise : ni Leonid Brejnev ni aucun des principaux gérontes du Politburo n'avaient interrompu leurs vacances pour venir assister aux obsèques de leur collègue. Gorbatchev fut secrètement choqué de cette désinvolture qui en disait long sur les rapports personnels unissant tous ces gens importants. Pourtant, Fedor Koulakov était le numéro quatre dans la hiérarchie du Parti, après Brejnev, Kirilenko et Souslov. Ou bien ce mépris était-il dû, justement, aux rivalités constantes au sommet de l'appareil ?

Les funérailles eurent lieu le 19 juillet. Koulakov devait être inhumé, selon son rang, dans le mur d'enceinte du Kremlin, derrière le Mausolée de Lénine. En l'absence des principaux dirigeants, on accorda à Gorbatchev le droit de prononcer quelques mots d'éloge funèbre – dûment relus et validés par Mikhaïl Zimianine, secrétaire du Comité central. C'était la première fois que Gorbatchev montait à la tribune du Mausolée, sur la place Rouge, et qu'il s'adressait ainsi, d'en haut, au « peuple » de Moscou.

La disparition de Koulakov privait Gorbatchev de son principal protecteur moscovite. Mais elle ouvrait aussi la porte à une suite de promotions en chaîne et de nominations importantes, notamment au poste que le défunt occupait. Or, qui paraissait le plus apte à remplacer Koulakov, sinon son jeune et brillant épigone ? Lors du plenum du Comité central de juin 1978, Koulakov avait confié à Gorbatchev le grand discours sur l'agriculture, ce qui fut très remarqué. Comme s'il avait eu un pressentiment. Comme s'il avait voulu désigner son héritier…

Pendant trois mois, une bagarre homérique a eu lieu dans les coulisses du Comité central. Gorbatchev lui-même n'a jamais su toutes les combinaisons, manœuvres et rebondissements qui ont animé les bureaux de la Place Vieille pendant cette période. Premiers résultats de ces échanges houleux : Konstantin Tchernenko, 67 ans, l'homme lige de Brejnev, est sur le point de devenir membre titulaire (il n'était que suppléant) du Politburo, lequel va accueillir deux nouveaux membres suppléants : le vice-Premier ministre Nikolaï Tikhonov, 73 ans, et le dirigeant géorgien Edouard Chevardnadze, 50 ans[2].

Reste la succession de Koulakov au secrétariat du Comité central, pour laquelle plusieurs noms ont circulé, en sus de celui de Gorbatchev. Le chef du département des cadres, Ivan Kapitonov, a également soumis au Politburo les candidatures de Sergueï Medounov (région de Krasnodar) et de Fiodor Morgoun (région de Poltava). L'entourage proche de Brejnev, autour de Tchernenko, souhaitait quelqu'un de fidèle à leur patron, qui soit le garant de la continuité. Souslov et Andropov, de leur côté, veillaient au grain pour ne pas se laisser enfermer par les partisans de Brejnev.

Le 27 novembre 1978, lorsque s'ouvre le plenum du Comité central du PCUS, l'affaire est entendue : Gorbatchev est désigné « à l'unanimité ». Le lendemain, le journal *Pravda* diffuse l'information suivante :

« Le plenum du CC du PCUS a élu le camarade M. S. Gorbatchev au poste de secrétaire du CC du PCUS. »

Le nouveau promu est quasiment un inconnu. Les kremlinologues occidentaux, à l'affût du moindre détail qui pourrait éclairer la personnalité d'un nouveau venu dans ce terne microcosme aux profils interchangeables, notent un détail intéressant : le dénommé Mikhaïl Gorbatchev n'a que 47 ans. A cette époque, l'âge moyen des dirigeants de l'URSS est de 67 ans, soit vingt ans de plus. On ne sait quasiment rien du nouvel « élu », sauf qu'il représente l'avenir.

L'adieu à Stavropol

Le 6 décembre 1978, c'est le grand départ. Mikhaïl et Raïssa quittent Stavropol par avion et débarquent à Moscou. La veille, ils se sont offert une dernière promenade romantique, d'abord en voiture dans les rues de la ville, puis à pied, entre steppe et forêt, en se tenant par la main, comme ils l'avaient fait des centaines de fois. Ils ne retrouveront plus jamais ce contact direct et charnel avec la nature, la terre, les arbres si nécessaires à l'équilibre de ces deux enfants de paysans[3].

Pour Raïssa Maximovna, la joie d'aller vivre à Moscou l'emporte sur la tristesse de quitter une région agréable, à dimension humaine, mais où il ne se passe jamais rien. Les théâtres, les musées, les expositions, enfin ! C'est la « fin d'une longue parenthèse » – l'expression est de Raïssa elle-même – qui leur a laissé à tous les deux d'excellents souvenirs, certes, mais commençait à leur peser.

Les Gorbatchev changent de standard de vie – qu'il serait encore absurde de comparer à celui d'un dirigeant politique occidental. Selon les souvenirs de Raïssa, Mikhaïl Gorbatchev touchait 600 roubles par mois quand il était Premier secrétaire de la région, et 800 roubles quand il est devenu secrétaire du Comité central. Son propre salaire de maître de conférences était de 320 roubles. Le couple touchait aussi une allocation dite « de ravitaillement » de 200 roubles par mois. Soit un total mensuel d'environ 1 500 roubles, quand le salaire moyen ouvrier variait de 150 à 200 roubles par mois[4].

Mais que valent 1 500 roubles dans un pays où la monnaie n'est pas convertible, où la propriété privée est inexistante, où les magasins sont vides ? Ces chiffres n'ont pas une grande signification. Les avantages d'une carrière politique en URSS ne sont pas financiers, mais matériels. Ainsi Mikhaïl et Raïssa auront-ils désormais chacun une voiture avec chauffeur, une prime spéciale pour les vacances, des magasins spéciaux pour le ravitaillement et de nombreux avantages en nature. A commencer, bien sûr, par la gratuité du logement.

Peu après leur arrivée à Moscou, les Gorbatchev se voient-ils attribuer un appartement de trois grandes pièces au septième étage d'un immeuble neuf au 15, rue Alexeï-Tolstoï, non loin du centre de la capitale. Ils quitteront bientôt ce logement provisoire pour un quatre-pièces rue Chtchoussev, face au célèbre Club des architectes, dans le même quartier. C'est là qu'habitent dans des immeubles très bien gardés, rue Granovski ou avenue Koutouzov, la crème de la crème des dirigeants soviétiques, au premier rang desquels, bien sûr, Leonid Brejnev en personne.

Autre avantage dont bénéficie le nouveau secrétaire du Comité central : une datcha de fonction, située à l'ouest de Moscou dans le village de Sosnovka, en bordure du parc de Serebriany Bor – un des endroits les plus chics de la capitale, qu'on rallie en quelques minutes de voiture par la *Roublevskoïe Chosse* (« Chaussée Roublev »). La vieille maison de bois, spacieuse mais mal entretenue, a appartenu, en son temps, à « Sergo » Ordjonikidze, le ministre préféré de Staline. Son dernier occupant fut Konstantin Tchernenko, le collaborateur préféré de Brejnev.

Appartements et datchas, toujours assortis d'un nombreux personnel de service – recruté par le 9e directorat du KGB –, sont ainsi attribués aux dirigeants selon un code précis et dans un ordre très protocolaire, équivalent exact de ce qu'on appelait le *tchin* (le « rang », l' « étiquette ») sous Pierre le Grand, trois siècles plus tôt. Cette échelle hiérarchique, avec les avantages correspondant aux titres et aux postes, est extraordinairement précise mais n'est écrite nulle part. C'est le mystérieux département des cadres du Comité central qui gère tout cet ordonnancement bien peu « socialiste ».

Tous ces privilèges immobiliers n'ont aucun rapport avec l'initiative, la créativité ou l'indépendance de ceux à qui ils sont dévolus. Ils sont uniquement liés au statut des personnes, à leur rang dans la hiérarchie, à leur position dans le Parti. En 1980, quand Gorbatchev sera élu au Politburo, il aura droit à une belle datcha de construction récente, en brique, dont l'occupant précédent était le regretté Fedor Koulakov. Et quand il sera élu secrétaire général du PCUS, en mars 1985, son ancienne résidence sera attribuée à… Boris Eltsine, nouveau secrétaire du PC de Moscou et nouveau membre suppléant du Politburo du Parti.

Il y a aussi, aux quatre coins de l'URSS, des datchas «spéciales» pour que les membres du Comité central ou du Politburo puissent «se reposer» dans les villes de cure, les stations balnéaires ou les réserves de chasse. D'autres luxueuses résidences sont «réservées» aux hôtes étrangers du Parti, du gouvernement ou des syndicats. Combien de dirigeants communistes occidentaux, de syndicalistes affidés, d'écrivains «progressistes» et d'artistes «engagés» ont profité, dans la plus grande discrétion, de ce confort fort peu «prolétarien»!

Les mœurs de la «cour»

Des privilèges aux abus de biens sociaux, il n'y a qu'un pas à franchir. En 1978, Mikhaïl Gorbatchev a la «surprise» – mais était-il si naïf? – de voir que de nombreux dirigeants du Parti, non contents d'avoir des datchas de fonction, font construire discrètement des datchas particulières – avec piscines, courts de tennis ou plages privées – pour eux-mêmes, pour leurs enfants, pour leurs familles. On n'est jamais trop prudent: tout dirigeant sait qu'il peut perdre un jour son poste, donc ses avantages, et qu'il vaut mieux préparer discrètement l'avenir…

Autre mauvaise surprise: la froideur des relations humaines au sein de la classe dirigeante. Dans les couloirs du Kremlin, on se jalouse, on s'épie, on reste sur ses gardes. Mikhaïl Gorbatchev ne pensait pas être accueilli dans ce cercle par des démonstrations chaleureuses ou enthousiastes, certes, mais il ne s'attendait pas à des rapports aussi impersonnels. Raïssa et lui, qui ont été habitués à une autre convivialité à Stavropol pendant un quart de siècle, en plaisantent:

«Au Kremlin, lorsque quelqu'un vous appelle par votre patronyme, vous sursautez: pas possible, vous vous rappelez mon patronyme?»

Raïssa n'est pas à l'aise avec les autres épouses de dirigeants, dont les us et coutumes sont aussi ordonnés que les décorations sur le plastron de leurs maris. La jeune femme en fait l'expérience le 8 mars 1979, lorsqu'elle se rend à la fastueuse réception officielle offerte au Kremlin, comme tous les ans, pour la Journée de la Femme. S'étant placée un peu au hasard dans la file des épouses, Raïssa se voit indiquer par Mme Kirilenko, sans ménagement, le bout de la rangée: « Votre place est là-bas, au bout[5] ! »

Humiliée, Raïssa retiendra la leçon. Gorbatchev résume ainsi ce comportement dans ses *Mémoires* : « Morgue, suspicion, flagornerie, sans-gêne. » Tout ce que ces deux-là détestent. Comment pourraient-ils admettre, par exemple, que la plupart des dirigeants ne daignent pas saluer leurs employés, alors qu'à Stavropol, pendant vingt ans, Mikhaïl a toujours considéré son chauffeur, Anatoli Khamoukha, comme un membre de sa famille ?

S'il ne s'agissait que d'inélégance ou d'impolitesse ! Mais les deux nouveaux venus découvrent vite la prétention et la désinvolture avec lesquelles les « puissants », leurs femmes et leur progéniture considèrent les biens de l'Etat. Raïssa racontera plus tard combien elle a été choquée d'entendre ce dialogue chez un grand du régime :

« Attention, les enfants, vous allez casser ce lustre !

— Quelle importance ? Il appartient à l'Etat[6] ! »

L'esprit d'équipe, le sens du collectif, toutes ces valeurs qui ont marqué la vie et forgé le caractère du couple Gorbatchev, ont fait place au je-m'en-foutisme, à la défiance générale et à l'espionite permanente. Le très sociable Mikhaïl Sergueïevitch, chaleureux de nature, est désagréablement surpris de constater qu'il n'a plus que des rapports professionnels avec ses collègues, y compris avec l'homme dont il se sent le plus proche, Iouri Andropov : quand Gorbatchev déménagera dans une datcha voisine de celle de l'ancien patron du KGB, celui-ci refusera même une invitation à dîner avec sa femme Tatiana comme au bon vieux temps de Stavropol, sous le prétexte ahurissant qu'une telle rencontre « ferait aussitôt l'objet d'une note envoyée sur le bureau de Brejnev » ! Et l'ancien patron du KGB, qui sait de quoi il parle, d'ajouter d'un ton désolé : « Mikhaïl, si je te dis cela, c'est dans ton intérêt[7] ! »

La valse lente des gérontes

A l'époque où Gorbatchev cherche ainsi ses marques dans le cercle restreint des dirigeants de l'URSS, le pouvoir est stabilisé. Notamment sur le plan institutionnel. Après six décennies de rivalités internes entre le pouvoir d'Etat et l'appareil du Parti, les choses sont claires : c'est bien le Parti qui gouverne, et lui seul. Dans la Constitution du 5 décembre 1936, que Staline avait qualifiée de « plus démocratique du monde », le Parti communiste n'était cité qu'à l'article 126 en tant que « noyau dirigeant » du régime. Dans la nouvelle Constitution adoptée le 7 décembre 1977, le Parti est cité dès l'article 6 comme étant détenteur du « rôle dirigeant » dans l'Etat et la société.

La situation s'est aussi stabilisée sur le plan politique. Après la mort de Staline, en 1953, la dictature avait fait place à un régime imprévisible, symbolisé par le « rapport secret » lu par Khrouchtchev à l'issue du XXe Congrès du Parti. La brutale éviction du « groupe anti-Parti » (Malenkov, Molotov, Kaganovitch) en 1957 n'avait pas rassuré les vieux staliniens sur leur avenir. Les initiatives brouillonnes de la nouvelle direction, notamment dans l'agriculture, ainsi que ses hasardeuses réformes institutionnelles et sa gestion trop personnelle des « cadres », avaient abouti au limogeage du successeur de Staline par ses pairs en 1964 : le jovial Nikita n'avait pas compris que les dirigeants de l'URSS aspiraient d'abord à la permanence de leurs fonctions et de leurs privilèges.

L'instauration du triumvirat Brejnev-Podgorny-Kossyguine, rassurante incarnation d'un triptyque Parti-Etat-gouvernement, avait donné le change pendant plus de dix ans. Certes le Premier secrétaire du PCUS, Leonid Brejnev, avait symboliquement recouvré au XXIIIe Congrès, en 1966, le titre de secrétaire général du Parti. Mais cela ne remettait en cause ni l'Etat ni le gouvernement. C'est ce qui explique la stupeur que provoqua, lors du plenum du Comité central du 24 mai 1977, l'éviction subite du malheureux Nikolaï Podgorny, président du Soviet suprême et chef de l'Etat. Au cours de cette réunion, au moment où quelqu'un propose de fusionner le poste de chef du Parti et celui de chef de l'Etat, Podgorny comprend que sa carrière va s'arrêter net. Il se tourne alors vers Brejnev, désespéré, les larmes aux yeux :

« Leonid Ilitch ?

— Je suis aussi surpris, Nikolaï, mais si le peuple l'exige[8]... »

Le 16 juin, après avoir « satisfait » à la demande de Podgorny d'être « libéré de ses fonctions », les 1 500 membres du Soviet suprême élisent docilement à leur tête Leonid Brejnev, conformément à l'esprit de la nouvelle Constitution qu'ils viennent de ratifier. Et comme la tâche de Brejnev, 73 ans, risque d'être un peu lourde, le présidium du Soviet suprême décide de se doter d'un « Premier vice-président » en la personne de Vassili Kouznetsov, âgé de... 76 ans[9].

La marginalisation de Kossyguine, en revanche, n'étonne personne : malade et souvent absent, le Premier ministre sera définitivement écarté du sommet du pouvoir juste avant de mourir le 18 décembre 1980. Gorbatchev se rappelle, dans ses *Mémoires*, qu'il avait eu un affrontement public avec Kossyguine le 7 septembre 1979, à propos du budget de l'agriculture, que le chef du gouvernement refusait d'augmenter. Brejnev avait tranché en faveur de Gorbatchev en humiliant le malheureux Premier ministre :

« Alexeï, allons ! Mais qu'est-ce que tu connais à la moisson[10] ? »

De la stabilité à l'immobilisme

En 1978, quand Gorbatchev entre au secrétariat du Comité central, l'immobilisme menace. Leonid Brejnev et ses affidés sont au pouvoir depuis quatorze ans. Ce n'est plus tant la stabilité qui caractérise le pouvoir en URSS, que le vieillissement, la paralysie, le repli sur soi, et leurs conséquences inévitables : le conservatisme, la bureaucratie, la corruption et le népotisme. Pendant les années 1981-1982, plusieurs scandales éclateront dans l'opinion moscovite, nés de rumeurs persistantes sur les frasques coûteuses de la fille de Brejnev, Galina, collectionneuse de diamants, et les détournements financiers dont le mari de celle-ci, le vice-ministre Iouri Tchourbanov, se serait rendu coupable...

Leonid Brejnev lui-même est malade, presque impotent, figé dans ses gestes comme dans ses idées. Naguère dynamique et bon vivant, il a été victime d'un premier infarctus en 1975, puis a commencé à décliner en 1977. Il souffre désormais d'artériosclérose cérébrale. Il se bourre de tranquillisants qui l'entraînent irrésistiblement vers la dépression et l'asthénie. Il n'est plus valide que deux ou trois heures par jour[11]. Il va d'ailleurs « se reposer » chaque jeudi dans sa résidence de Zavidovo, à 60 km de Moscou, d'où il ne revient que le lundi, toujours flanqué du fidèle Tchernenko, pour quelques audiences privées dans son bureau et quelques kilos de paperasses à signer sans les lire.

Autour de Brejnev, les membres de la « vieille garde » du Kremlin passent leur temps à se congratuler et à se décorer mutuellement à l'occasion de chaque fête prolétarienne, chaque commémoration guerrière, voire chaque anniversaire personnel : ordre de la Révolution d'Octobre, ordre de Lénine, ordre de la Victoire, étoile de Héros de l'Union soviétique, etc. C'est à celui qui aura le plus de décorations inutiles, de diplômes de complaisance et de titres flatteurs. Pour son fameux petit livre de souvenirs de guerre, *Malaïa Zemlia*[12], Leonid Brejnev obtient même, en mars 1980, le prix Lénine de littérature, avant de se faire attribuer, à la fureur des militaires, le prestigieux ordre de la Victoire, réservé aux généraux vainqueurs de 1945 !

Gorbatchev devient membre titulaire du Politburo le 21 octobre 1980. Il a désormais un beau bureau meublé en style scandinave, au cinquième étage de la Place Vieille, avec une spacieuse antichambre. Mais il sait déjà que les réunions du « saint des saints » du pouvoir soviétique ne ressemblent pas, loin de là, à ce que l'opinion imagine de la cellule dirigeante de la deuxième puissance du monde. Dans la grande salle de réunion, au bout d'une longue table en bois, Leonid Brejnev siège dans son fauteuil de président. A sa droite : Souslov, puis Kirilenko, Pelche, Solomentsev, Ponomarev et Demitchev. A la gauche du grand chef, le fauteuil vide de Kossyguine (qui va être remplacé par Tikhonov), Grichine, Gromyko, Andropov, Oustinov, Tchernenko et, en bout de file, Gorbatchev, benjamin de l'équipe[13].

Un peu perdu dans cette assemblée de septuagénaires, le « petit nouveau » est mal placé. D'abord, loin du président de séance, il peine à comprendre les bredouillis de Brejnev, et enrage quand ses obséquieux collègues approuvent bruyamment ces propos inaudibles d'un sonore *« Iasno ! »* (« C'est clair ! »). Il s'agace de voir son voisin Tchernenko passer toute la réunion à se lever jusqu'au fauteuil de Brejnev pour lui glisser un papier, chuchoter un mot à son oreille, pointer une phrase sur ses notes, cocher un texte sous ses yeux, puis aller se rasseoir avant de se lever à nouveau. Commentaire *a posteriori* de Gorbatchev : « C'était un triste spectacle[14] ! »

Dans la population, les *anekdoty* (histoires drôles) prolifèrent. La plus connue, la plus révélatrice aussi, est celle du train dans lequel voyagent les dirigeants de l'URSS. Le convoi tombe en panne : Lénine fait fusiller le chauffeur, ce qui ne fait pas bouger le train ; Staline envoie tous les passagers au goulag, sans succès ; Khrouchtchev réhabilite tout le monde, cela ne change rien ; quand c'est le tour de Brejnev, celui-ci tire le rideau du compartiment, s'assoit confortablement et ordonne : « Eh bien ! Faisons comme si le train avançait ! »

Après Brejnev, qui ?

Leonid Brejnev, après son infarctus de 1975, avait réfléchi à sa succession. Un temps, il avait poussé la carrière de Grigori Romanov, Premier secrétaire du Parti à Leningrad, qu'il avait fait entrer au Politburo comme suppléant en 1973, puis comme titulaire en 1976. Il s'en était ouvert à son homologue polonais Edward Gierek, qui en avait fait la confidence au président français Giscard d'Estaing en 1976[15]. Mais il avait été déçu par Romanov, dont la mauvaise réputation avait fini par indisposer le Kremlin. On apprendra bientôt, par des indiscrétions savamment distillées par le KGB, que Romanov a « emprunté » au palais de l'Ermitage, pour le mariage de sa fille, une partie de la précieuse vaisselle de Catherine la Grande, et que des invités éméchés en ont cassé nombre de pièces inestimables !

En vieillissant, Brejnev a reporté toute sa confiance sur celui qui est depuis longtemps son chef de cabinet, son secrétaire particulier, son confident, son homme à tout faire et aussi son garde-malade : Konstantin Tchernenko – dont la fidélité à son maître est incontestablement plus grande que son propre charisme. Brejnev et Tchernenko se connaissent depuis toujours. Jeunes, ils se saoulaient déjà de conserve, raconte un observateur privilégié[16]. Personnage falot, Tchernenko n'aurait jamais imaginé faire une telle carrière, jusqu'à devenir secrétaire du Politburo, sans la complicité de son ami. D'ailleurs, même à ce poste, il est considéré par les autres dirigeants comme un porte-serviette administratif, non comme un véritable dirigeant politique. En 1965, quand il hérita de la direction du service général du Comité central, tout le monde avait compris qu'à ce poste clé Brejnev voulait un homme de confiance, rien de plus.

Même les autres « créatures » de Brejnev, les Chtcherbitski (Ukraine), Grichine (Moscou) et autres Kounaiev (Kazakhstan), n'ont jamais vraiment cru que Tchernenko finirait tout en haut de la pyramide du pouvoir. Sans illusions sur lui, ils ne l'ont aidé et défendu que pour contrer l'ascension de Iouri Andropov, le redouté chef du KGB, seul vrai rival du vénérable Leonid Ilitch. C'est sous la pression de ce groupe que Brejnev a commencé à mettre en avant son vieux complice en toutes occasions – voyage à l'étranger, discours important, visite de haut niveau –, jusqu'à faire de Tchernenko le grand ordonnateur du XXVIe Congrès du Parti en mars 1981. A l'affût de la moindre information nouvelle, les journalistes étrangers couvrant cet événement constatent, dépités, qu'à l'issue de cet événement les dix secrétaires du Comité central, les quatorze titulaires et les huit suppléants du Politburo sont reconduits sans aucun changement. L'URSS est devenue immobile.

Le 25 janvier 1982, la mort inattendue de Mikhaïl Souslov[17] rompt le charme et lance la course à la succession. Souslov, 80 ans, diabétique, était secrétaire du Comité central depuis 1947 et *de facto* numéro deux du régime. Celui qu'on appelait l' « idéologue en chef » avait notamment la haute main sur la propagande, la culture, l'éducation, la science, les médias, les relations internationales, la « lutte pour la paix », la jeunesse et l'athéisme. Sa disparition est un tremblement de terre politique qui, d'un seul coup, relance les rumeurs les plus alarmistes sur la santé de Brejnev. Celles-ci seront d'ailleurs démenties le 22 avril, pour l'anniversaire de Lénine, où Brejnev paraît en pleine forme dans la salle des Congrès du Kremlin, et le 1er mai, pour la fête des travailleurs, où il assiste au défilé, impassible, depuis la tribune du Mausolée de Lénine.

La succession se profile

L'homme qui va remplacer Souslov, cette fois-ci, a toutes les chances de devenir numéro un la fois suivante, c'est-à-dire à la mort de Brejnev. Tchernenko a 71 ans, Andropov n'en a que 67 – un gamin, dans cet univers gérontocratique ! A l'évidence, le premier n'a pas l'envergure d'un secrétaire général, mais il offre à tous les courtisans composant l'entourage de Brejnev l'assurance de la continuité et la garantie de l'emploi. Le second a une personnalité plus forte – tous les Gromyko et autres Oustinov l'admettent – mais son statut de chef du Comité d'Etat pour la Sécurité (KGB), qui l'a éloigné depuis 1967 du sommet du pouvoir, le dessert. Il ne peut prétendre à la succession qu'à la condition de se faire élire secrétaire du Comité central et, du coup, de démissionner du KGB : on n'imagine pas à la tête du Parti un homme qui ne soit pas directement issu de sa direction interne.

Gromyko et Oustinov, respectivement responsables des Affaires étrangères et de la Défense, ont fait campagne, avec succès, pour leur collègue du KGB. On en a la confirmation, à la mode du Kremlin, quand Brejnev confie expressément à Andropov le grand discours prononcé au nom de la direction du pays, le 22 avril 1982, pour l'anniversaire de la naissance de Lénine – au grand dam de Tchernenko et de ses partisans. Une telle marque d'honneur ne laisse aucun doute sur la suite – même si c'est avec ledit Tchernenko, son voisin de droite, qu'on voit plaisanter ce jour-là le maître du Kremlin. Le 24 mai, après six heures de discussions houleuses, le vote du plenum confirme ce choix en élisant Andropov secrétaire du Comité central chargé, comme l'était Souslov, de l' « idéologie ». A l'unanimité, comme il se doit.

Le processus de succession est donc bien engagé. Iouri Andropov occupe désormais le fauteuil de Souslov à côté du grand chef handicapé par la maladie. Et lors de la première réunion du secrétariat qui se tient en l'absence de Brejnev, en juillet 1982, l'ancien patron du KGB s'attribue sans barguigner le fauteuil et le rôle du président de séance – sans que Tchernenko ose s'y opposer. Gorbatchev, qui ne cache pas sa satisfaction, félicite Andropov le soir même, par téléphone :

« Félicitations, Iouri Vladimirovitch ! Je crois bien avoir assisté à un événement important. J'avais bien remarqué qu'avant la réunion vous étiez tendu et fermé comme une huître !

— Merci, Mikhaïl, mais il y avait de quoi être tendu[18] ! »

Et Andropov de confier à Gorbatchev que Brejnev lui-même l'avait appelé par téléphone pour lui expliquer qu'il ne l'avait pas nommé à ce poste « pour faire de la figuration ». Gorbatchev s'interroge : Brejnev, très affaibli depuis un voyage raté à Tachkent (Ouzbékistan) d'où il est revenu sur une civière le 25 mars, aurait-il téléphoné de lui-même à Andropov s'il n'y avait pas eu quelque Andreï Gromyko ou quelque Dmitri Oustinov pour lui souffler cette idée ?

La vraie succession à venir, celle de Brejnev, n'est pas encore jouée. Andropov a pris la main, certes, mais Tchernenko et ses amis n'ont pas l'intention de céder la place. Gorbatchev, dans ce contexte où tout le monde surveille tout le monde, soutient Andropov sans ambiguïté. Par calcul personnel, sans doute. Par amitié, aussi : l'ancien patron de Stavropol éprouve une réelle affection pour son ancien mentor. Par esprit de responsabilité, enfin : à ses yeux, l'ancien chef du KGB incarne à la fois l'autorité politique, la fermeté idéologique et l'espoir de réformer un pouvoir totalement sclérosé.

La mort de Brejnev

Brejnev n'est plus que l'ombre de lui-même. Les bruits les plus étranges courent dans Moscou : il serait soigné par une guérisseuse géorgienne, Djouna Davitachvili, qui aurait pris l'ascendant sur ses médecins. Son cabinet multiplie les efforts pour simuler une gouvernance normale, avec des décrets, des notes, des lettres, des discours. Mais la réalité est pathétique. Désormais les réunions du Politburo ne durent pas plus d'une quinzaine de minutes, invariablement conclues par un accord unanime sur les « propositions » du secrétaire général et ce que la *Pravda* rapporte comme des « applaudissements nourris et prolongés ».

Les vraies décisions politiques, économiques et administratives se prennent ailleurs, *a minima*, dans une vingtaine de commissions opaques et quelque 80 ministères techniques. L'Union soviétique, incapable de répondre aux défis de l'époque, ressemble à un immense paquebot – un porte-avions nucléaire, plutôt – à la dérive. La seule activité politique et gouvernementale efficace, où s'illustrent les diplomates, les « journalistes » et les agents du KGB, est celle qui consiste à masquer ce désastre aux yeux du reste du monde.

Le mercredi 10 novembre 1982, en début d'après-midi, Gorbatchev reçoit une délégation de communistes slovaques dans un des salons de la Place Vieille quand sa secrétaire lui annonce qu'il est convoqué d'urgence par Andropov : Leonid Ilitch Brejnev est mort. Selon sa femme Viktoria Petrovna, il a eu une crise cardiaque le matin même, vers 8 h 30, dans sa datcha de Zaretchie : il a interrompu son petit déjeuner pour aller chercher quelque chose dans son bureau, à l'étage, où il s'est effondré, victime d'une attaque. Les secours sont arrivés trop tard[19]. Prévenus, les caciques du Parti – Gromyko, Oustinov, Tikhonov, Tchernenko – se sont aussitôt réunis, en petit Comité et en grand secret, pour se mettre d'accord sur la seule décision raisonnable : Andropov doit prendre la succession. Et sans délai.

Saura-t-on jamais si Tchernenko a tenté de s'opposer à ce choix, et s'il a été mis en minorité ? C'est probable. Selon les historiens les plus fiables, la voix du maréchal Oustinov, porte-parole de la hiérarchie militaire, a été prépondérante : les généraux, qui constituent le principal lobby politique en Union soviétique, veulent d'abord un homme fort – ce que n'est pas Tchernenko – et qui soit fermement décidé à lutter contre la corruption et l'indiscipline : seul Andropov correspond alors à ce profil.

Le processus se déroule, comme toujours en URSS, en deux phases. Le jour même, à 16 heures, sur proposition d'Oustinov, Andropov est désigné par le Politburo pour présider la commission des obsèques – ce qui en fera, aux yeux des observateurs, le successeur probable. Le lendemain, à 11 heures, la nouvelle de la mort de Brejnev est enfin rendue publique – avec vingt-six heures de retard. Puis, le 12 novembre au matin, un plenum extraordinaire du Comité central se réunit au Kremlin, dans la salle Sverdlovsk, pour entériner la décision prise par le Politburo. A la façon inimitable des Partis communistes du monde entier: après avoir prononcé l'éloge funèbre du disparu, Andropov ouvre la discussion générale… et est aussitôt élu secrétaire général du Parti «à l'unanimité» des 470 membres du Comité central. C'est son principal rival, Tchernenko, qui a solennellement proposé son nom au plenum.

Ce n'est que le lundi 15 novembre, à midi, que l'enterrement aura lieu sur la place Rouge. Dans une indifférence quasi générale à peine troublée par la chute malencontreuse du cercueil au fond de la fosse: il est loin, le temps où le jeune étudiant Mikhaïl Gorbatchev risquait d'être étouffé par la foule immense des Moscovites en pleurs allant rendre un dernier hommage au défunt Joseph Staline.

Andropov à la barre

Andropov est enfin aux manettes. Faisant vite preuve d'autorité, il reprend en main le Comité central, «renforce la discipline», dénonce et limoge plusieurs ministres incompétents ou corrompus. Il admoneste Grichine, l'intouchable patron du PC de Moscou. Sur sa lancée, il se sépare de quelques «seconds couteaux» (Trapeznikov, Kapitonov, Pavlov) mais aussi du ministre de l'Intérieur Chtchelokov, figure emblématique – et notoirement corrompu – du clan Brejnev. Au passage, il met autoritairement à la retraite le vieux Kirilenlo, en place depuis 1962, qui était devenu sénile.

D'autres remaniements interviendront un peu plus tard: le sémillant patron du Parti de Leningrad, Grigori Romanov, qui n'a jamais été un ami d'Andropov, sera ainsi nommé secrétaire du Comité central chargé de l'Industrie de l'Armement. Est-ce pour l'éloigner de son fief, l'ancienne capitale russe toujours un peu rebelle ? Le nouveau maître du Kremlin doit encore composer avec ses adversaires. Ainsi, le 23 novembre, lors de la session du Soviet suprême, aucun président n'est-il élu à la place de feu Leonid Brejnev : ce report aura permis à Andropov d'éviter l'élection possible de Tchernenko, mais au prix de sa propre élection comme chef de l'Etat. Andropov sera finalement élu président du Soviet suprême quelques mois plus tard, le 16 juin 1983... sur proposition du camarade Tchernenko, comme le veut la coutume.

De nouvelles têtes font leur apparition, auxquelles il va falloir s'habituer : Viktor Tchebrikov, ex-bras droit d'Andropov, nommé patron du KGB ; Vadim Medvedev, chargé des sciences et de l'éducation au Comité central ; Egor Ligatchev, ex-Premier secrétaire à Tomsk, chargé du département des cadres ; Nikolaï Kroutchina, nouveau chef de la chancellerie ; Gueidar Aliev, le rusé patron du Parti en Azerbaïdjan, suppléant au Politburo ; Stepan Chalaev, nouveau président des syndicats ; Vitali Vorotnikov, nouveau Premier ministre de la Fédération de Russie ; Nikolaï Ryjkov, nouveau responsable du secteur économique du Comité central...

Iouri Andropov ne chôme pas. Il veut sincèrement déverrouiller la vie politique soviétique, redonner du souffle à l'idéologie et à la propagande, abandonner tout un pan de stéréotypes surannés. Mais il veut aussi restaurer l'autorité du Parti, maintenir l'ordre public, combattre le « parasitisme » social et en finir avec le laxisme généralisé : non seulement il continue la chasse aux dissidents – militants des droits de l'homme, juifs « refuzniks », nationalistes tatars ou arméniens – mais il déclare la guerre aux mauvais citoyens, aux tire-au-flanc, aux « absentéistes » que la police va désormais traquer dans le métro, les parcs, les cinémas et jusque dans les salons de coiffure !

Intellectuel libéral ou idéologue retors ? Homme de culture ou superflic ? Réformateur ou stalinien ? Ces orientations contradictoires ainsi que la persistance de mauvais résultats économiques – y compris dans l'agriculture, n'en déplaise à Gorbatchev – tempèrent bientôt les espoirs de ceux qui avaient applaudi la nomination d'Andropov. Ou est-ce du réalisme ? Ou de la résignation ? Les observateurs de l'époque notent que le nouveau secrétaire général se heurte, à son tour, à l'extraordinaire pesanteur de l'appareil du Parti et de l'Etat qui rend illusoire toute velléité de réforme sérieuse[20].

Mais surtout, à la consternation de ses supporters, le nouveau *guensek* tombe malade au début de l'été 1983. Les médecins diagnostiquent une grave insuffisance rénale qui l'oblige à plusieurs séances de dialyse par semaine, et l'envoient prendre un repos forcé dans sa datcha de Crimée. Quand Andropov rentre à la fin du mois de septembre, c'est dans un avion médicalisé, pour être soigné à l'Hôpital central de Moscou. Visage livide, voix rauque, faiblesse évidente, souffrances insupportables : ses visiteurs comprennent que le nouveau patron de l'URSS n'en a plus pour longtemps.

Victime d'un « refroidissement » *(sic)*, le nouveau secrétaire général n'assiste pas aux cérémonies anniversaires de la Révolution, le 7 novembre, sur le Mausolée de Lénine, ce qui ne s'était jamais produit. Voilà qui désespère Gorbatchev, mais qui redonne le moral à Tchernenko et ses partisans – les Dolguikh, Grichine et autres Chtcherbitski –, lesquels serrent à nouveau les rangs autour de leur candidat et protecteur : l'ex-secrétaire de Brejnev reste le mieux placé, en cas de malheur, pour hériter du pouvoir.

Le jeudi 9 février 1984, à 17 heures, Iouri Andropov meurt à son tour. Gorbatchev éprouve une peine sincère. Mais il s'inquiète aussi pour la suite des événements. Souslov est mort, Kossyguine est mort, Brejnev est mort, Andropov est mort : tout est à recommencer.

8

Le successeur

> « Tous les officiels suivaient, nu-tête, le cercueil [...]. Ils se demandaient comment serait le nouveau gouverneur général, comment il se mettrait à la tâche et comment il les traiterait. »
>
> Nicolas GOGOL.

Moscou, le 10 février 1984. Au premier étage de la pompeuse et glaciale Maison des Syndicats, le corps d'Andropov repose dans un catafalque posé au milieu de la salle des Colonnes drapée de pourpre et de noir, le visage découvert, comme c'est la tradition. On a recouvert les immenses lustres de voiles sombres. Dans la pénombre, un orchestre joue de lentes valses funèbres. La foule des Moscovites défile devant le cercueil. Mikhaïl Gorbatchev est venu prendre son tour de « garde funèbre ». Il est sous le choc, sincèrement affecté par le décès de cet homme qui avait toujours été bienveillant à son endroit, et en qui il voyait une chance de renouveau pour son pays.

Raïssa est venue, elle aussi, s'incliner devant le corps du défunt. Elle est scandalisée de surprendre une joie à peine dissimulée dans le regard de certains dirigeants présents : « Un souvenir affreux », écrira-t-elle dans ses souvenirs. On imagine son indignation quand elle apprend que le fils de Nikolaï Chtchelokov, le ministre de l'Intérieur limogé par Andropov, a organisé une soirée dans un grand restaurant de Moscou pour fêter joyeusement la disparition du tombeur de son père...

En réalité, la mort d'Andropov est survenue trop tôt. Le successeur de Brejnev n'a pas eu le temps de faire le ménage dans les hautes sphères du régime, ni de faire redémarrer la machine politique soviétique. Sa disparition prématurée confirme qu'une génération s'en va – celle des Souslov, Pelche, Kossyguine, Brejnev, Podgorny, Kirilenko – sans avoir permis à la suivante de se préparer à l'exercice du pouvoir. Le décès d'Andropov laisse un énorme vide politique au sommet de l'URSS, où un dernier carré de vieillards bardés de décorations – Gromyko, Oustinov, Tchernenko, Tikhonov – verrouille le système et interdit aux « jeunes » de prétendre assurer la relève.

Tous ces septuagénaires et octogénaires, blanchis sous le harnais de l'idéologie, de la violence et de l'inculture, ont commencé leur carrière dans la terreur, le mensonge et la délation qui caractérisaient les années staliniennes. Ils ont tous été promus « par défaut » à la faveur des purges et des procès qui ont décimé les rangs du Parti entre 1934 et 1952. Leurs « jeunes » successeurs ne sont que les héritiers, contraints et impuissants, de pratiques politiques qu'ils désapprouvent plus ou moins ouvertement.

L'enterrement d'Andropov et la désignation de son successeur font revivre aux observateurs le même scénario qu'à la mort de Brejnev. Aussitôt le décès connu, le jeudi 9 février, le quatuor des caciques se réunit dans un bureau de la Place Vieille. D'emblée, Oustinov propose « à titre personnel » de confier le pouvoir à Gorbatchev, mais Tchernenko et Tikhonov le jugent « encore jeune », et Gromyko n'insiste pas. Quelques heures plus tard, sur proposition de Tikhonov, le Politburo[1] charge Tchernenko de présider la commission des funérailles. Le lendemain, le même Tchernenko est désigné par le Politburo élargi comme le successeur du défunt. « A l'unanimité », comme d'habitude : Gorbatchev, discipliné, a voté en sa faveur. Il ne reste plus au Comité central qu'à entériner docilement ce choix. Ce sera fait le 13 février.

Les dirigeants du plus puissant parti politique du monde, à l'unanimité, se sont donné un leader pathétique et provisoire, un apparatchik médiocre et déjà malade, essoufflé, égrotant, presque grabataire, incapable de prononcer un discours public, d'animer un débat de haut niveau ou de voyager normalement à l'étranger. Personne n'ose le dire, à Moscou, mais tout le monde le pense. Du plus lointain des commentateurs étrangers au plus borné des cadres du Parti, une chose est claire : à peine réglée, la question de la succession se pose de nouveau.

La lutte pour le pouvoir

Dès sa désignation, on surveille Tchernenko à la moindre apparition publique, on scrute ses gestes, on mesure son souffle, on guette ses absences. Le spectacle de cet homme qui s'accroche au pouvoir comme à sa propre vie, et qui se complaît dans un culte de la personnalité aussi absurde qu'immérité, est pitoyable. Cela joue en faveur de Gorbatchev, qui passe, dans les milieux informés de Moscou, pour le jeune héritier malheureux d'un Andropov qu'on regrette déjà.

Mais, dans cette nouvelle course au pouvoir suprême, l'ancien patron du PC de Stavropol n'est pas seul en piste. Ils sont deux à cumuler les titres de secrétaire du Comité central et de membre titulaire du Politburo. Le second, c'est Grigori Romanov, qui précède même Gorbatchev dans l'ordre protocolaire : s'il a été récemment nommé au secrétariat du Comité central, son entrée au Politburo est antérieure de deux ans à celle de son concurrent. Sur une photo prise le jour d'une remise de décoration à Andreï Gromyko, le 18 octobre 1984, on voit que Romanov est devant Gorbatchev.

Or, à l'évidence, Andropov considérait ce dernier comme le plus apte à prendre un jour sa succession. Déjà, fin 1982, l'ancien patron du KGB avait donné un conseil amical à son protégé : « Ne te limite pas à l'agriculture, Mikhaïl ! Tâche de t'intéresser à tous les secteurs ! » Et d'ajouter, devant l'air interrogatif de son poulain : « Plus généralement, agis comme si tu avais à assumer la responsabilité de tout. Je parle sérieusement[2]... »

En avril 1983, Andropov lui avait confié le traditionnel discours pour l'anniversaire de Lénine – une véritable mise en orbite aux yeux des kremlinologues occidentaux qui, pour la première fois, se penchent sérieusement sur la biographie de ce nouveau venu. D'autant que l'orateur glisse dans son texte quelques précautionneuses allusions au réalisme économique, à l'autonomie comptable des entreprises, aux stimulants matériels pour les travailleurs. Rien de révolutionnaire, certes. Rien d'important, aux yeux des idéologues : dans son compte rendu, la *Pravda* ne signale pas d'« applaudissements nourris », selon la formule consacrée, après ce passage du discours. Mais, après cette cérémonie, Gorbatchev figurera sur toutes les listes de *« papabili »* dressées par les journaux du monde entier.

Dernier épisode, longtemps resté secret : en décembre 1983, du lit où il est cloué à l'hôpital de Kountsevo, à l'ouest de Moscou, Andropov dicte à son jeune assistant Arkadi Volski un discours qui doit être lu devant le plenum du Comité central. Titre : *De la responsabilité des membres du Comité central devant le peuple.* A la fin de son texte, il ajoute un paragraphe en forme de testament politique où il propose, en son absence, de charger Mikhaïl Gorbatchev de la présidence du Politburo. A la veille du plenum, le texte est distribué aux 470 membres du Politburo et du Comité central. Mais les amis de Tchernenko ont été à la fois vigilants et sans scrupules : le dernier paragraphe a disparu du texte final[3].

Quelques jours après l'inhumation du corps d'Andropov dans la muraille du Kremlin, quand Raïssa ira rendre visite à sa veuve Tatiana Filippovna, elle entendra cette vieille femme accablée lui confier son désarroi :

« Mais pourquoi ont-ils choisi Tchernenko ? Pourquoi ont-ils fait cela ? Iouri voulait que ce soit Mikhaïl Sergueïevitch ! »

Un désolant interrègne

Konstantin Tchernenko a ce qu'il voulait. Il est prévu qu'il soit aussi élu président du Soviet suprême, c'est-à-dire chef de l'Etat, le 11 avril. Il peut jouir enfin du pouvoir suprême. Que lui importent désormais les rivalités politiciennes et les manœuvres de couloir ? Dans son discours d'investiture, le 13 février, il ne prononce même pas le nom de Leonid Brejnev. Gorbatchev observe avec soulagement que si le nouveau secrétaire général n'entend procéder à aucune réforme importante ni à aucun remaniement spectaculaire, il ne revient pas non plus sur les orientations de Iouri Andropov. Le 2 mars, en clôturant officiellement la campagne électorale, il rend même publiquement hommage à son prédécesseur :

« Ce qui a été accompli n'est que le début d'une grande œuvre[4]... »

Dans le même discours, il annonce que le « renforcement de la légalité socialiste », si cher à Andropov, sera « rigoureusement poursuivi ». Les cadres du Parti, réunis à Moscou en septembre 1984, en auront la confirmation en écoutant le saisissant rapport du vice-procureur général Nikolaï Bajenov, où celui-ci fait état de dizaines de milliers d'arrestations de « parasites », de « voleurs » et de 11 millions d'interpellations pour état d'ébriété[5] !

Dans son discours du 2 mars, Konstantin Tchernenko annonce aussi qu'une nouvelle rédaction du programme du PCUS sera bel et bien soumise au futur XXVIIe Congrès, sur lequel Andropov fondait de réels espoirs de renouveau. Il est vrai que le Parti doit impérativement sortir de l'impasse sémantique et idéologique où Khrouchtchev l'a enfermé : la prédiction selon laquelle l'URSS « dépassera les USA avant les années quatre-vingt » est devenue absurde, et même ridicule.

Ce n'est donc pas du nouveau maître du Kremlin mais de son entourage – Tikhonov, Romanov, Grichine – que Gorbatchev se méfie, et il a raison. A peine Tchernenko est-il officiellement désigné que la bagarre commence. A la fin du plenum du 13 février, Gorbatchev a prononcé un petit discours de conclusion où il engage ses collègues à agir « dans un esprit d'unité et de cohésion », laissant entendre que le choix de Tchernenko est le résultat d'un nécessaire compromis que chacun devra respecter : le texte se retrouve dans l'édition anglaise du magazine *Novye Vremia* (« Temps nouveaux »), mais pas dans son édition russe[6]...

Plus grave : la veille du 1er mai, Konstantin Tchernenko convoque Gorbatchev dans son bureau pour lui expliquer qu'il « pose un problème » à la direction du secrétariat. Embarrassé et imprécis, le nouveau secrétaire général s'enferre dans une litanie de reproches confus. Gorbatchev subodore un coup fourré. Il s'en tire par sa faconde habituelle, propose habilement d'interpeller le Politburo sur la question, et alerte aussitôt Oustinov, son allié, qui désamorce le piège.

Malgré les «intrigues, embûches et ragots[7]» qui font le quotidien de ce désolant interrègne, Gorbatchev a le vent en poupe et, au fil des mois, apparaît de plus en plus clairement comme le successeur. On l'a compris dès le 2 mars, lors des élections au Soviet suprême: quand les journalistes étrangers ont demandé au Centre de presse du ministère des Affaires étrangères (MID) de les aider à couvrir le scrutin, c'est dans sa circonscription, et même dans son bureau de vote, que le ministère les a envoyés assister aux opérations de vote: comme par hasard, les journalistes ont vu arriver Mikhaïl Gorbatchev, flanqué de sa petite famille, venant déposer son bulletin dans l'urne en souriant aux photographes. A l'occidentale.

Cette impression se confirme le 11 avril, lors de la première réunion du nouveau Parlement. Après que Tchernenko a été élu président du présidium du Soviet suprême «sur proposition de Gorbatchev», ce dernier est élu président de la commission des Affaires étrangères du Soviet de l'Union, la première Chambre du Parlement. Ce poste, que libère précisément Tchernenko, va traditionnellement de pair avec celui de secrétaire du Comité central chargé de l'idéologie. C'est comme si Gorbatchev avait été nommément désigné pour la suite.

Le «secrétaire général bis»

Déjà, dans les couloirs de la *Pravda* et des *Izvestia*, Gorbatchev est surnommé le «secrétaire général *bis*[8]». Le 23 octobre 1984, lorsque se tient un plenum du Comité central consacré aux affaires agricoles, chacun peut constater que ce dossier n'est plus du ressort de Gorbatchev – qui ne doit pas s'en plaindre, ce sujet désolant étant prétexte à critiques virulentes. Trois semaines plus tard, le 7 novembre, lors des célébrations commémorant la révolution d'Octobre, c'est bien Gorbatchev que l'on voit à droite du vieux Tchernenko, sur la tribune du la place Rouge. On apprendra bientôt, par Gromyko, qu'il préside systématiquement le Politburo quand Tchernenko est cloué au lit par son emphysème pulmonaire, ce qui s'avère de plus en plus fréquent. Gromyko précisera même : « de façon brillante ». Voilà un surprenant brevet de capacité à diriger le Parti.

Dans les coulisses, les choses avancent dans le bon sens. Si aucun des partisans de Tchernenko n'a osé modifier le fragile équilibre du Politburo et du secrétariat du Comité central, il a bien fallu procéder, en janvier 1984, à des nominations de second rang. Elles sont presque toutes favorables à Gorbatchev : ainsi Guennadi Vedernikov, Vladimir Kalachnikov et Alexandre Vlassov, trois « anciens » de Stavropol, sont respectivement nommés Premiers secrétaires du Parti à Tcheliabinsk, Volgograd et Rostov ; un autre de ses anciens collaborateurs, Iouri Belov, se voit nommé à Douchanbé.

Le 6 septembre, un autre remaniement fait grand bruit : le ministre de la Défense, Dmitri Oustinov, congédie son principal adjoint, le très militariste Nikolaï Ogarkov, chef d'état-major des armées, et le remplace par Sergueï Akhromeev. Ogarkov, farouche partisan de l'augmentation constante des budgets militaires, était aussi un fervent adepte de l'intervention en Afghanistan. Au soir de sa propre vie, le vieil Oustinov entendait visiblement préparer l'avenir.

Le 10 décembre, Gorbatchev préside la première « conférence nationale » réunissant les Premiers secrétaires de région, les dirigeants du Komsomol et ceux des Syndicats sur le thème du « travail idéologique du Parti ». Son intervention est importante. C'est le premier discours où l'on voit clairement percer le futur Gorbatchev, celui de la *perestroïka* et de la *glasnost*. En voici quelques extraits :

> Il faut procéder à des changements profonds en économie et dans tout le système des relations sociales, et il faut assurer au peuple un niveau de vie qualitativement plus élevé. [...] Nous devons avoir une vision réaliste des choses : sans intérêt matériel, espérer de chaque individu une attitude consciencieuse vis-à-vis du travail relève du rêve. [...] Notre intelligentsia peut être sûre que tout ce que son talent a créé d'honnête et de vrai sera soutenu par le Parti. [...] La presse, la télévision et la radio sont le miroir de notre vie, de notre travail, de nos réussites et de nos revers. [...] Ils constituent une arme efficace

dans la lutte contre le conservatisme, l'indifférence et la stagnation. […] Le travail du Parti se caractérise trop souvent par l'incompétence, l'indifférence, le fonctionnarisme et une attitude bureaucratique. […] Des plaintes de travailleurs nous signalent, chez certains cadres, des cas d'arrogance, de népotisme, de favoritisme, d'absence d'autocritique, d'impudence, etc.

Dénoncer le népotisme, le favoritisme et la bureaucratie, ce n'est pas nouveau dans la bouche d'un dirigeant du PCUS. Mais porter une réelle « attention au peuple », à sa vie concrète, vouloir élever le niveau de vie de façon « qualitative », voilà qui rappelle les idées fixes d'Andropov. Quant aux propos sur la presse, les médias et l'intelligentsia, presque insolites, ils rompent avec des années de rigidité dogmatique et de surveillance policière à l'égard des intellectuels, des journalistes, des poètes : il est bien possible que Raïssa ait influencé, sur ce terrain, son apparatchik de mari.

Certes, ce n'est qu'un discours parmi d'autres, et son auteur prend bien garde de se référer à Lénine et de s'inscrire dans la continuité du « perfectionnement du socialisme développé » que Tchernenko posait comme objectif au plenum de juin 1983. D'ailleurs, le texte n'est pas publié dans la *Pravda* : il fera l'objet d'une brochure à part, publiée chez un éditeur dépendant du Comité central[9]. Mais ceux qui l'ont entendu n'ont pas été insensibles à ce dynamisme et ce volontarisme inhabituels. Parfois pour s'en inquiéter : quelques jours après cette réunion, dans la très dogmatique revue *Kommunist*, il est souligné, sous la plume de Tchernenko en personne, que tout « volontarisme » court le risque de s'écarter dangereusement des canons du marxisme-léninisme…

Sur la scène internationale

La présidence de la commission des Affaires étrangères du Soviet de l'Union n'est pas seulement pour Gorbatchev une dignité prestigieuse le confortant dans son statut de successeur. Cette fonction a un autre avantage : elle le fait voyager à l'étranger, notamment en Occident, où il fait sensation auprès des politiques et des journalistes, étonnés et charmés de rencontrer un dirigeant soviétique aussi jeune et aussi décontracté.

Déjà, en mai 1983, en tant que secrétaire du Comité central chargé de l'agriculture, Gorbatchev avait passé une semaine au Canada – Ottawa, Toronto et l'Ontario, Calgary et l'Alberta – à étudier le mode de production agricole nord-américain, comparable, quant à ses dimensions, à l'agriculture russe. Il avait notamment découvert qu'un fermier privé, en Amérique, pouvait diriger une exploitation de plusieurs centaines d'hectares avec deux ouvriers agricoles et quelques saisonniers :

« Nous ne verrons pas cela chez nous avant cinquante ans ! » l'entendit-on murmurer.

Mais il avait aussi été stupéfait de découvrir que l'agriculture privée, en terre capitaliste, était largement subventionnée par l'Etat.

Ses interlocuteurs, notamment la presse canadienne, n'avaient pas été insensibles à son charme. L'un des organisateurs de son voyage, le diplomate Jim Wright, avait résumé ainsi l'impression générale : « Celui-là, il sort vraiment du lot[10] ! »

C'est au cours de ce voyage que Gorbatchev fit la connaissance d'Alexandre Iakovlev, l'ambassadeur soviétique auprès du gouvernement canadien. De huit ans plus âgé que lui, Iakovlev n'était pas un diplomate de carrière. Il avait été, très jeune, directeur du bureau de la propagande du Comité central, mais un sérieux conflit avec Souslov, en 1973, lui avait valu cet humiliant exil outre-Atlantique. Parfaitement anglophone, intelligent et cultivé, il pilota Gorbatchev avec finesse, au point que les deux hommes s'entendirent à merveille. La légende veut qu'ils se soient « découverts » au cours d'une longue conversation imprévue sur un petit aérodrome de l'Ontario, où Iakovlev persuada son interlocuteur que l'URSS n'avait pas besoin d'une « modernisation », mais d'une « restructuration » *(perestroïka)*[11]. A peine Gorbatchev sera-t-il rentré à Moscou qu'il appellera Iakovlev à devenir directeur du prestigieux Institut de l'économie mondiale et des relations internationales (IMEMO), un *think thank* de plusieurs milliers d'experts.

Le 12 juin 1984, on apprend à Moscou la mort du principal dirigeant du PC italien, Enrico Berlinguer. A l'époque, les relations sont tendues entre le PC soviétique et les PC, dits « eurocommunistes », français et italien : envoyer aux obsèques l'homme qui incarne cette tension, le rigide Boris Ponomarev, eût été maladroit. C'est donc Gorbatchev qui, toutes affaires cessantes, saute dans un avion pour l'Italie. Sans réunion préparatoire, sans dossier *ad hoc*, sans discours préparé à l'avance.

En arrivant à Rome, le représentant du Kremlin ne peut cacher sa surprise : c'est tout le peuple italien qui rend hommage à Berlinguer, à commencer par le président de la République, le vieux démocrate chrétien Sandro Pertini. Du balcon de l'immeuble où siège le PCI, dans le quartier nord du Corso où la foule se presse, Gorbatchev découvre que le deuil est partagé par toute la nation italienne, comme si le chef du PCI faisait partie du patrimoine national : les concepts binaires de « lutte des classes » et de « révolution communiste » n'ont visiblement pas le même sens ici que dans les manuels scolaires soviétiques.

Le 13 juin au soir, après les obsèques, les dirigeants du PC italien sont invités à la Villa Abamelek, l'impressionnante résidence romaine de l'ambassadeur d'URSS, pour des entretiens informels avec Gorbatchev, flanqué de son conseiller Vadim Zagladine. Les délégués du PCI – Giancarlo Paglietta, Alessandro Natta et autres Antonio Rubbi – sont sur leurs gardes, ils mesurent chacun de leurs propos, au point que Gorbatchev explose :

« Bon ! Entendu ! Vous nous avez dit un million de fois que vous étiez libres et indépendants de Moscou, que vous n'acceptiez aucun ordre et que vous ne reconnaissiez aucun "Centre". Nous, nous avons confirmé deux millions de fois que vous étiez libres et indépendants de Moscou et qu'il n'y a aucun "Centre". Et maintenant, on fait quoi ? »

Les camarades italiens sont stupéfaits. Ils n'ont jamais entendu un représentant du PCUS leur tenir un tel discours, et sur un tel ton. Et en se payant le luxe de citer Antonio Gramsci, le père fondateur du communisme à l'italienne. Bien entendu, sur ces bases-là, ils sont prêts à discuter de tout. Surtout avec ce dirigeant volubile et avenant qui ressemble si peu à ses prédécesseurs cacochymes figés dans leurs archaïsmes prolétariens et leurs certitudes autoritaires.

Le voyage à Londres

Mais le voyage qui va changer la donne, c'est la visite officielle que Gorbatchev effectue en Grande-Bretagne en décembre 1984, à la tête d'une délégation parlementaire. Visite de routine, au départ, conçue dans un climat général de méfiance entre l'Est et l'Ouest. Le Premier ministre britannique, Margaret Thatcher, ne porte pas les « Soviets » dans son cœur. Elle le fait comprendre à Gorbatchev dès le premier jour de la visite, en l'accueillant dans sa résidence des Chequers, dans le Buckinghamshire. Le ton adopté par la « Dame de fer » est polémique, presque acerbe, jusqu'à ce que Gorbatchev se lance :

« Madame, vous êtes une personne de conviction, attachée à certains principes, ce que je respecte. Mais vous devez comprendre que vous avez devant vous quelqu'un de la même trempe. J'ajoute que le Politburo ne m'a pas chargé de vous convaincre d'adhérer au Parti communiste ! »

Dès que l'interprète a achevé sa traduction, l'éclat de rire est général. La glace est rompue. C'est toute l'image de l'URSS en Occident qui vient de basculer. D'autant plus que Raïssa, pendant ce temps-là, papote avec quelques ministres stupéfaits d'entendre cette épouse d'apparatchik évoquer tranquillement les grands noms de la culture britannique : est-il possible qu'une Soviétique venue de la Russie profonde connaisse aussi bien Margaret Mitchell, Thomas Hobbes et Somerset Maugham ?

La modernité et l'ouverture n'empêchent pas la fermeté. Reçu par la commission des Affaires étrangères de la Chambre des Communes, Gorbatchev est interpellé par un député conservateur, John Stevas, sur la violation des droits des minorités en URSS. Du tac au tac, le Soviétique l'invite à balayer devant sa porte :

« J'aimerais vous rappeler que votre politique à l'égard de l'Irlande du Nord ne brille pas par son respect des minorités. Gouvernez comme vous l'entendez, c'est votre affaire, mais ne nous donnez pas de leçons ! »

A la fin du séjour, les journaux britanniques sont en ébullition : Gorbatchev n'est pas allé se recueillir sur la tombe de Karl Marx, il porte des costumes bleus et des tenues claires, sa femme est souriante, svelte et élégante, elle a fait des emplettes chez Harrod's avec une carte American Express. Mais où sont les dinosaures d'antan ? Margaret Thatcher elle-même est impressionnée par les propos directs tenus par Gorbatchev sur l'impossibilité d'envisager une guerre nucléaire et l'urgence d'établir des relations internationales normales :

> Nous sommes tous d'accord sur le fait que nous vivons dans un monde vulnérable et fragile, mais interdépendant, et dans lequel, que nous le voulions ou non, nous devons coexister. Malgré ce qui nous sépare, nous n'avons qu'une planète. L'Europe est notre maison commune – une maison, pas un champ de manœuvres militaires !

L'expression « maison commune » fera florès. Ce langage-là surprend les Britanniques. Langue de bois ou changement de politique ? Rideau de fumée ou propos sincère ? Margaret Thatcher choisit la seconde variante :

« J'apprécie M. Gorbatchev : on peut faire affaire avec cet homme-là ! »

« *We can do business with him* » : ce jugement très anglo-saxon, repris par toute la presse internationale, restera dans l'histoire. Pour l'anecdote, Andreï Gromyko va même en prendre ombrage : ayant reçu deux télégrammes successifs de son ambassadeur à Washington, Anatoli Dobrynine, étonné de voir autant de commentaires dans la presse américaine sur la visite de Gorbatchev à Londres, le vieux ministre tance son diplomate :

« Allons, camarade ambassadeur ! Ce simple voyage à Londres n'avait aucune espèce d'importance ! »

Mort de Tchernenko

Moscou, 10 mars 1985. A l'heure du dîner, les téléphones grésillent dans les bureaux de la Place Vieille : Konstantin Oustinovitch Tchernenko est mort. Le docteur Tchazov, médecin personnel du *guensek*, a prévenu personnellement Gorbatchev : le décès remonte à 19 h 20. Ce n'est pas vraiment une surprise. Tous les dirigeants du Parti savaient que leur secrétaire général était gravement malade, au point de ne plus pouvoir parler, de respirer avec peine et de ne plus pouvoir marcher sans assistance.

Deux semaines plus tôt, quand la presse avait annoncé l'élection de Tchernenko au Soviet suprême de la Fédération de Russie, tous ses collègues savaient que la pièce anonyme où on l'avait montré en train de voter, puis en train de se faire remettre solennellement son mandat de député par Viktor Grichine, patron du PC de Moscou, était une chambre de l'Hôpital central de Moscou où il passait de plus en plus de temps.

Le 7 mars, veille de la Journée internationale de la Femme, l'épouse de Tchernenko, Anna, avait présidé au Bolchoï une soirée à l'intention des épouses des ambassadeurs et des chefs de missions diplomatiques, avec chants, danses et petit concert. Le lendemain, alors qu'il ne s'était pas montré à la réception, son mari était transporté à l'hôpital, une fois de plus, dans un état comateux dont il ne devait pas sortir.

Passé l'inévitable moment de stupeur, ce 10 mars, une réunion exceptionnelle du Politburo est convoquée le soir même, à 23 heures. Ce conclave impromptu va durer plusieurs heures. Seuls sept membres titulaires sont présents : Gorbatchev, Grichine, Gromyko, Romanov, Solomentsev, Tikhonov et l'Azerbaïdjanais Aliev. Il y a trois absents : Vorotnikov, en visite en Yougoslavie ; l'Ukrainien Chtcherbitski, en voyage en Californie ; et le Kazakh Kounaiev, en tournée dans sa propre région, qui arrivera après la bataille.

A priori, Gorbatchev n'est pas majoritaire. Il a récemment perdu son principal protecteur en la personne de Dmitri Oustinov, décédé juste avant Noël. Fort de sa proximité avec feu le secrétaire général, Viktor Grichine, ennemi juré de Gorbatchev, il décide de jouer son va-tout. Le patron du PC de Moscou, âgé de 70 ans, bénéficie de la complicité de Grigori Romanov, son homologue de Leningrad, de huit ans son cadet, qui préfère attendre son tour.

Mais voilà qu'un dossier compromettant préparé par Viktor Tchebrikov, membre suppléant du Politburo et patron du KGB, vient relancer et compliquer la discussion. Il porte sur les activités illégales de Grichine à la tête du Parti de Moscou. La discussion se tend : la ficelle est un peu grosse, mais il est impossible de prendre le risque d'élire un chef corrompu. Grichine tente alors une manœuvre : pourquoi pas Gromyko ? Mais Gromyko refuse et avance, déterminé, la candidature de Gorbatchev. Après quelques nouvelles passes d'armes, celle-ci recueille finalement quatre voix (en comptant la sienne) contre trois[12].

Cette nuit-là, Mikhaïl Gorbatchev rentre tard à la datcha – vers 4 heures du matin, selon son souvenir. Raïssa l'a attendu. Ils sortent, emmitouflés, comme ils en ont l'habitude, pour une promenade dans le parc, sous les étoiles. La neige crisse sous leurs pas. Après un long silence, elle l'entend lui dire :

« Il y aura tout à l'heure une réunion plénière du Comité central. Il se peut qu'on envisage de me confier la direction du Parti. »

Raïssa tressaille. Elle dira plus tard qu'elle n'avait jamais réellement envisagé cette hypothèse : coquetterie ou superstition ? Son mari lui raconte qu'il a vu Gromyko vingt minutes avant la réunion du Politburo et qu'ils ont fait alliance. Il ne lui rapporte pas les discussions tendues qui ont eu lieu, se contente de lui raconter que son nom n'a fait l'objet d'aucune opposition et que c'est Grichine, son ex-rival, qui l'a finalement proposé pour présider la commission des obsèques. Sauf coup de théâtre, l'affaire est entendue.

« J'ai passé tant d'années à Stavropol, poursuit Gorbatchev comme s'il se parlait à lui-même. Et sept années à Moscou. Est-il possible d'accomplir les changements profonds que le pays espère ? Ne vais-je pas me cogner la tête contre un mur ? Et pourtant, il le faudra bien : *on ne peut pas continuer à vivre comme cela !* »

En russe : *« Tak jit' nelzia. »* C'est Raïssa qui rapporte ces dernières paroles. « Cette nuit, dira-t-elle, a marqué le commencement d'une époque nouvelle dans la vie du pays, et dans la mienne aussi[13]... »

L'émotion de Gromyko

Le jour même, après quelques heures d'un sommeil qu'on imagine agité, Mikhaïl Gorbatchev se rend à la Place Vieille où se retrouve tout le Politburo, titulaires et suppléants mêlés. Il s'assied, comme d'habitude, dans le fauteuil du président et demande à ses pairs de suggérer une candidature pour remplacer le défunt à la tête du Parti. Sans attendre, Gromyko lève la main et propose le nom de Gorbatchev. En une seconde, le destin de celui-ci bascule : même Tikhonov, qui avait rêvé de ce scénario pour lui-même, appuie la suggestion.

Dans le vestibule et les salles d'attente, une grande partie des fonctionnaires du Comité central se sont rassemblés, anxieux, dans un nuage de fumée de cigarettes. Une partie d'entre eux est pour Grichine, une autre pour Gorbatchev. Quelques-uns pensent à l'avenir de l'URSS, la plupart évaluent l'impact de cette élection sur leurs carrières. Soudain, un nommé Stoukaline les rejoint et annonce d'une voix sèche :

« Camarades, le nouveau secrétaire général sera le camarade Gorbatchev[14] ! »

La moitié des apparatchiks explose de joie, l'autre ne cache pas sa déception. Dans les couloirs, les commentaires vont bon train lorsque le Comité central se réunit à son tour à 17 heures. Ils sont plus de deux cents dans la grande salle, dont presque tous les Premiers secrétaires de région. Une majorité de ceux-ci, hommes de terrain, craignaient qu'à la suite de quelque combinaison de dernière minute on leur demande d'élire encore un vieillard gâteux. C'est avec un réel soulagement qu'ils entendent Gromyko prononcer d'emblée un discours destiné à « proposer » au Comité central le nom de Gorbatchev.

Après un petit compliment du dirigeant kazakh Dinmoukhamed Kounaiev, si bassement obséquieux qu'il ne figurera pas au compte rendu de la réunion, l'assemblée entend alors le vieux Gromyko proférer sans notes, mais non sans émotion, un véritable panégyrique du nouveau patron :

> Mikhaïl Sergueïevitch Gorbatchev a brillamment prouvé sa détermination. [...] Il est connu pour sa franchise, même quand celle-ci ne plaît pas à tout le monde. [...] Il est d'une intelligence aiguë et profonde. [...] Il est toujours capable de trouver des solutions qui correspondent à la ligne du Parti, ce point faisant l'unanimité . [...] Il est capable d'aborder tous les problèmes de façon analytique : son talent, à cet égard, est remarquable. [...] Il a un don d'organisateur que reconnaissent même ses adversaires. [...] Il est d'une grande érudition, qu'il a acquise par son éducation et par son expérience...

C'est dans ce discours, même si personne n'en a retrouvé la trace écrite, que Gromyko aurait prononcé une expression imagée que reprendront des centaines de journaux du monde entier : « Camarades, cet homme-là a un beau sourire, mais ce sourire cache des dents d'acier ! »

De vifs applaudissements saluent cette « proposition », même si quelques voix se font encore entendre dans les rangs de ceux qui se méfient des relations étroites qu'entretenaient Gorbatchev et Andropov : le nouvel élu va-t-il poursuivre le « renforcement de la discipline » décrété par l'ancien patron du KGB, qui a déjà provoqué tant de limogeages, de démissions forcées et même de condamnations sévères ? La question n'est pas anodine, elle va même déboucher sur une formule originale : Gorbatchev est finalement élu à la tête du Parti « d'un commun accord » *(edinodouchno),* et non « à l'unanimité » *(edinoglasno).*

Le nouveau secrétaire général remercie alors l'assemblée et prononce, à son tour, un petit discours. Comme pour rassurer Gromyko et les autres « anciens » auxquels il doit son élection, Gorbatchev explique que « la ligne stratégique élaborée au XXVIe Congrès du Parti avec la participation active de Iouri Andropov et de Konstantin Tchernenko restera inchangée ». Certes, il glisse aussi quelque part qu'il faudra pousser à une « accélération » du développement économique et à l' « amélioration » de tous les aspects de la vie sociale. Mais il souligne aussi qu'il entend, avant tout, que « l'ordre soit restauré ». Des propos convenus qui ne sont pas, loin s'en faut, un appel à la révolution[15].

Au soir de cette journée historique, Mikhaïl Gorbatchev rentre à la maison, où l'attend toute la famille : Raïssa Maximovna, Irina et Anatoli, ainsi que leur fille de 5 ans, la petite Xénia, qui lui tend un bouquet de fleurs : « Grand-père, je te félicite. Je te souhaite beaucoup de bonheur, et de bien manger ta soupe ! »

Eclats de rire, embrassades, toasts au succès, au bonheur, à l'avenir. L'avenir ? Il sera bien temps d'y penser plus tard. Dans ses souvenirs, Raïssa se souvient : « Nous étions incapables d'imaginer le centième de ce que la nouvelle fonction de Mikhaïl impliquait, ni de ce que l'avenir nous réservait[16]... »

9

Faire oublier Brejnev

« Si les dirigeants soviétiques cherchent
à faire preuve de plus de souplesse,
ils saperont les bases de leur propre pouvoir. »

Margaret THATCHER (1983).

Mercredi 13 mars 1985. A midi, le ululement des sirènes emplit le ciel de Moscou. L'URSS est en deuil. Les façades de la place Rouge sont tendues de rouge et de noir. La dépouille de Konstantin Tchernenko a été transportée de la Maison des Syndicats, près du Bolchoï, jusqu'au Mausolée de Lénine, cet ensemble architectural de marbre et de porphyre que tous les communistes du monde, quand ils passent par la capitale soviétique, se doivent de visiter. Traditionnellement, tous les jeunes mariés moscovites viennent déposer quelques fleurs sur la tombe de Lénine, et se font prendre en photo devant le célèbre monument. A gauche, dominant la place légèrement bombée, les bulbes de l'église Saint-Basile-le-Bienheureux. Juste derrière le Mausolée, la longue et imposante muraille du Kremlin. De l'autre côté de la place, la façade du grand magasin Goum surmontée d'un slogan vantant l' « unité du Parti et du Peuple ». Un décor de théâtre à l'échelle de l'Histoire.

Au pied du Mausolée, entouré de gardes et de fleurs, le cercueil du défunt est arrivé sur un affût de canon recouvert de velours rouge. Le visage est découvert, selon la coutume orthodoxe. A la tribune, là-haut, le nouveau secrétaire général du PCUS – toque grise, lunettes claires – préside la cérémonie. Il s'appelle Mikhaïl Sergueïevitch Gorbatchev. Il a 54 ans. A sa gauche, Nikolaï Tikhonov, 80 ans, chef du gouvernement. A sa droite, Viktor Grichine, 70 ans, chef du PC de Moscou. On reconnaît aussi Andreï Gromyko, 75 ans, ministre des Affaires étrangères, et quelques visages engoncés dans des chapkas de fourrure : Kounaiev (73 ans), Solomentsev (71 ans), Chtcherbitski (68 ans) et d'autres moins connus mais tout aussi livides.

Quand Gorbatchev prend la parole, les personnalités étrangères et les journalistes massés, debout, au pied de la tribune retiennent leur souffle. Il parle « d'une voix claire et bien timbrée », relève un observateur habitué aux propos chevrotants des vieillards chenus qui dirigeaient le pays depuis deux décennies. Ces dirigeants successifs, momifiés, ont fait oublier que Lénine, Staline, Khrouchtchev et même Brejnev étaient quinquagénaires, eux aussi, quand ils ont pris le pouvoir. Qu'est-il donc arrivé à cet empire, à ce régime, à ce peuple, pour qu'il se soit ainsi figé, tel un grand corps malade, autour des cercueils de ses leaders ?

Dans la petite foule des dirigeants étrangers frigorifiés, on reconnaît le vice-président américain George Bush, le chancelier ouest-allemand Helmut Kohl, le Premier ministre canadien Brian Mulroney, le président français François Mitterrand[1], le Premier ministre britannique Margaret Thatcher, le général pakistanais Mohammed Zia Ul-haq, le chef du gouvernement japonais Yasuhiro Nakasone, bien d'autres encore. Le président Mitterrand, qui sera le premier à rencontrer Gorbatchev dans la salle Sainte-Catherine du Kremlin, en fin de journée, en donnera un premier portrait aux journalistes :

« L'atmosphère et le ton de l'entrevue ont été directs, précis, intéressants. C'est un homme solide, calme, à l'esprit délié, qui a déjà la pratique des affaires[2]... »

Tous ces grands personnages, sans exception, raconteront plus tard qu'ils ont été favorablement impressionnés par le nouveau secrétaire général du PCUS. Bush l'a trouvé « directif ». Kohl a été frappé par « son autorité ». C'est évidemment pour faire connaissance avec lui que ces hauts dirigeants ont fait le déplacement, et non pour rendre un dernier hommage à son prédécesseur. A peine disparu, Tchernenko est quasiment oublié. Il n'aura laissé que le souvenir désolant d'un intérim exténué et sans gloire.

Est-ce à dire que Mikhaïl Gorbatchev, d'un coup, tient désormais tous les leviers du pouvoir soviétique ? Certes non. Contrairement à une idée reçue, le secrétaire général du PCUS n'est pas tout-puissant. Il est le fruit d'un accord politique entre plusieurs groupes rivaux au sein de ce qu'on appelle la « sphère dirigeante ». Le règne de Staline a vacciné les dirigeants de l'URSS contre le culte de la personnalité et ses conséquences mortelles. Le chef du Parti, au moment de son élection, n'est que le *primus inter pares* d'une direction collégiale qui fonctionne sur le mode du consensus et où les hommes, au fond, sont interchangeables.

Premiers remaniements

Tous les Khrouchtchev, Brejnev et autres Andropov n'ont cessé de manœuvrer, avec plus ou moins de réussite, pour conforter leur pouvoir personnel à l'intérieur de cette direction collective. Ce sera aussi le cas de Gorbatchev. Lorsqu'il prend ses fonctions, le Politburo ne compte plus que dix membres titulaires ; le secrétariat du Comité central, neuf. Aucun changement n'est venu modifier le sommet du pouvoir depuis décembre 1983. Il fallait s'attendre à ce que Gorbatchev taille dans le vif et s'entoure, au plus tôt, de dirigeants proches de lui, de ses idées, de sa culture. Et, autant que faire se peut, de sa génération. Il n'attend donc pas le Congrès du PCUS, fixé en février 1986, et profite des deux plenums du 23 avril et du 1er juillet 1985 pour lancer une vague de remaniements à tous les niveaux de l'appareil du Parti et de l'Etat comme l'URSS n'en connut jamais depuis Staline.

La première victime de ce chamboulement attendu est Grigori Romanov, son ex-rival, ancien patron incontesté du Parti à Leningrad, qui disparaît dans les poubelles de l'histoire. Motif officiel : « raisons de santé ». Personne n'y croit, mais chacun comprend que l'URSS a changé depuis la mort de Staline, et qu'il est plus *kulturno* (« civilisé ») d'éliminer un adversaire politique par un mensonge ridicule dans les colonnes de la *Pravda* que d'une balle dans la nuque dans les caves de la Loubianka.

La deuxième victime, c'est le vieux Tikhonov, 80 ans, qui est remplacé en septembre à la tête du gouvernement de l'URSS par un technocrate originaire de Sverdlovsk, Nikolaï Ryjkov, ancien dirigeant du complexe industriel Ouralmach. Ce nouveau venu partage les vues de Gorbatchev et va jouer un rôle important auprès de lui, tout comme les quatre nouveaux titulaires du Politburo – Edouard Chevardnadze, Vitali Vorotnikov, Viktor Tchebrikov et Egor Ligatchev – et deux nouvelles figures promues au secrétariat du Comité central : le Premier secrétaire de Leningrad, Lev Zaïkov, qui avait remplacé Romanov à la tête du Parti de la ville ; et son collègue de la région de Sverdlovsk, un certain Boris Eltsine[3].

D'autres visages inconnus apparaissent : Alexandre Vlassov, Premier secrétaire de Rostov, remplace Vitali Fedortchouk à la tête du ministère de l'Intérieur ; Vsevolod Mourakhovski, qui avait succédé à Gorbatchev à Stavropol, devient ministre de l'Agro-alimentaire ; Nikolaï Talyzine remplace le brejnévien Nikolaï Baïbakov à la tête du Gosplan ; Alexandre Iakovlev, ex-ambassadeur au Canada, prend le Département de la propagande au Comité central, un poste très sensible ; Anatoli Loukianenko prend, de son côté, la chancellerie du Comité central. Tous ces nouveaux venus joueront un rôle, eux aussi, dans l'épopée gorbatchévienne.

Mais la grosse surprise de cette période, le 2 juillet 1985, vient de l'éviction « par le haut » de l'inoxydable Andreï Andreïevitch Gromyko, 76 ans, chef de la diplomatie soviétique depuis presque trente ans, qui devient président du présidium du Soviet suprême. Gorbatchev a beaucoup hésité à retirer le ministère des Affaires étrangères (MID) à celui qui lui avait ouvert la route du pouvoir. Il l'avait toujours ménagé, même au Politburo, lors de ses interminables et soporifiques interventions où il rappelait régulièrement ses conversations d'antan avec Dean Rusk, Henry Kissinger ou Cyrus Vance.

Andreï Gromyko ne pouvait qu'être affecté par cette soudaine mise à l'écart. Surtout que Gorbatchev n'entendait pas nommer à ce poste quelque vieil ambassadeur rompu aux affaires comme Iouli Vorontsov (Paris) ou Anatoli Dobrynine (Washington), ni son fidèle vice-ministre Gueorgui Kornienko qui aurait permis à Gromyko de garder la haute main sur la diplomatie : le successeur serait, ô surprise, le dirigeant géorgien Edouard Chevardnadze, 54 ans, notoirement incompétent en la matière ! Gorbatchev s'en expliquera directement auprès du nouveau promu :

« C'est vrai que tu es géorgien, mais tu es soviétique avant tout. Tu n'as pas d'expérience ? Dans le cas présent, c'est sans doute une bonne chose. Notre politique étrangère a besoin d'une approche nouvelle[4]… »

Quelques rares observateurs comprennent le message : ce n'est pas seulement la personne de Gromyko qui est écartée ce jour-là. Mais, pour l'heure, le seul moyen de ne pas humilier le vieux diplomate est de faire de lui un chef d'Etat, en grande pompe, quitte à priver provisoirement Gorbatchev de cette haute fonction[5].

Dernier remaniement spectaculaire : Viktor Grichine, le très ambitieux patron du PC de Moscou, est remplacé par un quasi-inconnu, Boris Eltsine, ancien patron du PC de Sverdlovsk, dans l'Oural, devenu chef du département de la construction du Comité central. Eltsine, 51 ans, volontaire et énergique, est de la race des bâtisseurs. C'est une force de la nature qui n'a pas peur, visiblement, de critiquer le système. Mais il apparaît parfois impulsif, voire incontrôlable. Gorbatchev hésite. Il s'enquiert auprès de Nikolaï Ryjkov, son nouveau Premier ministre, qui a bien connu Eltsine à Sverdlovsk quand lui-même y dirigeait une grande entreprise et que l'autre dirigeait le Comité régional du Parti :

« Vous n'aurez que des ennuis avec lui, répond Ryjkov. Je me garderai bien de vous le recommander[6] ! »

Egor Ligatchev, qui exerce désormais la tutelle sur les cadres, décide de se rendre sur place pour se faire une opinion. Qui rencontre-t-il à Sverdlovsk ? Des partisans, des familiers, des proches de l'ex-dirigeant du lieu ? Toujours est-il que son enquête est très positive, comme il l'explique par téléphone à Gorbatchev :

« J'ai parlé avec les gens, Mikhaïl Sergueïevitch, je me suis renseigné : Eltsine est l'homme qu'il nous faut !

— Tu en es sûr, Egor Kouzmitch ?

— Oui, sans l'ombre d'un doute[7] ! »

C'est ainsi que Boris Eltsine devient secrétaire du Comité central et Premier secrétaire du Parti de Moscou. Gorbatchev oubliera ses hésitations quand on lui apportera les premiers échos de la conduite d'Eltsine à Moscou : l'homme est simple, travailleur, courageux, sympathique, honnête. Tant mieux ! Gorbatchev est bien loin de penser que cette nomination-là va lui empoisonner l'existence au-delà de toute imagination.

Du « plenum d'avril » au XXVIIe Congrès

Sur la forme, Gorbatchev bouscule les habitudes. A peine a-t-il assuré la promotion de son ami Egor Ligatchev comme membre titulaire du Politburo, le 23 avril 1985, qu'il l'invite à prendre place auprès de lui et à présider la réunion du Comité central :

« Vas-y, Egor Kouzmitch, préside ! Et donne-moi la parole ! »

Tout le monde comprend que le poste de « numéro deux » est pourvu, sans avoir fait l'objet d'aucune discussion. Mikhaïl Gorbatchev sort alors de sa serviette un rapport intitulé *Sur la convocation du XXVIIe Congrès ordinaire du PCUS.* Le texte, au regard de ce qui va se passer dans les trois années suivantes, est très prudent, parfois étriqué. Il se réfère sagement au « léninisme », vante la « continuité », vénère le « socialisme développé ». Mais, arrivé au milieu du discours, l'assistance sort de sa torpeur quand Gorbatchev prône

> « la définition et la solution des nouveaux problèmes et la suppression de tout ce qui fait obstacle au développement […], la nécessité de nouveaux changements, d'un nouvel état qualitatif de la société […], le perfectionnement des relations sociales, en premier lieu dans le domaine économique […], de profonds changements dans le domaine du travail et les conditions matérielles et spirituelles de l'existence du peuple […], l'approfondissement de la démocratie socialiste et de l'autogestion populaire ».

A la façon soviétique, on se référera dorénavant à ce « plenum d'avril » comme les bolcheviks se référaient naguère aux *Thèses d'avril* de Lénine en 1917. Dans un régime reposant sur l'idéologie, il importe de revenir toujours aux textes fondamentaux constituant la doctrine, et de n'en point dévier. Le plenum d'avril 1985 entend donner le ton, pour les mois et les années à venir, à tous les relais du Parti à travers le territoire. Or, entre le recours aux canons du marxisme-léninisme et la volonté de changer en profondeur le système, pointe déjà dans ce texte une contradiction profonde, majeure, essentielle, qui finira par ébranler le régime.

Samedi 26 octobre 1985. Six mois ont passé. Dans les kiosques de Moscou, on s'arrache la *Pravda* qui publie le texte du *Nouveau Programme du PCUS*. A l'aune du système soviétique, c'est un événement. C'est le quatrième programme depuis la fondation du parti bolchevik en 1903. Il s'agissait alors de « renverser le système bourgeois » et d'instaurer la « dictature du prolétariat » : mission accomplie en octobre 1917. Il s'est agi ensuite de définir et d'emprunter la « voie de la construction de la société socialiste » : Staline y mit les moyens que l'on sait. En 1961, Khrouchtchev avait défini l'objectif de la « construction de la société communiste » : non seulement il avait fixé la date de 1981 pour l' « avènement du communisme », mais il avait prophétisé le dépassement du niveau de vie des Etats-Unis dans la décennie 1961-1970. Ce programme-là, à l'évidence, n'a pas été rempli.

En 1985, Gorbatchev et les rédacteurs du programme soulignent seulement que « la marche de l'humanité vers le communisme est irrésistible ». Cette formulation est plus prudente que les rodomontades de Monsieur K. De même le PCUS ne promet plus la « disparition du travail manuel pénible », mais sa « considérable réduction ». On n'annonce plus le « dépérissement des rapports monétaires et marchands », reste d'utopies idéologiques héritées directement des temps révolutionnaires. On annonce, en revanche, une innovation très pragmatique : la lutte contre l' « ivrognerie » !

C'est Brejnev qui a lancé ce vaste chantier programmatique en 1981, et Andropov qui a nourri de ses convictions ce texte de 30 000 mots. Mais c'est Gorbatchev qui le publie en vue d'une « large concertation populaire » – une concertation absolument fictive, certes, mais le rituel marxiste-léniniste oblige ainsi à faire « discuter » un tel document dans toutes les cellules du Parti avant son adoption solennelle lors du XXVIIe Congrès, prévu en février 1986.

La « débrejnévisation »

A chaque nouveau leader sa purge politique. Pour s'imposer, Khrouchtchev avait lancé la « déstalinisation ». Brejnev, à son tour, avait mené la « dékhrouchtchévisation ». Il était normal que Gorbatchev entreprît la… « débrejnévisation ». L'ère qu'il s'agit de faire oublier va porter un nom devant l'histoire : la *zastoï*. En français : la « stagnation ». Ou, plus largement : l'immobilisme, la conservation, le dogmatisme, la paralysie. Et si le nouveau secrétaire général, dans sa critique, prend garde de ménager le court règne de Iouri Andropov, il ne se prive pas d'y englober celui de Konstantin Tchernenko.

Le 25 février 1986, au Kremlin, c'est devant les 2500 délégués du XXVIIe Congrès du PCUS que Gorbatchev intente, sans ménagement, l'inexorable procès du régime précédent :

> Pendant un certain nombre d'années, les actions pratiques des instances du Parti et de l'Etat ont pris du retard sur les nécessités de l'époque […]. L'inertie, l'immobilité des formes et des méthodes de gestion, la baisse du dynamisme dans le travail, la montée de la bureaucratie, tout cela a causé un tort majeur […]. Des phénomènes de *stagnation* se sont fait jour…

Dans cette enceinte qui ne pousse pas à la plaisanterie, Gorbatchev tourne en dérision l'immobilisme systématique qui a fini par paralyser le régime :

« Une curieuse psychologie a commencé à s'imposer dans les organismes centraux et au niveau local : on s'est demandé comment améliorer les choses sans rien changer. Or cette voie n'existe pas, camarades ! »

L'orateur n'y va pas de main morte. Devant un groupe d'écrivains, le 19 juin 1986, il raconte l'anecdote suivante :

« Un jour, Brejnev avait convoqué un plenum pour traiter des questions scientifiques et techniques. On m'a montré des sacs de documents préparés pour la session. Quand les secrétaires du Comité central se sont mis à les dépouiller, ils se sont rendu compte qu'ils ne savaient ni quoi en faire ni où les mettre. Alors ils les ont rangés[7] ! »

Humour et vérité. Le cocktail est apprécié. Ce sera la marque de Gorbatchev dans la plupart de ses discours : mettre les rieurs de son côté pour mieux faire passer son message.

Cette critique directe du « brejnévisme » culminera en janvier 1987, lors d'un plenum du Comité central :

> [...] Une sorte de surdité est apparue [...] Les mentalités parasites se sont développées, ainsi que le consumérisme. Un indice de la chute des valeurs morales a été la montée de l'ivrognerie ; l'extension de la toxicomanie, la hausse de la criminalité [...]. Le principe d'égalité entre les communistes était souvent violé. De nombreux dirigeants sont devenus les complices et parfois les organisateurs d'actions criminelles. Ce processus a pris des formes particulièrement monstrueuses, liées à la dégénérescence des cadres et à des violations de la légalité socialiste [...].

Dans le même discours, Gorbatchev s'en prend aussi à la manie de s'attribuer des décorations entre dirigeants suprêmes, qui a empli les colonnes des journaux jusqu'à en être risible :

> On procédait à des distributions massives de médailles, récompenses, titres et primes, à la célébration de nombreux anniversaires, dans les régions comme au Centre. Le monde des réalités quotidiennes et le monde de l'euphorie de façade divergeaient de plus en plus...

Toutes ces attaques contre la gestion précédente ont pour premier objectif de secouer l'appareil d'Etat et de renouveler un maximum de cadres du Parti. Gorbatchev, du reste, souligne à l'envi que « pendant longtemps on n'a pas assuré le renouvellement du Comité central et du gouvernement ». Voilà qui justifie le gigantesque coup de balai qu'il a entrepris en arrivant au pouvoir, lequel ne se limite pas aux instances suprêmes : entre son élection (mars 1985) et le XXVIIe Congrès (février 1986), 117 hauts responsables du PCUS auront été remerciés, dont 35 ministres sur 96 et 46 Premiers secrétaires de région sur 157 ; le renouvellement du Comité central par le Congrès porte sur 45 % des places (les deux Congrès précédents avaient remplacé respectivement 17 % et 13 % des membres du Comité central). Cette frénésie de remaniements s'est étendue aux Républiques et aux régions : lors des Congrès locaux organisés pour préparer le XXVIIe Congrès du PCUS, 945 membres des Comités centraux des Républiques auront été reconduits, sur 2 125.

Ces bouleversements ne vont pas sans traumatiser les appareils locaux, et laisseront des traces. Certes, le plus souvent, c'est par la voie hiérarchique qu'un apparatchik apprend qu'il est remplacé par son adjoint, et parfois exclu de son administration. Mais il n'est pas rare d'assister à des limogeages plus spectaculaires : ainsi, dans la petite République de Moldavie, 33 députés, 168 cadres et 2 000 membres de l'appareil du Parti sont exclus pour malversations diverses en moins de deux ans ; en Géorgie, le vice-président du Conseil des ministres et le maire de Tbilissi sont brutalement limogés pour avoir « violé la légalité socialiste », tout comme, en Bachkirie, le chef du Parti en personne. Plus violent encore : en Ukraine, un dirigeant de Marganets se suicide après son exclusion du Parti ; à Togliatti, sur la Volga, deux autres dirigeants accusés de concussion se suicident eux aussi ; à Moscou, l'ancien vice-ministre du Commerce extérieur Vladimir Souchkov est condamné à treize ans de prison, tandis qu'à Boukhara (Ouzbékistan) l'ancien chef du PC Abdouvakhid Karimov, convaincu de corruption, est condamné à mort.

Pour des millions de fonctionnaires soviétiques, Mikhaïl Gorbatchev est l'homme qui a mis fin à leur tranquillité irresponsable, interrompu leurs petites combines locales et transformé leurs sinécures en sièges éjectables. Ils ne lui pardonneront jamais.

De la zastoï *à la* perestroïka

Mais, au fil des mois, les virulentes critiques de la *zastoï* brejnévienne vont faire place à un nouveau mot d'ordre, davantage tourné vers l'avenir : la *perestroïka.* Selon les observateurs de l'époque, le mot fut employé pour la première fois en juin 1985. Juste après son élection, Gorbatchev avait déjà parlé de « restructurer » *(perestroit')* la gestion économique. Mais c'est trois mois plus tard qu'il transforme le substantif *perestroïka* en slogan. Le mot est difficile à traduire en français : il signifie « reconstruction », « remise à plat », « restructuration ». Au début, il ne fait encore qu'accompagner le mot d'ordre principal, qui est l' « accélération » *(ouskorenie)* du progrès technique et de la réforme économique. Mais, à partir de 1986, il va devenir le leitmotiv de la nouvelle politique. Puis son synonyme.

En quoi consiste la *perestroïka* ? Gorbatchev donnera plusieurs fois cette réponse : la *perestroïka* entend d'abord « s'appuyer sur la *créativité vivante du peuple* ». Cette formule n'est pas creuse. Avant son élection, elle lui avait servi de titre pour son fameux rapport du 10 décembre 1984[9]. Elle est positive parce qu'elle traduit une inhabituelle confiance en l'espèce humaine ; elle est habile car elle suggère que le dogme socialiste, s'il sombre dans la paralysie bureaucratique au point d'entraver le sacro-saint « rôle dirigeant » du Parti, ne peut être revivifié que par le « peuple » *(narod)* dont le pouvoir en place n'est que l'émanation.

La *perestroïka* ne saurait donc être « une mise en cause du socialisme ». Argument capital ! Gorbatchev ne cessera désormais de le répéter, comme il le fera à Khabarovsk en juillet 1986 :

> Nous devons chercher les réponses aux questions posées par la vie non pas hors des limites du socialisme, mais *dans le cadre de notre système*. Et tant pis si cela ne plaît pas à certains, en Occident, qui attendent toujours le moindre signe annonçant un abandon du socialisme, un ralliement à leurs méthodes…

Au fil des mois et des années, la *perestroïka* deviendra un objectif de plus en plus ambitieux. « Les gens commencent à comprendre que la *perestroïka* est une affaire sérieuse, dira-t-il à Krasnodar en septembre 1986. C'est toute la société, c'est chaque citoyen qui doit se restructurer. » Un tel tournant radical est « indispensable, nous n'avons simplement pas d'autre voie ». Gorbatchev multiplie les discours. Mais tandis qu'il explique, ferraille, dénonce, stimule, il prend aussi de la distance quant à la mise en œuvre de son projet. « Nous n'en sommes qu'à la *première étape de la perestroïka,* explique-t-il en janvier 1987 : le travail le plus fondamental et le plus complexe est encore devant nous. » Dans le livre qu'il écrira pendant l'été 1987 et qu'il publiera sous le titre *Perestroïka – Vues neuves sur notre pays et le monde*[10], Gorbatchev usera même d'une métaphore audacieuse :

> Combien durera la *perestroïka* ? C'est difficile à dire. Sûrement pas deux ou trois ans, mais beaucoup plus. Nous nous orientons vers un travail sérieux, tendu, minutieux, afin de conduire notre patrie à de nouvelles frontières avant la fin du XXe siècle !

Des « nouvelles frontières » : voilà une formidable image pour un pays de 11 000 km de long qui a lancé, trente ans plus tôt, le premier satellite spatial. Mais le chef du Parti communiste de l'URSS peut-il ignorer que ce mot d'ordre enthousiasmant ressuscite le plus célèbre slogan du président américain John Kennedy ?

En direct avec le peuple

Autre innovation : les contacts directs avec la population. Mikhaïl Gorbatchev avait été impressionné par une « sortie » d'Andropov à l'époque où celui-ci était encore valide. En janvier 1983, le nouveau secrétaire général était allé à la rencontre des ouvriers de l'usine de machines-outils Ordjonikidze, à Moscou : jamais les « prolétaires » n'auraient imaginé avoir un tel dialogue, dans le grand hall de leur usine, avec le maître du Kremlin. Or, bien plus qu'Andropov, Gorbatchev est à l'aise devant un public. Il sait improviser. Mieux : il aime cela. Il va faire de cet exercice, où il excelle, une clé de sa politique.

Le 16 avril 1985, Mikhaïl Gorbatchev se lance, à pied, à la conquête d'un quartier sud de Moscou où se dresse l'usine automobile Likhatchev (Zil). Avec une escorte minimale, quelques discrets gardes du corps, mais sans l'armada habituelle des innombrables fonctionnaires en pardessus gris, policiers en civil et apparatchiks confondus. C'est la première fois que les Moscovites découvrent leur nouveau secrétaire général. Les ouvriers interrompus dans leur travail et les journalistes venus couvrir l'événement n'en croient pas leurs oreilles :

« Soyons clairs : ou bien nous parlons ouvertement, ou bien notre conversation n'a aucun sens ! »

Par sa stupéfiante liberté de parole, Gorbatchev séduit ses interlocuteurs :

« Oui, c'est vrai, dit-il en substance, depuis plus de dix ans, en matière technologique, l'URSS a pris de plus en plus de retard sur les pays occidentaux ! »

Les cadres de ZIL savent bien qu'ils ne sont plus au niveau des Ford, Peugeot et autres Fiat. Ils sont bien d'accord pour « augmenter la productivité du travail » et « introduire des technologies nouvelles ». Comment ce discours ne leur conviendrait-il pas ? Encore faudra-t-il que ces paroles séduisantes soient suivies d'effets : combien de fois déjà leur a-t-on fait croire aux lendemains qui chantent, à l'avenir radieux et à toutes ces sortes de choses…

Même expérience, un mois plus tard, à Leningrad. Voici Gorbatchev arpentant impromptu les halls et les couloirs des sites industriels d'Elektrosila, Bolchevitchka, de l'usine Kirov ainsi que de la prestigieuse Ecole polytechnique. Bien loin des habituels rubans à couper, des décorations à agrafer et des discours préparés, Gorbatchev improvise des échanges avec les gens qu'il rencontre, suscitant même la polémique. Il parle directement aux ouvriers, aux étudiants, aux passants. Au risque d'essuyer questions gênantes ou revendications brutales. Les gens sont majoritairement intimidés, la plupart craignent les mouchards et n'ont aucune envie d'être convoqués le lendemain en arrivant au bureau pour y recevoir un blâme. Mais il y a toujours deux ou trois iconoclastes pour interpeller l'illustre visiteur, voire s'écrier, spontanément :

« Bravo ! Voilà ce qu'il faut faire ! »

Et il y a toujours, à la fin, des applaudissements. Un Gorbatchev à l'ouïe fine, rompu à cette pratique, sait les interpréter : pas de doute, le contact direct, simple, ouvert, plaît à la population.

En principe, quand le secrétaire général du PCUS va effectuer une visite sur le terrain, cela se passe toujours de la même façon : il s'adresse à l'*aktiv*, c'est-à-dire aux *aktivisty* (militants) que sont les cadres du Parti, de l'appareil d'Etat, de l'administration, de l'armée, auxquels on a joint des travailleurs émérites et quelques figures de l'intelligentsia locale. Ce collectif docile est là pour écouter et applaudir l'éminent orateur. Aussi, le 17 mai 1985, personne ne s'étonne quand Gorbatchev convoque le noyau du Parti de Leningrad et ses affidés locaux au palais Smolny, l'ex-quartier général des bolcheviks pendant la révolution d'Octobre.

Première surprise: il parle sur un ton naturel, en bougeant les mains, sans notes. Seconde surprise: Gorbatchev s'inscrit d'emblée dans une perspective historique. Les conquêtes de la Révolution, l'enjeu de la période stalinienne, la victoire de 1945, sont autant de références sur lesquelles il appuie son diagnostic catastrophique sur l'URSS d'aujourd'hui:

« Notre pays régresse ! »

Les invités du Smolny n'en croient pas leurs oreilles: le responsable de cette régression serait le Parti dirigeant ? La seconde surprise provoque des réactions mitigées, lorsque Gorbatchev met en garde les cadres du Parti, sans ménagement, contre la tentation de s'opposer aux réformes:

« Ceux qui n'ont pas l'intention de s'adapter devront tout simplement se retirer, plutôt que devenir des obstacles. Nous ne pouvons pas considérer les intérêts d'une personne comme étant supérieurs aux intérêts de la société dans son ensemble ! »

A 20 heures, le journal télévisé du soir, *Vremia*, diffuse à des dizaines de millions de téléspectateurs étonnés quelques images de ce dirigeant hâbleur et décontracté, discutant librement au milieu des ouvriers. Et de son épouse, étonnante *first lady* mêlée à la foule. La séquence, diffusée en fin de journal, frappe l'opinion. A l'aéroport, au moment du départ, le patron du PC de Leningrad, Lev Zaïkov, remet à Gorbachev la cassette vidéo de sa rencontre au Smolny. Le lendemain, après l'avoir tranquillement visionnée à la maison, Raïssa dit à son mari: « Tout le monde devrait voir ça, non ? »

Gorbatchev téléphone aussitôt à Egor Ligatchev:

« Egor Kouzmitch ! Et si on envoyait une copie de cette vidéo à tous les Comités locaux du Parti ? »

Ligatchev rappelle peu après. Il a une meilleure idée, qu'il vient de soumettre à Zimianine, l'homme de l'appareil: pourquoi ne pas passer la cassette intégralement à la télévision? Trois jours plus tard, quelques millions d'habitants de l'URSS, de la Biélorussie au Kamtchatka, découvrent sur leur écran la prestation de Mikhaïl Gorbatchev au palais Smolny devant les dirigeants communistes de Leningrad. Ce soir-là, on s'appelle d'une famille à l'autre, d'une ville à l'autre: de mémoire de téléspectateur soviétique, on n'avait jamais vu un tel spectacle sur le petit écran!

«Et vous, qu'en pensez-vous?»

Un mois plus tard, le 25 juin 1985, Gorbatchev va faire une tournée en Ukraine. Il s'arrête à Kiev, mais surtout à Dniepropetrovsk, l'ancien fief de Brejnev. Il sait qu'il n'a pas que des partisans dans la région, quadrillée depuis des lustres par des dirigeants particulièrement conservateurs, totalement étrangers à la seule idée de réformer quoi que ce soit. Il en joue avec la foule: «Certains disent que nous prenons un tournant trop brutal. Et vous, qu'en pensez-vous?»

Quelques réponses fusent:

«C'est la bonne décision, c'est ce qu'il faut!»

Gorbatchev insiste:

«Ce sont des voix isolées ou c'est l'opinion générale[11]?»

La foule crie et applaudit. Gorbatchev est satisfait. Les journalistes aussi, qui commencent à apprécier ces bains de foule dont ils tirent de belles images. Sur celles-ci, pourtant, on voit quelqu'un, tout à côté du secrétaire général, dont le visage renfrogné devrait tenir lieu d'alerte: Vladimir Chtcherbitski, inamovible Premier secrétaire de la République, supporte mal toutes les saillies de Gorbatchev sur la bureaucratie, la corruption, l'irresponsabilité des cadres et l'impuissance d'un système qui aboutit à ce qu'un immense pays agricole comme l'Ukraine, ancien «grenier de l'Europe», finisse par importer du blé américain tous les ans.

Le 4 septembre, c'est en Sibérie occidentale que Gorbatchev expérimente sa nouvelle façon de gouverner «en direct» avec le peuple. Au cours de sa tournée au pays du pétrole et du gaz

– Tioumen, Nijnevartovsk, Ourengoï – il est notamment accompagné par Boris Eltsine, chef du département de la construction du Comité central, et Viktor Tchernomyrdine, ministre de l'Industrie du gaz. L'accueil est loin d'être chaleureux. Les habitants de ces régions sacrifiées à la sacro-sainte production énergétique sont furieux de n'avoir pour logements que des baraquements ou des wagons de chemin de fer, et de ne bénéficier d'aucune facilité minimale en termes de transports ou d'approvisionnement alimentaire. Est-ce si difficile d'installer l'électricité dans des villes qui fournissent justement celle du pays ?

Les Sibériens ne mâchent pas leurs mots. Ils dressent, devant les caméras qui accompagnent l'illustre visiteur, un constat pathétique : absurdités économiques, gestion irresponsable, pièces détachées introuvables, rendements dérisoires, mais aussi – cette revendication-là est plus originale – dénonciation de méthodes détruisant la forêt, polluant les eaux et les sols, empêchant toute vie future. Gorbatchev encaisse sans broncher. En réalité, il se félicite de cette liberté de ton qui permet d'aborder les vrais problèmes.

En avril 1986, à Togliattigrad, il s'adresse au personnel de l'Usine automobile de la Volga (VAZ) qui produit les célèbres Lada :

« Pourquoi vous contentez-vous d'un niveau technologique aussi moyen ? Pourquoi imitez-vous les productions étrangères au lieu d'innover[12] ? »

Gorbatchev a un réel talent pour poser les vrais problèmes. Encore se garde-t-il d'annoncer par quels moyens il entend les résoudre. Et cela pour une raison simple : lui-même ne le sait pas ! Ce dont il est persuadé, en revanche, c'est qu'il est inimaginable de continuer ainsi. Sa formule fétiche, qu'il répète partout, va devenir un slogan : *« Tak jit' nielzia »* (« On ne peut pas vivre comme cela »). Elle va prendre une résonance inattendue quelques jours plus tard, le 26 avril, lorsqu'un événement hors normes va bousculer l'histoire…

10

Le choc de Tchernobyl

«La libération de l'énergie atomique a tout changé, sauf notre façon de penser.»

Albert EINSTEIN.

Samedi 26 avril 1986. A Moscou, l'hiver tarde à lever le camp, mais le week-end s'annonce printanier. A cette époque, en quelques jours la Russie devient un immense tapis de villages, de fermes, de champs, de jardins, de potagers et de vergers qui éclatent en milliers de couleurs, de fleurs, de senteurs, de nuances, de feuillages divers. Dans peu de temps, on aura oublié la neige tenace et le froid sibérien. Dans la datcha moscovite de Gorbatchev, au petit matin, le téléphone sonne. C'est Ryjkov, le chef du gouvernement :

«Mikhaïl Sergueïevitch, il y a eu une explosion dans une centrale nucléaire à Tchernobyl, en Ukraine.»

Nikolaï Ryjkov a lui-même été prévenu par Efim Slavski, ministre des Constructions mécaniques moyennes – un département du ministère de la Défense chargé de la production d'armements nucléaires. L'information semble sérieuse. Gorbatchev ordonne de réunir le Politburo dans la journée. C'est Vladimir Dolguikh, membre suppléant, qui exerce la tutelle politique sur ces questions. C'est donc lui qui, lors de la réunion, transmet à ses collègues les premières informations sur cet accident. Mais sa communication est floue, hésitante, et ne donne pas une idée précise du danger. Efim Slavski et son collègue académicien Anatoli Alexandrov, que l'on a invités en tant qu'experts, minimisent les faits. Leurs informations, incomplètes et confuses, se veulent surtout rassurantes : évitons tout catastrophisme, toute panique !

Gorbatchev et Ryjkov ne sont pas satisfaits. Les deux dirigeants décident d'envoyer immédiatement sur place une commission gouvernementale dirigée par le vice-Premier ministre Boris Chtcherbina, président du Bureau du complexe énergétique, et rassemblant des spécialistes du nucléaire civil, des experts en rayonnements ionisants, des académiciens et des médecins. En début d'après-midi, ce groupe hétéroclite débarque à Kiev et commence à interroger les responsables locaux.

Le lendemain, dimanche 27, Gorbatchev reçoit le premier rapport de la commission Chtcherbina : c'est un texte ampoulé, plein de précautions oratoires, ne débouchant sur aucune conclusion concrète. Selon le document, une explosion s'est produite dans la nuit du 25 au 26 avril, à 1 h 23, dans le réacteur n° 4 de la centrale de Tchernobyl. Elle a causé la mort de deux techniciens. Un grand nombre de personnes ont été hospitalisées pour observation. On cite le chiffre de 46 000 habitants évacués en catastrophe. On a tout fait, semble-t-il, pour circonscrire l'incendie et arrêter au plus vite les trois autres réacteurs de la centrale. Des matières radioactives ont été disséminées par l'explosion…

C'est peu et c'est inquiétant. Gorbatchev s'étonne qu'on n'ait pas évacué davantage de populations menacées. Il ordonne aussi qu'on convoque tous les experts scientifiques possibles[1]. Le lundi 28, en sa présence, Ryjkov communique au Politburo les nouveaux résultats de l'enquête, expédiés depuis Kiev par la commission Chtcherbina. Ces informations vont nourrir le premier communiqué officiel diffusé par l'agence Tass à 19 heures[2], puis à la télévision à 20 h 02, en ouverture du journal du soir, *Vremia*. C'est ce texte qu'on retrouvera dans la presse écrite le lendemain :

> Un accident s'est produit à la centrale électrique de Tchernobyl. Un des réacteurs a été endommagé. Des mesures sont prises pour venir à bout des conséquences de l'accident. Les personnes touchées

reçoivent des secours. Une commission gouvernementale a été mise en place.

Cinq lignes. Rien de plus. Il a été décidé de ne pas en dire davantage tant que les informations qui parviennent à Moscou ne sont pas dûment vérifiées. L' « accident » n'est pas encore une « catastrophe ». Il faut éviter de nourrir inutilement l'angoisse qui gagne déjà les Ukrainiens et les Biélorusses, en attendant le reste de la Russie et, bientôt, la totalité du continent européen. Justement, ce lundi 28 avril, pour la première fois, la nouvelle de l'accident a dépassé les frontières de l'URSS…

Combien de morts ?

Le premier pays à se douter de quelque chose est la Suède. Dimanche, vers 14 heures, des savants suédois ont détecté un mystérieux nuage radioactif au-dessus de leurs côtes, à 5 000 m d'altitude, venant du sud-ouest, c'est-à-dire du territoire soviétique. Les doses mesurées sont considérées comme inoffensives. Mais, le lendemain matin, les ouvriers de la centrale de Forsmark, au nord de Stockholm, découvrent que la poussière, à l'extérieur de leur usine, est bizarrement contaminée. A 200 km plus au sud, les ingénieurs du centre de recherches Studsvik font le même constat. Les Suédois alertent discrètement leurs contacts américains, qui suggèrent que les Soviétiques ont pu procéder, comme ce fut déjà le cas, à un essai atomique souterrain.

Les Américains, au moins en apparence, ne s'affolent pas. Le président Reagan est en voyage dans le Pacifique et ne veut pas être dérangé. Les spécialistes diront plus tard qu'un temps nuageux empêchait les satellites espions classiques, de type *Midas (Missile Detection Alarm System)*, de prendre des photos sur cette partie du monde. Pourtant, un autre satellite espion plus performant, de type *KH-11*, prend un cliché le lundi soir, peu de temps après la première dépêche de l'agence Tass : l'image montre « juste de la fumée » au-dessus de la centrale de Tchernobyl[3]. Deux nouveaux clichés, le lendemain, sont plus précis : ils montrent aux militaires du NRO (National Reconnaissance Office) que le toit d'un réacteur a explosé, que des murs se sont écroulés « comme une grange dans une tempête ». Mais les experts sont perplexes : les clichés montrent aussi une péniche remontant tranquillement la rivière Prypiat, et, à moins de 2 km de la centrale, des hommes jouant au football !

Le mardi 29, des satellites civils – l'américain *Landsat* et le français *Spot* – diffusent, à leur tour, des photos de l'accident de Tchernobyl. Les clichés sont plus précis. Au Pentagone, les militaires américains constatent que tout a l'air lugubre autour de la centrale endommagée. Aucun d'entre eux ne conteste, à ce moment, l'hypothèse d'un journaliste de l'agence United Press International (UPI) avançant, après un vague coup de téléphone à « une habitante de Kiev », le chiffre d' « environ 2 000 morts ». Au doigt mouillé. L'agence rivale Associated Press (AP), prudente, ne reprend pas ce chiffre hasardeux, mais celui-ci va néanmoins faire le tour du monde, s'incruster dans les salles de rédaction, semer la confusion sur l'accident pendant plusieurs jours, et nourrir suspicions, critiques et attaques à l'encontre de l'URSS : comment peut-on admettre la version de l'agence soviétique Tass qui, dans sa dépêche du mardi 29, ose parler de « deux morts » ? Qui le Kremlin veut-il ainsi induire en erreur ? Que cache une aussi grossière désinformation ?

Or l'explosion de Tchernobyl a bel et bien causé la mort de deux personnes. On connaît leurs noms : Valeri Khodiemtchouk et Vladimir Sachionok, tués par l'explosion du réacteur n° 4 dans la nuit du 25 au 26 avril[4]. Certes, on compte aussi près de 200 blessés plus ou moins graves, des dizaines de milliers de personnes évacuées et un nombre indéterminé de personnes irradiées dont on ignore l'état exact. Mais il n'y a pas eu « 2 000 morts ». Ce chiffre fantaisiste et ces attaques politiciennes indisposent Gorbatchev et ses collègues : est-ce bien le moment, pour les Américains, d'attiser les habituels brandons de la guerre froide ?

Ce mardi 29, un Comité de crise est formé au sein même du Politburo, présidé par le Premier ministre Ryjkov. Le groupe va s'organiser, s'étoffer, puis travailler sans discontinuer pendant plusieurs mois. « Intuitivement, expliquera Gorbatchev, nous sentions que le problème avait pris une dimension dramatique[5]. »

Le 2 mai, Ryjkov et Ligatchev s'envolent pour Tchernobyl, où les rejoint leur collègue ukrainien Chtcherbitski. Visite aérienne de la région, entretien avec les membres de la commission gouvernementale, réunion avec des habitants de la zone évacuée. La priorité est mise sur la sécurité de la population. Un contrôle médical est installé pour 1 million de résidents, dont 200 000 enfants. On décide d'évacuer les habitants dans les 30 km alentour – l'un des problèmes étant le grand nombre d'autochtones qui refusent absolument de quitter leurs maisons…

Gorbatchev, à Moscou, est tenu au courant, heure par heure. Le secrétaire général dispose, discrètement, d'un informateur privilégié : son vieil ami Evgueni Velikhov, vice-président de l'Académie des sciences, spécialiste des plasmas magnétiques et des dossiers nucléaires, dépêché à Tchernobyl par avion dès l'annonce de la catastrophe – un homme courageux, énergique et compétent. C'est Velikhov qui annoncera, le 11 mai, que l'action des pompiers, des ingénieurs, des experts et des ouvriers, ainsi que l'absence de pluie pendant ces jours dramatiques, ont évité « une catastrophe bien plus grande », sur laquelle il sera toujours temps de communiquer plus tard. Ce que Velikhov redoutait par-dessus tout, c'est que le réacteur endommagé, sur lequel on a déversé des tonnes de sable, de plomb, de bore et d'argile, finisse par s'enfoncer sous la terre, polluant au passage la nappe phréatique et les eaux du Dniepr.

Dix-huit jours de silence

Le 14 mai, Mikhaïl Gorbatchev intervient enfin, en direct, à la télévision soviétique. Il sait que le monde entier l'écoute. Il va parler pendant trois quarts d'heure :

« Bonsoir camarades ! Vous savez tous qu'un malheur nous a récemment frappés, l'accident de la centrale nucléaire de Tchernobyl. Il a durement touché le peuple soviétique et ému l'opinion internationale. Pour la première fois, nous nous sommes trouvés confrontés à la puissance terrible de l'énergie atomique… »

Et le secrétaire général de raconter simplement, sans fioritures, l'accident et ses conséquences, la gravité de la situation, l'héroïsme des pompiers et des sauveteurs, l'avalanche de problèmes inédits, les mesures prises par les responsables, les aides venues spontanément de l'étranger – y compris de scientifiques américains. Il n'omet pas, au passage, de fustiger aussi la « campagne antisoviétique virulente » que certains politiciens et médias occidentaux ont déclenchée.

Sur sa lancée, il commet une faute en proposant au président Reagan une rencontre, « par exemple à Hiroshima », pour interdire tous les essais nucléaires. Hors sujet ! Cet opportunisme suspect ôte une grande part de crédibilité à l'essentiel de son propos, qui consiste à suggérer, après une telle catastrophe d'ampleur internationale, de « penser autrement » le dossier nucléaire, notamment en termes d'information.

La démarche est devenue évidente et urgente. Comment justifier, face à un tel drame, que n'aient fait l'objet d'aucune étude internationale les 151 fuites nucléaires radioactives, graves ou bénignes, qui ont déjà été répertoriées dans les centrales atomiques de la planète – dont l'explosion dévastatrice de Kychtym, dans l'Oural du Sud en 1957, ou le gravissime accident nucléaire de Three Mile Island aux USA en 1979[6] ? La désinformation sur ces sujets n'est-elle pas irresponsable, d'un point de vue simplement scientifique ?

Mikhaïl Gorbatchev est sincère, sa démarche est fondée, mais on ne le croit pas. Allons, un dirigeant soviétique ne peut que mentir sur un tel sujet ! D'ailleurs, pourquoi le secrétaire général du PCUS a-t-il attendu dix-huit jours avant de faire cette intervention publique ? Cette bataille idéologique récurrente est le fruit de plusieurs décennies de guerre froide et de désinformation réciproque : ce n'est pas un accident dans une centrale nucléaire, fût-il dramatique, qui va assainir d'un coup les relations Est-Ouest.

Or le Politburo, après avoir hésité pendant cinq jours, a bel et bien décidé de jouer la carte de la transparence : le 1er mai, une majorité de ses membres titulaires – Gorbatchev, Ryjkov, Ligatchev, Iakovlev, Medvedev et Chevardnadze – a voté en ce sens. C'est un tournant dans l'histoire de l'URSS. Ainsi a-t-on vu dès le 2 mai le diplomate soviétique Vitali Chourkine, deuxième secrétaire à Washington, répondre sans fard aux questions du Congrès américain. Ainsi a-t-on entendu plusieurs personnalités comme Boris Eltsine ou Valentin Faline, patron de l'agence Novosti, répondre librement à des interviews à la TV ouest-allemande ou au *Spiegel*…

Un argument pour le changement

Gorbatchev, bien sûr, se serait volontiers passé d'une catastrophe aussi dramatique. Mais il a tout de suite senti que celle-ci confirmait, par bien des aspects, les critiques de plus en plus virulentes qu'il multiplie depuis quelques semaines en direction du système bureaucratique et économique, notamment le secret couvrant le nucléaire civil, le cloisonnement administratif ou les monopoles dans le domaine de la recherche. Pragmatique, Gorbatchev ne décolère pas contre l'incroyable incompétence des services, le manque abyssal d'informations fiables, le dérèglement terrifiant de toutes les institutions concernées…

Le 3 juillet, devant le Politburo au grand complet, Gorbatchev tire les premiers enseignements politiques de cette crise inédite. Le ton n'est plus à rassurer l'opinion ou à vilipender les Américains :

> Voilà trente ans que vous autres scientifiques, spécialistes, ministres, n'arrêtez pas de nous dire que tout est fiable. Et vous escomptez que l'on vous regarde comme des dieux ! Or tout cela s'est soldé par un échec. Les ministères et les centres de recherche travaillaient hors de tout contrôle. Tout le système était miné par la flagornerie, l'esprit de chapelle, l'intolérance envers toute pensée hétérodoxe, l'épate et les liens personnels ou claniques avec les dirigeants[7] !

Quelques jours plus tard, le secrétaire général s'envole pour l'Extrême-Orient soviétique. Il visite Vladivostok, Khabarovsk, Komsomolsk-sur-Amour. A presque 10 000 km de Moscou, dans ces villes plus « russes » et plus « soviétiques » que bien d'autres régions de cet immense pays, il ne ménage pas ses efforts pour promouvoir la *perestroïka*, à laquelle il assigne des objectifs de plus en plus audacieux :

> La *perestroïka* n'englobe pas seulement l'économie, mais tous les autres aspects de la vie sociale [...]. Je mettrai un signe égal entre les mots *restructuration* et *révolution* : nos transformations, nos réformes, c'est une véritable révolution dans tout le système des rapports sociaux, dans l'esprit et le cœur des gens[8]...

Gorbatchev organise une réunion avec les rédacteurs en chef de la presse de la région. Il les provoque : pourquoi les journaux, ici, sont-ils aussi timorés quand il s'agit des réformes à venir ? Pourquoi une telle indécision et une telle couardise ? La réponse ne se fait pas attendre :

« Mikhaïl Sergueïevitch, allez dire cela aux Premiers secrétaires des *raïkom, gorkom* et *obkom* du Parti : nos journaux ne sont que les porte-parole de ces gens-là, qui n'ont que faire de vos réformes ! »

Ce voyage en Sibérie va marquer Gorbatchev. Pendant ses vacances en Crimée, fin août, il médite sur ces contacts, ces voyages, ces échanges qui lui ont permis de vérifier deux choses : d'abord, la Russie profonde, immobile, ignore les débats qui agitent la capitale de l'URSS, plus sensible aux vents du changement ; ensuite, en province, ce sont bien les notables et les chefs locaux du Parti qui bloquent la *perestroïka*. Gorbatchev est désormais convaincu que la société s'est réveillée, mais que le Parti, lui, freine des quatre fers.

Sans attendre la fin de ses congés, il décide d'aller rendre visite aux habitants des villes voisines de Krasnodar et Stavropol. Dans cette région qu'il connaît par cœur, il teste à nouveau ses idées, ses projets, et, surtout, son arrière-pensée : rien ne bougera si on ne s'en prend pas frontalement aux cadres du Parti, à leur instinct de conservation, à leur refus de tout changement. C'est à un renouvellement complet des responsables, du bas en haut de la pyramide, qu'il faut s'atteler.

« Démocratiser » le Parti ?

Le 1er décembre 1986 Gorbatchev fait part, sans ambages, de ses réflexions à ses collègues du Politburo :

« Je suis convaincu que la cause première de la stagnation est l'ankylose du personnel dirigeant. Si nous voulons améliorer les choses, il faut changer les cadres, et aussi modifier leur recrutement ! »

Pour la première fois, il voit que ses « camarades », notamment les plus âgés, s'agitent un peu sur leurs chaises. Dans leurs interventions, Gromyko, Solomentsev, Vorotnikov tournent autour du pot. Seul Chevardnadze appuie vigoureusement cette nouvelle orientation. D'autres, prudents, restent silencieux. Chacun comprend que les choses sérieuses commencent. Quand Gorbatchev entend jouer « la compétence et la responsabilité » contre les « attitudes anciennes », il prend le risque de n'être pas suivi par ses propres troupes. Déjà, lors du plenum du 16 juin, il avait choqué une partie de la salle en dénonçant ceux qui « redoutent de voir leurs fauteuils de dignitaires inamovibles se transformer en sièges éjectables ». Stimuler les cadres est une chose, attenter à leur statut en est une autre. A-t-il oublié, Gorbatchev, qu'être privé de son poste constitue, pour un apparatchik régional ou local, une véritable déchéance pour lui et pour sa famille ? Pense-t-il vraiment que les 2 à 3 millions de privilégiés qui constituent les gardiens du système vont se laisser dépouiller sans réagir ?

Son grand mot, désormais, c'est la « démocratisation » du Parti et de la société. Combien de séances de travail ont été consacrées à ce thème, dans sa datcha de Zavidovo, tellement plus calme que les couloirs agités de la Place Vieille... Gorbatchev décide de frapper un grand coup lors du plenum de la mi-janvier 1987. S'il a le soutien enthousiaste de Ryjkov et de Chevardnadze, il ressent, chez d'autres, quelques réserves plus ou moins claires. « C'est l'existence même de l'Etat socialiste qui est en jeu », observe calmement Gromyko. « Il faut jouer la carte de la démocratisation », acquiesce Ligatchev. Le nouveau patron du Parti de Moscou, Boris Eltsine, va même au-delà : il faut aussi, selon lui, incriminer tous les anciens dirigeants. Il est vite ramené à la raison : les choses sont suffisamment compliquées comme cela !

Le 19 janvier 1987, devant le Comité central, Gorbatchev lance son nouveau mot d'ordre. Concrètement, on commencera par imposer une durée limitée à l'exercice d'un mandat, et on assurera des candidatures alternatives pour les élections aux Comités du Parti. Ce n'est pas une révolution, mais c'est davantage qu'une réforme. Et une menace, aussi, sur des millions de sinécures aux quatre coins de l'URSS. Le débat est houleux et confus. Sur 74 orateurs inscrits, la plupart dénoncent avec emphase la « bureaucratie » et applaudissent à la nouvelle ligne de la direction. Mais aucun n'aborde la question du monopole du Parti dans la désignation des dirigeants du pays.

Soudain, une déléguée « ouvrière », une tisseuse, deux fois « Héros du travail socialiste », monte à la tribune et prend la parole. Elle s'appelle Valentina Goloubeva. Elle ne mâche pas ses mots :

> Camarades ! Le temps de la critique n'a que trop duré ! [...] C'en est trop de la critique gratuite, parfois malveillante ! On ressasse à l'envi les échecs et on néglige les expériences positives. [...] Il ne faut pas passer d'un extrême à l'autre, il y a une limite à tout !

La camarade Goloubeva, raide comme la justice, va se rasseoir. Son discours jette un froid. C'est la base qui a parlé, brutalement, et qui a exprimé son ras-le-bol face à cette *perestroïka* qui la déstabilise. Certes, le plenum du Comité central votera ensuite docilement, comme un seul homme, les orientations politiques prônées par le Politburo, mais l'avertissement de cette valeureuse communiste « de choc » restera dans l'histoire de ces années gorbatchéviennes comme le premier d'une longue série...

Le tournant de la glasnost

La *nomenklatura* renâcle ? On passera par-dessus ses états d'âme et on s'adressera directement à l'opinion publique ! Pour réaliser ce programme, Gorbatchev dispose d'une arme secrète, qu'il a testée çà et là et qu'il entend désormais généraliser : la *glasnost.* Encore un mot difficile à traduire : en français, *glasnost* veut dire « transparence », ou « publicité » au sens de « rendre public ». Dans un pays où l'information a été totalement verrouillée pendant soixante ans par le pouvoir, c'est une autre révolution qui s'annonce, plus spectaculaire encore que la *perestroïka*.

La promotion de la *glasnost* tient, plus que la *perestroïka*, à la personnalité de Mikhaïl Gorbatchev. Celui-ci s'est toujours senti à l'aise avec les journalistes. Depuis ses débuts à Stavropol, il n'a jamais eu peur de la presse. L'homme a un bagout exceptionnel, il connaît bien ses dossiers et jongle avec la dialectique, il ne rechigne pas à la polémique. Au Canada, en Angleterre, là où les journalistes ne sont pas aux ordres, il a pris plaisir à les séduire, à les surprendre, parfois à les contredire. Il n'est pas seulement doué pour parler à la presse : en vérité, il adore cela.

Quelques semaines après son arrivée au pouvoir, en août 1985, il a accepté de répondre à une interview du magazine américain *Time*. Dans la tradition soviétique, une telle interview est un événement politique où chaque mot est pesé au trébuchet. Les journalistes de *Time,* qui connaissent la règle du jeu, ont préparé à la fois les questions et les réponses, durement négociées avec la direction de l'information du ministère des Affaires étrangères (MID). Quelle n'est pas leur surprise, dès le début de l'entretien, de voir Gorbatchev laisser tomber les papiers dûment préparés pour se lancer dans une vraie conversation de deux heures[9], quasi improvisée, et répondre *réellement* aux questions qui lui sont posées ; la seconde surprise étant de voir, le surlendemain, cet échange publié tel quel dans la *Pravda* !

Quelques semaines plus tard, la même scène se déroule avec trois journalistes de la télévision française, Alain Denvers, Dominique Bromberger et Yves Mourousi, venus préparer le prochain voyage de Gorbatchev à Paris, annoncé pour le 4 octobre 1985. Tout comme leurs confrères américains, les envoyés spéciaux d'Antenne 2 sont stupéfaits devant la liberté de ton, la faconde inattendue et l'agilité dialectique[10] du nouveau maître du Kremlin. Ils ne peuvent mesurer, bien sûr, à quel point celui-ci se livre à un exercice précis. « Ces deux interviews représentaient une expérience nouvelle, un acquis : je sentais que j'avais franchi un pas », racontera Gorbatchev dans ses *Mémoires*.

Ces deux tests sont concluants. A l'égard de l'étranger, Gorbatchev va rapidement modifier l'image de l'URSS en incarnant une direction sans complexes, ouverte, qui ne craint pas l'opinion publique : place à l'acceptation du réel, à l'expression de la vérité et aux débats qu'elle provoque. Sur ce plan, Tchernobyl peut être considéré comme un tournant : malgré les maladresses, les résistances et les polémiques, la catastrophe nucléaire a servi d'expérience, en grandeur réelle, de cette nouvelle méthode.

Concrètement, la véritable innovation – qui est aussi un grand saut dans l'inconnu – intervient quand Gorbatchev et son conseiller Alexandre Iakovlev, nouveau responsable de l'idéologie et de l'information à la tête du Parti, décident de lâcher la bride aux journaux soviétiques. Jusqu'alors, ceux-ci jouaient avec la censure en publiant des « lettres de lecteurs » dénonçant les absurdités de la bureaucratie, les méfaits de la corruption et l'arrivisme des petits chefs locaux[11]. Mais aucun rédacteur en chef n'aurait risqué sa place en publiant de vraies enquêtes sur les dépenses militaires, les ventes d'armes, la recherche scientifique, le complexe militaro-industriel, le commerce du pétrole et du gaz. Aucun n'aurait jamais exigé des organes d'Etat des statistiques complètes et vérifiables, notamment en matière budgétaire : tous les spécialistes savaient bien que le budget annuel de l'URSS, dans sa présentation officielle, comportait un volant approximatif de 100 à 120 milliards de roubles fictifs dont personne ne connaissait le détail, et pour cause.

Trois journaux vont tester ainsi, non sans courage, les limites de la nouvelle « transparence » jusqu'à en devenir les trois emblèmes : *Moskovskie Novosti* (« Les Nouvelles de Moscou »), *Ogoniok* (« La Petite Flamme ») et *Argumenty i Fakty* (« Faits et arguments »). D'autres leur emboîteront le pas, comme la *Komsomolskaïa Pravda,* le quotidien des Jeunesses communistes, la *Literaturnaïa Gazeta*, l'organe des écrivains, ou même les *Izvestia*, le quotidien du gouvernement. La radio publique et la télévision d'Etat – à cette époque, il n'y en a pas d'autres – se mettent à produire des émissions contradictoires, y compris en direct. De leur côté, les autorités généralisent les conférences de presse à l'américaine, à l'image du nouveau porte-parole du ministère des Affaires étrangères, Guennadi Guerassimov, qui va devenir une véritable « star » des médias. Des sociologues officiels créent, sous la tutelle de l'Académie des sciences, un centre de sondages d'opinion comparable à ce qui se fait en Occident…

La transparence et son revers

Relater les faits divers même s'ils impliquent des responsables publics, révéler des faits de société négatifs comme la drogue ou le sida, enquêter sur les vraies raisons du limogeage d'un ministre ou d'un responsable du KGB, exiger les statistiques réelles d'un organisme ministériel, voilà qui modifie en profondeur les habitudes et les réflexes des journaux, de leurs directeurs et de leurs lecteurs. Mais surtout, dans leurs rêves les plus audacieux, les jeunes journalistes n'auraient jamais pensé qu'ils pourraient un jour s'attaquer aux trois tabous suprêmes, classés «zones interdites à la critique»: l'autorité du Parti, la «sphère dirigeante» et le dogme marxiste-léniniste.

C'est à ce niveau que la *glasnost* va susciter de vifs débats internes. D'abord parce que ce nouveau mode d'information, naturellement, dérange les pouvoirs en place et fragilise ceux qui les incarnent: Alexandre Iakovlev révélera un jour, dans une conférence de presse, que la *glasnost* aura été le «principal sujet de division entre réformateurs et conservateurs au sein du Parti[12]». Sur ce terrain, Gorbatchev ne cède pas un pouce de terrain à ses détracteurs, comme on le vérifiera à la Conférence du PCUS de juin 1988:

> Oui, la *glasnost* s'applique aussi aux activités du Comité central ! […] La *glasnost* est valable pour les petits et les grands sujets ! […] Elle est incompatible avec toute prétention au monopole d'opinion ! […] Si nous renonçons à de nouveaux développements de la *glasnost*, de la critique et de l'autocritique comme de la démocratie, alors ce sera la fin de la *perestroïka*[13] !

Car la *glasnost* a aussi son revers. En permettant aux journaux de contester le pouvoir, elle ouvre le champ à une critique publique de la *perestroïka*[14], voire… de la *glasnost* elle-même, de plus en plus souvent accusée d' «aller trop loin». La transparence totale, explique un jour la très conservatrice revue *Molodaïa Gvardia*, « mène à un laxisme idéologique qui confine à l'anarchie[15] ». Elle mène aussi, plus concrètement, à tous les débordements extrémistes, néostaliniens ou antisémites, comme l'a vite compris le jeune mouvement nationaliste *Pamiat* (« Mémoire ») dont les animateurs publieront sans retenue, à partir de l'été 1987, des élucubrations inédites sur tel ou tel complot sioniste, franc-maçon ou satanique : voilà que les médias soviétiques, sans aucune expérience de la démocratie, découvrent à la fois les délices et les poisons de la liberté d'expression !

Le 18 mai 1988, à Rome, plusieurs centaines de patrons de presse sont réunis pour le congrès de la Fédération internationale des éditeurs de journaux (FIEJ). Il est rare qu'on écoute un Soviétique dans cette enceinte plutôt libérale. Or, Ivan Laptev, rédacteur en chef des *Izvestia*, stupéfie ses auditeurs en leur racontant comment la *glasnost*, en deux ans, a multiplié par trois les ventes de son quotidien, aujourd'hui acheté par 3 millions de gens. Dans un monde où la presse écrite est en déclin, le tirage des journaux en URSS est passé de 14,5 millions d'exemplaires par jour à… plus de 20 millions ! Cela grâce à des journalistes courageux et enthousiastes qui jouent les « démineurs », risquant de sauter eux-mêmes sur les pièges qu'ils désamorcent. Certes, tous les dirigeants soviétiques n'apprécient pas le nouveau ton d'une presse traditionnellement aux ordres, explique Laptev, mais la population, elle, se régale : son propre journal a reçu l'année passée quelque 600 000 lettres de lecteurs, qui dit mieux ?

Les participants au congrès de la FIEJ n'en croient pas leurs oreilles. Deux ans tout juste après la catastrophe de Tchernobyl, la *glasnost* apparaît comme un progrès pour les libertés à l'Est, certes, mais aussi comme une étrange lézarde qui commence à fissurer le système soviétique…

11

Le réveil de la culture

« Dans le combat contre le mensonge, l'art a toujours gagné
et il gagnera toujours. »
Alexandre SOLJENITSYNE (1974).

Quand Gorbatchev arrive au sommet du pouvoir, en mars 1985, la culture soviétique est totalement figée. Le nouveau maître du Kremlin en est conscient. Il est un des rares dirigeants du pays à lire des romans, à s'intéresser à l'art, à fréquenter les théâtres et les expositions de peinture. Plus jeune, il a connu la période du « dégel[1] » qui, après la mort de Staline, avait desserré l'étau idéologique et policier encadrant la culture soviétique. Cette formidable parenthèse, qui a correspondu au règne de Khrouchtchev, s'est refermée dès le début de celui de Brejnev pour aboutir, au fil des années de « stagnation », à une paralysie quasi générale de tout le monde artistique. Epaulée par le KGB et les appareils syndicaux et professionnels (Union des écrivains, Union des peintres, etc.), la direction du Parti communiste est revenue au temps de l'insipide « réalisme socialiste », obligeant les artistes à se consacrer à l' « éducation des masses » en condamnant les « fausses valeurs » véhiculées par la « culture bourgeoise ». Difficile, pour un écrivain ou un peintre, d'échapper alors à la pression du Parti, à la propagande, à la censure, voire à quelques années de camp en Sibérie[2].

La culture en exil

La culture russe, pourtant, est alors en plein renouveau… mais à l'étranger. C'est à Londres, Boston, Munich ou Paris qu'on applaudit les pièces montées par Iouri Lioubimov, les films réalisés par Andreï Tarkovski, les concerts dirigés par Kirill Kondrachine, les ballets interprétés par Rudolf Noureev ou Alexandre Godounov. C'est là qu'on lit et qu'on rencontre les écrivains Gueorgui Vladimov, Alexandre Zinoviev, Joseph Brodsky, Vassili Axionov, ou qu'on dévore *L'Archipel du Goulag* d'Alexandre Soljenitsyne, Prix Nobel de littérature, qui vit en reclus dans le Vermont. C'est en Amérique ou en Europe occidentale qu'on va écouter le violoncelliste Mstislav Rostropovitch ou la cantatrice Galina Vichnevskaïa, son épouse. La plupart de ces exilés ont été expulsés de leur pays et souvent déchus de la nationalité soviétique.

Certaines des figures emblématiques de la période du dégel, comme le poète Andreï Voznessenski, le chanteur Boulat Okoudjava ou le journaliste Fedor Bourlatski, ont échappé à la répression en se faisant discrets, notamment sur le plan politique. On les appelle les *chestidiesiatniki* (« ceux des années 60 »). Interdits de publication, découragés par les tracasseries de la censure, menacés d'expulsion ou redoutant la prison, ils sont rentrés dans le rang, non sans compromis, à l'instar du poète Evgueni Evtouchenko, l'ancien « enfant terrible de la littérature soviétique » devenu un écrivain officiel, décoré de l'ordre du Drapeau rouge et autorisé à voyager à l'étranger pour prix de son alignement.

Ceux-là sont les premiers à relever la tête lorsque Gorbatchev succède à Tchernenko. Dès l'été 1985, dans la *Literaturnaïa Gazeta*, le metteur en scène Mark Zakharov dénonce l'immobilisme culturel et prône la levée de la censure sur les groupes rock. Quelques semaines plus tard, dans *Sovietskaïa Kultura*, le pianiste Mikhaïl Pletnev stigmatise l'extrême bureaucratie qui paralyse le domaine musical. A l'automne, parlant à la tribune du Congrès des écrivains russes, Evtouchenko lui-même encourage publiquement le nouveau secrétaire général à « davantage de *glasnost* ».

Lors d'une conférence de presse, le 3 janvier 1986, le même Evtouchenko explique que « le style nouveau de M. Gorbatchev » a trouvé « un écho immédiat chez les intellectuels soviétiques qui luttent contre la bureaucratie ». Andreï Voznessenski, de son côté, propose à haute voix qu'on publie enfin l'œuvre de Boris Pasternak[3].

Par petites touches, le monde culturel teste le nouveau pouvoir et s'ébroue peu à peu. En janvier 1986, à Moscou, le théâtre Stanislavski joue la pièce *40 rue Cholem Alechem* d'Arkady Stavitski, qui met en scène une famille de juifs soviétiques désirant rejoindre Israël. Quelques semaines plus tard, le Théâtre académique MKhAT propose la pièce *Noces d'argent* d'Alexandre Micharine, qui est une critique acerbe de la *nomenklatura*. A la même période, au cimetière Vagankovskoïe, on érige un monument de bronze à la mémoire du chanteur contestataire Vladimir Vissotski, disparu cinq ans plus tôt. Le 27 janvier 1987, un film sort sur les écrans moscovites, qui fait sensation : *Repentir*, du réalisateur géorgien Tenguiz Abouladzé, raconte les déboires d'une femme envoyée en asile psychiatrique pour avoir déterré et profané la dépouille d'un dictateur dans l'espoir de provoquer un « repentir » qui ne viendra pas…

Non seulement le pouvoir ne réagit pas à ces transgressions, mais le bruit se répand dans les milieux intellectuels que Mikhaïl Gorbatchev et sa femme Raïssa les approuvent. On les a même vus tous les deux, au MKhAT, applaudir la pièce de Micharine ! Le tout-Moscou se passe l'information : Gorbatchev serait clairement hostile au verrouillage idéologique des écrivains et des artistes qui sévissait sous ses prédécesseurs. Il aurait même souhaité, en privé, « laisser les artistes régler eux-mêmes leurs propres affaires ». Est-il possible que cet homme-là rompe ainsi avec deux décennies de répression culturelle ?

« La lutte promet d'être chaude »

La réponse arrive au printemps 1986. Le 18 mai, en présence de Mikhaïl Gorbatchev et après des débats houleux, le Ve Congrès de l'Union des cinéastes remplace spectaculairement ses dirigeants les plus conservateurs, les Koulidjanov et autres Bondartchouk, par des esprits notoirement plus libres, Alexeï Guerman et Elem Klimov[4]. A peine élu, ce dernier crée la surprise en décidant de réunir une commission chargée d'examiner tous les cas de films censurés depuis vingt-cinq ans. Quelques mois plus tard, des films sortent des placards, tandis que d'autres rivalisent d'audace novatrice : *La Légende de la forteresse de Souram*, de Sergueï Paradjanov ; *Adieux à Matiora*, d'Elem Klimov ; *Le Thème* de Gleb Panfilov ; *Est-il facile d'être jeune ?* du Letton Youris Podnieks ; et bientôt *La Petite Vera*, de Vassili Pitchoul, qui provoque un véritable choc dans la population en tentant de décrire la jeunesse soviétique telle qu'elle est et non telle que le dogme marxiste-léniniste voudrait qu'elle soit.

En juin se tient le VIIIe Congrès de l'Union des écrivains, une immense bureaucratie de 10 000 membres dociles, formatés, hiérarchisés et encadrés par une mafia de plumitifs aux accents staliniens. Le vieil apparatchik Gueorgui Markov, en place depuis quinze ans, est remplacé par le romancier Vladimir Karpov, directeur de *Novy Mir*, avec la bénédiction de Gorbatchev qui, la veille de l'ouverture du congrès, a reçu au Kremlin un groupe d'écrivains qu'il a stupéfiés par ses libres propos :

> Un grand mouvement en profondeur a commencé, et la lutte qui s'annonce promet d'être chaude. [...] Nous sommes au tout début du chemin ; ceux qui s'imaginent que nous allons tout changer en un mois ou deux sont bien naïfs ! [...] Vous ne pouvez même pas vous figurer à quel point nous avons besoin du soutien d'un groupe comme celui des écrivains ! [...] On aimerait que le processus de démocratisation, chez les créateurs, ne se réduise pas à des règlements de comptes, et qu'ils se retrouvent autour de quelques grands principes. [...] Nous vous posons une vieille question *[il cite Gorki]* : "Avec qui êtes-vous, maîtres de la culture ?" [...] Nous n'avons pas le droit de reculer. Il faut rendre le processus irréversible. Si ce n'est pas nous qui le faisons, alors qui ? Si ce n'est pas maintenant, alors quand[5] ?

Ses auditeurs en restent bouche bée. Gorbatchev s'en prend directement aux « bureaucrates » qui, au sein du Parti et des ministères, brident la création et bloquent les réformes. Ses propos iconoclastes vont courir dans tout Moscou et au-delà. Dans les semaines qui suivent le congrès, une agitation fébrile gagne les milieux littéraires, le monde de l'édition et, bien sûr, les grands journaux moscovites. Les sceptiques doivent l'admettre : les œuvres censurées des Valentin Raspoutine *(L'Incendie)*, Vladimir Doudintsev *(Les Robes blanches)* et autres Viktor Astafiev *(Triste polar)* sortent bientôt des placards des maisons d'édition, qui entreprennent en même temps la publication d'anciens « classiques » depuis longtemps mis à l'Index : Nabokov, Bounine, Boulgakov, Akhmatova, Goumilev, Pasternak, ainsi que les penseurs chrétiens Soloviev, Fiodorov, Berdiaev, Florensky – autant d'auteurs interdits dont Gorbatchev, souvent conseillé par Raïssa, a lu les œuvres[6] principales.

Mobiliser les intellectuels

En quelques mois, Mikhaïl Gorbatchev s'acquiert logiquement la sympathie des milieux artistiques et intellectuels. Dans une longue interview reprise dans la presse du monde entier, le ministre de la Culture Vassili Zakharov confirme que cette politique vise à les exonérer des contraintes de l'idéologie : « Il ne s'agit plus, pour les hommes de culture, de défendre un camp contre l'autre[7]. » Lors d'un passage à Paris en octobre 1986, le réalisateur Alexeï Guerman étonne par son optimisme les journalistes venus l'interviewer :

« Nous avons énormément d'espoir ! »

Son collègue Elem Klimov, lors d'un séjour à Berlin, s'écrie de son côté :

« Nous sommes enthousiastes, nous vivons pratiquement une seconde jeunesse ! »

En décembre, le nouveau secrétaire général du Parti vient en personne assister à la création d'une toute nouvelle « Union des gens de théâtre », dans un climat d'ouverture et de dialogue qui étonne et séduit les 800 participants. Chacun comprend que le monde du théâtre sera désormais autonome par rapport à l'Etat et au Parti, ce qui est une révolution. Dans un petit discours, Gorbatchev invite acteurs, metteurs en scène et directeurs de théâtre à apporter leur concours aux « changements révolutionnaires » qui s'opèrent dans le pays.

Le dramaturge Mikhaïl Chatrov, dont la pièce *Dictature de la conscience* vient miraculeusement de ressortir des placards – alors qu'elle refait le procès de Lénine et du léninisme –, salue complaisamment la démarche du nouveau maître du Kremlin :

« Dans les moments dramatiques de notre histoire, il s'est toujours trouvé des hommes courageux et sages... »

La salle approuve. Chatrov continue :

« L'histoire nous offre aujourd'hui une chance nouvelle : nous avons le devoir sacré de la saisir pour faire en sorte que le processus de démocratisation devienne réellement irréversible... »

Gorbatchev, à la tribune, ponctue discrètement d'un signe de la tête. C'est exactement ce qu'il espérait. « C'est à vous de montrer aux gens comment vivre et en quoi espérer », avait-il dit un jour à une poignée d'écrivains parmi lesquels le scénariste Gleb Panfilov qui a rapporté le propos. Ce qui l'inquiète, c'est le manque d'entrain de beaucoup de journaux, surtout en province. Or, sans l'appui des journalistes et des hommes de culture, sans l'engagement de tous ceux que Staline appelait les « ingénieurs des âmes », il ne parviendra pas à réveiller l'opinion. Encore faut-il, pour briser le conformisme et la peur, que de grandes voix s'élèvent pour soutenir sa cause et mobiliser les intellectuels.

Cela ne va pas de soi. Tous les artistes soviétiques n'apprécient pas cette évolution. Beaucoup d'apparatchiks des lettres ou des arts considèrent ces changements comme une menace sur leur position ou leurs revenus, notamment dans le monde des cinéastes où le Goskino (Comité d'Etat pour le cinéma) a « fonctionnarisé » toute la profession. Elem Klimov, nouveau président de l'Union des cinéastes, avouera livrer « une lutte quotidienne » contre des gens « qui étaient très à l'aise dans le régime antérieur et qui haïssent la *perestroïka* »[8].

A la mi-janvier 1988, le VIIe Congrès de l'Union des peintres, qui compte 28 000 membres, marque ses distances avec la politique de Gorbatchev en élisant à sa tête deux conservateurs notoires. La partie n'est donc pas gagnée. Au ministère de la Culture et dans l'appareil du Parti, nombre de hauts fonctionnaires font de la résistance. Ils sont discrètement encouragés depuis le Politburo par Egor Ligatchev, gardien de l'idéologie, qui s'insurge publiquement[9] contre l'abandon des valeurs proprement soviétiques au profit des influences occidentales : la *glasnost*, insinue-t-il, signifierait-elle que l'URSS doive s'aligner sur la culture telle qu'on la pratique en Occident ?

Cette question n'est pas anecdotique. Elle dépasse le clivage politique entre partisans et adversaires de la *perestroïka* pour puiser au plus profond de l'histoire russe, que se disputent depuis quelques siècles les « slavophiles », gardiens de la Russie authentique, et les « occidentalistes », ouverts à l'influence européenne. A peine libérés de la censure brejnévienne, les artistes eux-mêmes vont se déchirer bientôt, non pas entre réformistes et conservateurs, mais entre partisans de l'ouverture au monde moderne et défenseurs de la tradition russe, appelés, selon les disciplines, « russophiles », « slavophiles », « sibériens », « ruraux » ou « ruralistes » – comme l'écrivain Raspoutine ou le peintre Glazounov –, vivement hostiles aux valeurs venues d'Occident. Mettre fin à la censure, ce n'est pas seulement réhabiliter les artistes maudits – les Pasternak, Goumilev, Akhmatova – en éditant leurs œuvres et en leur érigeant des statues : c'est aussi permettre l'expression des anticonformistes de tout poil, y compris des monarchistes, des antisémites, des nationalistes et, paradoxalement, des staliniens authentiques.

Les « taches blanches » de l'Histoire

Parmi les œuvres littéraires tirées des placards de la censure figure *Les Enfants de l'Arbat*, d'Anatoli Rybakov, qui va connaître un succès retentissant – 6 millions d'exemplaires, sans compter les trente-trois traductions étrangères[10]. C'est Mikhaïl Gorbatchev en personne, à qui Rybakov avait adressé son manuscrit, qui a donné l'ordre de le publier, au printemps 1987, dans la revue littéraire *Droujba Narodov*, puis en édition cartonnée. Gorbatchev avait lu d'autres œuvres de cet auteur [11], dont le gros livre, commencé en 1966 et bloqué par la censure, racontait l'histoire d'une génération – la sienne – broyée par le stalinisme.

A la même époque, Gorbatchev teste une idée qui lui tient à cœur. Une idée iconoclaste qu'il énonce le 13 février 1987 en invitant les intellectuels soviétiques à « voir l'Histoire telle qu'elle est ». Il la développe devant le Comité central le 21 octobre, et la lance à grand fracas le 2 novembre, au Kremlin, à l'occasion des fastueuses célébrations du 70e anniversaire de la révolution d'Octobre :

« L'Histoire ne doit pas comporter de *taches blanches* ni de noms oubliés... »

Dans la salle pleine d'invités de marque, certains des dirigeants communistes les plus conservateurs de l'Est (Erich Honecker) et de l'Ouest (Georges Marchais) n'en croient pas leurs oreilles. Gorbatchev lui-même montre l'exemple en évoquant la collectivisation forcée des terres sous Staline – un sujet qui a directement concerné sa famille – mais aussi le rôle de Trotski, de Kamenev et de Zinoviev à cette époque, les thèses et la condamnation de Boukharine[12] et, d'une façon globale, la répression stalinienne qu'il qualifie de « faute immense et impardonnable ». Autant de thèmes sulfureux qui ont valu à bien des historiens soviétiques de perdre leur travail, leur liberté ou, parfois, leur vie.

Au passage, Gorbatchev annonce qu'une commission officielle va se réunir pour « examiner les faits et documents nouveaux » sur ces périodes, et étudier le cas d'un certain nombre de « personnalités injustement condamnées »[13]. Son discours est à la fois stupéfiant et mesuré. Ses auditeurs les plus avertis notent que l'orateur a prudemment nuancé sa critique du stalinisme : on se doute qu'il s'est heurté à quelques fortes réticences lors de la discussion au Politburo. Mais la consigne est passée, et nul ne pourra en refréner l'exécution : plus d'omissions, de mensonges, de falsifications, plus de « taches blanches » dans l'Histoire !

Dans les mois qui suivent, l'audace des historiens, des journalistes et des éditeurs va largement déborder la critique raisonnée des excès du stalinisme pour mettre à bas tous les interdits du passé. Les Soviétiques vont lire, ici ou là, des documents, des récits ou des témoignages sur la succession houleuse d'un Lénine à moitié fou en 1923-1924, sur l'assassinat de Trotski par les sbires de Staline, sur la terrible famine provoquée en Ukraine en 1931-1932, sur les procès de Moscou et leurs tombereaux de mensonges, sur les massacres d'Ukrainiens perpétrés par la police politique pendant la guerre, sur la déportation par Staline des peuples du Caucase à la fin du conflit mondial, et aussi sur la terrible répression des émeutes ouvrières de Novotcherkassk en 1962, qui restait un des grands tabous de l'histoire soviétique contemporaine. Ils découvriront même le fameux « rapport secret » prononcé par Khrouchtchev au XXe Congrès du PCUS, ils liront les chefs-d'œuvre maudits de la répression stalinienne – les *Récits de la Kolyma* de Varlam Chalamov, *Vie et destin* de Vassili Grossmann – et même quelques grands classiques étrangers comme *1984* de George Orwell ou *Le Zéro et l'Infini* d'Arthur Koestler !

Cette frénésie de lectures nouvelles, d'audaces théâtrales et de films provocateurs ne va pas sans excès : à plusieurs reprises, Gorbatchev peste contre « la superficialité et le sensationnalisme » qui se sont emparés des médias. Elle ne va pas non plus sans résistances : dans quelques institutions concernées, comme les Comités centraux des Républiques, le ministère de l'Education ou le *Glavlit* (direction de la Censure), de nombreuses parties de bras de fer vont s'engager pour maintenir un semblant de retenue idéologique. L'ouverture des archives et la mise en chantier de nouveaux manuels scolaires revus et corrigés provoqueront de multiples incidents. Tout comme l'annonce par Gorbatchev, à la fin de 1987, d'une refonte totale de l'*Histoire du Parti communiste de l'URSS*. Mais l'intérêt du public pour les livres, les pièces, les films et les expositions qui comblent ces fameuses « pages blanches » est tel que les censeurs doivent renoncer à perpétuer un système définitivement révolu.

Ainsi, en juin 1988, les condamnations qui frappent quelques audacieux jeunes gens animés par l'idée d'un monument dédié aux victimes de la répression stalinienne n'empêchent pas leur pétition de recueillir des centaines de milliers de signatures, au point que cette petite association indépendante, baptisée « Mémorial », devient en quelques mois un mouvement structuré sur tout le territoire de l'URSS : en janvier 1989, ses 500 délégués venus de 103 villes tiendront leur premier congrès, sous la présidence de l'historien Iouri Afanassiev, nouveau directeur de l'Institut des archives, sans que nul n'ose s'y opposer.

Les deux tabous : Katyn et Soljenitsyne

Il faut ajouter que la réhabilitation de l'histoire touche très vite les pays frères, avec plus ou moins de succès. Gorbatchev, dans une préface à l'édition tchèque de ses discours, appelle les jeunes Tchécoslovaques à « porter un regard honnête sur le passé », y compris les « périodes compliquées » : de quoi agacer les dirigeants du pays, presque tous issus de la « normalisation » du Printemps de Prague. Quand Guennadi Guerassimov, porte-parole du ministère des Affaires étrangères, de passage à Varsovie, appelle à « mettre sur la table les épisodes négatifs » de l'histoire soviéto-polonaise, tout le monde pense à l'assassinat par la police politique stalinienne de quelque 15 000 officiers et intellectuels polonais dans la forêt de Katyn, en Biélorussie, en 1940. Mais les journaux soviétiques ne font pas mention de l'espoir né en Pologne, et exprimé par le général Jaruzelski en personne, de voir le Kremlin admettre enfin sa responsabilité dans ce que les Polonais considèrent comme une de leurs plus grandes tragédies nationales.

Certes, aux yeux des historiens, les faits ne sont plus contestables. Cet effroyable massacre qui priva sciemment la Pologne d'une partie de ses élites fut ordonné par le Politburo du PCUS sur proposition de Beria, chef de la police politique, le 5 mars 1940. Le crime lui-même a été exécuté par les groupes spécialisés du NKVD, l'ancêtre du KGB : 4 400 prisonniers furent abattus à Kozielsk, près de Smolensk ; 3 900 à Kharkov ; 6 300 autres à côté de Kalinine ; et d'autres encore, dans des charniers qu'on retrouvera plus tard. Or, depuis un demi-siècle, cette hécatombe faussement datée de juin 1941 est imputée à l'envahisseur allemand. Pour le Kremlin, reconnaître cette faute serait d'abord relativiser l'énormité des crimes nazis, sur laquelle repose depuis 1945 une bonne part de l'identité soviétique ; ce serait ensuite placer le Politburo du PCUS et le NKVD au même niveau d'abjection que l'ennemi hitlérien ; ce serait enfin reconnaître, de la part de l'URSS d'aujourd'hui, un effroyable mensonge à l'égard de la Pologne, qui est un « pays frère » membre de la communauté socialiste. Les réticences au sein de l'appareil du Parti et du KGB seront telles que Gorbatchev lui-même ne parviendra pas à briser ce tabou[14].

Autre tabou, autre limite : Alexandre Issaïevitch Soljenitsyne[15], que la *Pravda* du 31 août 1987 continue de traiter de « rénégat ». Pourtant, cinq mois plus tôt, Sergueï Zalyguine, directeur de la revue *Novyi Mir*, annonçait la publication de deux anciens romans du dissident : *Le Pavillon des cancéreux* et *Le Premier Cercle*. Information aussitôt démentie par le porte-parole officiel Guennadi Guerassimov. Nouvelle annonce de Zalyguine en octobre 1988, nouveau recul : la revue où il confirme cette nouvelle est saisie par les fonctionnaires du *Glavlit*. C'est Vadim Medvedev, responsable de l'idéologie au Politburo, qui s'est opposé « personnellement » à cette publication parce qu'elle « sape les fondements de la société soviétique »[16].

Il faut dire que l'écrivain, qui vit à Cavendish, dans le Vermont, n'a donné son autorisation à Zalyguine qu'à la condition de voir publier aussi son œuvre majeure, *L'Archipel du Goulag*, qui lui a valu en 1974 d'être accusé de « trahison », chassé de son pays et privé de la nationalité soviétique. Or *L'Archipel du Goulag* est la charge la plus cinglante qu'on ait jamais écrite contre le pouvoir soviétique, son idéologie totalitaire et son régime policier. Soljenitsyne y fait d'ailleurs commencer l'histoire du goulag[17] dès 1918, c'est-à-dire sous le gouvernement de Lénine.

Visiblement, la barre est trop haute. Depuis quinze ans, les dirigeants, porte-parole, propagandistes et journalistes soviétiques – ainsi que leurs épigones communistes sur toute la planète – ont déversé tant de calomnies, de condamnations, de mensonges, d'insultes, d'opprobre et de haine à l'encontre d'Alexandre Soljenitsyne que sa réhabilitation soudaine constituerait un désaveu insupportable. Pourtant, la pression se fait de plus en plus forte, tant à l'extérieur de l'URSS, où le Prix Nobel honni devient aux yeux des Occidentaux le test de la « nouvelle pensée » de Gorbatchev, qu'à l'intérieur, où la grande majorité des intellectuels – y compris ceux qui ne partagent pas les vues de Soljenitsyne – s'accordent à exiger le retour de l'écrivain « s'il le souhaite » et, à tout le moins, la publication de son œuvre. Il faudra pourtant attendre août 1989 pour que cette exigence soit enfin satisfaite, et cinq ans de plus pour que le vieux lutteur, à 76 ans, revienne dans son pays.

Le retour de Sakharov

Le mardi 16 décembre 1986, dans le petit appartement de Gorki où Andreï Sakharov est assigné à résidence depuis presque sept ans, il est tout juste 15 heures quand retentit la sonnerie du téléphone. Ce n'est pas vraiment une surprise : la veille, après le dîner, un agent du KGB et deux techniciens sont venus chez le physicien pour rétablir la ligne qu'on lui avait coupée, en vue d'un « important appel téléphonique ». Au bout du fil, une voix connue :

« Bonjour, Gorbatchev à l'appareil...

— Bonjour, je vous écoute.

— J'ai reçu votre lettre, nous l'avons examinée, nous avons réfléchi... »

Gorbatchev fait allusion à la supplique que lui a récemment envoyée le dissident en faveur des prisonniers de conscience enfermés en camp ou en prison pour leurs seules opinions.

« Monsieur l'académicien, vous allez être autorisé à retourner dans votre appartement de Moscou. Le décret du présidium du Soviet suprême vous concernant sera abrogé. On a pris aussi une décision pour votre épouse Elena Bonner. Vous allez pouvoir recommencer à travailler pour la patrie et le bien commun...

— Je vous suis reconnaissant. Mais ma lettre vous demandait de libérer les prisonniers de conscience, les personnes réprimées pour leurs convictions. Le premier de la liste était mon ami Martchenko, qui vient de décéder à la prison de Tchistopol. Il est mort, mais il n'est pas trop tard pour sauver les autres. Je vous en supplie, réfléchissez-y. Si vous êtes vraiment préoccupé par la prospérité de notre pays, vous devez décréter une amnistie politique pour les prisonniers d'opinion...

— Nous avons libéré certaines personnes, mais il y a parmi eux toutes sortes de gens...

— Tous ceux qui ont été condamnés illégalement, injustement, doivent être libérés[18] ! »

La conversation se tend. L'académicien, qui fut naguère le plus brillant des physiciens de sa génération, parle ainsi, sans détours, depuis le début de son engagement public à la fin des années 1960. C'est ce qui lui a valu, en 1975, le prix Nobel de la paix, et aussi, en

1980, son brutal exil intérieur à Gorki, l'ancienne Nijni Novgorod, une ville interdite aux étrangers située à 400 km de Moscou. Sa femme Elena l'y avait rejoint en 1984. Malgré les humiliations et les tracasseries incessantes, Sakharov avait continué à défendre les droits de l'homme et à intervenir pour les prisonniers politiques ; ce n'est certes pas au moment où le pouvoir lui rend sa liberté qu'il va cesser son combat :

« Les libérer serait œuvre de justice. Ce serait extraordinairement important pour notre pays tout entier, pour son crédit international, pour la paix, pour vous, pour le succès de vos initiatives ! »

Gorbatchev est mal à l'aise[19]. C'est Sakharov qui met fin, courtoisement, à l'entretien. Cet homme-là ne fera visiblement aucune concession En décidant de le libérer, Gorbatchev avait deux arrière-pensées : d'abord, montrer à l'Occident sa largeur d'esprit, comme une preuve de sa sincérité politique, et mettre fin aux campagnes récurrentes menées à l'Ouest en faveur du dissident le plus célèbre d'URSS ; en second lieu, enrôler le physicien au service de sa propre politique d'ouverture. Le premier objectif est aussitôt atteint : le soir même, la presse du monde entier salue à l'unisson la libération du physicien banni et, même si des réserves s'expriment ici et là, c'est une immense approbation qui salue le geste de Gorbatchev. Le second sera plus délicat à réaliser : Sakharov est prêt à soutenir le « processus de changement en URSS », comme il le dira dès le lendemain dans une interview à la télévision américaine, mais il n'a aucunement l'intention de brider sa propre liberté de parole.

Des centaines de libérations

Le 23 décembre, à 7 heures du matin, dans la gare moscovite de Iaroslavskii Vokzal, Andreï Sakharov descend du train de Gorki. Le Prix Nobel, au visage creusé par la fatigue, est assailli par une nuée de journalistes occidentaux et aussi, dans la cohue, quelques audacieux confrères soviétiques. Il confirme qu'il continuera de défendre sans compromission et « de toutes ses forces » les prisonniers politiques ; mais il se montre plutôt positif à l'égard de la politique de Gorbatchev, saluant la *glasnost* comme un « grand changement ».

Le lendemain, le nouveau président de l'Académie des sciences, Gueorgui Martchouk, vient rencontrer son « collègue » Sakharov pour l'inviter à réintégrer les instances académiques et lui confirmer le souhait de Gorbatchev de le voir s'impliquer dans la vie publique – en faveur de la *perestroïka*, bien sûr, mais aussi, par exemple, dans le combat contre la militarisation de l'espace. La ficelle est un peu grosse, mais Sakharov le pacifiste peut-il renoncer à ses combats les plus chers ?

Dans ses premières déclarations faites dans son appartement du 48, rue Chkalova, Sakharov s'en tient à son double discours. Dès le 1er janvier, dans une interview à l'AFP, le physicien confirme sa bonne volonté : « Je suis sceptique à l'égard de l'IDS, dit-il. C'est un programme qui ne me plaît pas. Il est destructif et inutile, il n'apporte rien à l'humanité... » Mais il ajoute, à propos de la *perestroïka* : « Ce qui sera significatif, c'est l'attitude du pouvoir soviétique à l'égard des prisonniers de conscience. [...] Le respect des droits de l'homme est la tâche suprême que l'Occident doit s'assigner dans ses rapports avec les pays socialistes[20]... »

Gorbatchev, auquel Martchouk a rendu compte, est rassuré sur la bonne volonté du dissident. Il fait annoncer par son ministre de la Justice, qui représente l'URSS à la conférence « Helsinki[21] » à Vienne le 30 janvier, que le Kremlin va réviser sa législation répressive concernant « l'agitation et la propagande antisoviétiques ». Les deux articles du code pénal russe correspondant à ces crimes (70 et 190-1) sont bien connus des dissidents : presque tous les prisonniers politiques sont condamnés à l'un de ces deux titres ! Le 2 février 1987, le Soviet suprême prend un décret en ce sens. Deux jours plus tard, Anatoli Loukianov, secrétaire du Comité central, réunit à Moscou tous les ministres de l'Intérieur des Républiques pour leur annoncer une profonde réforme touchant à « la légalité socialiste, l'ordre public et la sauvegarde des droits et intérêts légaux des citoyens ».

Et voilà qu'en vertu de cette nouvelle législation plusieurs dizaines de dissidents connus qui croupissaient en prison ou en camp sont remis en liberté. Le 10 février, le porte-parole

Guennadi Guerassimov annonce que 140 à 150 détenus politiques ont été relâchés, et qu'environ autant vont voir réviser leur peine. On apprend que le militant juif Iossif Begun, le chrétien Igor Ogourtsov, le médecin Anatoli Koriaguine, le défenseur des droits de l'homme Sergueï Khodorovitch, le militant tatar Mustafa Djemilev, l'orthodoxe engagé Alexandre Ogorodnikov et la plupart des autres représentants des différents courants de la dissidence (juifs refuzniks, politiques, religieux, nationalistes, etc.) ont été libérés en quelques jours.

Certes, les chiffres annoncés sont invérifiables. Certes, ils sont sensiblement inférieurs au total des prisonniers politiques en URSS – entre 800 et 2500 selon les sources occidentales les plus sérieuses. Certes, la révision du code pénal ne semble pas avoir touché certains articles utilisés contre les dissidents, comme les articles 142 et 227 sur la constitution d'associations « à caractère religieux ». Certes, il faudra attendre plusieurs mois après ces mesures de grâce pour que toutes les condamnations individuelles soient officiellement amnistiées par le présidium du Soviet suprême. Enfin, toute cette opération est si inattendue et si improvisée qu'elle aura perturbé les administrations concernées, à commencer par le KGB, et se sera déroulée dans un certain désordre. Mais la conclusion n'échappe pas aux observateurs : Gorbatchev a signifié la fin du goulag.

12

Le « secrétaire minéral »

« On aura beau secouer le monde, comme en 17, cent fois,
A tout jamais la joie de notre chère Russie
Ne sera rien de moins qu'une soûlographie ! »

Alexandre ZINOVIEV.

Décembre 1984. Mikhaïl Gorbatchev n'est pas encore secrétaire général du Parti communiste. A quelques jours de Noël, un document confidentiel arrive sur son bureau, au cinquième étage de la Place Vieille, comme sur celui de tous les membres du Politburo. Ce rapport, réalisé par la section sibérienne de l'Académie des sciences, dont le siège est à Novossibirsk, porte sur l'alcoolisme en URSS. Il n'est pas destiné à être diffusé au-delà du cercle restreint des dirigeants du Parti. Il faut dire que les statistiques qu'il contient sont à peine croyables ; et les perspectives qu'il trace, apocalyptiques.

L'alcoolisme en URSS ? Chacun sait que c'est un problème. La presse soviétique publie régulièrement des statistiques ponctuelles qui montrent, par exemple, que 48,7 % des personnes condamnées pour crime étaient en état d'ébriété ; que l'alcool est responsable de 85 % des meurtres et des viols sur le territoire ; que 90 % des jeunes de ce pays commencent à boire avant 15 ans ; ou encore que 4 millions d'individus sont en traitement médical forcé à cause de l'alcool. Provenant du ministère de l'Intérieur ou du Gosplan, certains chiffres font sensation : l'alcoolisme est responsable de 25 % des accidents du travail et 30 % des accidents de la route ; il coûte chaque année entre 5 et 7 % du PNB du pays ; la consommation d'alcool, en Russie, est de 30 litres par personne adulte et par an[1] ; elle représente 25 à 50 % du budget des ménages, qui préfèrent majoritairement se priver de nourriture plutôt que d'alcool[2]…

Mais l'étude de l'Académie des sciences, première tentative d'aborder globalement le problème par des sociologues, des psychologues et des économistes, va beaucoup plus loin. Selon tous ces savants, le drame de l'alcoolisme a pris, depuis une vingtaine d'années, des proportions ahurissantes : on compte alors 40 millions d'alcooliques en URSS (soit le sixième de la population) dont 17 millions sont cliniquement malades ; l'alcoolisme, qui provoque un million de morts par an, a réduit de cinq ans le taux d'espérance de vie en deux décennies ; un enfant soviétique sur six est débile à la naissance, ou prématuré, à cause de l'éthylisme de ses parents…

Ce tableau fait froid dans le dos. Les scientifiques qui ont rassemblé et recoupé toutes ces données sont formels : il s'agit, selon eux, de la « plus grande tragédie de notre histoire millénaire ». Les auteurs soulignent au passage que, dans ces conditions d'alcoolisme généralisé et invétéré, il devient illusoire de vouloir « défendre la patrie » : il est notoire que les conseils de révision déclarent « aptes » des légions de jeunes qui ne le sont pas, et que la discipline militaire, dans ces conditions, est un leurre. Enfin, les savants de Novossibirsk évoquent le pire du pire : le risque d'une « dégénérescence de la nation russe ».

Micha ne boit pas

Mikhaïl Gorbatchev est fasciné par ce rapport. Il sait, bien sûr, que le problème n'est pas nouveau et que l'histoire de la Russie est jalonnée de campagnes nationales contre ce fléau : Nicolas II en 1914, Staline en 1927, Khrouchtchev en 1958 ont tour à tour essayé de réagir à ce phénomène. Il sait que Brejnev avait préparé une loi de prohibition qu'il n'a jamais promulguée. Il se rappelle qu'en août 1983 Andropov a pris des mesures *ad hoc*: il a notamment tenté de lutter contre les ravages du *samogon*, ce tord-boyaux fabriqué « à la maison » avec de la betterave et de la levure, en autorisant la diffusion d'une vodka grossière et bon marché (4,70 roubles la bouteille) aussitôt surnommée l'*Andropovka*. En vain. Le problème est gigantesque. Il ne se réglera pas par quelques demi-mesures.

Gorbatchev sait aussi qu'aucune réforme d'envergure en URSS, sur le plan économique ou social, ne sera possible si l'alcoolisme continue d'assommer et d'aliéner massivement la population active. Comment imposer des réformes à des millions d'ouvriers, de paysans et de cadres abrutis par l'alcool du matin au soir ? La vodka, au fond, est le plus grand obstacle dressé sur la route de la *perestroïka*. L'ignorer serait suicidaire.

Coup de chance : Mikhaïl Gorbatchev ne boit pas. Il n'aime pas la vodka. Il en a été dégoûté très tôt, comme il le raconte dans ses *Mémoires*: en 1946, à l'âge de 15 ans, à la fin de la moisson, il fait la fête avec son père et une brigade d'ouvriers agricoles, de solides gaillards, parfois anciens soldats, qui font un sort à une caisse de vodka ; voyant que le jeune homme se contente sagement de quelques *zakouski*, le chef d'équipe l'invite à boire, non sans avoir demandé d'un clin d'œil l'assentiment de son père :

« Vas-y, Micha, bois un coup ! Il est temps pour toi de devenir un homme, un vrai[3] ! »

L'adolescent, ému, accepte un verre… d'alcool pur, et le boit d'un trait, sans aucune des précautions d'usage. Le résultat était prévisible : un choc gastrique, une toux homérique, sous les rires gras de l'assistance. Echaudé et humilié, le jeune homme ne devait plus jamais recommencer cette expérience, ce qui est exceptionnel dans un pays où, selon les statistiques, 99,4 % des hommes et 97,6 % des femmes boivent régulièrement.

Non seulement Gorbatchev n'aime pas l'alcool, mais il déteste franchement les soirées où l'on se saoule sans retenue. C'est en partie pour cette raison qu'à Stavropol il passait le plus clair de ses soirées chez lui, à lire des livres et discuter avec Raïssa, qui, par chance, ne boit pas non plus. Ce qui valut au jeune couple d'être parfois regardé avec étonnement, commisération ou suspicion, surtout les jours de fête ou lors des grandes occasions. Le jour où Mikhaïl Gorbatchev fut nommé secrétaire du Comité central, en 1978, ses protecteurs et collègues éminents ont débouché une bouteille de vodka pour fêter cette promotion exceptionnelle : Gorbatchev ayant refusé poliment de vider son verre cul sec, certains se sont demandé si le nouveau promu n'était pas un peu snob[4]...

Pour autant, le futur maître du Kremlin n'est pas un ennemi fanatique de la vodka ou de ceux qui la consomment. Homme politique jusqu'au bout des ongles, Gorbatchev est, sur ce terrain comme ailleurs, un pragmatique : il prend les gens comme ils sont, buveurs compris, et il sait le poids de la vodka dans la culture populaire. Déjà, à Stavropol, il avait volontiers préservé une colline appelée mont Strichament parce que c'était là que poussaient les plantes destinées à produire le digestif local, baptisé justement «Strichament». Les autochtones lui en avaient été reconnaissants[5].

Les témoignages convergent : exceptionnellement, il lui est bien arrivé d'accepter un petit verre de cognac dans une soirée, ou de proposer «100 grammes» de vodka[6] à tel ou tel de ses visiteurs. A Kiev, un jour, on l'a entendu plaisanter dans un meeting avec des ouvriers sur le fait qu'on ne pouvait recevoir dignement un invité sans la traditionnelle «Gorilka» – une vodka locale faite par les paysans ukrainiens à base de pomme de terre ou de betterave. Mais on chercherait en vain quelqu'un l'ayant vu saoul, ou même éméché...

Il y a urgence

A peine Gorbatchev est-il parvenu au sommet du pouvoir, en mars 1985, qu'il ressort de son tiroir le terrifiant rapport de l'Académie des sciences et décide d'engager résolument la lutte contre ce poison national. En y mettant les moyens. Le nouveau secrétaire général décide que le Politburo du 4 avril, le troisième de son règne commençant, sera consacré à ce sujet brûlant et aux mesures à prendre d'urgence pour arrêter le désastre. Sitôt dit, sitôt fait. Ce jeudi-là, à l'issue d'une discussion animée, le

Politburo adopte un train de mesures inédit pour lutter « contre l'alcoolisme et l'ivrognerie ».

Les mesures adoptées ne sont pas négligeables. Elles visent à limiter drastiquement la production de vodka et autres alcools forts ; à augmenter sévèrement les amendes pour ivresse, notamment sur le lieu de travail ou dans les lieux publics ; à libérer de leurs fonctions tous les responsables ayant un penchant pour la boisson ; à interdire toute vente d'alcool aux moins de 21 ans ; à punir de peines de prison toute incitation de mineurs à la boisson ; à fermer de nombreux magasins spécialisés et, pour les autres, à limiter les horaires d'ouverture après 14 heures ; à étendre cette réglementation aux bars et même aux restaurants. Dans le même temps, le gouvernement s'engage à accroître la propagande antialcoolique ; à créer une « Association nationale de tempérance » *(sic)* au niveau de l'Union ; à construire de nombreuses maisons de santé pour alcooliques ; à faire un gros effort en matière d'équipements de loisirs, sportifs ou culturels...

En réalité, Gorbatchev voulait aller beaucoup plus loin et frapper beaucoup plus fort. Mais il s'est heurté aux réticences de plusieurs de ses collègues. Premier argument, avancé par les responsables de l'économie et du budget : l'alcool représente 10 à 20 % des revenus de l'Etat, et 40 % de la totalité des impôts directs et indirects ! Réponse de Gorbatchev : parions que la résorption de l'alcoolisme fera faire au pays de significatives économies sur le plan social...

Autre réticence : attention aux réactions de la population. On ne prive pas d'un coup une société en crise de son premier réconfort, fût-il préjudiciable à sa santé. Tous les médecins savent qu'un sevrage trop brutal provoque des effets négatifs – dépression, troubles divers – qui peuvent aussi concerner collectivement toute une population. D'ailleurs, qui oserait interdire brusquement la consommation d'alcool dans les banquets d'entreprise et autres réceptions publiques à quelques jours des fêtes du 40e anniversaire de la « victoire sur le fascisme », célébrées en grande pompe le 9 mai ?

Cet argument-là, hélas, est imparable. Gorbatchev ronge son frein. C'est seulement le jeudi 16 mai que les Soviétiques apprendront par l'agence Tass que le Comité central et le gouvernement ont décidé de soumettre un « train de mesures » au Soviet suprême de la Fédération de Russie, qui en ordonnera l'application à partir du 1er juin et, plus tard, son intégration à la législation de plusieurs autres Républiques. Le lendemain, 17 mai, l'ensemble du dispositif est détaillé dans la *Pravda* et les *Izvestia*. Rarement les deux principaux journaux du Parti et du gouvernement se sont arrachés comme ce jour-là !

Avant même la mise en pratique de ces mesures, le 27 mai, une surprise attend au Kremlin une importante délégation officielle ouest-allemande emmenée par l'ancien chancelier Willy Brandt : on ne servira pas de vodka. Les grands buffets dressés pour ces hôtes de marque offriront seulement du vin. Une réception de ce niveau, à Moscou, sans la « petite eau » *(vodka,* en russe) consubstantielle à la culture du pays, voilà qui fait sensation.

Cinq mois plus tard, la question se posera à Paris, pour la première visite officielle de Gorbatchev dans un pays occidental : fallait-il, pour honorer l'hôte de la France, supprimer l'alcool des festivités officielles ? En levant ostensiblement sa coupe de champagne dès la première réception, Gorbatchev a montré que la lutte antialcoolique ne s'appliquait pas hors frontières, en particulier au pays du bourgogne et du bordeaux. Interrogé sur ses préférences personnelles par François Mitterrand, le nouveau maître du Kremlin expliqua qu'il se désaltérait avec du *koumys*, une boisson fermentée à base de lait de jument. Le président français ayant avoué sa méconnaissance en la matière, Gorbatchev lui fit livrer au palais de l'Elysée, quelques jours plus tard, un bidon de *koumys* acheminé par le premier vol d'Aeroflot[7] !

La presse se déchaîne

Les conséquences des mesures antialcooliques ne se font pas attendre. Dès la mise en œuvre du plan, le 1er juin, les files d'attente s'allongent devant les magasins qui restent ouverts, et les *anekdoty* se multiplient, qui ridiculisent le « secrétaire minéral » *(sic)* du Parti. Le mécontentement est vif chez les buveurs occasionnels, les non-alcooliques, les restaurateurs et, bien sûr, tous les travailleurs de la filière alcoolo-viticole, notamment dans les pays producteurs de vin comme la Géorgie. En revanche, apparemment, les femmes sont majoritairement satisfaites, ainsi que les directeurs d'usine, les commissaires de police et les médecins…

Dans la presse – qui est encore, à cette époque, aux ordres du pouvoir – une campagne démarre sur ce thème, jusqu'à l'excès. Par dizaines, par centaines, les journaux nationaux et régionaux publient des enquêtes effrayantes, des reportages accablants, des faits divers tragiques, des statistiques désolantes : ici, c'est une directrice de maternité qui révèle le nombre de bébés nés débiles dans son établissement ; là, un commissariat de police raconte les accidents les plus effroyables dus à l'ivrognerie ; là encore, ce sont une centaine de distilleries clandestines qui ont été démantelées, et leurs propriétaires envoyés en prison…

Mais on devine, à travers tous ces articles, que la campagne antialcoolique décrétée par Gorbatchev se heurte à quelques sérieux obstacles : elle ne brise pas l'inertie proverbiale de la population russe ; elle provoque une hausse des prix de tous les produits alcoolisés ; elle stimule l'ingéniosité des gens désireux de boire malgré tout ; enfin, elle génère une accélération des trafics en tout genre et provoque un étonnant boom sur l'eau de Cologne, l'antigel, l'alcool à 90° et la colle à bois !

Gorbatchev n'est ni sourd ni aveugle. Il enregistre les progrès mais il entend les plaintes. Il sait que cette campagne provoque nombre de frustrations et de mécontentements, et qu'elle est de plus en plus impopulaire. Or, il faut tenir. Cet été-là, l'académicien Fedor Ouglov, considéré comme un des meilleurs experts sur le sujet, publie un livre qui, à son tour, fait froid dans le dos. Il est partisan d'une sévérité encore plus grande. Gorbatchev partage son avis, même s'il défend le point de vue, plus modéré, du Politburo. Le 4 septembre 1985, lors de sa visite à Tioumen, en Sibérie, Gorbatchev confirme qu'il entend bien « bannir pour toujours » l'alcoolisme, mais il répond à une ouvrière qui lui demande pourquoi il n'a pas choisi d'imposer une prohibition pure et simple :

«Il ne serait pas opportun d'instaurer un véritable "régime sec" *(soukhoï zakon)* : cette solution extrême ne s'est révélée efficace nulle part, dans aucun pays.»

La réponse veut être apaisante et équilibrée. Elle est décevante. Elle n'empêchera pas toute la population, d'ailleurs, de qualifier de «*soukhoï zakon*» l'ensemble de ces mesures humiliantes qu'elle désapprouve de plus en plus fort.

Un premier bilan contrasté

Dans les couloirs du Kremlin, les discussions sont toujours aussi vives. A Gorbatchev qui plaide pour des mesures plus radicales, certains font valoir que «le peuple n'est pas psychologiquement prêt» *(sic)* à subir un tel choc[8]. Le jeudi 12 septembre 1985, devant le Politburo, le *guensek* esquisse un premier bilan :

«Bien des motifs de crainte contre lesquels on nous avait mis en garde ont été dissipés, explique-t-il. Ce qui compte, c'est qu'on a débarrassé les cafés des ivrognes et que les familles ont commencé à y retourner, les consommations de celles-ci compensant commercialement la désertion de ceux-là[9]...»

En réalité, ce tout premier bilan est contrasté. Il comporte des points positifs, certes : la baisse de 30 % de la consommation au second semestre 1985 ; la baisse de 40 % des accidents mortels sur la route ; la baisse de 30 % de l'absentéisme au travail, notamment dans l'industrie et le bâtiment. Fort de ces succès, Gorbatchev affirme, péremptoire, qu'il bénéficie du «soutien total» de la population et invite ses pairs à «intensifier la lutte». Une semaine plus tard, la presse publie une importante résolution du Parti communiste soulignant que la lutte contre l'alcoolisme «n'en est qu'à son début et doit être intensifiée de façon systématique». Quelques jours plus tard, la *Pravda* révèle que le ministre de la Santé et son principal adjoint ont été accusés d'inefficacité par le Comité central !

Gorbatchev tient bon, malgré les pressions. En janvier 1986, il invite le Politburo à réaffirmer la nécessité de cette lutte acharnée contre l'alcoolisme, seul moyen d'améliorer la discipline du travail et les résultats économiques. Mais la bataille des arguments et des intérêts continue. En mars, le vice-Premier ministre Gueidar Aliev annonce que l'URSS a réduit ses coûteuses importations de spiritueux, économisant quelques centaines de millions de roubles, mais que cela ne compense pas un formidable manque à gagner pour l'Etat, estimé à 12 milliards de roubles par an ! En septembre, on verra à la télévision un Gorbatchev en bras de chemise, le teint hâlé, affirmer que la campagne « a sauvé des centaines de milliers de vie ». Ce qui n'est pas faux...

Le 28 mai 1986, un jeune Allemand de 19 ans vient spectaculairement conforter l'acharnement de Gorbatchev dans son combat contre les méfaits de l'alcoolisme. A 19 h 24, ce soir-là, Mathias Rust a posé son monomoteur *Cessna 172* sur la place Rouge, au centre de Moscou, juste à côté de la muraille du Kremlin : il a réussi l'exploit de parcourir 800 km à l'intérieur du territoire de l'URSS sans alerter la défense soviétique ! Le scandale est immense. Le jeune casse-cou fait la une de tous les journaux du monde. Or, la raison de cette incroyable carence de la sécurité aérienne – qui va causer le limogeage immédiat du ministre de la Défense et de plusieurs centaines d'officiers – ne va pas tarder à éclater en pleine lumière : en ce jour de la fête des gardes-frontières, tous les soldats chargés de la défense du territoire étaient saouls !

Un résultat peu réjouissant

Mardi 2 juin 1987. Deux ans ont passé. Le Comité central du Parti publie un rapport dressant le bilan de ces vingt-quatre mois de campagne antialcoolique, après une importante conférence sur le sujet présidée par Egor Ligatchev, principal promoteur de la lutte contre l'alcool. Sous son autorité, le Comité central s'en prend violemment à ceux des responsables communistes qui ne montrent pas l'exemple, leur promettant l'expulsion pure et simple du Parti ou du Komsomol.

Un bilan globalement négatif, en vérité. Certes, la consommation d'alcool a diminué de moitié en URSS. Mais un Soviétique sur deux a continué à boire. Et, surtout, la fabrication clandestine de mauvais alcool a pris la dimension d'un sport national. Après deux ans de traque policière, on note paradoxalement une prolifération des distilleries clandestines et… une pénurie de sucre sur tout le territoire de l'URSS ! Plus grave : dans les hôpitaux, on enregistre une hausse exponentielle des cas d'empoisonnement dû à de l'alcool frelaté.

La chasse aux bouilleurs de cru amateurs a beau être désormais sanctionnée par des peines de camp, rien n'y fait. En 1986, 100 000 personnes ont été poursuivies pour ce délit, et 100 000 autres depuis le début de l'année 1987. Au total, 167 000 alambics – cocottes-minute, matériels de chimiste – ont été saisis, allant du simple autocuiseur caché dans le grenier de l'izba jusqu'à de vrais ateliers installés dans des hangars par de véritables mafias locales.

La lassitude gagne. Le 25 juin 1987, Gorbatchev reconnaît devant le Comité central que «les cas d'ivrognerie sont redevenus fréquents» et que la prolifération des distilleries personnelles est préoccupante. Il faut se rendre à l'évidence : la campagne marque le pas. Et elle a contribué à l'énervement de la population. Quelques jours plus tôt à Petrozavodsk, en Carélie, la décision de la municipalité de supprimer les coupons pour la vodka a provoqué une manifestation, une vraie, comme en Occident ! Le sujet est sensible. Et la grogne, générale : accès de colère, manifs spontanées, bagarres de rue : l'atmosphère devient électrique. En octobre 1987, lorsqu'on rationnera le sucre à Moscou, on observera des mouvements de mauvaise humeur jusqu'au centre de la capitale, avant d'observer les mêmes tensions à Kiev, Kouïbychev, Leningrad…

La presse, révélatrice et impitoyable, a quasiment cessé ses reportages sur les méfaits de l'alcool. En revanche, elle dénonce désormais à foison les carences et les erreurs de la lutte contre l'alcoolisme : les camps «prophylactiques» pour alcooliques dont les conditions sont inhumaines ; le moral en baisse de la population ; les pénuries de sucre qui obligent à en importer 300 000 tonnes de l'étranger ; les nombreux incidents qui se multiplient à cause des queues, des ruptures de stocks, des pénuries, de la hausse du prix de la vodka (désormais à 15 roubles la bouteille).

A son retour de vacances, lors d'une tournée dans la région de Moscou, le 6 août, Gorbatchev dénonce encore cette recrudescence des bouilleurs de cru :

« C'est un fléau, un scandale et un vrai malheur pour le pays ! Il faut en finir avec cela, même s'il faut recourir à des mesures encore plus sévères ! »

Mais le cœur n'y est plus. Le 11 octobre 1987, lorsque la *Pravda* publie comme chaque année les slogans prévus pour les fêtes de la révolution d'Octobre[10], la « lutte contre l'alcoolisme » a subrepticement disparu de la liste. De même, à l'approche des fêtes de fin d'année, un relâchement de la discipline est discrètement décidé pour calmer la population avant les achats de Noël. C'est le début de la capitulation.

Dans les premiers mois de 1988, la presse renverse définitivement la vapeur. La *glasnost* est devenue une réalité, ce n'est plus le Comité central qui donne ses ordres aux rédactions en chef. Même les *Izvestia*, quotidien du gouvernement, critiquent la campagne antialcoolique, estimant que les autorités n'ont pas su anticiper sur ses conséquences et sur la pénurie de sucre. Le magazine *Ogoniok* traduit le pessimisme général : « Tous les signes prouvent que les Soviétiques boivent autant qu'avant », écrit un de ses journalistes en octobre. Et l'auteur de poser les questions qui fâchent : cela valait-il la peine de perdre, en trois ans, quelque 37 milliards de roubles de taxes sur l'alcool ? Et de causer la mort, en un an, de 11 000 personnes intoxiquées par un quelconque *samogon* mortel ?

Moscou, lundi 19 septembre 1988. Comme elles paraissent lointaines, les mesures draconiennes édictées contre l'alcoolisme trois ans plus tôt ! Ce jour-là, le Conseil des ministres autorise à nouveau la production de champagne, de vin et de cognac – seule la vodka fait encore l'objet de restrictions. C'est un recul manifeste. Cette semaine-là, le Comité central du Parti reconnaît que la campagne antialcoolique n'a pas provoqué de « changements radicaux », notamment à cause de mesures « arbitraires » quant à l'interdiction des ventes, et en raison du fait d'avoir négligé de « former la population » *(sic)*. Les journaux n'attaquent pas personnellement Gorbatchev – ils lui doivent leur liberté toute neuve – mais la population, elle, ne s'en prive pas.

Le promoteur de la *perestroïka* et de la *glasnost* a perdu la partie. Il doit baisser pavillon, sous peine de voir l'opinion excédée rejeter globalement toute sa politique de réformes. Mais cette piteuse aventure lui aura fait perdre l'essentiel de sa popularité, à un moment où il aurait bien besoin que celle-ci demeure à son zénith.

13

Vivre au Kremlin

« Le tsar doit se comporter en tsar,
et moi je ne sais pas le faire ! »
Mikhaïl GORBATCHEV.

Mais où habite donc le secrétaire général du Parti ? Ses compatriotes n'en savent rien. Beaucoup pensent qu'il vit quelque part au Kremlin. Or ce n'est pas le cas. Contrairement au président des Etats-Unis, au président français ou au Premier ministre britannique, le secrétaire général du PCUS ne dispose pas d'un palais ou d'une résidence officielle permanente. Brejnev, Andropov et Tchernenko habitaient de vieux et confortables appartements sur le *Koutouzovski Prospekt* (« boulevard Koutouzov »), protégés par de hautes grilles et gardés par des hommes en armes dépendant du 9e directorat du KGB. Mikhaïl et Raïssa Gorbatchev, eux, habitent rue Kossyguine, au pied des monts Lénine, l'ancien « mont des Moineaux » qui surplombe la Moskova, dominés par le célèbre gratte-ciel de l'université Lomonossov. C'est un retour aux sources : ce quartier est celui de leurs toutes premières années de mariage, à l'époque où ils étaient étudiants et logeaient à l'intérieur de l'université encore en chantier.

Dans un grand bâtiment neuf, crépi de jaune et sans aucun charme, Gorbatchev dispose, au premier étage, d'un bel appartement de six pièces. Sur le même palier, en face, un trois-pièces est affecté à Irina et à son mari Anatoli. Le rez-de-chaussée est réservé aux gardes, aux chauffeurs, au central téléphonique et au personnel de maison. Au deuxième étage, il y a des chambres réservées aux hôtes du maître des lieux, et des appartements affectés à d'autres membres de la *nomenklatura*. Il y a aussi un sauna et un jardin, mais on ne sait jamais qui a le droit d'en jouir. Au total, cette résidence de luxe n'a rien de personnel ni d'intime. C'est pourquoi Mikhaïl et Raïssa lui préfèrent, et de loin, l'agréable datcha de fonction à laquelle a droit le *guensek*, comme tous les hauts dignitaires du régime, dans la grande banlieue de Moscou.

Les datchas du guensek

Cette datcha se trouve à Razdory, à 25 km au nord-ouest de Moscou, dans une lointaine boucle de la Moskova. On s'y rend par la *Roublevskoe Chosse*, une avenue large et bien goudronnée qui permet aux pontes du Kremlin de rejoindre leurs pénates à plus de 150 km/h, dans de longues Zil noires aux rideaux baissés et aux phares allumés, anonymes et menaçantes, qui ont priorité absolue sur le commun des mortels. Sur tout l'itinéraire, les postes du GAI (police de la route) veillent à ce que la voie soit dégagée : malheur à celui qui ne voit pas le bâton du policier pointé sur sa petite Jigouli[1], cela pourra lui coûter une forte amende ou la confiscation de son véhicule !

Juste avant le périphérique extérieur qui encercle la capitale, on prend à gauche par Roublevo-Ouspenskoïe, et on bifurque à droite avant le village de Barvikha, jusqu'au bord de la Moskova. Cet ensemble résidentiel est appelé la « Roublevka ». C'est là qu'on trouve les villas les plus huppées, les plus énormes et les plus prétentieuses du pays. Bien entendu, l'accès de cette zone est formellement interdit aux Moscovites moyens ainsi qu'aux étrangers de tout poil : le KGB veille.

La datcha de Gorbatchev, en outre, est protégée par une grille électrifiée, discrètement gardée par des hommes en armes. Une allée longe un bois clairsemé. Des épicéas, des sapins, des tilleuls, des lilas. Un jardin, une grande serre et, plus loin, un parc. Une piscine couverte, un sauna finlandais. Un bâtiment compact, à deux étages, de couleur jaune : voilà la spacieuse villa du secrétaire général, qui compte une vingtaine de pièces. Un vestibule banal, fonctionnel. Sous le vestiaire, à la mode russe, des pantoufles. Un escalier raide. De la moquette rouge framboise aux bords vert foncé. Des parquets en chêne foncé. Des gravures au mur. La pièce où travaille le chef, lambrissée, n'est pas grande. Le bureau est en bouleau de Carélie. On y remarque un téléphone rouge vif, une photo de son père en soldat, et beaucoup de livres dans des vitrines. Ce n'est pas si fréquent au sein du pouvoir soviétique : les Gorbatchev ont toujours aimé lire.

Le *guensek* dispose aussi de plusieurs résidences estivales au bord de la mer Noire. La première, traditionnelle, est une belle demeure située dans la petite ville de Pitsunda, une ancienne cité grecque devenue station balnéaire, à l'extrême ouest de la Géorgie, en territoire abkhaze. L'endroit aurait dû plaire à Gorbatchev, car il est voisin de son cher territoire de Stavropol. Mais la résidence évoque quelques mauvais souvenirs. D'abord, c'est là que Nikita Khrouchtchev, en octobre 1964, vit ses vacances brutalement interrompues… par son limogeage. C'est aussi à Pitsunda que Leonid Brejnev reçut en mars 1974 le président français Georges Pompidou, qui devait mourir quinze jours après ce séjour.

Le couple Gorbatchev décide de se faire construire une autre résidence d'été à la pointe sud de la péninsule de Crimée, sur le territoire ukrainien. L'endroit s'appelle Foros. C'est un petit paradis balayé par le vent marin. Des allées de cyprès, un embarcadère privé, de lourdes grilles et un héliport. Une luxueuse demeure aux tuiles rouges, richement décorée de marbres, de parquets en bois précieux, de larges baies vitrées donnant sur la mer. Le bureau de Gorbatchev, au premier étage, est en boiseries. Quoi de plus agréable que d'y refaire le monde avec tel ou tel intime ? Quoi de plus délassant que de dîner en famille, sur la terrasse, en regardant croiser les bateaux à l'horizon ?

Les « biens réservés »

Combien gagne le numéro un soviétique ? En 1989, on apprendra que le salaire du président du Soviet suprême de l'URSS a été fixé à 1 200 roubles par mois[2]. Ce chiffre n'a pas grande signification. D'abord, ces roubles-là ne sont pas convertibles et sont donc limités à la consommation intérieure. Ensuite, les magasins en roubles sont souvent vides, victimes des difficultés d'approvisionnement qui font la normalité soviétique. Même pour le quotidien, personne n'imagine que les employés du couple Gorbatchev vont s'approvisionner dans les magasins du quartier comme de simples mortels. Pour les cercles dirigeants, il existe des magasins spéciaux, dont certains sont situés, par commodité, à l'intérieur même du grand magasin Goum qui fait face au Kremlin, sur la place Rouge, et où des galeries entières – coiffeurs, tailleurs, traiteurs – sont ouvertes à la seule *nomenklatura*.

Le véritable revenu d'un officiel soviétique tient dans les privilèges innombrables que se sont octroyés, au fil des ans, les membres de la sphère dirigeante – beaux appartements, datchas, vacances gratuites, cliniques privées – et qu'on appelle pudiquement les « biens réservés ». Dans ses Mémoires, Boris Eltsine fait mine de s'indigner en racontant les avantages dont il a bénéficié quand lui-même est entré au Politburo :

> Désirez-vous un costume neuf ? A l'heure opportune, on frappe discrètement à la porte de votre bureau. Un tailleur entre, prend vos mesures, et revient le lendemain pour un essayage. Et, promptement, vous disposez d'un élégant costume neuf ! Désirez-vous faire un cadeau à votre femme, le 8 mars, pour la Journée internationale de la Femme ? Pas de problème ! On vous apporte un catalogue avec un choix de cadeaux capable de satisfaire les goûts les plus sophistiqués : vous n'avez plus qu'à choisir[3] !

En sus de son appartement, de ses datchas et autres résidences, le secrétaire général dispose d'un avion et d'un gros hélicoptère – spécialement équipés, comme c'est le cas pour tous les grands chefs d'Etat. Et aussi, bien sûr, d'un parc automobile. Avant lui, Leonid Brejnev était un passionné de voitures de luxe, évidemment étrangères. On dit qu'au début de son règne, quand sa santé le lui permettait encore, il les conduisait la nuit, incognito, dans les rues de Moscou et sur le *koltso* («périphérique») qui entoure la ville. Il possédait au moins une Mercedes 600, une Maserati, une Cadillac et une Rolls-Royce. En octobre 1971, cherchant à lui faire plaisir, le président Pompidou lui offrit à Paris une *Citroën SM* flambant neuve, vert métallisé, intérieur cuir noir, équipée d'un moteur Maserati…

Gorbatchev n'a jamais partagé cette fascination pour les grosses cylindrées. Arrivé au sommet du pouvoir, il a voulu réduire l'ampleur de la suite automobile affectée au secrétaire général, se contentant d'une Zil pour lui-même et d'une simple Volga pour sa sécurité. Il a aussi exigé qu'on réduise la vitesse des convois officiels, demandant qu'en temps normal on ne dépasse pas 90 km/h en ville. Mais le nouveau *guensek* a dû se plier aux exigences de l'Etat, de la sécurité, du protocole et des vieilles habitudes. Bientôt on reviendra au traditionnel cortège de quatre Zil: une pour la sécurité, une autre, blindée, pour le secrétaire général, une troisième pour la sécurité et une dernière, à l'équipement sophistiqué, pour les transmissions. A la fin de l'ère Brejnev, il y en avait une cinquième, entièrement médicalisée, qui ressemblait à un corbillard. Quant aux voyages à l'étranger, ils exigent un cortège impressionnant destiné à rappeler que l'URSS est une grande puissance. A Paris, en octobre 1985, le protocole avait prévu trois Zil – la troisième, destinée à l'ambassadeur, est tombée en panne devant l'Elysée. A Washington, en décembre 1987, on fera venir par avion huit limousines noires.

Du Kremlin à la Place Vieille

Depuis son plus jeune âge, Mikhaïl Gorbatchev se lève avant l'aube. Il a toujours été un travailleur matinal. Debout à 6 heures, il aime prendre son petit déjeuner très tôt, en compagnie de Raïssa. Quand il quitte sa datcha un peu avant 9 heures pour se rendre au Kremlin, le secrétaire général a déjà épluché sa revue de presse et compulsé quelques dossiers. Il continue sa lecture en voiture, ne s'interrompant qu'au cœur de Moscou, à l'entrée de la célèbre forteresse où le chauffeur pénètre par la porte Borovitskaïa, la plus proche du Soviet suprême et du bureau de son président, à l'opposé de la porte Spasskaïa qui donne, elle, directement sur la place Rouge.

Le Kremlin est un grand espace complexe, entièrement cerné par de hauts remparts en brique rouge ponctués par quinze tours, dont les plus importantes sont surmontées d'une orgueilleuse étoile rouge. A l'intérieur des murailles, entre monuments anciens et bâtiments modernes, se côtoient les officiels vaquant à leurs affaires, les députés du Soviet suprême en période de session, les délégués aux innombrables réunions « de masse » organisées dans le palais des Congrès, et… les touristes, occupés à photographier les vieilles églises de la place des Cathédrales et la célèbre *Tsar pouchka*, le « roi des canons » qui rappelle que ce *kreml* (« citadelle », en russe) protégeait jadis, quelques siècles avant la révolution d'Octobre, le tsar de toutes les Russies et sa cour.

Les attributs du pouvoir n'ont guère changé au fil du temps. Les bolcheviks, en 1918, n'ont pas mis longtemps à se couler dans ces lieux chargés d'histoire, de secrets et de fantasmes. D'ailleurs, l'un des plaisirs du maître des lieux, quel qu'il fût, a toujours été d'entraîner ses hôtes de marque visiter le bureau où travailla Lénine, au deuxième étage du bâtiment de l'ancien Sénat, tout près de la place Rouge et de son Mausolée, ainsi que le modeste appartement qu'il habita avec sa femme et sa mère[4].

Au Kremlin, le bureau du chef de l'Etat se trouve juste devant le clocher d'Ivan le Terrible, au quatrième étage d'un large bâtiment à façade jaune et toiture de cuivre. A partir de 1988, Gorbatchev y travaille plusieurs heures par jour. Sobre, presque dénudé, son bureau ne contient rien de personnel. Sur le bureau en bois clair, quatre ou cinq téléphones silencieux. Une table de vingt places, en T, permet d'y tenir des réunions en petit comité. Les murs sont tendus de soie claire et comportent, bien sûr, des portraits de Marx et de Lénine. Il quittera les lieux en 1990 quand un bâtiment « présidentiel » sera aménagé à 300 m de là, dans le grand immeuble jaune qui fait face à la place Rouge, juste derrière le Mausolée de Lénine. Ironie de l'histoire, c'est Boris Eltsine qui le remplacera, en 1991, dans les locaux du Soviet suprême.

Cependant le premier bureau de Gorbatchev n'est pas situé au Kremlin, mais dans le bâtiment du Comité central, sur la Place Vieille, à 800 m de là. Le cabinet de travail du secrétaire général, particulièrement spacieux, se situe au cinquième étage de cet immeuble où l'on n'entre pas sans montrer patte blanche. Un corridor vaguement oriental, des tapis élimés, des portes capitonnées à deux battants qui donnent sur un secrétariat et une antichambre. Juste avant le bureau du patron, un large vestibule avec des gardes et des secrétaires qui, à l'aide d'une batterie de téléphones mystérieux, filtrent les visiteurs qui ont réussi à franchir tous les obstacles pour parvenir jusqu'en ce temple du pouvoir.

C'est dans ce bureau – celui où Gorbatchev rencontra Brejnev pour la première fois au début de son ascension – et à cet étage devenu mythique que le nouveau patron du Parti a imposé un nouveau style, plus décontracté que celui de ses prédécesseurs. Il téléphone tout le temps, il passe facilement d'un bureau à l'autre pour aller discuter de façon impromptue avec ses collègues du Politburo, les Iakovlev, Medvedev et autres Loukianov, ainsi qu'avec ses assistants, les Abalkine, Tcherniaev, Petrakov et autres Ignatenko. Autant Gorbatchev déteste les cérémonies interminables qui faisaient les délices des Brejnev et autres Tchernenko, autant il est à l'aise dans la gestion quotidienne et agitée des affaires politiques.

C'est dans ce bâtiment plutôt sombre que le Politburo se réunit tous les jeudis à 11 heures, dans une salle de conférences qui lui est dédiée. Le décorum est sinistre, le rituel immuable : Gorbatchev préside, établit l'ordre du jour, ouvre les débats, intervient à tout bout de champ, reprend l'un, tance l'autre, clôture les échanges et tire les conclusions. « Il s'écoutait beaucoup parler », écrira Boris Eltsine dans ses Mémoires. La première réforme de Gorbatchev, dans ce cadre, fut de supprimer la limite des dix à quinze minutes de temps de parole pour chaque intervenant !

Si le nouveau secrétaire général s'impose par sa faconde inépuisable, sa mémoire impressionnante et sa dialectique imparable, il n'est nullement attaché aux formes surannées du pouvoir. Depuis 1985, par exemple, les membres du plenum du Comité central n'ont plus à se mettre au garde-à-vous lors de l'entrée du secrétaire général dans la salle de réunion. De même, Gorbatchev a mis fin à la pratique des portraits géants dressés aux quatre coins de la ville et présentant les membres du Politburo en majesté, figés, décorés, parfois délavés par la pluie – les mauvaises langues appelaient cela les « rangées d'assassins ». En 1988, le nouveau maître du Kremlin réduira de 40 % l'immense flotte des voitures de fonction, ces centaines de Zil, Tchaïka et autres Volga noires[5] que les Moscovites voyaient stationner en deuxième file, moteur allumé, devant les écoles maternelles ou les magasins spéciaux de la capitale. La même année, il mettra fin à l'inflation de décorations, médailles, palmes et rubans qui rythmaient la vie de toutes les institutions et administrations du pays : désormais, on n'érigera plus automatiquement un buste en bronze dans la ville natale de toute personnalité deux fois décorée de l'ordre du Travail socialiste !

Du sentiment en politique

Mikhaïl Gorbatchev n'est ni un tyran[6] ni une marionnette. C'est un meneur d'hommes, un fédérateur, un animateur, un bateleur, un activiste, un manœuvrier, un tacticien hors pair. Il possède aussi un trait de caractère qui surprend ses visiteurs, et qui explique en partie son parcours : il est réellement *sympathique*. Affable et poli, il écoute la personne qui lui parle, et ne fait jamais preuve de mépris. De la part du successeur de Staline, on attendrait plutôt fermeté, cynisme et cruauté : Gorbatchev est le contraire de tout cela. Attentif aux individus, prompt à l'accolade ou au sourire complice, c'est un homme qui cherche toujours l'arrangement, le compromis. Il n'aime pas imposer brutalement son point de vue. L'un de ses proches explique qu'il a « une aversion pour les conflits personnels et les disputes, une répugnance à prendre ou à annoncer des décisions sévères ou des mesures punitives[7] ». On verra plus loin comment ce trait de caractère va contribuer à ses deux « moments de faiblesse » historiques : à l'égard des dirigeants de l'Est, en 1988-1989, lorsque les réticences des Jivkov, Honecker, Husak et autres Ceausescu auraient dû provoquer une réaction musclée de la part du « grand frère » soviétique ; et vis-à-vis des conservateurs du PCUS, en 1990-1991, lorsque Gorbatchev tentera, au-delà du raisonnable, d'entraîner dans ses réformes ceux qui en étaient devenus les plus farouches adversaires[8].

Naturellement ouvert aux autres, prompt à l'empathie, Gorbatchev peut aussi détester tel ou tel. Ce fut le cas d'Erich Honecker, le patron du Parti communiste est-allemand, dont il ne supportait ni la raideur ni l'arrogance. Mais ce fut surtout le cas du dirigeant roumain Nicolae Ceausescu, dont il a perçu très tôt les « dimensions plutôt réduites du personnage et son instabilité psychologique[9] », et auquel il a toujours eu du mal à parler avec respect : « J'ai rencontré beaucoup d'individus ambitieux dans ma vie, Ceausescu les battait tous ! » Un jour, au cours d'un dîner « amical » organisé avec les épouses, Gorbatchev faillit s'étrangler quand Elena Ceausescu lui « confia, et pas sur le ton de la plaisanterie, que la Roumanie était trop petite pour un dirigeant de la stature de son mari[10] ».

A contrario, le numéro un soviétique ne résiste pas à la sympathie qu'il éprouve pour tel ou tel autre, et la transforme facilement en amitié – ce qui peut être dangereux en politique, où seuls comptent, en fin de compte, les rapports de force. Ainsi des liens amicaux exceptionnels se nouèrent entre Mikhaïl Gorbatchev et Rajiv Gandhi, à Moscou en mai 1985 puis à Delhi en novembre 1986. Sans doute l'URSS et l'Inde avaient-elles intérêt à s'entendre à cette époque où les Etats-Unis dominaient le monde, mais Mikhaïl et Rajiv, figures de proue d'une nouvelle génération de dirigeants au langage direct et aux analyses réalistes, ont inauguré des relations où l'amitié n'était pas absente, y compris entre Raïssa et Sonia, leurs épouses respectives[11].

Sentimental, Gorbatchev ? Certainement. Affectif ? Sans doute. Ainsi ne cachera-t-il pas son émotion quand il rencontrera pour la première fois l'ancien dirigeant tchèque Alexandre Dubcek, à Moscou, en mai 1990 ; ou lorsque son « ami » François Mitterrand l'invitera dans sa maison de Latche, dans les Landes, trois mois après le putsch raté d'août 1991. Dans un univers fait d'intérêts, de calculs, de coups bas et de trahisons, Gorbatchev a vécu ces rares échanges amicaux comme de vrais moments de chaleur humaine.

L'exemple le plus flagrant sera la relation qu'il nouera à Moscou avec Helmut Kohl, le chancelier ouest-allemand, le 24 octobre

1988. Etonnante rencontre entre deux hommes que tout oppose, au moins politiquement, dans un contexte de forte tension entre l'Est et l'Ouest – Kohl avait d'ailleurs commencé par comparer Gorbatchev à Goebbels ! Or, dès leur premier tête-à-tête, le chancelier tient un discours fort peu conventionnel :

> Nous avons sensiblement le même âge, nous appartenons à la génération qui a connu la guerre. Il est vrai que j'ai servi dans une unité auxiliaire des troupes antiaériennes, mais il est difficile de considérer cela comme une participation à cette guerre dont nos familles ont vécu toutes les horreurs. Votre père était soldat, il a été grièvement blessé. Mon frère est mort à l'âge de 18 ans. Ma femme était une réfugiée. Nous sommes une vraie famille allemande. Vous avez une fille, j'ai deux fils, tous les deux officiers de réserve. Nous avons une grande tâche à accomplir. Nos contacts personnels doivent revêtir un caractère entièrement nouveau. Je suis prêt à un dialogue intensif avec vous…

Gorbatchev se garde d'applaudir, certes, mais il éprouve aussitôt une réelle sympathie pour son hôte, dont le discours l'a « impressionné », comme il l'écrira dans ses *Mémoires*. Ni lui ni Kohl ne sont dupes du soudain réchauffement diplomatique et politique entre leurs deux Etats. Mais les relations personnelles que ces deux dirigeants nouent à cette époque établiront, sans conteste, une « confiance » qui rendra « moins difficile » la période extraordinairement dangereuse qui suivra la chute du Mur de Berlin[12].

Un peu d'humour dans la langue de bois

Enfin, Mikhaïl Gorbatchev est souvent drôle. Ce n'est pas banal : on n'est pas habitué à rire franchement dans les couloirs du Kremlin. Si Leonid Brejnev était parfois jovial au temps de sa jeunesse, il n'avait pas beaucoup d'humour. Ses successeurs Iouri Andropov et Konstantin Tchernenko étaient franchement sinistres. Gorbatchev, quant à lui, a toujours un bon mot à la bouche. L'humour est une de ses armes personnelles, un outil de communication dont il use avec talent. Ainsi, en 1984, quand il visite à Londres l'austère salle de lecture du British Museum où

Karl Marx fit la plupart de ses recherches pour la rédaction du *Capital*, Gorbatchev lance à la cantonade :

« Il ne faut pas s'étonner si les gens trouvent Marx ennuyeux ! »

Un jour de 1990 qu'il visite le Musée Picasso à Barcelone, défilant devant les portraits de Jacqueline, la dernière femme du peintre, il glisse au prince Felipe des Asturies qui lui sert de guide :

« Si je peignais Raïssa comme cela, elle en perdrait le sommeil ! »

Les exemples sont nombreux, et font le sel de ses voyages officiels. A Washington, en décembre 1987, alors qu'il a séduit tous ses hôtes américains, l'ancien conseiller Jack Valenti lui dit qu'il est désormais si populaire qu' « on le donne troisième aux primaires dans l'Iowa ». Réponse de Gorbatchev, du tac au tac :

« Dommage que j'aie déjà des engagements ailleurs ! »

Il aime faire rire. Il aime séduire. C'est un extraverti qui aime s'exprimer par les mots, les gestes, les mains, la voix. Ce comédien rentré, s'il ne se retenait pas, chanterait à la fin des repas. Raïssa l'atteste, un jour, en confidence : « Mikhaïl Sergueïevitch sait chanter, et il adore cela[13] ! » Au sommet américano-soviétique de Washington, en décembre 1987, le secrétaire général du PCUS a invité le pianiste texan Van Cliburn, ancien lauréat du prix Tchaïkovski, à jouer la célébrissime rengaine des « Nuits de Moscou » *(Podmoskovskie vietchera)* : et voilà que Gorbatchev, devant ses hôtes américains, joint sa voix de baryton à celle du musicien pour chanter les paroles en russe !

C'est évidemment cette authenticité qui plaît à Raïssa : le pouvoir et les honneurs, au fil de son ascension politique, n'ont pas altéré ce qui faisait du jeune Mikhaïl un homme hors du commun. A Moscou, en mai 1990, Luciano Pavarotti est programmé au Bolchoï. Le président Gorbatchev et son épouse n'auraient pas raté ce concert pour un empire. Dans la loge d'honneur, Mikhaïl souffle à l'oreille de Raïssa :

« Tu crois qu'il va chanter l'*Ave Maria* de Schubert ?

— J'espère !

— S'il ne le fait pas, je me lève et je le chante ici, pour toi !

— Tu ne le feras pas !

— Evidemment, cela risque d'être ma dernière apparition publique ! »

Heureusement, ce soir-là, Pavarotti a chanté l'*Ave Maria*[14].

Conseillers, consultants et experts

Ce sont ces traits de caractère qui expliquent les relations souvent très étroites que Gorbatchev a tissées avec nombre de ses collaborateurs. Fonctionnant à l'instinct, à l'affect, il s'entoure de personnalités qui l'intéressent, qui partagent ses vues et avec lesquelles il s'entend bien. C'est sa nature. De son ministre Edouard Chevardnadze à son chef de cabinet Valeri Boldine, il se comporte avec ses proches comme avec des amis – et tant pis si la vie politique, impitoyable, brise parfois le charme. En retour, il attend le maximum de ses conseillers dont il sait utiliser les talents. Ainsi, dès 1982, il avait invité son ami Dimitri Golovanov, réalisateur à la télévision, à le former aux techniques télévisuelles : Golovanov a notamment transposé quelques-uns de ses discours en film 35 mm afin de les étudier, le soir, un verre à la main, avant d'enchaîner les séances de « training » devant une caméra…

Gorbatchev rompt avec le travers de ses prédécesseurs : il ne s'entoure pas de courtisans. Au contraire, comme John Kennedy naguère à la Maison-Blanche, il entend s'entourer des « meilleurs ». Dès son entrée au secrétariat du Comité central en 1978, puis au Politburo en 1979, il a pris l'habitude d'inviter dans son bureau des universitaires, consultants de haut vol et autres académiciens pour de longues conversations qui ne portent pas toujours sur leurs domaines de responsabilités. C'est ainsi qu'il a sympathisé avec Gueorgui Arbatov, directeur de l'Institut pour l'étude des Etats-Unis et du Canada, avec Oleg Bogomolov, directeur de l'Institut d'économie du système socialiste, ou avec Evgueni Primakov, directeur de l'Institut des études orientales, qui remplaça en 1985 Alexandre Iakovlev à la tête du prestigieux Institut de l'économie mondiale et des relations internationales (IMEMO).

De même, Gorbatchev fréquente assidûment les spécialistes du département international *(mejdounarodniki)* du Comité central, un creuset de gens talentueux et cultivés – les Anatoli Tcherniaev, Andreï Gratchev et autres Vadim Zagladine – dont l'intelligence et la compétence sont nettement supérieures à leurs convictions marxistes-léninistes : parlant plusieurs langues, autorisés à lire la presse étrangère, bien informés sur le monde extérieur, habitués à voyager dans l'ombre des officiels, ces hommes de l'ombre voyaient bien, eux, la lente dégradation de la situation internationale de l'URSS.

L'ambitieux et éclectique Gorbatchev sait aussi varier les réseaux et les cercles d'amis. Parfois aidé par Raïssa Maximovna, qui a gardé des liens dans les milieux universitaires, il se lie avec des scientifiques (Evgueni Velikhov), des économistes (Leonid Abalkine), des journalistes (Fedor Bourlatski) ou des sociologues (Tatiana Zaslavskaïa) qui vont nourrir, chacun à sa façon, les diverses ambitions de la *perestroïka*. La plupart de ces intellectuels s'étaient bien gardés, jusqu'alors, de faire de la politique – le plus sûr moyen de voir sa carrière brutalement interrompue – mais aucun n'a oublié le « dégel » khrouchtchévien, cette période où ils ont fait leurs premières armes avec un réel enthousiasme et dont ils gardent la nostalgie. Tous ont vécu comme les stations d'un calvaire la répression de l'insurrection hongroise en 1956, l'écrasement du Printemps de Prague en 1968, l'invasion de l'Afghanistan en 1978 et l' « état de guerre » en Pologne en 1981…

L'exemple d'Ivan Frolov est emblématique. Jeune chercheur en philosophie et en biologie, il était en poste à Prague en 1968 avant de devenir rédacteur en chef de la revue *Questions de philosophie.* Auteur de livres traduits en anglais mais censurés en URSS, il est appelé au cabinet de Gorbatchev en 1985 pour suivre les questions écologiques – un secteur nouveau et sulfureux dans ce pays où l'environnement a toujours été le cadet des soucis des planificateurs et des militaires. Or c'est en discutant des heures avec Frolov que Gorbatchev élaborera sa théorie sur la supériorité des « valeurs humaines communes » sur les intérêts de classe et les clivages idéologiques. Il nommera d'ailleurs ce précieux confident à la tête de *Kommunist*, l'organe théorique du Parti, puis, en 1990, à la tête de la *Pravda,* le principal organe d'information du pays[15].

Le cas de Tatiana Zaslavskaïa est tout aussi révélateur. Sociologue, comme Raïssa, cette femme de qualité s'était prudemment retirée à la section sibérienne de l'Académie des sciences de l'URSS, à Novossibirsk, où elle travaillait à l'abri des censeurs moscovites. En 1983, elle publia un rapport – tiré à 70 exemplaires – qui fut baptisé « rapport de Novossibirsk », et sur lequel tomba un journaliste du *Washington Post*, qui le publia aussitôt aux Etats-Unis. Elle y dressait un bilan très sombre de l'état de l'économie en URSS et dénonçait ses trois principaux maux : le gâchis, la corruption, l'absence d'innovation. Impressionné, Mikhaïl Gorbatchev l'invita une fois, puis deux, avant d'en faire une des théoriciennes de la *perestroïka*.

Troisième exemple, celui d'Abel Aganbeguian. Arménien né en Géorgie, autodidacte passé par l'Institut économique d'Etat de Moscou, cet économiste anticonformiste travaille, lui aussi, à la section sibérienne de l'Académie des sciences de l'URSS à Novossibirsk[16]. C'est en 1983, à Moscou, qu'il rencontre le jeune dirigeant Gorbatchev lors d'une réunion sur l'agriculture. Quelques rencontres, des idées communes, le début d'une complicité : les thèses d'Aganbeguian sur l'économie de marché, la vérité des prix et la convertibilité du rouble séduisent le futur secrétaire général. Arrivé au sommet du pouvoir, Gorbatchev fera de son ami « Abel » son principal conseiller économique et un des inspirateurs majeurs de la *perestroïka*[17].

Enfin, avec la complicité de Raïssa, Gorbatchev est beaucoup sorti, il a fréquenté les milieux artistiques, il a appris à connaître les personnalités libérales en délicatesse avec le régime, de Iouri Lioubimov à Andreï Voznessenski. Il doit à son épouse un intérêt constant pour la culture russe passée et contemporaine, y compris pour les auteurs, les créateurs et les artistes situés, parfois pour leur malheur, en dehors de la ligne idéologique. Raïssa aura été, sur ce plan, bien davantage qu'une simple « *first lady* » à la mode soviétique.

14

La «*first lady*»

«T'imaginais-tu, Micha, que tu coucherais un jour avec la femme du secrétaire général du Parti ?»

Histoire drôle moscovite.

Quand Mikhaïl Gorbatchev devient le numéro un soviétique, personne ne s'intéresse à Raïssa. En URSS, il n'y a jamais eu ni statut officiel ni tradition particulière concernant la «première dame» du pays. D'ailleurs, personne n'aurait eu l'idée de traduire en russe cette expression anglo-saxonne *(«first lady»)* pour qualifier la femme du secrétaire général du Parti communiste : la lutte des classes est une affaire d'hommes ! La femme de Lénine, la dévouée Nadejda Kroupskaïa, fait figure de sainte laïque dans certains manuels soviétiques, mais son rôle s'efface dès que son mari prend le pouvoir en octobre 1917. On ne sait rien de la première femme de Staline, Ekaterina Svanidzé, morte en 1906, et aucun historien soviétique ne se risquerait à entreprendre la moindre recherche sur le suicide de sa seconde femme, Nadejda Allilouïeva, en 1932. Quant à Nina Khrouchtcheva, Viktoria Brejneva et Anna Tchernenko, elles sont restées de vagues silhouettes effacées dans l'ombre de leurs glorieux maris.

Depuis les débuts du régime, la femme du chef n'a aucune importance. Aucun citoyen soviétique ne prête le moindre intérêt à la vie privée de ses dirigeants, à plus forte raison à celle de leurs compagnes. Non seulement il n'existe pas de journaux «people» en URSS, mais aucun magazine n'aurait l'idée de consacrer le moindre article à ce type de sujet. On a découvert lors des obsèques de Iouri Andropov que celui-ci avait une femme, apparue pour la première fois ce jour-là devant une caméra de télévision : Tatiana Andropova existait donc – les Gorbatchev la connaissaient depuis longtemps – mais elle n'était jamais apparue en public, pas même entre deux virgules dans la plus banale des biographies officielles de son mari.

Une aubaine pour les médias

Il faut dire que ces épouses-là manquaient singulièrement de charme, de culture et de présence. Aucune d'entre elles, par exemple, n'aurait pu prétendre «représenter» l'Union soviétique à l'étranger : lors du long voyage entrepris par Nikita Khrouchtchev aux Etats-Unis en septembre 1959, sa femme Nina, pourtant affublée du titre fictif de «vice-présidente de l'Institut des relations soviéto-américaines», suscita davantage de quolibets inélégants que de commentaires admiratifs. Même phénomène lorsque Viktoria Brejneva accompagna son mari en France en octobre 1971. Une mauvaise plaisanterie courait en Angleterre, après la visite du couple Gorbatchev à Londres en 1984, selon laquelle Raïssa Maximovna était la «première épouse d'un dirigeant soviétique à être moins grosse que son mari» !

C'est au cours de ce fameux voyage prémonitoire à Londres, trois mois avant la mort de Konstantin Tchernenko, que Raïssa attire pour la première fois l'attention des médias. Elle ne fait pourtant qu'accompagner son mari, lequel n'est encore que le numéro deux du régime. Mais les journalistes britanniques découvrent cette femme encore jeune (elle ne fait pas ses 52 ans) aux pommettes charmantes et au sourire mutin, au port altier et aux tenues élégantes, qui prend quelques audacieuses libertés avec le protocole : Raïssa Maximovna préfère aller visiter la Tour de Londres plutôt que la tombe de Karl Marx, elle s'offre une paire de boucles d'oreilles chez Cartier, elle se laisse photographier chez Marks & Spencer…

Séduisante et non conformiste : pour les médias, Raïssa est une heureuse surprise, une aubaine journalistique. En sus, il semble qu'elle soit cultivée et ne manque ni d'intelligente ni de personnalité. On découvre non sans difficultés – il n'existe d'elle aucune biographie, même sommaire[1] – qu'elle a passé naguère une première thèse de doctorat, qu'elle a un métier, qu'elle est autonome : l'épouse du camarade Gorbatchev est une enseignante expérimentée qui, depuis 1978, est chargée de conférences à l'université de Moscou. Une philosophe, une intellectuelle au Kremlin, qui l'eût cru ?

Raïssa n'est pas de ces femmes qui restent inaperçues. En mars 1985, quand Mikhaïl Gorbatchev remplace feu Konstantin Tchernenko, la question se pose : faut-il que son épouse reste dans l'ombre de son grand homme ? Ou qu'elle entre dans la lumière des projecteurs de l'actualité ? Doit-elle apparaître sur les photos officielles ? Selon les propres souvenirs de Raïssa[2], c'est Mikhaïl Gorbatchev lui-même qui définit la stratégie la plus simple : « Laissons les choses se faire naturellement ! »

Dans ce pays communiste prétendument égalitaire où aucune femme, en sept décennies, n'a jamais siégé au Politburo, il est prudent de ne pas brusquer les habitudes. Pas question de rapporter dans les grands journaux soviétiques – tous dirigés par des hommes – les échos flatteurs et les anecdotes glamour de la visite londonienne. Pas question de faire des reportages sur les premiers pas publics de la femme du Premier secrétaire. Peut-être un dirigeant soviétique peut-il tirer profit d'une épouse séduisante et instruite, sans doute cela contribue-t-il à améliorer l'image de l'URSS à l'étranger, mais… à l'étranger seulement.

Le test de Paris

Paris, le 3 octobre 1985. C'est la première visite en Occident du nouveau maître du Kremlin. Un événement pour tous les diplomates et journalistes qui découvrent, à leur tour, que Gorbatchev a une femme charmante et qu'elle a de la conversation. Au dîner privé organisé à l'Elysée, le protocole l'a placée entre le cancérologue Léon Schwartzenberg et le philosophe Régis Debray. En face d'elle, Danielle Mitterrand, vers qui elle se penche :

« Donnez-moi des conseils, je suis novice dans ce métier ! »

Exquise modestie. Réponse de la « première dame » française :

« Je viens d'informatiser les réponses types que j'envoie aux milliers de Français qui m'écrivent, vous devriez en faire autant !

— C'est intéressant, je vais y réfléchir à mon retour[3]... »

Gorbatchev séduit ses hôtes, mais Raïssa les fascine. Elle porte un bel ensemble en soie à rayures beiges et noires. Elle a relu François Mauriac et Hervé Bazin. Avant d'aller visiter le Musée du Jeu de Paume et le Musée Rodin[4], elle a révisé ses Impressionnistes et s'est documentée sur l'auteur du *Penseur*. Elle a modifié elle-même la liste de ses visites, y ajoutant le quartier de la Défense et l'hôtel Salé qui abrite désormais le Musée Picasso. Quand elle passe devant La Closerie des Lilas, à Montparnasse, elle plonge les services de sécurité dans la stupeur en décidant de descendre de la 604 présidentielle pour aller serrer quelques mains. Elle a émis le désir de rencontrer quelques grands couturiers parisiens : Pierre Cardin, d'abord, qui est le premier à avoir investi le marché moscovite, mais aussi Yves Saint Laurent, auquel elle confie, ingénue, qu'Opium est son parfum préféré...

Sa classe, son charme et ses mensurations peu prolétariennes (86-70-89) font leur effet. La presse se régale. Raïssa en profite pour faire un peu de prosélytisme : elle n'est pas mécontente de montrer que l'époque des *terem*, ces niches de bois où les femmes de boyards attendaient sagement leurs maris, jadis, en Russie, est révolue. La belle est patriote, et ne laisse passer aucune critique sur le pays que son mari dirige. Non sans une légère pointe d'arrogance, parfois. Mais elle joue son rôle à la perfection et mérite bien ses nouveaux galons de star internationale.

Tout de même, il y a un hic. Quand elle quitte la France, elle monte dans l'*Iliouchine-62* sur les pas de son secrétaire général de mari et, depuis la passerelle de l'avion, salue ses hôtes du même geste de la main. Mais quand elle débarque à Moscou, trois heures plus tard, elle sort par l'arrière de l'appareil, loin des caméras, presque en catimini.

La « guerre froide » avec Nancy

Succès diplomatique, rencontres glamour, photos sympathiques : Paris aura été un premier test positif pour Raïssa Maximovna. Ce sera plus compliqué, un mois plus tard, avec les Américains. Est-ce un effet de la tension politique qui règne alors entre le Kremlin et la Maison-Blanche ? Ou des préjugés de Nancy Reagan, la très conservatrice épouse de son républicain de mari, pour qui la femme d'un grand chef communiste ne peut être qu'une émanation du diable ? Ou de la compréhensible jalousie de la « première dame » des Etats-Unis qui voit surgir une rivale sur la scène mondiale ? Les relations entre Raïssa et Nancy seront houleuses du début à la fin, composant toute une *« hate story »* qui va passionner les journalistes d'outre-Atlantique.

Ainsi, en novembre 1985, au sommet de Genève, les deux chancelleries avaient prévu que Nancy invite Raïssa à prendre le thé. L'Américaine a « confié » à un journaliste qu'elle se demandait bien ce qu'elle allait pouvoir raconter, une tasse à la main, à la Soviétique. Après l'entretien, Nancy revient sur cet échange :

« J'avais tort de m'inquiéter : elle s'est mise à parler, à parler, à parler… C'est à peine si j'ai pu placer un mot[5] ! »

A Reykjavik, en octobre 1986, on apprend à la dernière minute que Raïssa accompagnera son mari, alors que Ronald Reagan a prévu de venir seul à cette rencontre qualifiée de « séance de travail ». Cela vaudra aux échotiers un bel échange glacé avec Nancy Reagan lors de leur rencontre suivante, en 1987, à Washington, dans le cadre feutré de la Maison-Blanche :

« Vous nous avez manqué à Reykjavik.

— Je me suis laissé dire que les épouses n'étaient pas invitées ! »

Les deux femmes se sont détestées dès leur première rencontre. D'emblée, leur rivalité a nourri la guerre de communication que se livrent leurs diplomates. A Washington, en décembre 1987, lorsque Nancy fait visiter la Maison-Blanche à Raïssa, celle-ci lui pose tant de questions techniques – « Ce chandelier date bien du XIXe siècle ? Jefferson a-t-il habité dans cette pièce ? » – que son hôtesse, furieuse, est obligée de faire appel, en urgence, au conservateur du lieu !

Mais Nancy sera vengée dès le lendemain par les services de la Maison-Blanche. Lors de sa visite de la ville, en sortant de la National Gallery, il est prévu que Raïssa s'arrête à quelques endroits où se sont rassemblés des badauds, mais sa longue limousine noire, «pour des raisons de sécurité», passe en trombe devant tous ses admirateurs, y compris les éminents représentants de l'Académie nationale des sciences, en rang d'oignons devant leur institution, déclenchant une vague d'indignation dans les salles de rédaction : mais pour qui se prend-elle ? Quelques heures plus tard, Raïssa se rattrape devant la presse en jugeant que la Maison-Blanche – décorée au goût de Nancy – ressemble à «un musée d'histoire américaine» et qu'elle préfère vivre, quant à elle, «dans une maison normale, comme tout être humain». Dans ses Mémoires[6], Nancy Reagan n'aura pas de mots assez durs pour fustiger la prétention et la «grossièreté» de Raïssa.

Le duel est inégal. Face à Nancy, Raïssa incarne à la fois la jeunesse, la nouveauté et l'exotisme. C'est elle, la star. C'est elle que l'on compare à Jackie Kennedy ; elle qui a bientôt, à l'américaine, son sosie officiel (une caissière de supermarché dans le New Jersey) ; elle qui donne son prénom à une nouvelle rose ; elle à qui l'on décerne le prix «Women for Peace», le prix «de l'Image internationale», le titre de «Femme de l'année 1987» ; elle enfin que l'on invite déjà, de Copenhague à Tokyo, aux quatre coins du monde. Dans les sondages de popularité, si Nancy reste évidemment la préférée des Américains, Raïssa obtient des scores qu'aucune personnalité du monde communiste n'aurait jamais rêvé d'atteindre en Occident.

En mai 1990, lors d'un nouveau sommet américano-soviétique à Washington, le président George Bush aura succédé à Ronald Reagan. L'atmosphère étant au beau fixe entre les deux superpuissances, il ne sera pas question de recommencer la «guerre froide» entre les «premières dames». Les diplomates et autres *spin doctors* chargés de la communication de la Maison-Blanche et du Kremlin s'entendront pour que les relations entre Raïssa et Barbara Bush soient cordiales et... discrètes, laissant la vedette à leurs conjoints et à la paix dans le monde !

Un couple d'exception

Au-delà de la nouveauté et de la modernité que Raïssa incarne, des opérations de communication dont elle est l'outil et des rumeurs pas toujours bienveillantes qu'elle suscite, il est un fait inhabituel, pour ne pas dire incongru, qui transcende la politique et ses calculs, et qui ne connaît pas d'équivalent dans l'histoire contemporaine : Mikhaïl et Raïssa s'aiment comme au premier jour. Elle l'appelle affectueusement « Micha », il l'appelle « Raïa », voire, plus tendrement encore, « Raïtchonok » (« Petite Raïssa »). Elle est là, tout le temps, près de lui. Elle le soutient, lui exprime son avis d'un mot, d'une moue, d'un clin d'œil. Quand Gorbatchev monte à une tribune, comme à l'Assemblée nationale française, à Paris, en 1985, il cherche son visage dans les premiers rangs de l'assistance. Quand il l'aperçoit, son sourire est attendrissant. A l'évidence, il a besoin de son regard bienveillant. Dans le gigantesque et dangereux manège politique qui l'entraîne dans une course de plus en plus folle, Raïssa est son point fixe, sa boussole, sa référence. Elle sait tout de lui : ses projets, ses calculs, ses arrière-pensées, ses doutes, ses peurs. Elle est la seule personne au monde en qui il ait totalement confiance.

Mikhaïl Sergueïevitch le vaut bien. Cet homme-là, en Russie soviétique, est une exception. Un mari attentionné qui ne boit pas et qui ne bat pas sa femme, ce n'est pas si courant dans ce pays, y compris dans la sphère dirigeante. Loin des conventions de la politique et de la diplomatie, le profond respect que Gorbatchev voue à Raïssa n'échappe à personne. Il ne s'offusque jamais quand elle bouscule le protocole ou quand, dans un repas officiel, elle intervient sans complexes. Lors de sa fameuse visite en Angleterre de 1984, Gorbatchev et Raïssa sont invités à dîner par Margaret et Denis Thatcher. Au cours de la conversation, Gorbatchev se laisse porter par son enthousiasme :

« En URSS, nous sommes tous, au fond, des ouvriers ! »

A l'étonnement de ses hôtes, Raïssa l'interrompt :

« Mais non, c'est faux : toi, tu es juriste ! »

La réponse de Gorbatchev est encore plus surprenante :

« Oui, peut-être as-tu raison : c'était une façon de parler ! »

Non seulement Raïssa contredit son mari en public, mais celui-ci lui donne raison. Combien de hauts dirigeants politiques, même en dehors de l'URSS, ont-ils une attitude aussi élégante à l'égard de leur épouse ? Il faudra bien s'y habituer : Raïssa n'est pas d'accord sur tout avec son grand homme. Par exemple sur la question religieuse : «C'est elle, l'athée de la famille», dira un jour Gorbatchev. On le vérifiera en décembre 1989 lors de l'audience que leur accorde, au Vatican, le pape Jean-Paul II : Raïssa, plutôt que de choisir une toilette noire comme toutes les femmes qui rencontrent le souverain pontife, revêtira une robe rouge cardinalice frisant la provocation !

Un jour, un éditeur britannique propose à Gorbatchev d'encourager son épouse à écrire ses Mémoires :

«Vous savez, Raïssa est une femme très indépendante : je peux tout juste lui transmettre votre suggestion, mais elle n'en fera qu'à sa tête !»

«Je ne suis pas une star…»

Raïssa est la compagne, la partenaire, la complice, la confidente de son époux, et tant pis pour le qu'en-dira-t-on. Elle écrira plus tard : «Je ne suis pas une star de cinéma, un écrivain, un artiste, un musicien ou un grand couturier, encore moins une personnalité politique : j'aide mon mari, autant que je le peux, comme je l'ai toujours fait[7]…»

Cette «aide» peut être toute simple, comme lors d'une visite en Tchécoslovaquie où, quittant le cimetière militaire de Prague entourée d'une foule d'admirateurs, Raïssa avise une femme qui pousse son enfant dans la direction de l'illustre visiteur : «Micha, regarde !» Et Gorbatchev de s'arrêter pour prendre le gamin dans ses bras. Quel diplomate, quel conseiller technique, quel membre du service d'ordre auraient eu ce réflexe ? Quel collaborateur, quel assistant auraient soutenu le moral de leur patron lors du tremblement de terre en Arménie, en décembre 1988 ? Raïssa accompagne alors son mari, très ému par l'épouvantable désastre qui s'offre à leurs yeux. La télévision révèle que Gorbatchev est réellement bouleversé, et que sa femme donne courageusement de sa personne au cours de leur visite improvisée. Elle racontera cet épisode dans ses Mémoires :

> Je n'oublierai jamais ces journées. J'ai vu des hommes que le poids de leur perte avait rendus fous. J'ai vu des femmes qui sanglotaient sur des tombes minuscules et j'ai fait tout mon possible pour les consoler. J'ai vu, dans les hôpitaux, des enfants infirmes que j'ai regardés dans les yeux[8]…

Une femme comme Raïssa peut-elle se contenter, sur la scène publique, d'« aider son mari » ? Lors des premiers voyages officiels auxquels elle participe, elle multiplie les visites personnelles. Stratégie médiatique ou curiosité intellectuelle ? Les deux, sans doute. Désir, aussi, de montrer qu'elle n'est pas une potiche. A Genève, fin 1985, pendant que son mari négocie la paix du monde avec Ronald Reagan, elle préside à l'ambassade d'URSS une exposition des œuvres soviétiques ayant participé au Concours international de dessins d'enfants, où elle entraîne Nancy Reagan. Avec celle-ci, elle pose la première pierre d'un Musée de la Croix-Rouge internationale et du Croissant-Rouge. Mais la voilà qui visite aussi le siège de l'Organisation mondiale de la Santé (OMS), l'université de Genève, une bibliothèque, une famille d'agriculteurs suisses… De même à Reykjavik, un an plus tard, on la verra visiter des musées, des écoles, une piscine chauffée à l'eau des sources volcaniques, le port et ses baleinières, un élevage de moutons, etc. Six mois plus tard, à Belgrade, après le tombeau de Tito et l'incontournable « parc de l'Amitié », elle part visiter le nouveau quartier de Cerak-Vinograd où, semant la panique dans le service d'ordre, elle entre dans un petit supermarché pour y acheter du saucisson, du pain et des bonbons « pour ses petits-enfants » !

Naturelle, enjouée, parfois un peu pédante, Raïssa se montre d'une grande finesse. Elle sait jusqu'où ne pas aller trop loin. A Genève, pour sa séance de thé avec Nancy Reagan, elle s'habille sobrement d'une jupe noire, blouse blanche et cravate noire – car elle sait que cette scène sera diffusée à la télévision soviétique, et donc jusque chez le plus petit fonctionnaire de l'Oural. De même à l'université de Wellesley, aux Etats-Unis, elle refuse poliment de revêtir la toge académique traditionnelle en pensant aux photos qui pourraient déplaire à ses compatriotes.

Est-ce sa faute, après tout, si les faits et gestes de la «starine», comme on la surnomme, font le bonheur des journalistes occidentaux ? Elle a compris, très vite, que la médiatisation faisait partie de la règle du jeu diplomatique, et elle a appris, aussi vite, à en jouer. Non sans espièglerie parfois, comme le jour où, à Londres, elle quitte une réception officielle en saluant d'un joyeux:

«*See you later, alligator*[9] *!*»

Non sans se permettre, ici ou là, quelques reparties aussi inattendues que «politiquement correctes». Un jour, dans un musée genevois d'horlogerie ancienne, elle montre au cameraman américain qui la suit une pendulette restaurée, sertie de pierres précieuses:

«*Beau-ti-ful, isn't ?* Voilà ce que nous devrions toujours faire: restaurer les choses au lieu de les détruire[10] !»

Ses déplacements ont aussi, parfois, une réelle portée politique. Ainsi en Allemagne de l'Ouest, en juin 1989, quand elle va visiter, sans son mari, le cimetière des prisonniers de guerre soviétiques de Stuckenbrock où 65 000 de ses compatriotes ont péri fusillés ou malades. Jamais une délégation officielle n'avait visité l'endroit. Accompagnée du métropolite orthodoxe Pitirim, de la femme d'Helmut Kohl et de celle du ministre-président du Land de Westphalie, Johannes Rau, qui pourrait nier qu'elle joue, ce jour-là, un rôle diplomatique ?

A Moscou, l'impossible discrétion

A Moscou, Raïssa est aussi active et dynamique, même si ses faits et gestes ne font pas la une des journaux. D'abord il est bien difficile de savoir ce qu'elle dit à son mari, dans l'intimité, sur les sujets qui lui tiennent à cœur et sur lesquels elle a beaucoup travaillé. Ainsi, sur la condition de la femme, il est certain qu'elle a aidé Gorbatchev à formuler, dans son discours au XVIIe Congrès du Parti en 1986, les passages sur la prolongation du congé maternité, l'augmentation des places de crèche et la nécessité de faciliter le travail à temps partiel pour les mères de famille.

Sur le plan culturel, il lui arrive de glisser un conseil à son époux, ou de lui recommander un livre, comme elle l'a fait toute sa vie. C'est elle qui lui a fait découvrir certains grands auteurs russes antimarxistes comme Goumilev ou Berdiaev, dont les livres sont interdits par la censure. C'est elle qui lui aurait vanté les mérites de l'acteur Nikolaï Goubenko, un non-communiste, un jour où on cherchait un directeur pour le ministère de la Culture. On comprend que certains fonctionnaires du gouvernement, du Parti ou du KGB ne voient pas d'un bon œil ce type d'interventions...

Les journaux bienveillants à l'égard de Gorbatchev font ce qu'ils peuvent et passent sous silence, autant que faire se peut, les exploits de sa femme à l'étranger, tout comme ses activités dans le pays. Quand elle préside une exposition Yves Saint Laurent à Moscou, à l'automne 1986, la télévision ne s'attarde pas sur elle et ne mentionne même pas son nom. Pis : l'agence Tass ne reproduit pas le propos où le couturier explique comment Raïssa l'a invité, un an plus tôt, à venir présenter ses créations en Russie !

A la même époque, lors d'un voyage officiel de Mikhaïl Gorbatchev en Inde, les zélés censeurs de la *Pravda* estiment que la bague que porte Raïssa lors de cette visite est trop voyante : d'un habile coup de pinceau, selon une méthode depuis longtemps éprouvée[11], on efface la bague de la photo. Mais ces artifices d'un autre temps sont devenus inopérants, quand ils ne se retournent pas contre leurs auteurs : les *Izvestia*, la *Komsomolskaïa Pravda* et la *Krasnaïa Zvezda* ayant publié la photo sans la retoucher, on ne parle plus dans Moscou que de la bague au doigt de la première dame[12] !

La *glasnost* qui se généralise dans le pays rend vaine la volonté de minimiser, voire d'occulter les activités de Raïssa Maximovna. Lors des deux grandes fêtes traditionnelles du régime, le 1er mai (fête du Travail) et le 7 novembre (fête de la Révolution), les journalistes et les photographes n'ont d'yeux que pour elle. On la voit enjouée, entourée des épouses des membres du Politburo – qui n'ont pas toutes son naturel et son charme. On recueille ses bribes de confidences sur ses prochains voyages ou son mauvais anglais. On commente à l'envi ses tenues vestimentaires – manteau d'astrakan et toque blanche en novembre, robe de printemps et jolie coiffure en mai…

Le 8 août 1986, un pas est franchi : Raïssa figure sur une liste de 95 personnalités chargées de mettre en place un «Fonds soviétique de la culture» sous la présidence de l'ancien ministre Piotr Demitchev. L'agence Tass la mentionne dans son compte rendu, dans l'ordre alphabétique, en tant que «R. M. Gorbatcheva», sans plus de détails. Le 13 novembre suivant, lors d'une conférence de presse, les responsables de cette nouvelle institution annoncent, d'une voix égale, que «Raïssa Maximovna Gorbatcheva» a été élue au présidium du Fonds désormais présidé par l'académicien Dmitri Likhatchev, au même titre que l'écrivain Iouri Bondarev, l'ex-diplomate Valentin Faline et onze autres artistes, journalistes et universitaires connus. Le principal objectif du Fonds est la sauvegarde du patrimoine culturel soviétique et le rapatriement en URSS de chefs-d'œuvre artistiques russes disséminés à l'étranger : que la «première dame» du pays, entre ses voyages et ses contacts personnels, puisse être utile à cette mission est difficilement contestable.

Rumeurs, machisme et jalousie

Mais les mentalités, en URSS, ne sont pas prêtes. Machisme ancestral, jalousie confuse, haine du pouvoir : qu'une simple épouse sans mandat puisse influencer le valeureux pouvoir prolétarien, qu'une femme prétende représenter ses compatriotes habillée comme une Occidentale, voilà qui suscite l'indignation des braves gens. La femme, en URSS, s'occupe du ménage à la maison, elle va faire la queue dans les magasins, elle s'occupe des devoirs des enfants, elle prépare à dîner pour sa famille et gère les tracas des appartements communautaires : pas question pour elle de lire les journaux, d'aller boire un verre de kvas au café, de parler politique ou… de s'intéresser à la mode. Si les femmes sont effectivement représentées dans les soviets locaux, elles sont nettement minoritaires au niveau des Républiques, et quasiment absentes de la «sphère dirigeante» de l'URSS. Que l'épouse du secrétaire général se pavane comme un membre du Politburo, quel scandale !

Dès les premiers mois ayant suivi l'accession de son mari au pouvoir suprême, les rumeurs malveillantes à l'endroit de Raïssa ont commencé : la « femme de Gorbatchev » serait, en réalité, la nièce de Gromyko ; elle serait d'ascendance juive[13], ce qui n'est jamais un compliment en Russie ; elle serait d'origine tatare (comme ses pommettes et ses yeux légèrement bridés le prouvent), ce qui expliquerait la clémence de Gorbatchev à l'égard de la manifestation des Tatars de Crimée[14] devant le Kremlin en 1987. Paradoxalement, plus on en saura sur Raïssa, et plus se multiplieront les rumeurs les plus folles ; plus on entendra parler de sa popularité à l'Ouest, plus elle sera impopulaire dans son pays.

Or, en quoi est-elle scandaleuse, Raïssa Maximovna ? Elle va se faire coiffer à l'hôtel International, comme beaucoup de femmes aisées à Moscou. Elle ne s'habille même pas chez le couturier branché Slava Zaïtsev – « chez qui vont toutes mes amies », précise-t-elle – mais chez Tamara Makeïeva, la très classique directrice du *Dom Modeli* (« La Maison de la mode ») qui dépend de l'Etat. Pour la nourriture, elle s'approvisionne en passant commande au département n° 9 du magasin Goum, situé rue Tranovski, comme beaucoup de femmes de dirigeants. On la soupçonnerait en vain de dépenses somptuaires, d'attitudes déplacées ou de propos séditieux. En février 1987, elle participe activement au lancement de l'édition russe du magazine de mode ouest-allemand *Burda Moden,* en précisant bien qu'il s'agit de contribuer « à la coopération internationale et à l'entente mutuelle entre nos deux peuples », et non à quelque futilité capitaliste sans rapport avec le quotidien des kolkhoziennes de base. A Moscou, quand elle accorde une interview au magazine féminin *Rabotnitsa* (« La Travailleuse ») en août 1987, ou quand elle reçoit toutes les femmes d'ambassadeur pour la Journée internationale de la Femme, en mars 1988, elle tient des propos très prudents sur les progrès que font les femmes soviétiques dans leur habillement, ou sur le rôle de la femme dans la paix mondiale.

Trop « occidentale », la première dame du pays fondateur du communisme ? Raïssa lit le magazine *Time* depuis que le directeur de ce journal, sous le charme, lui a offert en 1985 un abonnement à domicile[15]. Elle fait sa gymnastique, le matin, en écoutant des cassettes américaines – un luxe en Russie – qui lui permettent de pratiquer un peu d'anglais. Et elle honore de sa présence, en octobre 1988, un concert donné à Moscou en hommage au jazzman Duke Ellington. Pas de quoi l'accuser de haute trahison…

«*I don't love Raïssa*»

A partir du printemps 1987, Moscou bruisse de ragots dévastateurs. On diffuse des informations insensées sur cette fameuse carte de crédit dont elle se serait servie, à Londres, en 1984 : ce serait, pensez donc, une *Gold Card*, qu'American Express réserve à sa clientèle huppée ! On en rajoute sur le fait qu'elle aime les fourrures, les bijoux, les vêtements chics. Une vidéo, dit-on, circule à Moscou la montrant en train de payer de gros achats à Londres avec cette fameuse carte – que personne n'a jamais vue, pas plus que la vidéo elle-même. Il y a de la désinformation dans l'air…

Une interview va faire scandale et donner des arguments à tous les détracteurs de la «première dame». A la veille du premier sommet de Washington, le 1er décembre 1987, Gorbatchev reçoit le journaliste Tom Brokaw, de la chaîne américaine NBC, qui lui pose une question personnelle :

«Quand vous rentrez chez vous le soir, discutez-vous avec votre femme de politique ?

— Nous discutons de tout, répond Gorbatchev en souriant.

— Y compris des affaires soviétiques les plus confidentielles ?

— Je crois vous avoir répondu : nous discutons de tout ! »

Dans sa traduction officielle, l'agence Tass a censuré ce tout dernier échange. Mais, à l'époque, les journalistes soviétiques n'en sont déjà plus à recopier les dépêches officielles, et relaient à l'envi la presse américaine : la confidence de Gorbatchev, largement diffusée et commentée, va provoquer une véritable campagne de dénigrement et de calomnies. Combien touche-t-elle, la vice-présidente du Fonds soviétique de la culture ? Un communiqué spécial, le 30 novembre 1987, précisera que cette fonction n'est pas rémunérée. Nouveau scandale après que le couple Gorbatchev a visité le port de Mourmansk : depuis quand une femme monte-t-elle sur un bateau de guerre ? Tous les prétextes sont bons pour critiquer la femme du chef, qui va progressivement connaître le même statut médiatique que son mari : adulée à l'Ouest, détestée à l'Est…

Signe des temps : des petits malins, sans doute les mêmes qui fabriquent et vendent des badges « *I love Gorbatchev* », mettent sur le marché un nouveau badge qui fait fureur : « *I don't love Raïssa* ». Dans les soviets, lors des congrès, des responsables politiques s'en prendront bientôt à ses activités, à son rôle ou à son attitude. Au fil des mois et des années, les critiques émises contre la « première dame » et les campagnes contre elle fomentées dans l'ombre par quelques officines discrètes, vont changer de nature et de cible : elles viseront manifestement à déstabiliser son secrétaire général de mari.

15

Premières lézardes

> « Le moment le plus dangereux pour un mauvais gouvernement est d'ordinaire celui où il commence à se réformer. »
>
> Alexis de TOCQUEVILLE.

Riga, le 17 février 1987. Pour son septième déplacement en province, Mikhaïl Gorbatchev a choisi de visiter l'Estonie et la Lettonie, les deux Républiques baltes où l'économie est la plus performante d'URSS – tout étant relatif. Dans la capitale lettonne, Gorbatchev est venu jouer, une fois de plus, ce numéro où il excelle : parler à la population, en direct, devant les caméras de la télévision. Raïssa, vêtue d'une jupe droite marron et d'une veste trois quarts de fourrure beige, l'accompagne dans son premier bain de foule au pied de la statue des *Tirailleurs lettons rouges*, au centre de la ville, où le secrétaire général donne le ton de la visite : en sept minutes, il prononce dix fois le mot « *perestroïka* ».

Quelques heures plus tard, Gorbatchev est accueilli à l'usine VEF, un géant de l'électronique où travaillent 10 000 ouvriers. Le scénario est désormais bien rodé. Quelques centaines de « travailleurs » sont réunis dans la grande salle de conférences, sagement assis, dûment encadrés par leurs représentants syndicaux officiels, lorsque Gorbatchev entre, s'assoit sans façons et, au lieu de sortir un discours de sa poche, pose la première question à la cantonade :

« Je vous écoute ! Comment vont les affaires, ici ? Comment se passe la *perestroïka* ? Qu'est-ce qui la freine ? »

Surprise dans l'auditoire. Le secrétaire de la cellule du Parti s'empresse de répondre que tout va bien, que tout le monde est favorable à la *perestroïka*, qu'il y a des problèmes, certes, mais qu'on les résout…

« Avez-vous appris à critiquer ? Vous savez, les premiers à vous dissuader de critiquer, en général, ce sont les représentants du Parti ! »

Le délégué, qui s'appelle Romadjev, se recroqueville sur sa chaise, tandis que Gorbatchev enfonce le clou :

« Vous dites que tout le monde est d'accord avec la *perestroïka* ? Vous savez bien que non. Ici même il y a des gens qui ne le sont pas, car la *perestroïka* dérange les intérêts de certains ! »

C'est le nouveau leitmotiv du secrétaire général : si la *perestroïka* piétine, c'est, en bonne part, à cause des cadres du Parti communiste qui se sentent menacés dans leurs privilèges et qui pratiquent la résistance passive. Le lendemain, à Tallin, il sermonne à leur tour les responsables du PC estonien :

« Je serai franc, les interventions des secrétaires de *raïkom* sont loin de me satisfaire : beaucoup pensent que la *perestroïka* est un slogan de plus, ils n'ont pas compris son importance et son enjeu[1] ! »

« Il n'y a pas d'intouchables ! »

Pendant toute l'année 1987, Gorbatchev va interpeller, brocarder, provoquer, menacer les responsables du Parti hostiles au processus de réforme, appelant les simples militants, la « classe ouvrière », la presse et la population tout entière à les critiquer ouvertement : « Il n'y a pas de zones fermées à la critique, dit-il, il n'y a pas d'intouchables ! »

Ainsi le 25 février, au Kremlin, devant le XVIIIe Congrès de l'Union des syndicats, qui est censée représenter quelque 140 millions de travailleurs soviétiques, Gorbatchev jette un froid en accusant les dirigeants syndicaux d'être « en retrait par rapport aux impératifs de la *perestroïka*, en particulier dans leur tâche première qui est de défendre les intérêts des travailleurs et la justice sociale». Selon lui, il est temps d'«extirper de leur action le formalisme, le copinage, la paperasserie et le manque d'audace» . Une vraie douche froide pour cette puissante organisation et son président, Stepan Chalaev, qui a pourtant célébré cent fois, pendant ce congrès, les mérites de la nouvelle politique…

La même scène se déroule le 16 avril, dans la même salle du Kremlin, devant les 4 800 délégués participant au XXe Congrès du Komsomol. A la tribune, Gorbatchev explique tranquillement que «des personnes concrètes s'opposent à la *perestroïka*, y compris au niveau le plus élevé: Comité central, gouvernement, ministères, Républiques, régions, collectifs de travailleurs et aussi… Komsomol!». Le secrétaire général, Viktor Mironenko, n'en mène pas large. Certes, lui-même et ses acolytes ont truffé leurs discours de vibrantes proclamations en faveur de la *glasnost*, de la *demokratizatsia* et de la *perestroïka*; certes, Gorbatchev les a flattés en les appelant la «Jeune Garde de la *perestroïka*»; mais chacun sait, en URSS, que les dirigeants du Komsomol, représentants fictifs de 42 millions de jeunes Soviétiques indifférents à la politique, ne sont pas de grands réformateurs, bien au contraire.

Il ne s'agit pas de dénoncer une quelconque «opposition politique», précise Gorbatchev, mais d'enrayer un «processus de freinage»: il faut donc «faire sauter les freins qui bloquent la réforme», à quelque niveau que ce soit. Et lui-même d'appliquer cette doctrine au sommet du pouvoir: les 25 et 26 juin, à Moscou, lors d'un nouveau plenum du Comité central, Gorbatchev s'en prend nommément à plusieurs dirigeants de haut niveau, comme le patron du PC de l'Arménie, Karem Demirtchan, et celui de la ville de Gorki, Iouri Khristoradnov, qui sont de vieux «brejnéviens». Mais il fustige aussi le premier président du Gosplan, Nikolaï Talyzine, qu'il avait lui-même promu au Politburo en octobre 1985. Une façon de montrer que, même dans son entourage, il n'y a pas de place pour les réfractaires.

C'est au cours de ce plenum que Gorbatchev développe le volet proprement économique de la *perestroïka*, comme pour montrer que son grand projet n'a rien de théorique. Dans un rapport de 110 pages, il annonce une «réforme radicale d'ensemble» de l'économie soviétique, qui prévoit d'y introduire des mécanismes d'économie de marché : plus grande autonomie des entreprises, réforme du système des prix, abandon de la gestion centralisée, stimulation du potentiel individuel, etc.

Deux ans après le lancement de la *perestroïka*, les choses sérieuses commencent. Il n'est plus question de tergiverser : « Personne ne peut plus rester sur la touche de la *perestroïka*, chacun doit prendre position ! » Ses voyages en province – il se rend à Mourmansk le 30 septembre – le confortent dans l'idée que la population n'est pas hostile à la réforme, mais qu'elle reste sceptique parce qu'elle ne voit rien bouger. Notamment dans l'alimentation, le logement, les transports. Et si aucun progrès n'est perceptible ni dans l'économie ni dans la vie quotidienne, c'est forcément à cause de la « bureaucratie », de ces millions de fonctionnaires timorés, incompétents ou paresseux qui bloquent toute velléité de changement.

Premier échec électoral

Le 27 janvier, Mikhaïl Gorbatchev avait lancé une idée – une de plus – devant le plenum du Comité central : pour que la démocratie soviétique perde son « côté formel » *(sic)*, pourquoi ne pas décréter, en sus du vote à bulletins secrets, la multiplicité des candidatures aux élections ? Un concept incongru dans ce pays où le parti unique a toujours désigné le candidat à élire, lequel récolte donc quelque 99 % des voix, au point que la population se désintéresse totalement des élections : combien de citoyens, en URSS, connaissent le nom du député de leur circonscription ?

On sait que la réunion avait été houleuse[2], nombre de dirigeants considérant la proposition comme « non réaliste ». Une rumeur avait même couru parmi les correspondants de la presse occidentale : Gorbatchev aurait menacé de démissionner s'il n'était pas suivi sur ce terrain. C'était une boutade, rectifieront ses proches. Peut-être. Toujours est-il que le secrétaire général dut jeter toutes ses forces dans le débat :

« La démocratie nous est aussi indispensable que l'air ! Si nous ne le comprenons pas, notre politique échouera, camarades[3] ! »

L'enfance. Mikhaïl Gorbatchev avec ses parents, à Privolnoe (région de Stavropol, en Russie du Sud), vers 1938.
© Apic/Getty Images

La jeunesse. Mikhaïl Gorbatchev reçoit à 19 ans la médaille du Drapeau rouge du Travail pour avoir fait les moissons au volant d'une moissonneuse-batteuse.
© AP Photo

Mikhaïl Gorbatchev lors d'un meeting ouvrier dans les années 1970. © Vladimir Velenouri/AFP

17 novembre 1981 : au XXVIe congrès du Parti communiste, Gorbatchev siège à la tribune, seul jeune parmi des vieillards (on reconnaît Tchernenko et Brejnev au premier rang, Oustinov et Romanov au dernier). © Sovfoto/UIG *via* Getty Images

7 octobre 1985 : Mikhaïl Gorbatchev, nouveau secrétaire général du PCUS, à côté d'Andreï Gromyko, président du præsidium du Soviet suprême, et de Nikolaï Ryjkov, Premier ministre, lors du 68e anniversaire de la révolution d'Octobre.

Octobre 1985 : en visite officielle à Paris, le nouveau secrétaire général du PCUS rencontre Georges Marchais, secrétaire général du PC français.

De la guerre froide... : en novembre 1985, Mikhaïl Gorbatchev et Ronald Reagan se serrent la main au début du premier sommet de Genève. © Dirck Halstead/Getty Images

... à la détente : à partir du sommet de Reykjavik, en octobre 1986, le courant passe entre les deux dirigeants. © David Hume Kennerly/Getty Images

Le « baiser de la mort » :
Gorbatchev embrasse « à la russe » Erich Honecker, secrétaire général du parti communiste est-allemand, qu'il déteste et dont il va précipiter la chute en octobre 1989.
© Wieseles/AFP

Octobre 1986 : Mikhaïl Gorbatchev et son épouse Raïssa débarquent à Reykjavik, en Islande, pour un sommet américano-soviétique… auquel les épouses n'étaient pas conviées !
© Dominique Faget/AFP

Novembre 1986 : à la tribune du Mausolée de Lénine, à Moscou,
on reconnaît Boris Eltsine, membre du Politburo (à gauche), et Mikhaïl Gorbatchev,
secrétaire général du Parti (à droite). © Boris Kaufman/Ria Novosti/AFP

Visite historique du couple Gorbatchev au Vatican le 1er décembre 1989.
© Felici-XY/Gamma-Rapho

Tout au long de l'année 1991, Gorbatchev se bat pour imposer un « traité d'union » entre l'URSS, la Russie (on reconnaît Boris Eltsine à gauche) et les autres Républiques. © Alexander Makarov/Ria Novosti/AFP

22 août 1991, aéroport de Vnoukovo : retour à Moscou de Mikhaïl Gorbatchev après l'échec du putsch conservateur qui l'a surpris en Crimée. © Stéphane Bentura/AFP

23 août 1991 : devant le Parlement russe, Boris Eltsine humilie Gorbatchev — « Mikhaïl Sergueïevitch ! Lisez cette feuille, lisez donc ! » — avant d'interdire le Parti communiste de l'URSS. © Georges de Keerle/Sygma/Corbis

1997 : Gorbatchev, retraité de la politique, et sa petite-fille Anastasia faisant la promotion d'une chaîne de fastfood en Russie. Une façon de s'ouvrir au capitalisme... © WTN/AFP

L'homme de la *perestroïka* ne parviendra jamais à oublier la politique (ici, en janvier 1999). © Peter Turnley/Corbis

Face aux nombreuses objections concrètes émises par ses collègues – effrayés, à les entendre, par l'ampleur « technique » d'une telle réforme –, Gorbatchev a dû se contenter de rendre « expérimentales » seulement une petite part des élections locales du 21 juin suivant. Ce jour-là, un million d'électeurs, sur un total de 180 millions, firent l'expérience de cette « nouvelle pratique électorale » *(sic)* instaurée dans 4 % des circonscriptions – districts, villes ou villages. Pour la première fois, les candidats y furent plus nombreux que les postes à pourvoir, des réunions électorales furent organisées pour sélectionner les concurrents, et on invita les électeurs à rayer des noms sur les bulletins…

Certes, il y eut quelques surprises : ici, un « sans parti » fut préféré au candidat de l'appareil ; là, des députés sortants ne purent même pas se représenter ; parfois la discussion publique fut animée ; et même, dans quelques-unes des circonscriptions concernées, il fallut organiser un second tour pour départager les deux candidats[4]. Mais, dans l'ensemble, la réforme n'a pas passionné les foules. A la base, personne n'y a cru. Surtout dans les campagnes, les provinces lointaines, les régions périphériques où l'on n'a connu, depuis un demi-siècle, que trucages, violences et revirements de tous ordres. Seconde déconvenue pour Gorbatchev : un tout petit nombre de « candidats de la *perestroïka* » ont émergé de cette peu convaincante tentative de « démocratisation ».

Pour Mikhaïl Gorbatchev, c'est une déception. Interrogé ce dimanche-là par les journalistes occidentaux à la sortie de son bureau de vote moscovite – où lui-même a voté pour un candidat unique à l'ancienne –, le secrétaire général s'en tire par une pirouette en forme de métaphore automobile :

« Notre pays est une masse énorme. Il est difficile de tourner le volant. Mais une fois en route, nous ne nous arrêtons plus ! »

Inutile d'attendre les résultats, qui seront connus tard dans la nuit. Gorbatchev sait déjà que son expérience de « démocratisation » est un échec. La *Pravda* du jour avait pourtant titré, en première page :

« NOUS VOTONS POUR LA *PERESTROÏKA* ! »

La belle affaire… Pendant toute cette période, la presse du Parti, de la *Pravda* à *Kommunist,* appuie ostensiblement le secrétaire général, y compris pour dénoncer la frilosité… du Parti. Comme tous les orateurs des meetings, congrès et autres réunions auxquels il assiste. Gorbatchev n'est pas dupe. Il s'appuie sur cette unanimité de façade pour dire, à plusieurs reprises, qu'il a d'ores et déjà remporté une victoire «morale et idéologique». Mais il se garde bien de parler d'une victoire «politique».

Les récalcitrants seront «balayés»

Mardi 13 octobre 1987, 16 heures. A nouveau Leningrad. A nouveau le palais Smolny, lieu emblématique de la révolution d'Octobre. Devant quelques centaines de vétérans du bolchevisme, Mikhaïl Gorbatchev martèle à nouveau son message. Il rappelle d'abord la nouvelle répartition des tâches au sommet de l'Etat : au gouvernement et aux soviets la gestion, l'administration, l'intendance ; au Parti la vision, la stratégie, la réforme. Le Parti est donc le «garant» de la *perestroïka*, dit l'orateur, qui insiste sur le côté «révolutionnaire» de celle-ci. A Leningrad, le mot n'est pas gratuit : il signifie que la *perestroïka*, comme la Révolution, incarne le sens de l'histoire. Et qu'elle n'a pas d'alternative.

L'orateur, une fois encore, ne mâche pas ses mots. Son propos se fait menaçant. Le Parti, dit-il, se caractérise par des effectifs pléthoriques («entre une fois et demie et deux fois plus de gens que nécessaire») et, trop souvent, par «des bureaux vides et des couloirs déserts». En conséquence de quoi «la bureaucratie du Parti, qui compte 19 millions de fonctionnaires, sera réduite». Sur quel critère ? Sur le seul qui compte : l'engagement de chacun dans le sens de la *perestroïka*. Les récalcitrants, les tire-au-flanc et les parasites n'ont qu'à bien se tenir : une «lutte sans compromis» sera menée contre eux, ils seront «balayés».

«Balayés» : pour ces «19 millions» de fonctionnaires du Parti[5], le message ressemble à une déclaration de guerre. L'orateur, emporté par sa verve, sent-il qu'il va trop loin ? Voilà qu'il se reprend :

«Camarades, ne vous trompez pas, ne croyez pas que je lance un appel, comme lors de la Révolution culturelle en Chine, à faire feu sur le quartier général !»

Rires dans la salle. Mais, comme s'il y avait un doute sur le sens caché de cette antiphrase, ce propos-là sera supprimé de tous les comptes rendus officiels.

Quelques jours plus tard, le 3 novembre, Gorbatchev prononce au Kremlin un long discours – encore un – devant les 5 800 participants aux cérémonies solennelles du 70e anniversaire de la révolution d'Octobre. Une telle commémoration permet au chef du Parti de revendiquer à nouveau l'héritage de Lénine. L'exercice, qui dure plus de deux heures, est retransmis en direct à la télévision soviétique. A propos de la *perestroïka*, point fort de son discours, il déclare :

> Nous aurions tort d'ignorer une certaine montée de la résistance des forces conservatrices qui ne voient dans la *perestroïka* qu'une menace pour leurs intérêts propres et leurs fins égoïstes. [...] Il faut apprendre à déceler, à démasquer, à neutraliser les manœuvres des adversaires de la *perestroïka*, de ceux qui tentent de nous replonger dans le passé.

Son propos ressemble, à s'y méprendre, au texte du livre paru sous sa signature deux jours plus tôt, et qu'on trouve déjà dans les kiosques de Moscou. Concocté pendant l'été, l'ouvrage compte 271 pages. Il est intitulé : *Perestroïka et nouveau mode de pensée pour notre pays et pour le monde tout entier*[6]. C'est une synthèse de toutes les interventions que l'auteur, depuis plus d'un an, a consacrées à la promotion de ses réformes. Il y fustige évidemment ses adversaires, réfractaires à la modernité, et assure que les deux ou trois années à venir seront « décisives ». C'est exactement ce qu'il affirme dans son discours du Kremlin. A l'évidence, Gorbatchev maintient son cap, au grand dam de tous ceux dont la nouvelle politique menace, en effet, les « intérêts propres ». Ceux-là, tout en applaudissant chaleureusement l'orateur, espèrent secrètement que Gorbatchev va connaître le même sort que Khrouchtchev, dont il saluait quelques minutes plus tôt le « courage » et déplorait le « subjectivisme ». Est-ce bien à Khrouchtchev qu'il pensait à cet instant ? Dans le registre du non-dit, l'assistance entend Gorbatchev lancer gaillardement, à la fin de son discours :

« A notre prochaine rencontre, pour le centenaire de la Révolution, en 2017 ! »

Chacun l'a compris : c'était une plaisanterie.

La barre au centre

Moscou, 8 janvier 1988. Dans la grande salle de l'immeuble du Comité central, sur la Place Vieille, une poignée de membres du Politburo discutent avec une cinquantaine de responsables des médias et de la culture. Ce n'est pas la première réunion du genre. Mikhaïl Gorbatchev adore ce genre d'échanges, qui rompent avec les habitudes locales : il s'y sent à l'aise, il respecte ses interlocuteurs, notamment les rédacteurs en chef des grands journaux les plus influents comme Vitali Korotitch *(Ogoniok)*, Viktor Afanassiev *(Pravda)* ou Valentin Faline *(Novosti)*. Nul ne s'étonne, autour de la table, que Gorbatchev introduise lui-même les échanges, réponde à chaque intervenant, confère sur tous les sujets de l'heure, improvise théories ou mots d'ordre, et conclue personnellement la rencontre : cet homme est décidément un moulin à paroles[7].

La réunion, qui va durer sept heures, a pour objet de préparer la Conférence du Parti prévue au mois de juin 1988. Sa liberté de ton ne surprend plus personne. La *glasnost*, au moins à ce niveau, est devenue une réalité. Or, au plus fort de la discussion, chacun note un propos inhabituel. Dans une diatribe vigoureuse, à sa façon inimitable, Gorbatchev s'en prend à ceux qui le critiquent, ceux de « droite » et ceux de « gauche ». A droite, les partisans des « méthodes administratives », les conservateurs qui défendent leurs privilèges, bloquent le changement et lui reprochent de saper les fondements du socialisme ; à gauche, les adeptes d'une « phraséologie ultraperestroïkiste », les « impatients » partisans de réformes beaucoup plus radicales, qui ne tiennent pas compte du réel[8].

C'est la première fois que Gorbatchev renvoie ainsi dos à dos une « droite » et une « gauche » que personne n'avait encore pointées dans ces termes[9]. Korotitch et les autres se lancent des regards interrogatifs : Gorbatchev serait-il en train de déserter l'avant-garde du combat pour la *perestroïka* pour se recentrer prudemment sur une position médiane, moins exposée ? Est-ce un recul stratégique ou une simple manœuvre tactique ? L'orateur, dans son discours, a eu cette phrase énigmatique :

> En abordant l'étape la plus complexe de la *perestroïka*, lorsque nous nous heurterons à des problèmes nouveaux, nous n'allons pas paniquer ni nous énerver. Peut-être même devrons-nous battre en retraite s'il se révèle que nous avons commis une erreur. Nous ne devons pas avoir peur des erreurs...

A quelle « retraite » pense-t-il ? Et, surtout, qui a-t-il en vue quand il fustige cette « droite » et cette « gauche » ? Depuis deux ans, aucune divergence n'était apparue au sein de la direction « collégiale » mise en place après la mort de Tchernenko. Juste des nuances. On savait que le numéro deux du régime, Egor Ligatchev, n'était pas toujours d'accord avec le numéro un, on chuchotait même que les deux hommes n'étaient plus en phase, mais l'un et l'autre affirmaient avec la même force l'unité de vue de la direction du Parti.

Ligatchev, le numéro deux

Egor Kouzmitch Ligatchev a dix ans de plus que Gorbatchev. Il est, lui aussi, une découverte de feu Iouri Andropov, qui l'avait fait venir de Tomsk, en Sibérie, où il était Premier secrétaire depuis 1965, pour le nommer au secrétariat du Parti en 1983. Ligatchev fut chargé du département des cadres, un poste stratégique placé sous la tutelle de Mikhaïl Gorbatchev, déjà membre du Politburo. L'homme est intelligent, travailleur, il prône la modernisation, la réforme et la discipline. Il a la même expérience locale que Gorbarchev et le même sens de l'Etat et du Parti. Les deux hommes se connaissent bien et se respectent.

Personne ne s'est étonné, cinq mois après l'arrivée de Gorbatchev au pouvoir, de la promotion d'Egor Ligatchev comme membre titulaire du Politburo chargé de l'idéologie. A ce poste, il coiffe le dogme, la propagande, l'éducation, les relations avec les autres Partis communistes. C'est lui qui préside les réunions du secrétariat du Comité central. Il préside aussi les réunions du Politburo en l'absence du secrétaire général. C'est exactement le poste qu'occupait Gorbatchev avant de remplacer Tchernenko, c'est-à-dire le poste de « numéro deux » implicite – même si l'intéressé conteste, avec une prudence toute soviétique, cet ordre hiérarchique lors d'une visite officielle à Paris en décembre 1987 :

« Il n'y a ni "numéro 1", ni "numéro 2" au Politburo : il y a un secrétaire général et les autres membres de la direction [10] ! »

Derrière l'unité affichée du Politburo – unité que Ligatchev qualifie, exactement comme Gorbatchev, de « victoire morale et idéologique[11] » – certains observateurs avisés ont remarqué quelques failles menaçant cette unanimité de façade. Un premier différend a opposé les deux hommes quand des émeutes nationalistes ont éclaté à Alma Ata, au Kazakhstan, en décembre 1986 : dans son rapport au plenum de janvier 1987, Gorbatchev a laissé entendre que Ligatchev, en imposant un Russe à la tête du PC kazakh, aurait dû faire preuve de davantage de « délicatesse » et de « responsabilité ». Le respect que Gorbatchev éprouve pour les cultures nationales n'est pas partagé, à l'évidence, par son bras droit. Plus tard, le 26 août, Ligatchev a tempéré les vives critiques portées par Gorbatchev contre la gestion stalinienne des années 1930 – le responsable de l'idéologie prononçait un discours dans une grande usine de la banlieue de Moscou, Elektrostal, une des rares à porter encore, implicitement, le nom de Staline…

Mais c'est en février 1987 que l'imperceptible faille entre les deux hommes va devenir lézarde. Lors du plenum du Comité central consacré à l'éducation le 16 février, le numéro deux exprime quelques idées personnelles clairement conservatrices, en net décalage avec la vision réformiste du secrétaire général : l'orateur pousse les jeunes à rejeter la morale bourgeoise, appelle les minorités ethniques à parler correctement le russe, célèbre les « réalisations imposantes » de l'époque stalinienne, et fustige les « musiques dégénérées » qui pervertissent la jeunesse russe…

Ce n'est pas une déclaration de guerre, certes. Mais cet affrontement public à fleurets mouchetés, tout en nuances, laisse imaginer que le fossé va s'élargir entre les deux hommes jusqu'à en faire, un jour, des rivaux acharnés.

La faute du camarade Eltsine

L'heure n'est pas à l'affrontement politique. Gorbatchev se garde de mentionner le nom de Ligatchev quand il parle des « conservateurs » du Parti. En revanche, il ne se prive pas de citer un autre nom quand il parle des « impatients » et autres « ultraperestroïkistes » : celui de Boris Eltsine, le patron du PC de Moscou. C'est la première fois depuis son accession au pouvoir suprême que Gorbatchev désigne nommément un adversaire politique Surprise : c'est un de ses partisans les plus convaincus !

Boris Nikolaïevitch Eltsine a exactement le même âge que Gorbatchev. Comme lui, il est issu d'une famille provinciale pauvre et ne doit son ascension qu'à son mérite. Gros travailleur et communiste sincère, c'est un bâtisseur, un organisateur, un meneur d'hommes. Il a été longtemps Premier secrétaire du PC à Sverdlovsk, au cœur de la Russie profonde, avant d'être appelé à Moscou, le 1er juillet 1985, pour diriger l'important département de la construction du Comité central. Les autres « Sibériens » du Politburo, les Ryjkov et autres Ligatchev, étaient alors divisés sur son compte. Mais son exceptionnel dynamisme, son franc-parler et sa volonté de bien faire ont fait taire les critiques. Quand il s'est agi de nommer en urgence un nouveau patron pour le PC de Moscou après le limogeage du brejnévien Viktor Grichine, en novembre 1985, son nom est sorti du chapeau : un réformiste, plutôt jeune, vierge de toute complicité avec le très corrompu appareil moscovite, et n'ayant peur de rien. A ce poste, l'enthousiaste et jovial Boris Nikolaïevitch a scrupuleusement appliqué les directives de Gorbatchev. Avec un entrain de néophyte, il est allé inspecter lui-même les magasins et le métro de la capitale, il a supprimé nombre de privilèges et de sinécures, il a ouvert les dossiers les plus sulfureux, il a même licencié les trois quarts des responsables[12] : en voilà un, au moins, qui ne mégotait pas son soutien à la *perestroïka* !

Eltsine est un instinctif, pas un politique. La diplomatie n'est pas son fort, et il déteste les petits arrangements de couloir. Il se moque de se faire des dizaines d'ennemis mortels chez les apparatchiks de la capitale – qui ont, évidemment, des connexions nombreuses dans les bureaux du Comité central. Il pense que le petit peuple de Moscou est avec lui, ce qui est le plus important, et qu'il est protégé par le secrétaire général du Parti – lequel, en effet, ne lui ménage pas son soutien et ses compliments.

Lors du plenum du 21 octobre 1987, Eltsine demande à prendre la parole devant le Comité central. Ce n'était pas prévu. Il commence par encenser Mikhaïl Gorbatchev et stigmatiser les adversaires de la *perestroïka*. Il est parfaitement « dans la ligne », y compris quand il s'en prend violemment aux bureaucrates du Parti et aux privilèges des dirigeants. Mais il ne peut pas s'empêcher de provoquer l'assistance :

> Camarades, il m'est difficile d'expliquer à l'ouvrier d'usine pourquoi, alors qu'il est censé avoir le pouvoir depuis soixante-dix ans, il est obligé de faire la queue pour acheter des saucisses dans lesquelles il y plus d'amidon que de viande, tandis que nos tables à nous regorgent d'esturgeon, de caviar et de mets délicats acquis sans problèmes dans des magasins spéciaux où lui, l'ouvrier, n'a pas le droit d'entrer. »

Pour beaucoup de présents qui remuent légèrement sur leurs sièges, Eltsine dépasse les bornes. Un mois plus tôt, il avait écrit à Gorbatchev une lettre un peu étrange, pleine de désillusion et de contrition, annonçant qu'il ne se sentait pas apprécié au Politburo et qu'il voulait démissionner de tous ses postes[13]. Lassitude réelle ? Chantage affectif ? Le secrétaire général, intrigué et sceptique, lui avait suggéré de reporter la question à plus tard, après les célébrations de la révolution d'Octobre. Peine perdue. Gorbatchev, inquiet, se tasse dans son fauteuil. Eltsine est lancé, on ne peut plus le retenir :

> Ceux pour qui les privilèges sont un but dans la vie, ne sont pas nos compagnons de route ! Ne criez pas contre moi, camarade Ligatchev, je n'ai pas besoin de leçons, je ne suis plus un gamin ! […] Quant au commerce, les mêmes fonctionnaires des mêmes ministères continuent de couvrir les voleurs de comptoir, et pas pour des raisons humanitaires ! Non, camarade Tchebrikov, je regrette de le dire, mais ce sont des faits !…

Eltsine ferraille, provoque, critique, dénonce. Ligatchev, on l'a dit, est le numéro deux du Parti. Tchebrikov, c'est le patron du KGB. Quand l'orateur termine sa diatribe en lançant une vibrante profession de foi en faveur de la *perestroïka*, est-il conscient d'être allé trop loin[14] ? Quand il se rassoit, les protestations fusent. Ligatchev se précipite à la tribune, qualifie le discours de « politiquement erroné » et demande de le sanctionner par un vote du Comité central. Plusieurs orateurs – vingt-six au total – s'engouffrent dans la brèche pour critiquer leur impudent collègue. Personne ne prend sa défense. Gorbatchev ne dit rien. Le vote a lieu, le blâme est unanime. Eltsine prend la parole, reconnaît piteusement avoir commis une « faute » et offre publiquement sa démission. Il est un peu sonné[15].

La mise à mort du Sibérien

C'est le Politburo, dont Eltsine est membre suppléant, et surtout le Comité du Parti de Moscou, dont il est le Premier secrétaire, qui vont devoir accepter ou refuser sa démission. A ce moment, la carrière de Boris Eltsine tient à un fil, et ce fil s'appelle Mikhaïl Gorbatchev. Après tout, même maladroitement, il n'a fait que soutenir son ex-collègue et patron, auquel il est tout dévoué. Le secrétaire général du Parti peut encore s'opposer à son limogeage et passer l'éponge sur ce regrettable incident. D'ailleurs, si Eltsine l'a menacé de son départ, n'était-ce pas, au fond, pour que Gorbatchev l'en dissuade ?

Le 2 novembre, au Kremlin, quand il entend Gorbatchev rejeter dans son discours aussi bien la « droite » que la « gauche » et fustiger les « impatients » et autres « ultraperestroïkistes », Eltsine comprend que son « protecteur », loin de le dissuader de partir, va le lâcher. Le *guensek*, d'abord, est en colère contre lui : il n'a pas le temps de s'occuper des états d'âme des uns ou des autres, et se serait bien passé de ce psychodrame. Ensuite, même s'il considère Eltsine comme un homme à lui, il ne va pas risquer une rupture avec Ligatchev pour ce velléitaire incontrôlable.

Le samedi 7 novembre, à la grande réception donnée au Kremlin pour le 70e anniversaire de la révolution d'Octobre, Boris Eltsine reste isolé dans la foule des 3 000 invités. Il est clair que personne ne veut prendre le risque de s'afficher avec lui. Le Sibérien n'est pas à l'aise, dans cette cohue mondaine qui se bouscule autour de Gorbatchev et de ses hôtes prestigieux, de Fidel Castro au général Jaruzelski. Au même moment, à la sortie de quelques stations de métro, dans le sud de Moscou, une poignée de ses fidèles distribuent des tracts photocopiés exigeant son maintien à la tête du PC de Moscou. Cette petite manœuvre dérisoire était-elle bien utile[16] ?

Le mercredi 11 novembre, Mikhaïl Gorbatchev s'invite à une réunion extraordinaire du Comité du Parti *(gorkom)* pour la ville de Moscou. Au nom du Politburo et du secrétariat du Comité central, il prononce un réquisitoire assassin contre Boris Eltsine, accusé pêle-mêle de tenir des propos « politiquement immatures, extrêmement embrouillés et contradictoires », d'avoir « fait passer ses ambitions personnelles avant les intérêts du Parti » et d'avoir gâché ses chances à Moscou en faisant preuve d' « autoritarisme administratif » ! Dans la salle, les nombreux ennemis que s'est faits Eltsine boivent du petit-lait.

Après cette impitoyable descente en flammes, Eltsine se lève et fait son autocritique, dans la plus désolante tradition des « procès de Moscou » de l'époque stalinienne : sur le ton de la contrition, les yeux baissés, il admet que depuis quelque temps il « travaillait mal », il avoue qu'il a fait preuve d'une « ambition déplacée », il déclare qu'il se sent « coupable envers le Parti communiste en général et envers Mikhaïl Gorbatchev en particulier » :

« Je confirme ce que j'ai dit : je vous prie de me libérer des fonctions de membre suppléant du Bureau politique et de Premier secrétaire du Comité du Parti de la ville de Moscou[17]... »

L'homme est méconnaissable. Il est brisé. En un tournemain, il est « libéré de ses fonctions » à la tête du *gorkom* de Moscou. La belle aventure moscovite de Boris Eltsine se termine en un humiliant fiasco, doublé d'une terrible désillusion : Mikhaïl Gorbatchev, qu'il avait servi avec tant de zèle, l'a sacrifié, lui, le champion de la *perestroïka*, à ses petits intérêts politiciens. C'est évidemment pour calmer Ligatchev et les conservateurs du Politburo – un comble – que le secrétaire général, à coups de reproches cyniques et d'accusations injustes, a fait de lui un proscrit. Eltsine ne lui pardonnera jamais.

16

1988 : la fuite en avant

« On demande parfois s'il n'est pas possible
de ralentir un peu le *tempo*,
de freiner le mouvement. Non, camarades,
ce n'est pas possible ! »

Joseph STALINE (1931).

Moscou, 28 juin 1988. Le décor n'a pas changé. La grande salle du Palais des Congrès du Kremlin, avec ses deux balcons immenses, ses bas-côtés et sa longue tribune officielle où, face aux 5 000 délégués du Parti, les membres du Politburo alignés sur trois rangs semblent surveillés par un gigantesque portrait stylisé de Lénine. Au premier rang des dignitaires, Mikhaïl Gorbatchev est entouré d'Andreï Gromyko, président du Soviet suprême, à sa gauche, et d'Egor Ligatchev, numéro deux du Politburo, à sa droite. Le secrétaire général porte un costume bleu clair et une cravate à rayures. Il a l'air détendu. Il célèbre, en quelque sorte, le 3e anniversaire de la *perestroïka*, cette politique nouvelle et audacieuse qu'il incarne aux yeux du monde entier. Cette « Conférence nationale » qu'il avait lui-même convoquée il y a tout juste un an, c'est un peu sa fête.

C'est lui qui en est la vedette, en tout cas. C'est lui qui en ouvre les travaux par un long rapport de 130 pages dactylographiées qu'il va lire, non sans s'autoriser quelques improvisations, pendant trois heures et vingt minutes, dans la plus pure tradition communiste :

« Camarades délégués ! Comment approfondir et rendre irréversible la *perestroïka* révolutionnaire engagée dans notre pays à l'initiative et sous la direction du Parti ? Telle est la question fondamentale qui se pose à nous[1]... »

Un silence de cathédrale règne dans cet immense auditorium, qui sera régulièrement brisé par des salves d'applaudissements. Gorbatchev s'inscrit dans la grande tradition de Staline, Khrouchtchev et Brejnev qui aimaient faire applaudir leurs interminables discours, eux aussi, par des milliers de délégués enthousiastes et dociles. Pourtant, l'événement n'a rien d'une grand-messe totalitaire classique. D'abord, parce que les participants, cette fois, ne voteront pas comme un seul homme – c'est une grande première. Ensuite, parce que l'essentiel des débats sera retransmis en direct par la télévision dans tous les foyers du pays – c'est du jamais-vu. Enfin, parce que le combat politique, en URSS, a radicalement changé de nature.

Jusqu'à ce printemps, la lutte engagée par Gorbatchev opposait la nouvelle équipe arrivée au pouvoir en 1985, sincèrement désireuse de changer les choses, à une société soviétique paralysée par des années de pesanteurs, de bureaucratie, de pénuries. Peu à peu, le nouveau secrétaire général a fait porter ses attaques non plus sur l'inertie du système politique, mais sur la résistance de ses responsables. Il fustige désormais, d'un côté, « ceux qui prennent la *perestroïka* pour un simple réajustement cosmétique », et, de l'autre, « ceux qui veulent s'en servir pour démanteler le système socialiste ». Encore n'a-t-il jamais dénoncé publiquement, jusque-là, telle ou telle fraction du Politburo – le limogeage du très excessif Boris Eltsine, ratifié par le plenum du 18 février, ayant été l'exception à la règle. Bien sûr, on savait que les plus hauts dirigeants du Parti n'étaient pas unanimes, mais n'était-ce pas le propre d'une direction collégiale, après avoir débattu de façon plus ou moins vive, que d'afficher son unité, tant auprès de la population que du monde extérieur ?

Le manifeste de Nina Andreevna

Or, le 13 mars, un article de presse a changé la donne. Le grand quotidien communiste russe *Sovietskaïa Rossia*, qui prend habituellement ses ordres au secrétariat du Comité central, a publié, dans son courrier des lecteurs, un réquisitoire d'une pleine page contre la *perestroïka* – c'est-à-dire contre Gorbatchev – sous la plume d'une certaine Nina Andreevna, professeur de chimie à Leningrad. Une attaque frontale, cohérente, structurée, illustrée par une défense en règle de Staline et du stalinisme. Cette signature est-elle un prête-nom, un pseudonyme ? Non, Nina Andreevna existe vraiment. Mais elle n'est pas seule à la manœuvre : dès les jours suivants, l'article est distribué ici ou là sous forme de photocopies, et reproduit dans une trentaine de journaux de province avec – diront plus tard leurs directeurs – la bénédiction de responsables du Comité central...

Egor Ligatchev aurait-il profité du voyage officiel de Gorbatchev en Yougoslavie, cette semaine-là, pour « faire un coup » ? C'est la première fois qu'un journal ose ainsi lancer une campagne de presse contre le sommet du pouvoir. Pas question, pour Gorbatchev, de laisser cette brèche ouverte à tous les vents de la contestation. Le 5 avril, après plusieurs empoignades au sein même de la direction du Parti, la *Pravda,* organe central du PCUS, publie un éditorial non signé – donc, implicitement, au nom du Politburo tout entier – accusant violemment ce texte de vouloir « réviser en catimini la ligne du Parti », y compris dans son refus de dénoncer les excès du stalinisme[2]. Les observateurs voient dans cette énergique mise au point la plume d'Alexandre Iakovlev, membre du Politburo et bras droit de Gorbatchev. N'est-ce pas Ligatchev, pourtant, qui est chargé des médias au Politburo ? Toujours est-il que la riposte s'avère efficace : l'article incriminé est aussitôt condamné de partout. Dix jours plus tard, la *Sovietskaïa Rossia* publiera même une autocritique appuyée, dénonçant sans nuances le fameux manifeste de la camarade Andreevna...

Depuis cette polémique spectaculaire, la guerre fait rage entre les journaux soviétiques. Un jour, ce sont *Les Nouvelles de Moscou* qui dénoncent dans l'article de Nina Andreevna l'organisation d'une « plate-forme de résistance à la *perestroïka* ». Le lendemain, c'est *Sovietskaïa Kultura* qui pointe, sous la signature du cinéaste Alexandre Guerman, un « complot contre les forces révolutionnaires de la *perestroïka* ». Cinq jours plus tard, en revanche, le mensuel *Moskva* publie, sur 20 pages, un virulent réquisitoire contre les économistes « libéraux » entourant Gorbatchev, les Abel Aganbeguian et autres Nikolaï Chmeliev, coupables de vouloir introduire le capitalisme en URSS[3]. Il est suivi dans sa critique, le 28 avril, par le journal *Molodaïa Gvardia*, devenu un des bastions du conservatisme. Editorialistes et polémistes, qui ne retiennent plus leurs coups, se font les porte-parole exacerbés d'une société politique et intellectuelle désormais divisée, en profondeur, entre réformateurs et conservateurs.

Ce tourbillon de polémiques virulentes, de dénonciations réciproques, d'échanges d'arguments, de manifestes et d'attaques indignées profite à Gorbatchev qui répète à l'envi que la *perestroïka*, plus que jamais, est une vraie « révolution » et qu'il « n'est pas question de reculer ». La *perestroïka*, martèle-t-il, est « un combat ». A Tachkent, le 8 avril, le secrétaire général utilise un vocabulaire guerrier pour dénoncer les partisans du conservatisme, ces « ennemis » qui « ne se rendront pas sans livrer bataille ».

Au passage, l'orateur ouvre délibérément un nouveau chantier : il explique qu'il est « impossible de développer le potentiel du socialisme sans développer la démocratie socialiste », et se demande à haute voix si l'appareil gouvernemental soviétique, miné par le conservatisme et rebelle au changement, ne devrait pas plutôt « servir les instances élues et exécuter leurs décisions ». Ce sujet-là est « central », précise Gorbatchev. Comme par hasard, cette semaine-là, le courrier des lecteurs des principaux journaux est plein de lettres exigeant « plus de démocratie »[4].

La bataille des délégués

Pourquoi ce nouveau cheval de bataille ? La tactique de Gorbatchev est d'étouffer dans l'œuf, presque quotidiennement, toute amorce de contestation. Ses propositions ébouriffantes n'ont pas le temps d'être étudiées et digérées par les cadres du Parti qu'il en émet déjà d'autres, tout aussi décoiffantes. Quand il réunit les Premiers secrétaires régionaux et territoriaux à Moscou les 11, 14 et 18 avril, il est bien difficile à ceux-ci de ne pas se dire favorables aux réformes en cours. Quand Gorbatchev leur explique comme une évidence qu' « il n'y aura pas de *perestroïka* économique s'il n'y a pas de *perestroïka* politique », tous ces gens-là acquiescent « à l'unanimité ». L'ombre de la désormais célèbre Nina Andreevna dissipe les éventuelles hésitations : entre la menace d'un retour à un passé néostalinien, auquel cette valeureuse prolétaire donne une réalité concrète, et le choix de la *perestroïka* et de la démocratisation du pays, il n'y a pas d'hésitation possible.

A court terme, Gorbatchev a un but précis : il faut convaincre tous ces gens-là d'envoyer à la prochaine Conférence nationale du Parti, fin juin, un maximum de partisans du changement. Or le mode de désignation des 5 000 futurs délégués, hélas, n'a pas fait l'objet de directives spéciales : ils seront donc désignés par les cellules de base dont le choix, comme d'habitude, sera ratifié par les structures intermédiaires du Parti. Les premiers échos venus des provinces sont inquiétants : si la base élit, en effet, nombre de délégués nouveaux, modernes ou réformistes, les instances régionales du PCUS s'empressent de rebattre les cartes et de donner leur caution aux bons vieux notables, majoritairement conservateurs.

Les premières élections de délégués font craindre le pire. A l'université de Moscou, les 8 000 membres du Parti ont imposé, par 90 % des voix, au scrutin secret, le nom de Gavril Popov, un économiste engagé dans le sens des réformes ; mais le Comité du quartier Leninski, qui coiffe l'université, a rayé le nom de Popov pour le remplacer par le recteur de l'université, un conservateur bon teint. De même, toujours à Moscou, les communistes de l'Institut des Archives ont voté à 99 % des voix pour leur recteur, l'historien réformateur Iouri Afanassiev, dont le nom a été biffé à l'étape suivante, au niveau du Comité de l'arrondissement, au profit d'un apparatchik classique. A ce rythme, la Conférence nationale risque fort d'être une grand-messe conservatrice, ce qui serait une catastrophe politique.

Les réformateurs ont de quoi s'inquiéter. Dans les *Izvestia,* une dizaine d'intellectuels libéraux – dont Mikhaïl Chatrov, Elem

Klimov, Alexandre Guerman et même Andreï Sakharov – publient un appel suggérant de reporter la Conférence nationale plutôt que de courir le risque qu'elle mette brutalement un terme à la *perestroïka.* Certes, si une telle assemblée, aussi légitime qu'un Congrès du Parti, valide la politique et les projets du secrétaire général, personne ne pourra plus s'opposer à celui-ci – mais, naturellement, la réciproque est vraie… Gorbatchev lui-même est conscient de ce risque. Lors du plenum du Comité central du 23 mai, il obtient de ses pairs qu'ils approuvent à l'avance les « thèses » qui seront celles de la Conférence nationale, mais aussi qu'ils dressent officiellement le portrait du « bon délégué » à cette réunion cruciale : les organes du Parti sont instamment priés d'envoyer à Moscou des « militants actifs et partisans vaillants de la *perestroïka* » !

Fort de cette directive, Gorbatchev va lui-même siéger au Comité du PC de Moscou le 3 juin, jour de l'élection des 319 délégués qui représenteront la capitale, afin d'imposer sur cette liste les noms du journaliste Egor Yakovlev, de l'éditeur Grigori Baklamov, de l'historien Iouri Afanassiev et du metteur en scène Elem Klimov. Bien des réformateurs connus n'auront pas cette chance – les Chatrov, Chmeliev, Popov, Zaslavskaïa, Guerman, tous blackboulés – mais certains parviendront à se faire discrètement élire loin de Moscou, comme le journaliste Vitali Korotitch, élu dans sa ville natale de Kherson, en Ukraine, ou Boris Eltsine, élu « sur recommandation de la direction du Parti » par un Comité régional de Carélie où il n'a jamais mis les pieds !

Le résultat de toutes ces manœuvres est parfaitement incertain : à la veille de l'ouverture de la Conférence nationale, personne ne sait ce qu'ont donné ces milliers de votes incontrôlables. La nervosité est palpable dans le petit monde politique comme chez les diplomates en poste à Moscou. L'URSS, deuxième puissance mondiale, a commencé à négocier un tournant historique dont nul ne connaît la sortie. Jamais l'avenir n'a été aussi imprévisible.

Des « manifs » à l'occidentale

Quand Gorbatchev termine son rapport à la tribune de la Conférence nationale du Parti, ce 28 juin 1988, les 5 000 délégués se lèvent et l'applaudissent longuement. Ils ont tous entendu le secrétaire général exposer en détail les dix « thèses » validées par le Comité central, portant sur la réforme du système politique de l'URSS[5]. Ils ont tous entendu son appel à « aller plus loin » dans leurs débats à venir. Comme son discours était retransmis à la télévision, il n'est plus un Soviétique pour ignorer que, au nom de la *glasnost*, la pluralité des opinions sera désormais tolérée en URSS ; que, au nom de la *perestroïka*, le Parti communiste ne va plus diriger l'économie nationale, son rôle étant désormais limité à la politique ; que le système institutionnel soviétique va devenir un « Etat de droit » soumis à la loi ; que le Parti communiste va considérablement démocratiser son fonctionnement interne ; enfin que le rôle des Soviets des députés du peuple va être revalorisé.

On comprend mieux, après ce discours, pourquoi Gorbatchev ne cesse de parler de « révolution » : son programme est un véritable bouleversement du système centralisé et totalitaire qui a régné dans ce pays depuis le coup d'Etat bolchevique d'octobre 1917. On comprend aussi pourquoi l'appareil du Parti se rebiffe : si celui-ci ne supervise plus l'activité économique, des dizaines de milliers de cadres et de fonctionnaires vont se retrouver sans emploi, dans un pays où les avantages matériels dépendent du poste qu'on y occupe.

Les débats vont durer quatre jours. Ils seront souvent animés par des huées ou des rires. Certaines propositions iconoclastes seront émises par tel ou tel orateur emporté par son enthousiasme ou stimulé par la liberté ambiante : il faut « limoger Gromyko, Afanassiev et Arbatov », lance un délégué de la République des Koumis ; il faut « tuer les bureaucrates », suggère ce chef d'entreprise d'Ivanovo ; il faut « traîner en justice les auteurs des crimes staliniens qui coulent une retraite tranquille », exige un délégué de Toula. Ce déluge libératoire de propos encore inimaginables un an plus tôt montre que la *glasnost* n'est pas un vain mot, et que l'URSS, d'ores et déjà, a changé de régime.

S'il fallait encore s'en convaincre, il suffit d'aller ce jour-là devant la mairie de Moscou, à quelques centaines de mètres, pour y voir quelque 150 Tatars de Crimée armés de banderoles et manifestant aux cris de « Patrie ! », vite dispersés par les forces de police ; ou gagner le boulevard de Tver, à hauteur de la place Pouchkine, juste devant l'immeuble des *Izvestia*, pour y voir une manifestation organisée par une poignée de dissidents membres de l'Union démocratique, un groupuscule fondé un mois plus tôt et copieusement conspué par une foule de contradicteurs.

Les « manifs » font dès lors partie du quotidien des Moscovites. Le samedi 4 juin, ils étaient 500, place Pouchkine, à manifester en scandant « Tiens bon, Gorbatchev ! Nous irons avec toi sur les barricades ! ». Un autre jour, au parc Bitsa, un millier de manifestants ont hué le maire de Moscou, Valeri Saïkine, tandis qu'à l'autre bout de la ville d'anciens dissidents scandaient « A bas le KGB ! » à la barbe de la police. Presque chaque jour, à la sortie du métro, des militants du groupe Mémorial[6] collectent des signatures pour l'érection d'un monument aux victimes de Staline. Même en dehors de Moscou, on apprend que se tiennent, ici ou là, des meetings politiques : ainsi le 10 juin, à Iaroslav, des milliers d'habitants de la ville sont-ils descendus dans la rue pour exiger d'annuler l'élection d'un conservateur notoire comme délégué à la Conférence du Parti…

La « pluralité des opinions » annoncée par Gorbatchev dans son discours du 28 mai est déjà une réalité bouillonnante. Des dizaines de clubs politiques et d'associations « informelles » à la géométrie variable et à l'expression souvent grandiloquente réclament, pêle-mêle, le renforcement de la *perestroïka*, l'exclusion des conservateurs, la fin du parti unique ou l'indépendance des Pays baltes, sans être inquiétés – ou presque – par le KGB. Il est fini, en tout cas, le temps où une simple lettre critiquant le régime pouvait valoir à son auteur cinq ans d'emprisonnement dans un camp à régime sévère quelque part en Sibérie.

Certes, l'heure n'est pas encore au multipartisme. Il n'est pas question de remettre officiellement en cause l'article 6 de la Constitution soviétique de 1977 qui confère un « rôle dirigeant » au Parti communiste de l'URSS. Mais alors, quel statut accorder à ces quelque 30 000 groupes informels qui ont poussé comme des champignons aux quatre coins du pays ? L'idée qui court dans les milieux politiques de la capitale, c'est d'instituer un « front démocratique » qui regrouperait toutes les associations à vocation politique – un peu à la façon des « fronts nationaux » regroupant les partis non communistes de Hongrie ou de Pologne. D'ailleurs, un « Front populaire » n'existe-t-il pas déjà dans une des Républiques de l'URSS, l'Estonie, qui vient d'organiser un rassemblement de 100 000 personnes dans un parc de Tallin, avec le soutien du Parti communiste local, pour soutenir la politique de réforme ? Gorbatchev lui-même, à la tribune de la Conférence nationale, n'a-t-il pas suggéré de réfléchir à la création d'un « mouvement patriotique national » qui regrouperait tous les partisans de la *perestroïka* ?

Vers un régime présidentiel ?

On mesure l'ambiguïté qui sous-tend toutes ces initiatives : ceux qui exigent davantage de liberté le font au nom de la *perestroïka*, et ceux qui défendent la *perestroïka* le font au nom du léninisme. Serait-ce un retour aux fondamentaux du régime bolchevique ? Evidemment non. Personne n'est dupe. Les mots n'ont plus de sens. Ils servent à sauver les apparences dans un pays où l'idéologie est au pouvoir depuis sept décennies – même si elle est en train d'être rattrapée par la réalité politique, économique, sociale et humaine. Placé à la tête d'un groupe de dirigeants nourris, pétris et formatés par le marxisme-léninisme, Gorbatchev fait mine de respecter les codes du régime, mais ne cesse de les violer au nom de la « révolution » qu'il conduit : après quatre jours de débats effervescents, il ne restera rien des sacro-saintes « thèses » adoptées le 23 mai et des subtils marchandages qui ont permis, non sans mal, d'y rallier les conservateurs du Politburo.

Si les travaux de la Conférence ont éclaté en sept commissions, la plus importante aux yeux de Gorbatchev est celle qui discute du futur système politique de l'URSS. Dans ce charivari de propositions, d'idées, de contestations et de polémiques qui ne cessent de repousser les limites de l'envisageable, le numéro un soviétique ne perd jamais de vue son objectif. L'essentiel, pour lui, est de pouvoir revendiquer l'adhésion de la plus haute instance du Parti – la Conférence nationale vient juste après le Congrès en termes de légitimité politique – pour mettre en œuvre ses trois objectifs institutionnels : démantèlement de l'appareil du Parti, restauration du pouvoir des assemblées élues et présidentialisation du régime.

Un régime présidentiel pour l'URSS ? Cela ne figurait pas aussi clairement dans les « thèses » énoncées au début de la Conférence nationale, qui prônaient la « démocratisation » du système politique et l'instauration d'un « Etat de droit socialiste ». C'est pourtant ce qui ressort, sans ambiguïté, de la première des six résolutions adoptées par les délégués le 1er juillet[7]. Dorénavant, les Premiers secrétaires du Parti, à tous les niveaux, devront se faire élire à la présidence des soviets correspondants, y compris le premier d'entre eux ; au sommet de la pyramide sera institué un « Congrès des députés du peuple », organe suprême de l'Etat, qui élira à sa tête le nouveau président de l'URSS[8].

Tel un prestidigitateur volubile officiant devant un public de 5 000 spectateurs médusés, Gorbatchev a sorti de son chapeau un régime très différent de celui qu'il y avait caché. Chacun le comprend : ce nouveau poste de président de l'URSS, dont les pouvoirs seront réels et qui sera élu pour cinq ans, ne sera pas soumis, lui, aux petites combinaisons d'un Politburo devenu obsolète. Avant même d'en avoir mesuré tous les enjeux, la Conférence vote à l'unanimité le calendrier des réformes politiques : cet automne, le Soviet suprême devra entériner tout ce chamboulement, puisqu'il est le seul habilité à réformer la Constitution ; puis, au printemps prochain, on élira pour la première fois le Congrès des députés du peuple, qui élira le premier président de l'URSS[9]...

Gorbatchev est un remarquable joueur d'échecs. A chaque fois qu'il déplace un pion, il est concentré sur le coup suivant. Derrière le slogan du « perfectionnement du système politique », il vise le rétablissement de la primauté de l'Etat sur le Parti. Quand il convoque la Conférence nationale du Parti, il pense déjà lui faire avaliser la création du futur Congrès des députés du peuple. Sous sa proposition de « mouvement patriotique national » perce déjà l'idée d'un « parti du président » qui pourrait un jour rivaliser avec le Parti communiste. Il a toujours un coup d'avance sur ses adversaires.

Gorbatchev superstar

Sur le plan des personnes, la Conférence nationale du Parti va avoir des conséquences immédiates. Elle a d'abord conforté Mikhaïl Gorbatchev, aux yeux de tous, dans son rôle de premier dirigeant du pays. Le secrétaire général a été omniprésent, du début à la fin de cet extraordinaire *happening* : long discours d'ouverture, présidence de deux commissions, interventions régulières, dialogues improvisés avec certains délégués, discussions à bâtons rompus lors des pauses, recadrage des débats, lancement d'idées nouvelles, clôture des travaux... Gorbatchev a impressionné à la fois les 5 000 délégués présents pendant ces quatre jours et les dizaines de millions de téléspectateurs qui ont suivi l'essentiel des débats sur leur petit écran. Certes, nombre d'entre eux ont été agacés par cet orateur volontiers séducteur et dialecticien hors pair, qui bouscule sans ménagement leurs habitudes et leurs privilèges. Mais tous ont dû reconnaître son double talent de comédien infatigable et de redoutable tacticien. De même, qu'ils apprécient ou non la *perestroïka*, les Soviétiques sont obligés d'admettre que l'homme qui accueille en grande pompe Ronald Reagan à Moscou, ce 29 mai 1988, est un dirigeant de premier plan, compétent et respecté, comme l'URSS n'en a pas eu depuis longtemps...

Un autre homme a nourri les commentaires pendant ces quatre jours : Egor Ligatchev, qui apparaît désormais, sans nuances, comme le chef de file des conservateurs du Politburo et, par conséquent, comme l'adversaire numéro un de Mikhaïl Gorbatchev. Quand Ligatchev dément vigoureusement à la tribune qu'il existe « de soi-disant désaccords au sein de la direction du Parti », plus personne ne le croit. Mais quel est aujourd'hui son statut, au juste ? Dans les couloirs de la Conférence, beaucoup d'observateurs se sont interrogés sur sa position implicite de numéro deux du Politburo : depuis le fameux article de Nina Andreevna dans la *Sovietskaïa Rossia* du 13 mai, Ligatchev s'était fait discret ; le bruit courait qu'il aurait reçu un « blâme » du Politburo pour le rôle joué par lui dans cette affaire, et personne n'aurait pu jurer qu'il était encore en poste ou, au moins, chargé de l'idéologie, de la propagande et des médias.

C'est le Premier secrétaire de la République de Biélorussie, un certain Efrem Sokolov, qui confirma ces spéculations en révélant, lors d'une conférence de presse, que Ligatchev présidait toujours le secrétariat du Comité central, mais qu'il était chargé de l'organisation au sein du Politburo, le secteur de l'idéologie ayant été confié à Alexandre Iakovlev – l'ancien ambassadeur au Canada devenu le principal conseiller, le fidèle bras droit et, pour l'heure, l'ami le plus proche de Mikhaïl Gorbatchev.

Un autre personnage a défrayé la chronique pendant ces journées agitées. Boris Eltsine, limogé avec fracas de ses fonctions de chef du Parti de la ville de Moscou et de membre suppléant du Politburo, avait été discrètement recasé par Gorbatchev à la vice-présidence du Comité d'Etat pour la construction, à la condition qu'il « ne se mêle plus de politique ». Une façon de montrer qu'on ne se débarrasse plus d'un dirigeant, désormais, en le fusillant dans les caves du KGB ou en le nommant ambassadeur en Mongolie extérieure : Eltsine garde même un siège au Comité central !

Mais le turbulent Boris Nikolaïevitch n'est pas homme à raser les murs. Il n'a pas digéré son humiliation. Le 30 mai, il s'est fait remarquer en accordant une virulente interview à la radio britannique BBC et à la chaîne américaine CBS[10], où il exigeait notamment la démission d'Egor Ligatchev, coupable de « méthodes staliniennes », s'attirant aussitôt les foudres convergentes de celui-ci et de Gorbatchev. Ce dernier a même dû préciser, dans une conférence de presse, que le problème du départ de Ligatchev ne se posait nullement.

La Conférence fait deux victimes

Ce que personne n'avait prévu, c'est la capacité de Boris Eltsine à passer outre à tous les opprobres. Est-il téméraire ou maladroit ? Sans doute l'un et l'autre. Le 1er juillet, en tant que délégué de la République de Carélie, il insiste pour prendre la parole devant la Conférence nationale du Parti. Une fois à la tribune, le voilà qui demande, sur un ton larmoyant, sa « réhabilitation politique ». Brouhaha général. Stupéfaction dans l'assistance. Gêne de Gorbatchev, dont il passe toujours pour un ancien ami. Colère de Ligatchev, qui descend à la tribune pour lui répondre :

« Je ne vois pas pourquoi on changerait le jugement porté sur le camarade Eltsine en octobre dernier ! Par tes interviews données aux médias bourgeois, Boris Nikolaïevitch, tu veux montrer que tu existes toujours, mais quand on s'occupe d'interviews, on n'a pas le temps de faire autre chose ! »

Ligatchev brandit ainsi la menace d'une exclusion définitive du Comité central, avant de hausser encore le ton :

« Pendant la période de stagnation [c'est-à-dire sous Brejnev], moi, je travaillais en Sibérie à y construire le socialisme : ma région est autosuffisante depuis dix ans ! Toi, tu as été neuf ans à la tête de la région de Sverdlovsk, tu n'y as laissé comme héritage que des tickets de rationnement[11] ! »

La confusion gagne toute l'assemblée. Un jeune délégué de Sverdlovsk vient, la gorge serrée, défendre son ancien patron. Un autre, membre du Comité de Moscou, le couvre de violents reproches et de critiques assassines. Et c'est Gorbatchev, là encore, qui va clore cette empoignade et conclure, dans son discours final, par une condamnation définitive de l'ex-patron du PC de Moscou. Trop, c'est trop. Au passage, le secrétaire général n'a pas aimé que son ancien compagnon de route ait englobé, dans ses critiques, les dernières trois années :

« Je pense que la critique du camarade Eltsine selon laquelle nous n'aurions pas réalisé de transformations révolutionnaires au cours des trois années écoulées est illégitime et inadmissible ! »

Gorbatchev enfonce d'autant plus longuement le « camarade Eltsine » qu'il apparaît, grâce à lui, comme un fédérateur, un « centriste » veillant à condamner les extrémistes de tout poil :

> La faute du camarade Eltsine, c'est d'avoir fait preuve de faiblesse au moment où il fallait agir, préférant multiplier les déclarations fracassantes et adopter une attitude dirigiste : il s'est mis à donner des ordres de façon autoritaire, à être grossier, à limoger les responsables, renouant avec les anciennes pratiques. [...] Ton drame, Boris Nikolaïevitch, c'est que tu n'arrives pas à mettre tes idées en pratique[12] !

Il est encore un homme dont l'image, bien malgré lui, a changé pendant la Conférence nationale : Andreï Gromyko, l'ancien chef de la diplomatie soviétique devenu président du présidium du Soviet suprême. Le 31 mai, un délégué de l'Oural nommé Vladimir Melnikov s'en était pris de façon anonyme aux dirigeants qui avaient défendu la politique de Brejnev. Gorbatchev, perfide, l'avait encouragé :

« Ne pourrais-tu être un peu plus concret ? Nous ne savons pas de qui tu parles ! De moi ? De lui ? D'un autre ? »

Et Melnikov de citer aussitôt quatre noms, dont celui de Gromyko. Applaudissements dans la salle – mais pas sur tous les bancs. A la tribune, le vieil apparatchik au rictus célèbre est resté de marbre. Gorbatchev, lui non plus, n'a pas cillé. Mais tout le monde a compris qu'allait bientôt s'achever la carrière de ce vieux monsieur de 79 ans qui commença sa carrière sous Staline, qui survécut à tous les régimes et qui contribua, en 1985, à l'arrivée de Gorbatchev au pouvoir. Personne, à dire vrai, ne s'étonna de cette condamnation implicite qui annonçait, selon toute vraisemblance, la démission de Gromyko lors de la réunion du Soviet suprême à l'automne. Dans ses *Mémoires*, l'ancien ministre des Affaires étrangères racontera qu'un peu après cet incident il « ressentit plus vivement le fardeau de l'âge » et « décida qu'il était temps de démissionner »[13].

Mais, dès lors que la Conférence nationale du Parti avait entériné la création d'un poste de président de l'URSS, qui pouvait penser – Gromyko moins que tout autre – que cette fonction ne serait pas exercée par Gorbatchev en personne ?

17

La fin de la guerre froide

« Il y aura toujours quelqu'un à l'Ouest pour croire que nous voulons tromper tout le monde ! »

Vitali KOROTITCH.

Quand Gorbatchev prend les rênes du pays en mars 1985, la situation internationale est explosive : bruits de chars, ronflement de moteurs, cliquetis de missiles et rodomontades diplomatiques. Jamais depuis la crise des missiles de Cuba, en 1962, la tension n'a été aussi vive entre les deux superpuissances. A Moscou, dans les couloirs du Kremlin, les Etats-Unis sont alors considérés comme l'« ennemi principal de l'Union soviétique ». Dans la presse, on évoque régulièrement la menace d'une attaque militaire lancée contre l'URSS par les Etats-Unis.

Même hystérie du côté américain. En mars 1983, dans une formule qui va rester dans l'histoire, le président Ronald Reagan a qualifié l'URSS d' « empire du Mal[1] », avant de rendre public, quinze jours plus tard, un ambitieux projet de « bouclier spatial » capable de déceler et de stopper une attaque de missiles depuis l'espace. Ce projet fou, baptisé « Initiative de défense stratégique » (IDS) et parfois surnommé « guerre des étoiles », donne le départ d'une nouvelle course à la technologie militaire – une compétition ruineuse que l'URSS, en mauvaise santé économique, a peu de chances de remporter.

En septembre de cette année-là, on a « frôlé le précipice nucléaire » (l'expression est de Ronald Reagan) lorsque la défense antiaérienne de l'URSS a abattu un avion de ligne sud-coréen, le *KAL-007*, coupable d'avoir violé l'espace aérien soviétique : cette décision a fait 269 victimes civiles et provoqué un scandale mondial. Deux mois plus tard, d'impressionnantes manœuvres de l'OTAN intitulées *« Able Archer »* ont fait frissonner les Soviétiques qui ont vu avec consternation les Américains installer des missiles *Pershing-II* sur le territoire ouest-allemand – en réponse au déploiement des missiles soviétiques *SS-20* pointés depuis 1977 sur les capitales de l'Europe de l'Ouest. Si tout cela n'était pas un retour à la guerre froide, cela y ressemblait beaucoup.

L'ombre de Gromyko

En mars 1985, Mikhaïl Gorbatchev connaît mal les dossiers diplomatiques et militaires. Comme la plupart de ses collègues du Politburo, il a découvert les affaires internationales au cours de quelques voyages officiels de seconde importance, sans s'y investir plus que nécessaire. L'été précédent, sous le règne de Tchernenko, il a prononcé un discours à Smolensk où il se déclarait favorable « à un dialogue honnête portant sur un contenu réel, à des négociations sérieuses sur la base de l'égalité et de la vraie sécurité[2] ». Quelques semaines plus tard, lors de son voyage au Royaume-Uni, il a surpris ses interlocuteurs britanniques par ses propos conciliants sur l'obligation, pour les Européens de l'Est et de l'Ouest, de vivre ensemble dans une « maison commune[3] ». Mais que pèsent, en diplomatie, ces variations vaguement pacifistes ? Leur auteur n'est pas crédible car il n'a pas le pouvoir réel : au mieux, c'est une « colombe » isolée dans une volière de « faucons » ; au pire, il se livre, en service commandé, à un exercice de désinformation classique.

En ce printemps 1985, Gorbatchev est au pouvoir, mais il se heurte à un nouvel obstacle, dont il mésestimait l'ampleur : la politique étrangère est le domaine réservé du ministre Andreï

Gromyko qui, depuis trente ans, a fini par l'incarner. Les relations entre l'URSS et le reste du monde, c'est lui. Or Gromyko a une conception très arrêtée des relations internationales. C'est un « réaliste » qui a fait clairement passer la sécurité de l'empire soviétique avant l'héritage idéologique du bolchevisme. Comme Brejnev, Andropov, Oustinov et toute cette génération de dirigeants ayant vécu la stupeur de l'attaque allemande contre l'URSS en juin 1941, Gromyko ne redoute rien tant qu'une attaque surprise des Etats-Unis. Et quand Ronald Reagan veut entraîner ses alliés de l'OTAN dans une « croisade pour la liberté[4] », ou qu'il envoie ses *marines* renverser le nouveau pouvoir communiste à la Grenade en octobre 1983, il lui donne plutôt raison[5].

La ligne en vigueur au Kremlin est simple : quel qu'en soit le coût pour l'économie soviétique, il n'est pas question de se laisser distancer par les Américains en termes d'armements. Les ressources économiques et énergétiques de l'URSS ne sont-elles pas quasi illimitées ? Personne, au Comité central comme au Soviet suprême, n'a jamais osé discuter ou contester le budget de la Défense nationale. Au point que plus personne, à Moscou, ne saurait dire quel est son coût. Le conseiller Anatoli Tcherniaev, alors adjoint du vieux Boris Ponomarev, tuteur du mouvement communiste international, racontera plus tard :

> Les militaires exerçaient une telle pression sur les politiques que lorsque Oustinov se levait, pendant les réunions du Politburo, pour réclamer de nouveaux milliards de roubles pour quoi que ce soit, personne n'osait s'y opposer[6].

Lorsqu'il devient secrétaire général, Gorbatchev doit se rendre à l'évidence : aucun ministre, aucun expert, aucun dirigeant, n'est capable de lui donner les vrais chiffres du budget militaire de l'URSS :

> Déjà, quand j'étais membre du Politburo, j'étais conscient que ni moi-même ni les autres membres de la direction politique n'obtenions les chiffres réels de nos dépenses militaires. Mais même à l'étape suivante, en tant que secrétaire général, j'avais d'énormes difficultés

à arracher à notre lobby militaire des informations exactes sur ces sommes englouties dans ce tonneau sans fond[7] !

Quant aux chiffres disponibles, ils sont imprécis : selon les meilleurs experts occidentaux, les Etats-Unis consacrent alors 6 % de leur PNB à la défense, quand l'Union soviétique y consacre entre 14 et 16 %. Encore certains spécialistes soviétiques, en privé, évalueront-ils cette part à plus de 30 %[8]. Très vite, Gorbatchev en vient à une conclusion ferme et définitive : il faut absolument arrêter cette dérive insensée. Mais que répondre à ceux qui, derrière Gromyko et consorts, brandissent légitimement le danger mortel que fait courir à l'URSS la « menace impérialiste » ? Les premières réponses esquissées par Gorbatchev lors du plenum d'avril 1985 sont à la fois confuses et contradictoires.

En finir avec la course aux armements

Comme à beaucoup d'hommes de sa génération, l'idée d'un affrontement avec les Etats-Unis lui paraît inimaginable autant qu'absurde. Gorbatchev n'a pas encore une « pensée » structurée, mais son intuition est qu'il faut stopper la course aux armements, en finir avec la guerre froide, rétablir le dialogue avec l'Ouest, reprendre des relations normales avec la Chine, rapatrier l'armée soviétique d'Afghanistan, détendre les rapports avec la Pologne et les pays de l'Est en général. Il ne croit pas, lui, que les Etats-Unis préparent une attaque contre l'URSS.

A partir de juin 1985, Gorbatchev travaille les dossiers internationaux en compagnie de quelques conseillers personnels : ses assistants Gueorgui Chakhnazarov et Andreï Alexandrov-Agentov (qui va être remplacé par Anatoli Tcherniaev) ainsi que son conseiller technique Gueorgui Arbatov, excellent spécialiste des Etats-Unis. Il parle souvent avec l'homme qu'il vient de nommer ministre des Affaires étrangères, le fidèle Edouard Chevardnadze, qui n'en revient pas d'avoir hérité du fauteuil de Gromyko, lui qui n'a aucune expérience diplomatique – mais c'est bien pour cela que Gorbatchev l'a nommé. Chevardnadze racontera plus tard qu'il a passé toutes ses journées et d' « innombrables nuits blanches», pendant plusieurs semaines, à se familiariser méthodiquement avec les questions internationales[9].

C'est en travaillant avec ces cinq hommes que Gorbatchev, cet été-là, prend la véritable mesure de l'incroyable domination du complexe militaro-industriel sur l'économie soviétique. Et qu'il en tire une conclusion : non seulement la course aux armements sera perdue par l'URSS, mais elle va précipiter la ruine du pays. En août, recevant au Kremlin des journalistes américains du magazine *Time*, il fait sensation :

> Dans le monde d'aujourd'hui, la situation est extrêmement complexe, elle est même explosive. [...] Nous devons trouver la sagesse et la volonté politique de stopper le processus mis en route, d'abord en éliminant les armements, ensuite en consolidant les liens entre l'URSS et les Etats-Unis...

Et Gorbatchev d'expliquer à ses hôtes stupéfaits, presque sur le ton de la confidence :

> Méditez bien ceci : quelles sont les conditions extérieures indispensables à la réalisation de notre projet économique ? Je vous laisse le soin de répondre à cette question[10] !

Difficile d'être plus explicite et plus sincère : sans fioritures, le numéro un soviétique explique que la course aux armements, et notamment le projet de «guerre des étoiles» cher à Reagan, rendent illusoire la mise en œuvre de la *perestroïka*. Ruse ? Naïveté ? Provocation ? Maladresse ? Aux Etats-Unis, l'interview de Gorbatchev est lue, analysée et commentée en haut lieu : personne ne le croit. Qui peut imaginer qu'un tel propos soit sincère ? Même en URSS, son discours laisse sceptique. Il va lui falloir trois ans pour faire admettre ce point de vue, qui, il est vrai, va à l'encontre de tous les canons du «socialisme réel».

En attendant, flanqué de l'omniprésent Andreï Gromyko, il doit gérer les derniers avatars de la course aux armements. Objectif : obtenir de réduire la pression imposée à l'URSS par les Etats-Unis. Un sommet américano-soviétique est prévu à Genève en novembre. Ce sera le premier grand rendez-vous international du nouveau patron du Politburo. Le premier ? Pas tout à fait : pour montrer aux Etats-Unis qu'ils ne sont pas ses seuls interlocuteurs, Gorbatchev décide d'effectuer, un mois auparavant, une sorte de galop d'essai en France, en répondant à l'invitation du président Mitterrand.

Une première à Paris

C'est une petite victoire diplomatique, pour François Mitterrand, que d'être le premier chef d'Etat à accueillir le nouveau dirigeant de l'URSS. Le président français est partagé sur le compte de son hôte. Il ne croit pas qu'on puisse parvenir au pouvoir suprême, en URSS, avec des idées réformatrices. Mais il n'a pas oublié son tout premier contact avec Mikhaïl Gorbatchev, en juin 1984, lors de sa visite officielle à Moscou. Celui qui n'était encore que le numéro deux de Konstantin Tchernenko était arrivé en retard au dîner officiel donné au Kremlin – le fameux dîner où Mitterrand avait évoqué, non sans audace, le nom du dissident Andreï Sakharov :

« Excusez-moi, j'ai dû régler un dossier urgent, l'agriculture nous cause bien des problèmes ! »

Le sénateur Claude Estier, qui accompagnait Mitterrand, lui demanda poliment :

« Depuis longtemps ? »

Réponse de Gorbatchev, un sourire aux lèvres :

« Depuis 1917 ! »

François Mitterrand en était resté bouche bée. Un homme capable d'un tel humour ne pouvait être un apparatchik comme les autres.

Un peu plus d'un an plus tard, il n'échappe à personne, de l'Elysée au Quai d'Orsay, que le nouveau maître du Kremlin déploie beaucoup d'efforts pour séduire ses interlocuteurs occidentaux. La prudence diplomatique est de mise. Avant sa venue à Paris, Gorbatchev a exprimé deux souhaits par le truchement de son ambassadeur Iouli Vorontsov : qu'on lui ménage un bain de foule sur les Champs-Elysées, et qu'on l'autorise à prononcer un discours devant l'Assemblée nationale. Ces deux demandes lui sont refusées. Le programme restera des plus classiques : dîner à l'Elysée, visite à l'Hôtel de Ville[11], dépôt de gerbe à l'Arc de Triomphe, rencontre à l'association France-URSS, tête-à-tête avec le secrétaire général du PC français[12], visite de l'appartement que Lénine habitait, rue Marie-Rose, quand il était en exil à Paris...

C'est auprès des Soviétiques résidant en France que Mikhaïl Gorbatchev fait la démonstration du changement qu'il veut imprimer à la direction de l'URSS. Au lieu de l'habituelle rencontre très officielle avec les cadres du Parti en poste à Paris, il a convoqué le ban et l'arrière-ban de la communauté soviétique dans la cour de l'ambassade pour une rencontre informelle, où ces centaines d'expatriés découvrent un leader détendu, sympathique, à la plaisanterie facile : voilà qui change, au moins, de l'image exécrable donnée de leur patrie, toute idéologie mise à part, par les vieillards sans charisme qui gouvernaient au Kremlin.

Autre changement : à la suggestion française de clôturer la visite par une conférence de presse « conjointe » dans la salle des fêtes de l'Elysée, ce qui ne s'est jamais fait, Gorbatchev répond positivement, déclenchant une véritable panique chez ses conseillers qui lui préparent des dizaines de notes en prévision des questions des journalistes. Surprise : il se tire très bien de l'exercice, sans jamais regarder ses notes. Y compris quand un journaliste l'interpelle sur les dissidents Sakharov et Chtcharansky[13]. Qui aurait cru qu'un dirigeant soviétique serait aussi à l'aise devant la presse parisienne ? En quittant la tribune, seul un de ses assistants l'entend murmurer :

« Ouf ! J'ai le dos trempé ! »

Les conversations sur le désarmement butent, il fallait s'y attendre, sur le souci de la France – qui est sortie de l'OTAN en 1966 – de ne pas réduire son potentiel nucléaire en dessous d'un seuil de crédibilité : pas question d'inscrire les bombes et missiles français dans la liste des armements à négocier entre l'Est et l'Ouest. Mais qu'importent les dossiers techniques : le but du voyage est de nouer une relation personnelle entre les deux dirigeants – et entre leurs deux ministres, Roland Dumas et Edouard Chevardnadze. L'essentiel, pour Gorbatchev, est que François Mitterrand trace de lui un portrait flatteur devant Ronald Reagan avant le sommet de Genève – ce que fera le président français, en effet.

De Genève à Reykjavik

Le voyage en France n'était qu'un test. Le 19 novembre 1985, à Genève, les choses sérieuses commencent. Ronald Reagan s'est installé, avec sa femme Nancy, dans une magnifique villa louée à l'Aga Khan. Les *spin doctors* américains, inquiets du possible « déficit d'image » entre leur vieux président et le trop sémillant Gorbatchev, ont prévu de consacrer quinze minutes à la première entrevue. Précaution inutile. La rencontre, animée, dure plus d'une heure. Dans ses Mémoires, Ronald Reagan racontera : « Je n'étais pas fatigué, j'avais la pêche ! » L'Américain attaque dès les premiers échanges sur les droits de l'homme en URSS depuis la révolution d'Octobre : l'arrogance vindicative du président des Etats-Unis horripile Gorbatchev, qui prend Reagan en grippe. A ses yeux, cet ancien acteur est l'archétype du *Yankee* peu cultivé et viscéralement antisoviétique. Lors d'une pause, Gorbatchev se lâche auprès de ses conseillers :

« Il n'entend rien de ce que je lui dis ! Il est complètement prisonnier de ses notes ! C'est un vrai dinosaure[14] ! »

Et, en colère, il fait mine de vouloir rentrer à Moscou. L'ami Chevardnadze, pour qui ce sommet est aussi un baptême du feu, réussit à l'en dissuader et à lui faire accepter la mise en scène d'une conversation « au coin du feu » dans la villa Fleur d'Eau, la luxueuse résidence prévue pour les entretiens, au bord du lac Léman. Une déclaration de bonnes intentions, c'est toujours mieux qu'un clash. Et puis cela permet à Gorbatchev de dire à Reagan, droit dans les yeux, l'exaspération que lui inspire son projet de « bouclier spatial » prétendument destiné à défendre les Etats-Unis contre une attaque soviétique :

« C'est une illusion ! Qui pourra le contrôler, le diriger ? Ce sera le début d'une course aux armements dans l'espace ! Pourquoi ne pas nous croire quand nous disons que nous n'utiliserons pas d'armes contre vous ? »

Réponse obstinée de Reagan :

«Je ne peux pas dire au peuple américain que je vous prends au mot si, de votre côté, vous ne nous croyez pas[15] ! »

Ces deux-là ne partiront pas en vacances ensemble. Plus grave: tant qu'un minimum de confiance ne sera pas rétabli entre eux, leurs propositions les plus constructives seront considérées comme des artifices de propagande.

C'est le cas du «Programme de destruction totale des armements pour l'an 2000» proposé par le nouveau maître du Kremlin le 15 janvier 1986, et accueilli aux Etats-Unis par un scepticisme de plomb. Gorbatchev pensait que cette initiative entrerait dans l'Histoire: il lui faudra trouver autre chose. Dans la gigantesque partie de poker menteur qui se joue entre les deux hommes, celui qui cesse soudain de mentir n'est pas crédible. Pour le nouveau secrétaire général du PCUS, toujours impatient de faire avancer les choses, c'est une leçon amère. Le drame de Tchernobyl, au printemps 1986, lui a confirmé cette règle désespérément intangible: quand il explique à la télévision qu'il faut instaurer, en toute franchise, une transparence mondiale sur un sujet aussi grave, tous les Occidentaux croient à une ruse[16].

Moins d'un an après Genève, les 11 et 12 octobre 1986, les deux hommes se retrouvent pour un nouveau sommet à Reykjavik, en Islande, où ils découvrent un paysage lunaire, sans végétation, irréel. Gorbatchev et sa délégation habitent sur le paquebot *Georg Ots* venu tout spécialement du port estonien de Tallin. Si le temps est clément, l'atmosphère est glacée dans la résidence Hofdi House où se déroulent les entretiens. D'emblée, Reagan tend à son hôte une liste de 1200 juifs soviétiques candidats à l'émigration (refuzniks), ce qui ne réchauffe pas l'atmosphère.

Gorbatchev garde son calme. Sa stratégie est simple: contraindre Reagan, qui n'est pas à l'aise avec les dossiers techniques, à passer de l'invective convenue à la discussion concrète. Et le nouveau maître du Kremlin de proposer l'élimination totale, d'ici à l'an 2000, des missiles balistiques à portée intermédiaire, proposition classique, mais aussi de *tous* les autres missiles nucléaires. Reagan est surpris. Il croit à une provocation et accuse les Soviétiques, à l'avance, de refuser toutes les vérifications qu'impliquerait un tel accord. Le président américain cite un proverbe russe que lui a soufflé sa conseillère Suzanne Massie : *« Dovieraï no provieraï ! »* (« Fais confiance mais vérifie ! »).

De fil en aiguille, les deux hommes échafaudent la « réduction d'armements la plus massive de tous les temps[17] ». A un détail près : toutes les propositions soviétiques sont soumises à l'abandon par les Américains de l'IDS, le faramineux projet de bouclier spatial qui est devenu l'obsession de Ronald Reagan. Du coup, c'est celui-ci qui apparaît comme le diviseur, le va-t-en-guerre, le pousse-au-crime. Reagan est absolument furieux :

« Je vous ai pourtant dit que l'IDS n'était pas négociable ! La réunion est terminée ! »

Le sommet a capoté. Le président américain s'engouffre dans sa voiture et rejoint la base américaine d'où il va reprendre l'avion pour Washington. Gorbatchev, pour sa part, se dirige vers le centre de presse. Il s'apprête à faire porter la responsabilité de l'échec à Reagan : en préparant la rencontre, le 8 octobre, le Politburo avait prévu de monter en épingle l'inévitable recul des Américains face aux audacieuses propositions du Kremlin. Mais Gorbatchev crée la surprise : devant les journalistes, le Soviétique se félicite qu'un tel ensemble de mesures de réduction et d'élimination des arsenaux nucléaires ait pu être évoqué, entrant désormais dans le champ du possible. Ce n'est donc pas un échec, mais une « percée » qui permet d'espérer en l'avenir…

En atterrissant à Washington, Reagan n'en croit pas ses oreilles. Le dialogue n'est donc pas rompu ? Ce qu'il ignore, c'est que Gorbatchev a récemment acquis la conviction, soufflée par son vieil ami et académicien Evgueni Velikhov, grand spécialiste du nucléaire, que l'IDS est un projet irréalisable : certes, il doit stigmatiser, plus que jamais, la « guerre des étoiles » de Reagan, mais il lui faut surtout, en bon joueur d'échecs, préparer le coup d'après…

« Monsieur Gorbatchev, abattez ce mur ! »

C'est une curieuse guerre de propagande qui se déroule entre Gorbatchev et Reagan : qui ment, qui dit vrai ? En privé, les deux dirigeants sont sincèrement désireux d'œuvrer pour la paix. Mais en public, bien sûr, aucun ne veut céder un pouce de terrain. Le

4 février 1987, Gorbatchev reçoit à Moscou une délégation du Council on Foreign Relations, un *think thank* auquel participent les anciens ministres américains Henry Kissinger, Cyrus Vance, Jeane Kirkpatrick et quelques autres « néoconservateurs », qui entendent leur hôte expliquer sa « nouvelle pensée » :

« Personne, si fort soit-il, ne peut dominer le monde. »

Kissinger et ses compatriotes, tous politiciens d'expérience, répriment un sourire. Ils n'en croient évidemment pas un mot. Gorbatchev les prend-il pour des naïfs ?

La semaine suivante, du 11 au 16 février, se tient à Moscou un étonnant « *show* » propagandiste comme seule l'URSS en a le secret : un « Forum international pour un monde sans armes nucléaires » où ont été invités en grande pompe un millier de personnalités prestigieuses, de l'acteur Marcello Mastroianni à l'ex-Premier ministre canadien Pierre-Elliott Trudeau, de Claudia Cardinale à Yoko Ono, la veuve de John Lennon. Un flamboyant parterre d'universitaires, d'artistes et de politiciens plus ou moins « progressistes » venus – à grands frais – du monde entier. Tous sont flattés de rencontrer personnellement Mikhaïl Gorbatchev, qui leur tient un discours délibérément pacifiste :

« Devant vous et devant le monde entier, je déclare en toute responsabilité que notre politique internationale est plus que jamais déterminée par notre politique intérieure ! »

Va-t-on enfin le croire, dans ce cadre, quand il dit soumettre la grandeur extérieure de l'URSS à la réussite de ses réformes ? Ses hôtes ne demandent qu'à l'applaudir. Ils sont d'ailleurs ébahis de croiser dans cette enceinte le physicien Andreï Sakharov, remis en liberté deux mois plus tôt. Le célèbre dissident en train d'applaudir, debout, le discours de Gorbatchev, voilà une image étonnante, presque incongrue, qui emporte l'adhésion de nombreux invités.

La riposte américaine ne tarde pas. Le 12 juin 1987, en visite à Berlin-Ouest, Ronald Reagan prononce un émouvant discours devant la Porte de Brandebourg, dans le même ton qui fut celui de John Kennedy s'écriant, en son temps : « *Ich bin ein Berliner !* » Son lointain successeur à la Maison-Blanche, sous les applaudissements de la foule, prend à témoin le monde entier :

« *Mr Gorbachev, open this gate ! Mr Gorbachev, tear down this wall !* » (« Monsieur Gorbatchev, ouvrez cette porte ! Monsieur Gorbatchev, abattez ce mur ! »).

Du grand art. Cet argument-là est imparable, surtout aux oreilles des Européens, plus sensibles que les Américains au nouveau discours soviétique sur la « maison commune européenne ». Entre les deux hommes, c'est le match nul.

Détruire des missiles tout neufs

Le 7 décembre 1987, l'*Iliouchine-62* de Mikhaïl Gorbatchev atterrit sur la base aérienne d'Andrews, près de Washington. Quelques heures plus tard, l'illustre visiteur est accueilli par Ronald Reagan à la Maison-Blanche. Dès le premier tête-à-tête, comme d'habitude, le président américain attaque sur le thème des droits de l'homme :

« Vous interdisez aux juifs soviétiques d'émigrer librement, cela frappe les Américains qui sont un peuple d'immigrants !

— Je ne suis pas ici devant un tribunal, et vous n'êtes pas un procureur ! »

Et Gorbatchev, pas content, de dénoncer en retour le manque de droits accordés par les Etats-Unis aux sans-abri qui dorment sur les trottoirs, et aux malheureux Mexicains désirant entrer dans le pays et qui sont accueillis par des mitrailleuses : sont-ce là les droits de l'homme à l'américaine ? Cette passe d'armes devient un rite. Les deux hommes commencent à se répéter. A propos du désarmement, Reagan lance son fameux proverbe russe :

« *Dovieraï no provieraï !* »

Gorbatchev s'impatiente :

« Mais vous dites cela à chacune de nos rencontres ! »

Pourtant, entre « Ron » et « Mikhaïl », insensiblement, le courant commence à passer. Dans le salon Est de la Maison-Blanche, les deux hommes signent, cette fois, un important traité sur le démantèlement des missiles intermédiaires dit « INF »[18]. Les diplomates et les journalistes américains – que Gorbatchev ne ménage pas lorsqu'ils se focalisent à leur tour sur le sujet des droits de l'homme – se font, peu à peu, une image nuancée du dirigeant soviétique. Et pas seulement parce que Gorbatchev, sur le chemin de la Maison-Blanche, a soudain fait stopper la limousine qu'il partageait avec le vice-président Bush pour s'offrir un bain de foule improvisé sur les trottoirs. Lors du dîner offert à l'ambassade d'URSS par le secrétaire général du PCUS, après un petit discours lyrique de celui-ci sur la « famille humaine » et l' « harmonie dans le monde », on entend l'exclamation d'un de ses invités les plus incrédules, l'ex-secrétaire d'Etat Henry Kissinger :

« Mais qu'est-ce c'est que ce type[19] ? »

Peu à peu, la « nouvelle pensée » prônée par Gorbatchev commence à être entendue et prise au sérieux. L'exaspération croissante d'une partie des chefs militaires de l'URSS confirme, paradoxalement, cette avancée : dès lors que le démantèlement de silos de missiles flambant neufs n'est plus un concept de propagande mais un objectif concret, tous les héritiers de feu le maréchal Oustinov – à commencer par son successeur le ministre Sokolov, le vice-ministre Dmitri Iazov et le chef d'état-major Sergueï Akhromeev – freinent des quatre fers. Détruire réellement plusieurs catégories d'armes ultramodernes, pour nombre de généraux, c'est une « hérésie », un « crime d'Etat », un « acte de haute trahison ». Ces frustrations de couloir pèseront lourd sur la suite du débat politique.

Le bourbier afghan

Il est un autre sujet sur lequel Gorbatchev, à cette époque, prend les militaires à rebrousse-poil : l'Afghanistan. Certes, il ne manque pas de dirigeants, de diplomates et même de chefs militaires soviétiques pour déplorer à haute voix la décision d'intervenir à Kaboul en décembre 1979. A l'époque, le Politburo avait décidé de rétablir par la force le pouvoir communiste prosoviétique installé dans ce pays en avril 1978 et renversé en septembre : l'Afghanistan est à la fois un Etat frontalier de l'URSS et un symbole de son influence sur les pays en voie de développement. Mais ce qui devait être une « opération éclair » a vite tourné au tragique enlisement. Gorbatchev n'est pas seul, loin de là, à se demander comment mettre fin à cette folle occupation qui, en cinq ans et demi, a coûté très cher à l'URSS – en vies humaines, en matériels, en gabegie budgétaire – et a durablement parasité son image à l'étranger, y compris dans le tiers-monde.

Dès octobre 1985, au cours d'un tête-à-tête secret au Kremlin, le dirigeant soviétique conseille au leader communiste afghan Babrak Karmal de se préparer au retrait des troupes soviétiques et d'«élargir la base du régime», quitte à partager le pouvoir avec les moudjahidines – qui sont ses ennemis mortels. Quelques jours plus tard, le Politburo donne le feu vert à Gorbatchev pour élaborer une stratégie de retrait des troupes d'Afghanistan dans des conditions qui soient acceptables, et sans donner l'impression de renier le dogme marxiste-léniniste de la solidarité avec les «progressistes» de tous les pays du tiers-monde, alliés naturels de l'URSS dans la lutte contre l'impérialisme. Dans ses notes de l'époque, il écrit: «Très important: une reddition pure et simple est inacceptable[20].»

Encore des mots... Gorbatchev croit-il vraiment qu'il est encore possible de quitter l'Afghanistan la tête haute? Pour la plupart des observateurs, il s'agit d'un vœu pieux. Pour les militaires, d'un reniement. Pourtant, au fil des manœuvres préparatoires et des annonces de réduction des forces soviétiques en Afghanistan, le discours du maître du Kremlin se fait plus volontariste, comme le 13 novembre 1986, lors d'un débat général au Politburo:

> Six années se sont écoulées et nous sommes toujours en guerre en Afghanistan! Si nous ne changeons pas d'approche, nous y serons encore dans vingt ou trente ans. [...] En résumé, je dirai que nous n'avons pas encore trouvé la clé pour résoudre ce problème. Cela doit-il signifier que nous sommes condamnés à poursuivre cette guerre indéfiniment, gardant à l'esprit que nos soldats ne parviennent pas à faire face à la situation?

Dans les premiers jours de janvier 1987, Gorbatchev envoie Chevardnadze à Kaboul pour tenter d'imaginer une solution politique accompagnant le retrait des troupes. Le ministre des Affaires étrangères revient catastrophé. Il a compris, lui, que l'URSS n'a aucun moyen de peser sur l'avenir politique de ce malheureux pays. Il a aussi compris que les Américains, contrairement à ce qu'espère Gorbatchev, ne leur faciliteront aucunement la tâche.

En vain, Chevardnadze insiste pour reporter dans le temps un retrait militaire aussi peu bordé sur le plan politique.

Gorbatchev sait qu'un retrait prématuré d'Afghanistan comporte de gros risques, notamment pour les dirigeants locaux, mais il ne veut pas que la situation pourrisse. Sans garanties préalables, le 8 février 1988, il déclare que l'URSS quittera l'Afghanistan « avec ou sans l'aval des Américains » dans les neuf prochains mois. Le 7 mai, il déclare à un groupe de directeurs de journaux soviétiques :

> Nous déplorons déjà 13 000 morts et 43 000 blessés. Plus d'un million de civils ont vécu un cauchemar. Et je ne parle pas de l'aspect économique du problème : nous avons dépensé cinq milliards par an ! Que ce soit du point de vue humain ou du point de vue financier, nous devons quitter ce pays !

Les Américains sont des gens sérieux. Sceptiques ou non, ils ne manqueront pas le rendez-vous de Genève, le 14 avril 1988, qui doit réunir les dirigeants afghans et pakistanais avec les deux « supergrands » comme garants. Ils superviseront avec les Soviétiques un accord conclu entre les gouvernements de Kaboul et d'Islamabad sous l'égide des Nations unies. A la suite de cette signature historique, comme l'a promis Gorbatchev, débutera le 15 mai le retrait effectif des troupes soviétiques – qui s'achèvera le 19 février 1989. On sait que cet accord solennel, auquel la résistance afghane n'a pas été conviée, ne réglera pas le conflit. Mais il soulage le Kremlin et satisfait la Maison-Blanche : pour la première fois depuis l'invasion de Kaboul en 1979, l'ambassadeur américain, Jack Matlock, est présent sur la place Rouge pour le défilé du 1er mai. Ce geste protocolaire, relevé par toute la presse, est l'assurance que le prochain voyage à Moscou de Ronald Reagan se passera bien…

Les cloches des églises de Moscou

Avant de s'envoler pour l'URSS, le dimanche 29 mai 1988, le président américain avait déclaré, sur le ton de la boutade, qu'il commencerait à croire en la *perestroïka* quand on entendrait à nouveau sonner les cloches des églises de la capitale russe. En arrivant à Moscou, quelques heures plus tard, il a la surprise d'entendre sonner, en son honneur, les cloches tout juste restaurées du plus grand monastère moscovite, le *Danilovski monastyr*, aux bulbes étincelants d'or frais.

C'est la quatrième rencontre entre Reagan et Gorbatchev. Elle ne prévoit pas de signature ostentatoire d'un quelconque accord de désarmement, mais elle doit apporter la démonstration, dans l'esprit du numéro un soviétique, qu'un tournant est pris dans la gestion des affaires du monde. Une rafale de déclarations de presse a précédé ce sommet. Le 22 mai, dans une interview accordée au *Washington Post* et à *Newsweek,* Gorbatchev critique sévèrement la politique extérieure de ses prédécesseurs. On retrouvera ces critiques le 26 mai dans les « thèses » de la Conférence nationale du Parti :

> Notre ancienne politique étrangère n'a pas échappé au dogmatisme et au subjectivisme. Elle était en retard par rapport aux changements fondamentaux qui se produisaient dans le monde. [...] Nous nous sommes laissé tenter par la course aux armements, ce qui n'a pu qu'affecter notre progrès économique et social, et notre prestige sur la scène internationale[21]...

De la diplomatie de Brejnev et de Gromyko, il ne reste à peu près rien. La même semaine, dans la *Literaturnaïa Gazeta*, c'est à un extraordinaire réquisitoire que se livre le professeur Viatcheslav Dachichtchev, conseiller de Gorbatchev : les *SS-20*, l'Afghanistan ? des « erreurs politiques » ; le Mur de Berlin ? un « vestige de la guerre froide, appelé à disparaître avec le temps » ; Budapest, Prague ? « il n'y a plus de souveraineté limitée »[22]. Les conseillers américains, auxquels cet article n'a évidemment pas échappé, doivent l'admettre : il est difficile d'aller plus loin dans l'autocritique.

Reagan, dont c'est le premier séjour à Moscou, est allé de surprise en surprise. D'abord, il a pu s'adresser directement à un amphithéâtre d'étudiants, à l'université Lomonossov, et leur expliquer de vive voix les avantages de l'économie libérale et la supériorité de l'*American way of life*. Ensuite, devant l'Union des écrivains de l'URSS, il a pu exprimer son souhait de voir revenir librement à Moscou les figures les plus emblématiques de l'émigration russe, les Rostropovitch, Barychnikov et autres Soljenitsyne. Puis il a plaidé, devant le clergé du monastère Danilov, pour la réouverture de tous les lieux de culte de Russie, et pour une « nouvelle politique de tolérance religieuse » envers toutes les confessions. Enfin, il a pu recevoir à la résidence de son ambassadeur, Spaso House, la plus étonnante brochette de dissidents, contestataires et autres juifs « refuzniks » qu'il aurait pu imaginer : du militant Sergueï Kovalev au pope Gleb Iakounine, il a pu mettre des visages sur tous ces noms qui, depuis des années, incarnaient pour leur malheur la répression en URSS. Mikhaïl Gorbatchev n'a pas apprécié ce qu'il a qualifié de « spectacle de mauvais goût », mais le jeu en valait, à ses yeux, la chandelle : plus jamais il n'entendra le président américain lui demander, d'un ton sentencieux, de respecter les droits de l'homme.

Le 31 mai, alors que les deux dirigeants se promènent dans l'enceinte du Kremlin, Reagan est apostrophé par un touriste :

« Monsieur le Président, considérez-vous toujours l'Union soviétique comme l' “empire du Mal” ?

— Non ! » répond Reagan avec un large sourire.

Ronald et Mikhaïl en promenade sous les murs du Kremlin ; Nancy et Raïssa visitant, la main dans la main, la cathédrale de l'Assomption : comme elles paraissent soudain jaunies, les vieilles photos figées des conversations entre Brejnev et Nixon, respectivement flanqués de Gromyko et Kissinger, deux décennies plus tôt ! Gorbatchev est enchanté. Tout cela, bien sûr, va dans le sens de la *perestroïka*. Les téléspectateurs soviétiques n'ont pas perdu une miette de ce spectaculaire voyage de Reagan au pays de la *glasnost* et de la *demokratizatsia*. Ils ont entendu le président américain, devant les étudiants de l'université, citer le célèbre vers de Pouchkine repris dans *Le Maître et Marguerite* de Boulgakov :

« Il est temps, mon ami, il est temps… »

Il est temps, pour Gorbatchev, d'abattre sa dernière carte, celle qui va définitivement confirmer au monde que l'URSS a changé d'époque. Le 7 décembre 1988, à New York, le secrétaire général du PCUS – qui est aussi, depuis quelques jours, chef de l'Etat[23] – prononce un discours devant l'Assemblée générale des Nations unies. Le texte en a été minutieusement peaufiné par Anatoli Tcherniaev, et présenté dans ses grandes lignes, le 24 novembre, devant le Politburo qui l'a « approuvé » formellement. Il rassemble toutes les idées que Gorbatchev a eu tant de mal à faire valoir depuis trois ans, et que lui-même résume ainsi :

> Chaque nation, à commencer par les grandes puissances, doit faire preuve de retenue et exclure toute utilisation de la force à l'extérieur de ses frontières… La liberté de choix est une condition *sine qua non* de la diversité du développement social des nations… Les relations entre les Etats doivent être dépourvues de pressions idéologiques… Nous devons œuvrer tous ensemble pour assurer la suprématie des valeurs humaines universelles sur la multitude des aspirations égoïstes, même lorsqu'elles sont légitimes[24]…

Il n'étonne pas vraiment ceux qui ont écouté le discours que le même Gorbatchev a prononcé en juin devant la Conférence nationale du Parti. Ceux-là ont déjà compris que les « valeurs humaines universelles » sont désormais supérieures, aux yeux du Kremlin, à la « défense des intérêts de classe », ce qui constitue un renversement complet du système de valeurs en Union soviétique.

Ce discours historique enthousiasme le prestigieux auditoire qui, à la fin, se lève pour une *standing ovation* exceptionnelle. Le lendemain, les grands médias américains vibrent à l'unisson : « Depuis Wilson, Roosevelt et Churchill, aucune personnalité internationale n'avait montré une telle vision du monde », commente le *New York Times* ; « Voilà un des discours les plus éloquents jamais prononcés aux Nations unies », renchérit le *Washington Post.* Rarement revue de presse a contenu autant d'hyperboles.

Gorbatchev, enfin, entre dans l'Histoire. Mais il n'a pas oublié les dernières paroles que lui a adressées le vieux Gromyko, au Kremlin, lorsqu'il l'a invité, deux mois plus tôt, à lui céder la place de président du Soviet suprême :

« Mikhaïl Sergueïevitch, vous vous dirigez tout droit sur des récifs[25]… »

18

Les craquements

> « Une Union soviétique forte,
> c'est un centre fort et des Républiques fortes. »
>
> Mikhaïl GORBATCHEV (décembre 1988).

Mardi 29 novembre 1988. Toujours le même décor : le Palais des Congrès du Kremlin, son impressionnante tribune, sa salle immense, ses couloirs marmoréens et ses balcons majestueux où se croisent délégués, dirigeants, apparatchiks, élus locaux, fonctionnaires, journalistes et diplomates. Cette fois, le parterre est rempli de députés venus des quatre coins de l'URSS, mais on dirait que ces milliers d'hommes et de femmes sont interchangeables, comme s'ils étaient les figurants d'une pièce jouée devant le monde entier. Une pièce dont l'auteur aurait respecté la vieille règle de l'unité de lieu.

C'est sans doute la principale illusion de Mikhaïl Gorbatchev : que le sort d'un pays de 260 millions d'habitants puisse être ainsi réglé dans sa capitale, et, plus encore, dans un espace clos comme le Kremlin, par une poignée de dirigeants dont la seule volonté politique suffirait à changer le cours des choses. C'est ce qu'il a fait pendant trois ans, avec succès et sous les applaudissements du reste du monde. C'est dans cet espace confiné, au sein d'un petit groupe d'apparatchiks sans grand charisme, que la deuxième puissance mondiale est passée, en un temps record, du statut de dictature totalitaire à celui de démocratie balbutiante. C'est dans cette enceinte, à cette tribune, quelques mois plus tôt, sous l'impulsion d'un seul homme talentueux et volubile, que les dirigeants de l'URSS ont décidé de transformer celle-ci en un « Etat de droit » doté d'un régime présidentiel qui, sans le dire, devra remiser le tout-puissant Parti communiste au rang de symbole historique.

Non sans résistances, certes. En cet été 1988, après la Conférence nationale du Parti, Mikhaïl Gorbatchev avait à peine quitté Moscou pour prendre un repos bien gagné dans sa datcha de Pitsunda, au bord de la mer Noire, que son rival Egor Ligatchev reprenait son travail de sape. Début août, il battait la campagne dans la région de Gorki, suivi par plusieurs équipes de télévision, proférant des propos critiques méticuleusement repris par la *Pravda* : qu'il s'opposerait à ce que la *perestroïka* entame les fondements du communisme, qu'il ne fallait pas exagérer les « erreurs » de la période stalinienne et que les « forces impérialistes » n'avaient pas renoncé, bien au contraire, à « miner le système » par tous les moyens possibles – suivez son regard... Dès son retour de vacances, Gorbatchev avait dû reprendre son bâton de pèlerin et redire sur tous les tons, du matin au soir, des faubourgs de Moscou aux usines de Sibérie, qu'il n'y avait « pas d'alternative à la *perestroïka* ». Au risque de lasser son public...

Le temps approchait, pour Gorbatchev, de sortir de ce duel stérile avec Ligatchev. La meilleure défense, disent les joueurs d'échecs, c'est l'attaque. Une fois encore, Gorbatchev allait prendre de vitesse ses adversaires en profitant, lui aussi, des vacances de son rival pour jouer deux coups foudroyants. C'est la lettre de démission d'Andreï Gromyko, remise le 27 septembre, qui le poussa à cette riposte radicale. Le Soviet suprême ne devait se réunir en session régulière que le 27 octobre : pouvait-il pendant quatre longues semaines laisser vacant le poste de chef de l'Etat, ouvert à toutes les convoitises et à quelques sombres manœuvres de couloir ? Sa majorité au Politburo était encore trop précaire. Il eût suffi d'une absence, d'un accident ou d'un revirement personnel pour que la majorité lui échappe, ne fût-ce qu'une journée[1].

Toutes affaires cessantes, à l'étonnement de tous, Gorbatchev convoqua à Moscou le Politburo, le Comité central ainsi que le Soviet suprême, appelé à siéger un week-end pour la première fois de son histoire. La décision fut si inattendue qu'elle sema la panique à New York, où se tenait l'Assemblée générale des Nations unies : en voyant Edouard Chevardnadze quitter précipitamment les lieux et annuler un important rendez-vous avec son homologue américain, diplomates et journalistes se sont demandé si un coup d'Etat ne s'était pas produit à Moscou. De même, à Delhi, les officiels indiens virent avec stupéfaction le ministre Dmitri Iazov interrompre précipitamment la visite officielle qu'il venait de commencer…

Blitzkrieg *au Politburo*

Vite fait, bien fait. Le 30 septembre, devant le Politburo, il fallut une petite heure à Gorbatchev pour régler la succession d'Andreï Gromyko et, dans la foulée, opérer un remaniement décisif. Après avoir rendu un hommage appuyé à son ex-mentor, qui avait bien mérité de la patrie à près de 80 ans, il proposa d'entériner une réforme de la direction du Comité central[2] conforme aux décisions du mois de juin. Objectif : en finir avec la supervision de l'économie par le Parti, transformer ses vingt-deux départements en six grandes commissions. Et, pour cela, chambouler les effectifs.

Les conservateurs, minoritaires, ne purent s'opposer au nouvel organigramme qui stipulait, entre autres, que le secteur de l'agriculture revenait désormais à… Egor Ligatchev, ce qui n'était pas, à l'évidence, une promotion pour leur chef de file. Il ne purent faire barrage, en outre, à la promotion de Vadim Medvedev, nouveau responsable de l'idéologie au Politburo, ni à celle des « gorbatchéviens » Anatoli Loukianov, Alexandra Birioukova et Alexandre Vlassov, nouveaux membres suppléants du Poliburo. Dans le même temps, le vieux Mikhaïl Solomentsev, qui présidait l'importante commission de contrôle du Parti, fut prié de faire valoir ses droits à la retraite, tout comme les « seconds couteaux » conservateurs Piotr Demitchev, Vladimir Dolguikh et Anatoli Dobrynine. Seule déconvenue pour Gorbatchev : Gueorgui Razoumovski, notoirement proche de lui, se vit barrer *in extremis* l'entrée au Politburo – mais l'essentiel était que ce fidèle obtînt l'important département des cadres.

Le lendemain, au Kremlin, les choses vont aller encore plus vite. A peine les députés sont-ils réunis au Palais des Congrès qu'ils apprennent la démission de leur président Andreï Gromyko – qui les remercie pour leur confiance – et sont invités à élire son successeur. Au nom du Comité central, le très conservateur Lev Zaïkov propose un nom, celui du « camarade Mikhaïl Sergueïevitch Gorbatchev ». Léger brouhaha : « Qui est pour ? »

Toutes les mains se lèvent. A la tribune, la première à se dresser est celle de... Gorbatchev en personne. Les 1500 députés marquent leur approbation en tapant sur leurs pupitres et applaudissent, debout, pendant plusieurs minutes. Elu sans débat et à l'unanimité, le champion remercie en appelant à « aller de l'avant » et donne rendez-vous à la prochaine session, en novembre, pour la réforme de la Constitution. Fermez le ban. La séance a duré moins de quarante-cinq minutes.

Avec la même célérité, les députés élisent encore Anatoli Loukianov à la vice-présidence du Parlement, et entérinent les changements proposés par Nikolaï Ryjkov, notamment le remplacement de Viktor Tchebrikov à la tête du KGB. Le 3 octobre, c'est de façon encore plus expéditive que le Soviet suprême de la République de Russie écarte « par le haut » son Premier ministre Vitali Vorotnikov et le remplace par Alexandre Vlassov : ce remaniement-là prit quinze minutes. Oubliés, les propos tenus, répétés, martelés par Gorbatchev lors de la Conférence nationale du Parti, trois mois plus tôt, sur la nécessité de « développer et rehausser l'autorité des Soviets ». Mais qu'importent les principes quand il s'agit du pouvoir...

Un pouvoir relatif, du reste. Gorbatchev sait bien que son nouveau statut de président du présidium du Soviet suprême ne lui confère qu'un rôle protocolaire et, en plus, soumis à la volonté du Parti ; il sait aussi, et pour cause, que ce poste disparaîtra deux mois plus tard dans le grand chamboulement institutionnel qu'il a lui-même préconisé. Mais il fallait éviter a tout prix que, au détour de quelque négociation difficile, le fauteuil laissé libre par Gromyko revînt à un autre que lui.

Qu'importe aussi que ses propres amis politiques, réformateurs et libéraux, commencent à le mettre en garde contre le retour du «culte de la personnalité». Le journaliste Alexandre Vasinski avait rappelé en juin, dans *Les Nouvelles de Moscou,* qu'aucun leader de ce pays, depuis Lénine, n'avait évité cette dérive après cinq années de pouvoir. Pour calmer ces inquiétudes, Gorbatchev accepte un amendement parlementaire introduisant un droit de veto du futur Parlement sur les décisions du chef de l'Etat. Confusément, beaucoup partagent le souci qu'Andreï Sakharov allait exprimer à haute voix: «Aujourd'hui c'est Gorbatchev qui concentre tous les pouvoirs, mais quelle garantie avons-nous qu'un stalinien ne lui succédera pas [3] ?»

Impatiences populaires

Les journaux du monde entier saluent la «victoire» ou le «triomphe» de Gorbatchev, assuré d'être élu «président de l'URSS» avant le printemps. Pourtant, le secrétaire général du Parti sait, lui, que le plus dur reste à faire, que la colère du «peuple» monte à l'extérieur, et que le sol risque fort de se dérober sous ses pieds. Quand il est retourné en Sibérie, en septembre, il a pu mesurer la dégradation du climat social. De Krasnoïarsk à Norilsk, sous le regard de la télévision, ses habituels bains de foule dans les entreprises, les chantiers, les quartiers, les centres scientifiques ont souvent tourné au vinaigre:

«On ne trouve pas de saucisson! Le lait a mauvais goût! Il n'y a rien ici, même pas de l'eau chaude!

— Pensez-vous que je ne veuille pas moi-même que tout aille mieux et plus vite?

— Mikhaïl Sergueïevitch, pourquoi un habitant sur six attend toujours d'avoir un logement?

— C'est scandaleux, je suis d'accord, mais ne faites pas porter à la *perestroïka* tous les péchés du passé[4] !»

Récriminations, revendications, mécontentement, nostalgie, reproches: on est loin des premiers bains de foule où une curiosité bienveillante le disputait aux espoirs d'amélioration de la vie de chacun. Les fonctionnaires ont compris que la réforme du Parti signifiait la suppression de 700 000 postes dans de brefs délais; les directeurs d'usine ont découvert que leur autonomie nouvelle allait de pair avec une diminution des commandes de l'Etat; les consommateurs ont constaté que la liberté du commerce individuel impliquait de fortes hausses de prix:

« Vos réformes, cela ne marchera pas ! Nous sommes nombreux à penser ainsi !

— Il faut y croire ! La *perestroïka* ne marchera que si tout le monde s'y met ! »

Gorbatchev continue de jouer le jeu de la pédagogie et du dialogue, de plus en plus serré, avec la population, mais il n'a pas assez de son talent et de sa verve pour calmer ses interlocuteurs en colère. Il ne lui suffit plus, à chaque étape de sa visite, de morigéner les cadres régionaux, accusés de gabegie et d'incompétence, ou de promettre que le Comité central va consacrer un plenum spécial aux problèmes agro-alimentaires. A l'issue de sa tournée sibérienne, la *Pravda* avait titré: « L'heure est aux actes concrets ». Ce titre était bien choisi. Car Mikhaïl Gorbatchev n'est pas, en effet, l'homme des « actes concrets ». Le suivi des réformes, la gestion des dossiers, les réunions techniques l'ennuient profondément. Il est un vrai leader, un chef politique qui a besoin, auprès de lui, d'organisateurs et d'exécutants: lui-même ne conçoit son rôle qu'à la proue du navire, le regard sur l'horizon, et non dans la soute ou même à la barre.

C'est pour cela qu'il a promu Medvedev à la tête de la commission idéologique, tout en haut du nouvel organigramme du Parti: Vadim Andreïevitch Medvedev, 59 ans, est d'abord un ancien professeur d'économie à Leningrad, un des rares dirigeants à maîtriser ce secteur devenu crucial, dans un milieu totalement inculte en matière économique. Il était jusqu'alors chargé des relations avec les « Partis frères au pouvoir ». A ce titre, cet intellectuel aux grosses lunettes et à l'humour ravageur avait accompagné Gorbatchev en Yougoslavie au mois de mars. Le secrétaire général avait été séduit par ses capacités à replacer dans un cadre

« léniniste » – idéologiquement incontestable – la nécessité de libéraliser l'économie soviétique.

Gorbatchev, non sans audace, avait donc décidé de remplacer le très orthodoxe Egor Ligatchev par un homme quasiment inconnu qui ose déclarer sans ambages que « le socialisme a perdu sa supériorité sur le capitalisme » et qu'il lui faut « réfléchir sérieusement à la pratique social-démocrate »[5]. Un homme réaliste et pragmatique sur lequel il pourra se reposer pour vérifier que la *perestroïka*, désormais, sera bien suivie d' « actes concrets ». Un homme qui n'a qu'un défaut : celui de le priver, désormais, de faire porter aux conservateurs du Politburo la responsabilité de l'impéritie qui règne dans l'économie nationale, l'approvisionnement alimentaire, le logement et les transports. Il se trouve désormais en première ligne.

Le réveil des nationalités

Plus encore que la grogne des apparatchiks et la colère des ménagères, une nouvelle menace commence à peser sur la *perestroïka* et ses promoteurs. Une menace que ni Gorbatchev ni le Politburo[6] n'avaient prévue, bien plus grave que la crise économique, et qui va éclater au grand jour en cet automne 1988 : le réveil des nationalités. L'intensité de la lutte politique interne, au Kremlin, a fait oublier ses lointaines conséquences sur un territoire multinational, multireligieux et multiethnique qui couvre onze fuseaux horaires et contient des dizaines de nations, peuples, communautés et tribus diverses, dont le seul lien commun est qu'ils ont été unifiés sous le knout, pour la plupart, et convertis au communisme par la police politique de Staline. Des anciennes colonies tsaristes de l'Asie centrale aux trois peuples baltes annexés en 1944, il fallait bien s'attendre à ce que ces territoires réagissent, chacun à sa manière, à l'esquisse de libéralisation entreprise par le nouveau maître du Kremlin[7]. Certes, plusieurs événements récents concernant les Kazakhs, les Tatars et les Arméniens avaient montré que le sujet était brûlant, mais ils ne présentaient pas de caractère dramatique, n'ayant, en apparence, aucun rapport entre eux.

Ainsi au Kazakhstan, à la mi-décembre 1986, quand les étudiants kazakhs sont descendus dans les rues de la capitale Alma Ata, c'était pour protester contre la nomination à la tête du PC kazakh d'un haut fonctionnaire russe, Guennadi Kolbine, à la place d'un vieil autochtone kazakh, Dinmoukhamed Kounaiev[8]. Vieux routier de la politique, Gorbatchev n'y vit aucunement une revendication ethnique, mais une manipulation politicienne fomentée, sur place, par certains réseaux que ce remaniement dérangeait. Il n'avait pas tort. Derrière cette contestation «nationaliste» il fallait surtout voir une manœuvre destinée à protéger de tout regard extérieur certains apparatchiks locaux dirigeant une administration corrompue en lien avec quelques réseaux mafieux. Du reste, deux ans après la nomination de Kolbine, l'ordre régnait à Alma Ata.

Au printemps 1987, nouvelle alerte : les Tatars de Crimée, qui manifestent sporadiquement chez eux pour obtenir le droit de revenir sur les terres dont ils ont été chassés par Staline en 1944, ont soudain décidé de porter leur contestation à Moscou. Le 6 juillet, quelque 300 militants tatars venus des bords de la mer Noire entament une série de manifestations sur la place Rouge, sous les murs du Kremlin – là où, d'habitude, en moins de dix minutes, on se fait arracher sa banderole et embarquer au poste par des policiers en civil. La *glasnost* a tout changé : le 27 juillet, ces trublions sont reçus par le président Andreï Gromyko tandis que l'agence Tass reconnaît, dans une dépêche, que leur peuple a été victime d'une «injustice[9]». Les Tatars n'obtiennent que des promesses, mais les voilà calmés pour quelque temps.

Le 26 février 1988, c'est à Erevan (Arménie) que des émeutes nationalistes éclatent. Depuis que les élus arméniens du soviet du Haut-Karabagh[10], quinze jours auparavant, ont voté le retour à l'Arménie de cette petite enclave montagneuse située en République d'Azerbaïdjan, la capitale arménienne est le théâtre d'immenses rassemblements aux allures surprenantes – d'abord parce que de telles manifestations n'étaient même pas imaginables un an auparavant, ensuite parce que, en sus des drapeaux arméniens (rouge et bleu) et des banderoles «Le Karabagh à l'Arménie !», la foule brandit… des portraits de Gorbatchev[11]. Les Arméniens ont compris, comme les Baltes, quels avantages ils pourraient tirer de la *glasnost* et de la *perestroïka*. Gorbatchev, du reste, n'a pas envoyé les chars pour mater la rébellion, mais ses deux collègues Dolguikh (à Erevan) et Razoumovski (à Bakou), avec la mission de rétablir le dialogue entre les deux Républiques antagonistes. Hélas, le 28 février, un épouvantable pogrom a lieu à Soumgaït, près de Bakou, où des fanatiques azéris massacrent des dizaines de familles arméniennes, faisant 32 morts et 169 blessés. Toute la région est en état de choc. Cette blessure-là, terrible, qui pourra la cicatriser ?

A cette époque, même si le drame de Soumgaït a horrifié l'opinion publique, le dossier national n'affole encore personne. Certes, il est de plus en plus souvent cité dans les discours sur la *perestroïka*, notamment pendant la Conférence nationale du Parti, en juin, mais rarement de façon globale et urgente. Devant le Comité central, le 29 juillet 1988, Gorbatchev dénonce les « passions nationalistes » et l'« aggravation » des relations interethniques ; dans la *Pravda* du 2 septembre, Viktor Tchebrikov, chef du KGB, explique sournoisement que les « services spéciaux » américains attisent les revendications nationales ici ou là[12] ; le 13 août, à Vilnius, Alexandre Iakovlev admet devant les communistes lituaniens que l'uniformisation des Républiques fut une faute politique, et que, grâce à la démocratisation et à la transparence, le temps est à la mise au jour de « questions non résolues » dans les relations entre le centre et la périphérie de l'URSS[13] ; le 11 septembre, à Lenino (Crimée), la police disperse durement une manifestation de 300 militants tatars…

La tension monte, ici et là, à la périphérie de l'URSS, mais tous ces troubles nationalistes ne sont pas comparables. Ici, c'est une âpre lutte politique locale qui se déroule. Là, ce sont de graves tensions interethniques qu'il faut résorber. Ailleurs, c'est la résurgence d'un séparatisme ancestral qui s'exprime. Plus loin, des revendications territoriales jamais résolues. Ce n'est qu'à l'automne, sous la pression des élus baltes, que tous ces phénomènes présentent soudain une logique commune et un danger gravissime : ce qui est en cause, désormais, c'est bel et bien la cohésion de l'URSS.

Les Baltes allument la mèche

Le jeudi 1er décembre 1988, au Soviet suprême, lors du débat final sur la Constitution de l'URSS, à la question rituelle « Quelqu'un veut-il intervenir ? » une femme lève la main et se dirige vers la tribune dans un grand silence. On n'a jamais pris une telle liberté dans cette instance solennelle, docile chambre d'enregistrement des décisions du Parti et du gouvernement. Gemma Skulme, 63 ans, peintre réputée, est présidente de l'Union des artistes de Lettonie. A la surprise générale, elle propose un amendement conférant un droit de veto des différentes Républiques sur les lois édictées à Moscou. Brouhaha dans la salle. La proposition est rejetée par 1353 voix sur 1376. Personne n'a voté pour, mais 23 délégués, majoritairement baltes, sont ostensiblement restés plongés dans la lecture de leur journal au moment du scrutin.

Gorbatchev sait parfaitement qu'il ne s'agit pas d'un groupuscule de jusqu'au-boutistes sans importance. Parmi ces « rebelles » figurent des gens comme Anatoli Gorbounov, le nouveau président letton, ou Arnold Ruudel, son collègue estonien, qui prônent chez eux une *perestroïka* particulière, aux accents autonomistes prononcés : primauté des lois des Républiques sur les lois fédérales, liberté d'expression pour les partisans de l'indépendance, consécration de la langue locale comme langue d'Etat, alignement de l'heure officielle sur la Finlande voisine et non plus sur Moscou, etc.

Trois mois plus tôt, le 29 septembre, lors de l'ouverture du congrès de fondation du Front populaire estonien, Gorbatchev avait envoyé un message aux délégués réunis à Tallin pour leur dire son souhait de transformer l'URSS en une « fédération d'Etats souverains » : remplacer la volonté d'intégration des Républiques par une véritable décentralisation par rapport à Moscou, n'est-ce pas une authentique révolution ? Sur le papier, peut-être. Mais les Baltes n'oublient pas que ce principe « fédéral » était au cœur de la fondation de l'URSS dans les années 1922-1924 : on a vu ce qu'il est devenu dans la réalité… L'article 72 de l'actuelle Constitution de 1977 n'accorde-t-il pas aux Républiques le « droit de se séparer librement de l'Union » ? Des mots ! L'histoire est là qui rappelle que tous ces peuples ont été réunis à la Russie par la force des armes – en 1944 dans le cas des Baltes – et que tout relâchement à leur égard comporte le risque d'exacerber leur rêve d'indépendance.

Le 16 novembre, une information venue de Tallin a fait l'effet d'un coup de tonnerre à Moscou. Le Parlement estonien a rejeté d'avance le projet fédéral de réforme constitutionnelle, et s'est arrogé le droit de veto sur les lois fédérales… à l'unanimité. Donc avec l'approbation des communistes locaux. Voilà un signal que Gorbatchev comprend parfaitement : cela veut dire que dans les Pays baltes, comme dans le Caucase, le Parti communiste ne joue plus son rôle de courroie de transmission avec le « Centre ». Il sait, lui, qu'en cas de nécessité extrême il n'y aura plus que l'armée pour ramener ces peuples à la raison – ce qui serait l'échec définitif de la *perestroïka* et, sans doute, la fin de sa carrière.

Mikhaïl Gorbatchev, l'enfant de Stavropol qui connut de près le problème des minorités ethniques de la Russie du Sud, est plus sensible aux dangers de rébellion interne qu'aux contingences internationales. Il sait qu'il doit réagir. Devant le présidium du Soviet suprême, il pointe un doigt accusateur en direction de Vaino Valias, chef du PC d'Estonie, qualifiant d'« inadmissible » et d'« aventuriste » la décision de cette République : l'Estonie n'a-t-elle pas décidé, en outre, de s'approprier son sol, ses eaux, ses entreprises et ses banques ? La diatribe, très applaudie par le présidium, sera largement diffusée, le soir, à la télévision :

> Si nous prenions la route de la division, cela ralentirait notre développement […] à l'encontre de tout le processus de la *perestroïka* ! […] Comment peut-on envisager de diviser les chemins de fer, les services aériens, la distribution électrique, le système de répartition du gaz et du pétrole, les grandes unités de production ?

Le présidium du Soviet suprême, ce jour-là, déclare officiellement le vote estonien « anticonstitutionnel ». Et, deux jours plus tard, le Comité central stipule que

> les Comités centraux des Partis communistes des Républiques fédérées doivent mettre à exécution des mesures concordantes visant à

> [...] réduire la tension qui règne dans certaines Républiques et assurer l'unité d'action de toutes les organisations du Parti.

En catastrophe, le même Comité central adopte une résolution en faveur de l' « élargissement des droits des Républiques fédérées » et l' « harmonisation des rapports entre les Républiques et l'Union »[14]. Ce sont des vœux pieux qui ne trouvent pas leur traduction dans les amendements constitutionnels votés par le Soviet suprême, et qui sont destinés à rassurer les élus baltes ou caucasiens. Ainsi, si le nouvel article 108 élargit aux représentants des Républiques le « Comité de contrôle » chargé de « vérifier si les lois et décrets adoptés par les Parlements des Républiques sont conformes à la législation de l'URSS », il anticipe sur toute velléité séparatiste en confiant au futur Congrès des députés du peuple la responsabilité des frontières externes et internes de l'Union.

Rendez-vous en juin 1989

En quatre jours, Gorbatchev a prononcé trois discours sur ce thème. Dans son allocution clôturant la réunion du présidium, il a annoncé, à l'attention des autonomistes de tout poil, que tout cela n'était que provisoire, que la « seconde étape » de sa « révolution » – dont personne n'avait jamais entendu parler – porterait sur les rapports entre les Républiques et le pouvoir central, et qu'un plenum du Comité central, en juin 1989, s'attellerait à ce dossier.

Juin 1989 ? Cette date paraît bien lointaine, au moment où des centaines de milliers d'Azéris manifestent quotidiennement dans la ville de Bakou en scandant des slogans nationalistes ; où plus de 100 000 habitants de Géorgie, à leur tour, protestent dans les rues de Tbilissi contre la « russification » de leur République. La *glasnost* offre un boulevard à toutes les frustrations irrédentistes, excès nationalistes et autres velléités séparatistes qui avaient été matés, pendant des décennies de dictature, par un Parti communiste unique, appuyé sur une armée et une police aussi « soviétiques » qu'impitoyables.

Le choix de Gorbatchev, aussi simple qu'impossible, est entre le retour en arrière ou la fuite en avant. Il peut encore déclencher une répression tous azimuts et imposer le retour au principe d'intégration des particularismes dans l'ensemble soviétique; ou bien il poursuit sa « démocratisation », sachant qu'elle pousse irrépressiblement aux revendications autonomistes. Avec le risque de voir toutes les populations non russes s'engouffrer massivement dans la brèche. En espérant qu'il n'est pas déjà trop tard...

Au soir de ce 1er décembre 1988, malgré tout, Gorbatchev peut être satisfait. Le Soviet suprême, conformément aux souhaits exprimés en juin par la Conférence nationale du Parti, a adopté les amendements à la Constitution de 1977 instituant un Congrès des députés du peuple, une présidence de l'Etat aux pouvoirs étendus et un Conseil constitutionnel faisant de l'URSS un « Etat de droit ». Les députés ont aussi voté un texte instaurant une nouvelle loi électorale : celle-ci ôte le monopole des candidatures aux organes dépendants du Parti sans instaurer pour autant le suffrage universel direct par circonscription, comme le demandaient les Baltes. Courageux, mais pas téméraire...

Certes, Gorbatchev a dû faire quelques concessions. Il a précisé solennellement que tout cela ne rendait pas obsolète le sacro-saint principe de la « direction collective ». Il a accepté un amendement donnant au futur Congrès le droit de révoquer le président (mais on ne sait pas à quelle majorité) et un autre attribuant au Congrès le droit d'annuler les ordonnances présidentielles (mais on ne sait par quelle procédure). De même il appartiendra toujours au présidium du Soviet suprême, et non au chef de l'Etat, de décréter l'état d'urgence dans tout ou partie de l'URSS. Mais ces concessions tactiques n'enlèvent rien à sa réussite globale : dans quelques mois, il sera l'unique détenteur du pouvoir en URSS, débarrassé de tout véritable rival, seul maître à bord d'un pays en pleine mutation.

Le drame arménien

Le mercredi 7 décembre, c'est donc en vainqueur que Gorbatchev atterrit à New York, où il doit prendre la parole devant l'Assemblée générale des Nations unies. Si son image commence à se dégrader en URSS, elle n'a jamais été aussi positive à l'étranger, notamment à l'Ouest. La plupart des dirigeants présents dans les couloirs de l'ONU l'accueillent avec sympathie. Beaucoup le félicitent. Mieux : à l'issue de son discours sur la fin de la guerre froide, le désarmement et le retrait soviétique d'Afghanistan, comme on l'a vu, il est longuement ovationné.

A la tribune, Gorbatchev savoure ce moment. Mais il sait déjà qu'il n'en profitera pas longtemps. Avant qu'il prononce son discours, l'un de ses conseillers lui a apporté une dépêche de l'agence Tass informant le monde entier qu'un « tremblement de terre atteignant 9 degrés sur l'échelle de Mercalli » (qui en compte 12) venait de ravager le nord de l'Arménie, causant « beaucoup de destructions et de victimes ». Le séisme s'est produit à 11 h 41, heure locale[15], mais l'agence a mis plusieurs heures à réagir. Le nombre de victimes est encore inconnu : une centaine, dit-on à Erevan, la capitale ; beaucoup plus, selon d'autres sources.

Au fil des heures, les nouvelles se font plus dramatiques. Les membres de la délégation qui accompagne Gorbatchev sont pendus au téléphone – notamment le ministre Chevardnadze, qui s'inquiète pour la Géorgie voisine. L'épicentre de la secousse a été enregistré à 50 km de Leninakan, une ville de 300 000 habitants qui aurait été durement touchée, ainsi que les cités voisines de Kirovakan et Spitak. Les premiers témoignages qui parviennent de la région confirment l'intensité du séisme et la gravité de la situation. Avant le déjeuner, Gorbatchev fait transmettre aux autorités de l'Arménie un message de condoléances, mais cela ne peut suffire : après un rapide échange de vue avec ses conseillers, il décide d'interrompre son voyage – tant pis pour la rencontre qu'il devait avoir le lendemain avec Fidel Castro – et de rentrer d'urgence.

A Moscou, où le Premier ministre coordonne l'aide gouvernementale, les secours s'organisent en hâte, les Komsomols collectent des vivres et des vêtements, les médias transmettent images, témoignages et statistiques. Le ministre de la Santé, Evgueni Tchazov, qui s'est rendu en Arménie, parle de 100 000 personnes décédées ou disparues. Dans toutes les Républiques soviétiques, un extraordinaire mouvement de solidarité spontanée se déploie. De l'étranger aussi, les propositions d'aide logistique ou humanitaire affluent.

Le samedi 10 au matin, après avoir décrété une journée de deuil national, Gorbatchev atterrit à Erevan d'où il se fait conduire à Leninakan. Quartiers dévastés, immeubles effondrés, rues défoncées : le spectacle est apocalyptique[16]. Le voici, pardessus et feutre sombre, accompagné de Raïssa en toque noire, bouleversée, dans les décombres de la cité martyre. Des camions militaires ramassant des blessés, des feux allumés dans la rue, des cadavres alignés dans des linceuls blancs, des sans-abri regroupés dans des tentes de fortune, des groupes d'hommes fouillant fébrilement les gravats. Gorbatchev serre les mains qui se tendent, console des femmes en pleurs, retient difficilement son émotion devant le cadavre d'un enfant. Sa démarche n'est pas sans risque politique. Ici ou là, on l'interpelle, on l'agresse, on l'insulte :

« Pourquoi les autorités n'ont-elles pas prévu une telle catastrophe ? Pourquoi l'aide tarde-t-elle tant à venir ? Pourquoi ces grands immeubles étaient-ils si fragiles ? »

Lui répond, argumente, compatit, écoute, perd parfois son calme – au point que le journal télévisé du soir ne diffusera de ces échanges que quelques photos. Mais il est présent, supportant les plaintes et la détresse de tous ces malheureux. Le Premier ministre Ryjkov est là aussi, qui apporte réconfort et encouragements en tentant désespérément d'enrayer la gigantesque pagaille qui paralyse les opérations de secours. Des avions chargés de matériels spécialisés arrivent de tous les pays, y compris des avions militaires israéliens, déchargeant des colis hors de tout contrôle et des sauveteurs sans visa, voire des Arméniens de la diaspora venus rechercher des parents dont ils sont sans nouvelles : du jamais-vu.

Quelle différence avec les longues et criminelles hésitations qui avaient suivi, deux ans plus tôt, l'explosion de la centrale de Tchernobyl, le *black-out* ordonné sur les informations venant d'Ukraine, les chiffres censurés nourrissant des statistiques absurdes... Cette fois, les envoyés spéciaux des journaux et les équipes de télévision n'ont rien demandé à personne pour gagner la zone du séisme, enquêter sans aucune autorisation, transmettre les images les plus poignantes, dénoncer les carences des secours, exactement comme en Occident. Si certains observateurs s'interrogeaient encore sur la réalité de la *glasnost*, le drame arménien a dissipé leurs doutes.

Il est un sujet crucial, pourtant, qui a été volontairement minimisé par les médias soviétiques. Dès l'annonce de la catastrophe en Arménie, le soir du 7 décembre, des groupes de jeunes Azéris sont descendus dans les rues de Bakou pour se féliciter bruyamment de ce « châtiment divin ». A Kirovabad, deuxième ville d'Azerbaïdjan, des groupes ont remercié publiquement Allah, en musique, pour avoir « châtié ceux qui ont tué et chassé leurs frères d'Arménie ». Des trains sont arrivés à Stepanakert, capitale du Haut-Karabagh, badigeonnés de slogans antiarméniens : « Félicitations pour le tremblement de terre[17] ! »

Dur retour à la réalité politique. Le dimanche, encore choqué par ce qu'il a vu à Leninakan et Spitak, Gorbatchev laisse éclater sa colère dans une interview recueillie à Erevan par la télévision centrale : que les « provocateurs » qui revendiquent le rattachement du Haut-Karabagh à l'Arménie cessent de jouer les « aventuriers politiques » ! Aux Azéris qui « disent qu'ils préféreront mourir plutôt que céder le Haut-Karabagh » et aux Arméniens qui « disent qu'ils préféreront mourir s'ils ne récupèrent pas le Haut-Karabagh », Gorbatchev s'écrie, le poing serré :

« C'est assez ! Cette confrontation mène au bord du gouffre ! Assez ! »

De mémoire de journaliste soviétique, c'est la première fois, depuis trois ans, que la maître du Kremlin perd son calme en public.

19

Une élection chasse l'autre

«L'Etat, c'est nous!»
Vladimir I. LÉNINE, (1922).

Moscou, dimanche 26 mars 1989. Il est un peu plus de midi quand Mikhaïl et Raïssa Gorbatchev, bras dessus bras dessous, pénètrent dans la Maison des Chimistes qui sert de bureau de vote, au cœur du quartier *Oktiabrskaïa* («Octobre») où résident beaucoup de dirigeants politiques. Le couple présidentiel est en promenade, sous un parapluie qui l'abrite de la fine pluie glacée tombant sur Moscou. De nombreux journalistes sont là, qui attendent de le questionner à sa sortie:

«Mikhaïl Sergueïevitch, pour qui avez-vous voté?

— Ah! Ah! C'est un secret[1]!»

L'heure n'est pas aux petites phrases ou aux révélations politiques, mais aux photos souvenirs. Gorbatchev semble décontracté. Sa fille Irina et son gendre Anatoli, qui votent aussi dans ce bureau, sont à leur tour la cible des photographes de presse. Un peu de glamour dans une actualité haletante. En ce dimanche de fin d'hiver, malgré le temps maussade, chacun reprend son souffle après deux mois d'intense et bruyante campagne électorale.

Des élections, des vraies...

Des élections, des vraies... en Union soviétique ! Il flotte dans ce pays, depuis janvier, un parfum d'interdit, une brise d'impertinence, un souffle d'incrédulité. Qui aurait cru, quand Gorbatchev a succédé à Tchernenko trois ans plus tôt, qu'un scrutin législatif passionnerait ainsi la population de l'URSS ? Des électeurs de base multipliant les critiques publiques à l'égard du Kremlin... Des polémiques opposant entre eux, à la télévision, des candidats membres du Parti... De simples citoyens « sans parti » se présentant contre les plus hauts représentants du pouvoir ! Mais où sont les mornes défilés de braves gens parfaitement indifférents, allant voter pour ne pas avoir d'ennui au bureau, et élisant quelque obscur apparatchik sans rival destiné à l'emporter avec 99 % des voix ?

Certes, on ne peut pas vraiment parler d'élections « libres » ni de « pluralisme » au sens occidental du terme. Le système électoral adopté le 1er décembre 1988 a prévu de désigner les 2250 membres du Congrès des députés du peuple selon trois procédures plus ou moins restrictives : un tiers des sièges, soit 750 élus, ont été attribués au Parti et aux « organisations sociales » qui dépendent de lui (Union des femmes, Komsomol, Comité de la Paix, etc.) ; 750 autres l'ont été dans le cadre étroit des collectivités territoriales (Républiques fédérées, Républiques et régions autonomes, districts autonomes) verrouillé par les élus locaux ; et 750, enfin, proviennent du suffrage universel direct dans le cadre de circonscriptions à l'européenne, mais après « sélection » des candidats par des assemblées de « travailleurs » plus ou moins spontanées.

C'est ainsi que Mikhaïl Gorbatchev lui-même a été « élu » sans surprise, dès le 15 mars, sur une liste de 100 noms établie par le secrétariat du PCUS et soumise au vote du Comité central. Les principaux dirigeants du Politburo, les Ryjkov, Iakovlev, Medvedev et autres Ligatchev, sont ainsi devenus députés du peuple sans grand mérite[2]. Quant aux « organisations sociales », les sempiternelles Unions des syndicats, des journalistes, des cinéastes, etc., elles ont élu en leur sein, frileusement, une impressionnante liste de membres... du Parti communiste. Plusieurs ténors de la *perestroïka*, comme la sociologue Tatiana Zaslavskaïa ou le dramaturge Mikhaïl Chatrov, ont fait les frais, cette fois encore, de ce manque d'ouverture.

L'affaire la plus spectaculaire a été, le 18 janvier, l'élimination d'Andreï Sakharov, Roald Sagdeev, Nikolaï Chmeliev et autres pionniers de la *glasnost* par le présidium de l'Académie des sciences – alors que plus de 55 instituts dépendant de celle-ci[3] avaient proposé d'élire le Prix Nobel de la paix. L'ex-dissident aurait pu se faire élire ailleurs, mais il avait voulu expressément se faire désigner par ses confrères académiciens qui l'avaient honteusement exclu de leurs rangs, sur ordre, quelques années plus tôt. Le 2 février, quelque 2 000 scientifiques manifestent leur colère devant l'Académie et obtiennent, en s'abstenant massivement, que la candidature de Sakharov soit rattrapée *in extremis* lors d'un second tour rendu inévitable : le 21 avril, l'ex-porte parole de la dissidence sera brillamment élu par 80 % des votes du collège de l'Académie, tout comme seront élus Sagdeev, Chmeliev et quelques autres fortes têtes.

Manipulations, blocages, intrigues, exclusions et tricheries diverses ont marqué aussi les campagnes individuelles par circonscription. Beaucoup ont été faussées par un « filtrage » organisé en sous-main par des apparatchiks pas toujours très délicats, dans une ambiance souvent électrique et dans un déluge de proclamations, imprécations, condamnations multiples. Dans ce pays privé de parole depuis si longtemps, on a assisté à une orgie de mots : débats virulents, insultes faciles, promesses intenables, c'était à qui promettrait le plus de logements neufs, à qui mettrait le plus l'écologie en avant ou à qui défendrait le mieux les « vétérans » d'Afghanistan.

Dans le cadre des collectivités territoriales, enfin, on a vu aussi des fonctionnaires locaux peser sans retenue sur le scrutin, et d'autres, au contraire, comme à Leningrad, renvoyer d'éminents dirigeants à la vie normale. Le prudent Vitali Vorotnikov, président du Soviet suprême de Russie, a préféré aller se faire élire à Voronej plutôt que risquer la défaite à Moscou. De même Vladimir Chtcherbitski, chef du PC en Ukraine, a opté pour son fief de Dniepropetrovsk de peur d'être battu à Kiev, la capitale de la République.

Mais l'homme qui a défrayé la chronique électorale, dans le cadre de ces votes « territoriaux », c'est à nouveau Boris Eltsine, l'ancien membre du Politburo devenu vice-ministre de la Construction après avoir été écarté du pouvoir pour cause de réformisme excessif et de maladresse insigne. Son nom avait été avancé dans de nombreuses circonscriptions, mais l'ancien chef du PC de Moscou choisit finalement de représenter la capitale dans la seconde Chambre du futur Soviet suprême, le Soviet des nationalités. La manœuvre, habile, va déboucher sur un triomphe.

Depuis son départ du Politburo en 1987, Eltsine bénéficie d'une popularité inédite en URSS : les plus sérieux sondages le placent en deuxième position derrière Gorbatchev lui-même, qu'il dépasse même dans la population moscovite ! Malgré les impressionnants moyens engagés par son concurrent Evgueni Brakov, tout-puissant directeur de l'usine automobile Zil, et les gros efforts déployés par l'appareil du Parti local, Boris Eltsine a été porté par des foules d'anonymes qui ont transformé ses réunions électorales en meetings enthousiastes. Démagogue, populiste, Eltsine ne s'est pas privé de dénoncer pêle-mêle la *nomenklatura*, le parti unique, les conservateurs et les bureaucrates. Alors que ses adversaires Valeri Saïkine, maire de Moscou, et Iouri Prokoviev, deuxième secrétaire du Parti de la capitale, sont battus[4], tout comme le fameux Evgueni Brakov, Eltsine remporte… 89,44 % des suffrages. Sa victoire spectaculaire n'a pas échappé à Gorbatchev, qui ne porte pas son ancien collègue dans son cœur mais sait qu'il lui faudra composer, dans l'avenir, avec ce tribun à la carrure massive, à la mèche en bataille et à la popularité exceptionnelle.

Se débarrasser des « âmes mortes »

Pour Gorbatchev, cependant, le principal danger à venir est ailleurs : ces élections générales lui ont-elles permis de se débarrasser, oui ou non, des adversaires de la *perestroïka* ? Ou, au moins, de les marginaliser ? Certes, il semble que l'appareil du PCUS ait subi quelques défaites emblématiques, notamment dans les grandes villes, mais les experts, au vu des premiers résultats partiels[5], prédisent que 85 % des « députés du peuple » seront membres du Parti communiste, soit… 15 % de plus que dans le précédent Soviet suprême qui laissait davantage de place aux « sans-parti », un comble ! Comment se comportera cette écrasante majorité partisane ? Sera-t-elle réformiste ou conservatrice ? Homogène ou divisée ? Et suivra-t-elle ou non son secrétaire général ?

Il y a encore deux ans, il aurait suffi de lire la presse officielle pour avoir les réponses à ces questions. Ce temps-là est révolu. Quand le nouveau chef du Parti de la ville de Leningrad, Anatoli Guerassimov, s'exprime dans les *Izvestia*[6], il paraît évident que les conservateurs ont essuyé une défaite magistrale. Mais, quand les conseillers de Gorbatchev lisent dans la *Leningradskaïa Pravda*[7] de virulentes critiques contre le laxisme, la confusion et l'irresponsabilité de l'actuel Comité central, ils comprennent que les dirigeants conservateurs, choqués par le résultat des élections, n'ont pas dit leur dernier mot.

Le 25 avril, sans aucune annonce préalable, Mikhaïl Gorbatchev réunit à Moscou le plenum du Comité central, ses 301 membres titulaires et ses 157 suppléants, qu'il invite, dans son rapport introductif, à tirer les leçons du scrutin :

« La vie évolue ! Les élections ont provoqué des changements considérables dans le Parti, tout comme dans les organes d'Etat, et tout cela nécessite des changements de personnes… »

Et le secrétaire général de soumettre tranquillement au plenum, dans un esprit « réaliste et autocritique », une liste de 110 personnalités priées de demander dans une lettre commune leur mise à la retraite, arguant « de leur âge, de leur santé ou d'autres raisons objectives »[8]. Parmi les signataires de cette lettre – qui a été aussitôt « acceptée à l'unanimité » – figurent beaucoup d'anciens « brejnéviens » comme Andreï Gromyko, Vladimir Dolguikh, Boris Ponomarev, Vassili Kouznetsov, Mikhaïl Solomentsev, Gueidar Aliev, Nikolaï Tikhonov ou les maréchaux Sokolov, Koulikov et Ogarkov. C'est un formidable coup de balai, qui chasse de la scène politique toute la vieille garde communiste et qui va permettre de remplacer toutes ces « âmes mortes » par des visages nouveaux. Déjà, sans attendre que le prochain Congrès du Parti comble les vides, comme c'est son rôle, 24 suppléants sont mécaniquement promus titulaires, parmi lesquels des proches de Gorbatchev tels le diplomate Valentin Faline, le professeur Evgueni Primakov ou le savant Evgueni Velikhov.

Pour Gorbatchev, cette « autoépuration sévère » du Parlement du Parti – comme l'a qualifiée la *Pravda* – n'est qu'une étape sur la route de la présidence de l'URSS, jalonnée de procédures internes fort peu démocratiques. Ainsi, le 22 mai, le secrétaire général préside-t-il un nouveau plenum du Comité central qui dresse la liste des personnalités de la direction du PCUS destinées à occuper les principaux postes dans le prochain dispositif étatique. Le 23, cette liste est « soumise » à une assemblée informelle des députés membres du Parti, d'ailleurs élargie aux autres députés présents, à deux jours de la première réunion du Congrès des députés du peuple, prévue le 25 mai.

A chaque fois, Mikhaïl Gorbatchev ouvre la séance, présente un rapport, mène les débats et prononce le discours de conclusion. A chaque fois, la première candidature à la présidence du futur Soviet suprême évoquée est celle de « Mikhaïl Gorbatchev ». A chaque fois, c'est le même Mikhaïl Gorbatchev qui commente à la télévision ces réunions internes qu'il qualifie lui-même de « très positives »… Pour beaucoup d'observateurs, notamment dans les rangs des députés « progressistes », cela commence à faire beaucoup : à l'évidence, tout est préparé dans l'ombre – candidatures, procédures, règlements intérieurs, projets de loi – par l'entourage du secrétaire général, et cela en exaspère plus d'un.

« El-tsine ! El-tsine ! »

Cette exaspération s'est déjà exprimée au grand jour et de façon spectaculaire dans l'après-midi du 21 mai, à Moscou, où plus de 100 000 personnes[9] participent à un rassemblement politique inédit. Sur une tribune installée devant le stade Loujniki, ce dimanche-là, se succèdent des députés moscovites, baltes, caucasiens, de jeunes animateurs de « clubs informels », mais surtout trois personnalités qui, malgré les manœuvres hostiles de l'appareil du Parti, ont conquis leur élection de haute lutte : Andreï

Sakharov, l'ex-dissident et académicien qui n'a jamais parlé à une telle foule ; Telman Gdlian, un « petit juge » pourfendeur de la corruption des élites, tout juste élu député ; et Boris Eltsine, qui représente le nouveau « club des députés de Moscou » et qui est, sans conteste, la vedette du jour.

Quand Eltsine explique, de sa voix de stentor, qu'il n'est pas normal, à quatre jours de l'ouverture du Congrès des députés du peuple, que tout soit préparé en coulisse par l'équipe de Gorbatchev, il est vivement applaudi par la foule :

« Stidno ! Stidno ! » (« Honte ! Honte ! »).

Quand il déclare, à propos du président que le Congrès va élire, qu'il ne faudrait pas qu'il y ait un candidat unique, il est ovationné par l'assemblée qui, aussitôt, scande : « El-tsine ! El-tsine ! »

Sur la tribune, l'ex-patron du PC moscovite savoure cette ovation qui le grise. Les manifestants enthousiastes agitent leurs banderoles : « Soutien aux députés », « Pour une *perestroïka* radicale », « Honte aux réactionnaires », « La parole au peuple », mais aussi « Boris, bats-toi ! »[10]. A un journaliste français qui lui demande à brûle-pourpoint s'il entend se présenter, jeudi, contre Gorbatchev, Eltsine reste évasif : « Attendons le Congrès ! »

En réalité, Eltsine ne sait pas. Jusqu'à ce meeting, il n'y avait pas pensé sérieusement. Il ignore même si le règlement du Congrès permet à un député de se porter individuellement candidat à la présidence. Mais l'accueil chaleureux que lui a réservé cette foule de Moscovites anonymes lui a donné des ailes. Certes, dans cette hypothèse, il ne recueillerait qu'une faible minorité de voix, celles des députés « progressistes » de Moscou, des Pays baltes, de l'Arménie, qui veulent aller plus loin que Gorbatchev dans la démocratisation du pays : soit quelques dizaines, tout au plus. Mais quelle humiliation ce serait pour Gorbatchev de n'être pas élu à l'unanimité !

Et quelle revanche ce serait, pour lui-même, de se positionner comme « le » rival du secrétaire général… Eltsine, on l'a dit, n'a jamais pardonné à Gorbatchev de l'avoir lâché en 1987. D'avoir fait de lui un « exclu », un « proscrit », comme il l'écrira deux ans plus tard dans le premier tome de ses Mémoires. La lecture rétrospective de cet ouvrage[11] permet de mesurer à quel point Eltsine est un meneur d'hommes, un fonceur, un bâtisseur, une force de la nature, mais aussi un affectif, voire un hypersensible. L'ancien gamin bagarreur de Beriozniki devenu chef de chantier et champion régional de volley-ball, puis Premier secrétaire du Parti local, ne s'est jamais remis d'avoir quitté sa lointaine province de Sverdlovsk où les choses étaient plus simples qu'à Moscou. Dans les couloirs du Kremlin, incapable d'intégrer les us et les codes en vigueur au sein du pouvoir, il ne s'est jamais senti à l'aise : non sans coquetterie, il se décrit lui-même comme « un intrus parmi ces gens » *(sic)* qui le voient, lui, comme un provincial mal dégrossi dont ils moquent « le style, les manières ». Très vite, isolé dans ce monde cruel qui n'est pas le sien, il a développé un complexe de persécution qui tourne parfois à la paranoïa. Il pense que « le système » – souvent incarné par Egor Ligatchev, sa bête noire – n'a de cesse de « vouloir l'abattre », de « lui donner le coup de grâce », de « le réduire à néant » *(sic)* alors que, dans ce temple de la duplicité et de la langue de bois qu'est le Politburo, on lui reproche surtout d'être maladroit, entier, direct et excessif…

Eltsine en est venu à haïr ces dirigeants qui l'ont chassé de leur petit cercle, il s'en prend sévèrement à leurs mensonges, à leur passé, à leurs privilèges. Mais celui qu'il déteste par-dessus tout, justement parce qu'il avait cru pouvoir compter sur lui, c'est Gorbatchev. Après tout, les deux hommes n'ont-ils pas la même carrière ? Enfants de pauvres venus de l'agriculture, ils ont gravi les échelons du pouvoir local, volontaires et séducteurs, jusqu'à diriger le Parti d'un immense territoire, l'un à Stravropol, dans la Russie du Sud, l'autre à Sverdlovsk, dans l'Oural. Eltsine se rappelle, avec un brin de nostalgie, le temps où « lui-même envoyait à Stravropol des métaux ou du bois de l'Oural, tandis que Gorbatchev l'approvisionnait en denrées alimentaires ». Membres de droit du Comité central, ils furent tous les deux remarqués par l'entourage de Brejnev. A peu d'années d'écart, ils ont été appelés à prendre des responsabilités nationales, l'un en 1978, l'autre en 1985. Eltsine souligne au passage que « la région de Stavropol était pourtant nettement inférieure à celle de Sverdlovsk sur le plan économique ». Mais quand les deux hommes se retrouvaient ensemble au Kremlin, raconte l'homme de l'Oural, ils

« s'embrassaient », leurs relations étaient « excellentes ». Jusqu'à ce que la politique les sépare.

Boris Eltsine ne l'avouera jamais, mais il est jaloux de Gorbatchev, à qui tout semble réussir tandis que lui-même n'aura fait qu'un court passage au sommet du pouvoir. Il en vient à détester ses manières, ses décisions, son entourage : « Gorbatchev, écrit-il, tutoie tout le monde sans exception. Manque d'éducation ? Allez savoir ! » Il brocarde la datcha de fonction de son rival, dont il hérite par hasard à son arrivée dans la capitale. Il déteste aussi la *« first lady »*, une arrogante, une parvenue à qui il reproche de rouler en Zil et de « vouloir jouer un rôle dans la vie politique[12] ».

C'est pourquoi la campagne électorale à Moscou lui a donné une formidable occasion de revanche. En termes de notoriété, d'abord : selon un grand sondage réalisé par le Komsomol et publié le 19 mai par l'hebdomadaire *Argumenty i fakty,* les deux hommes politiques alors préférés des jeunes Soviétiques sont, dans l'ordre, Mikhaïl Gorbatchev et... Boris Eltsine, devant le Premier ministre Nikolaï Ryjkov et le ministre des Affaires étrangères Edouard Chevardnadze. C'est une belle surprise pour l'ancien patron du PC de Moscou : comment celui-ci ne serait-il pas grisé par ces dizaines de milliers de Moscovites scandant « Eltsine ! Eltsine ! » sur l'esplanade de Loujniki, « alors que Gorbatchev ne s'adresse qu'à des gens triés sur le volet » *(sic)* et n'a jamais connu, lui, l'ivresse d'un tel meeting ?

Mikhaïl Gorbatchev n'est ni sourd ni aveugle. Il devine les sentiments que son ancien « camarade » nourrit à son égard. Il note la popularité croissante de Boris Nikolaïevitch, qu'il considère comme un apparatchik incontrôlable devenu un populiste imprévisible et psychologiquement fragile *(emotsionalny).* Mais il ne réalise pas – pas encore – ce qui les distingue fondamentalement à partir de cette aventure législative du printemps 1989 : lui, Gorbatchev, tient sa légitimité politique de l'état-major d'un parti unique en perte de vitesse, alors que Boris Eltsine tient la sienne, désormais, d'une véritable élection au suffrage universel direct. Pour l'instant, cette différence passe quasiment inaperçue. Elle sera pourtant déterminante dans les deux ans qui vont suivre.

Gorbatchev touche au but

Pour l'heure, Gorbatchev touche enfin au but. Au soir du jeudi 25 mai 1989, le Congrès des députés du peuple élit le président du futur Soviet suprême, à bulletins secrets et sous l'œil de la télévision soviétique. Elu : Mikhaïl Sergueïevitch Gorbatchev. Votants : 2221 ; pour : 2133 ; contre : 87 ; abstentions : 11. Applaudissements. Proclamation du résultat. Le nouveau chef de l'Etat est donc élu à ce poste pour cinq ans, par 95,6 % des voix. Nouveaux applaudissements. Petit discours de l'élu :

« Je vous remercie pour votre confiance. Je vous dis un énorme merci ! »

Applaudissements. Quelques mots en faveur de la *perestroïka* et sur la volonté de bien faire. Nouveaux applaudissements. La messe est dite, après une élection « à la soviétique » qui prouve que l'URSS n'est pas encore une démocratie... Mais comment pouvait-il en être autrement, puisque 87 % des électeurs – comme l'a officiellement rappelé d'entrée le président de la commission des mandats – sont membres du parti qu'il dirige ? Même si le PCUS est devenu un mélange détonnant de conservateurs, de réformistes, de radicaux et de nationalistes, il fonctionne encore selon le sacro-saint principe léniniste de la « discipline de parti » !

S'il était resté le moindre doute sur l'absence de démocratie dans la désignation du *guensek* à la tête de l'Etat, il eût été balayé le matin même par l'ex-dissident Andreï Sakharov qui, dès l'ouverture de la séance, a brisé le parfait ordonnancement de la cérémonie en exprimant le double souhait que Gorbatchev – pour qui, dit-il, il comptait voter – s'explique d'abord sur ses quatre premières années de mandat, et que, par principe, il ne soit pas le seul candidat. La demande du Prix Nobel de la paix n'obtint que 379 voix (sur 2135). Aucun débat n'eut lieu, par conséquent, sur la gestion passée de Gorbatchev, et aucun autre candidat ne fut présenté contre lui : il y eut bien une ou deux tentatives brouillonnes de présenter *in extremis* un autre nom, dont une proposition de voter « pour Boris Eltsine » aussitôt déclinée par l'intéressé – en vain. Pour l'honneur, Sakharov décida finalement de s'abstenir en quittant ostensiblement la salle avant le vote solennel.

Simple bavure ? Ou premier accroc dans un scénario patiemment élaboré qui allait s'effilocher dramatiquement au fil des jours, échappant à son concepteur ? Mikhaïl Gorbatchev vient tout juste d'atteindre son but, le pouvoir absolu, que celui-ci s'avère étrangement friable. Ainsi, alors que l'élection de son vieil ami Anatoli Loukianov comme premier vice-président du Soviet suprême ne devait être qu'une formalité subsidiaire, voilà qu'elle se heurte à la volonté des députés de débattre avec l'impétrant : il faudra deux jours d'échanges confus et de procédures complexes pour que le vote ait enfin lieu. De même, alors que l'élection des 542 membres des deux Chambres du Soviet suprême n'appelait aucune surprise, tant pour le Soviet de l'Union que pour le Soviet des Nationalités, voilà que le mécanisme électoral s'enraye, que certains députés imposent des listes supérieures au nombre de sièges, perturbant le système compliqué des quotas par République et fragilisant, de ce fait, les candidatures « progressistes ». C'est ainsi qu'au Soviet des Nationalités, à la surprise générale, Boris Eltsine se retrouve être le douzième élu sur la liste des députés russes auxquels sont promis… onze sièges : le futur leader de l'opposition est battu, déclenchant la colère et les invectives des députés réformateurs. L'historien Iouri Afanassiev éructe :

« Mikhaïl Sergueïevitch, vous avez savamment influencé la majorité de cette assemblée agressive et soumise, qui a finalement élu un Soviet suprême stalino-brejnévien ! »

Vociférations des radicaux. Réplique formelle de Gorbatchev. Menaces de porter le débat dans la rue. Brouhaha général. Le tout sous les yeux de millions de téléspectateurs qui assistent en direct, ébahis, à ces échanges désordonnés :

« C'est la revanche de l'appareil ! » s'exclame le député moscovite Gavril Popov, qui n'est pas parvenu, lui non plus, à intégrer le Soviet suprême.

Un nouveau coup de théâtre réglera le problème, après trois jours de confusion et quelques manifestations de rue : un obscur élu de la lointaine province russe, Alekseï Kazannik, demandera officiellement à se désister en faveur de Boris Eltsine pour permettre à celui-ci d'intégrer finalement le Soviet suprême, dans un soulagement général…

Eltsine a mal vécu cette nouvelle humiliation. Dans une intervention cinglante, au sixième jour des débats, il s'en prend brutalement à Gorbatchev, s'insurgeant contre les risques de « dictature » personnelle, proposant qu'un référendum renouvelle chaque année la confiance au président, appelant enfin à instaurer une élection du chef de l'Etat au suffrage universel. Des suggestions irréalistes, des propos déplacés, une diatribe excessive : son discours est fort peu applaudi. Voilà encore une preuve que l'assemblée est immature, mouvante, instable : si les députés protestataires de tout poil – radicaux, ex-dissidents, intellectuels, démocrates, moscovites, nationalistes – peuvent se rassembler autour d'un emblème comme Boris Eltsine, ils ne le considèrent aucunement comme leur chef.

L'homme orchestre

En revanche, Mikhaïl Gorbatchev sort de l'épreuve en vainqueur. Des plus vigoureux partisans du changement aux conservateurs les plus bornés, des intellectuels moscovites aux paysans sibériens, des gardiens du dogme soviétique aux autonomistes de la périphérie, tous ont constaté que l'URSS avait un leader, qu'ils fussent ou non d'accord avec lui, et que celui-ci avait assez bien maîtrisé, somme toute, cet incroyable happening plein d'imprévus et de rebondissements comme l'URSS n'en avait jamais connu. La retransmission télévisée permanente, pendant ces deux semaines, aura été assidûment suivie par 90 millions de Soviétiques[13], au point de paralyser gravement l'activité du pays !

Comment ne pas être fasciné par cet étonnant spectacle psychodramatique fait d'échauffourées, de manœuvres, d'ultimatums ? Qu'un député inconnu attaque sans ménagement le tout-puissant KGB, qu'un autre veuille traduire en jugement les chefs militaires de l'URSS, qu'un troisième critique le pacte germano-soviétique d'août 1939, et la population doit se pincer pour s'assurer qu'elle ne rêve pas[14]. Tous les tabous ont-ils donc sauté, dans ce pays où tout était tabou ? Qu'on puisse exiger publiquement de juger les dirigeants ouzbeks complices des mafias, ou remettre en cause l'annexion de la Géorgie à l'URSS en 1921, ou réclamer la réhabilitation de l'écrivain Alexandre Soljenitsyne, ou décider de faire exploser le système méritocratique de la *nomenklatura*, ou encore proposer de retirer la momie de Lénine du Mausolée de la place Rouge, c'est tout simplement incroyable.

Cent fois Gorbatchev aurait dû être déstabilisé par la violence des propos. Cent fois il aurait pu buter sur une revendication nouvelle, un vote inattendu. Et pourtant, c'est à peine s'il se fait parfois remplacer, pendant une heure ou deux, à l'une des tribunes qu'il occupe en permanence. Quand le Comité central se réunit en catastrophe, au soir du vendredi 2 juin, c'est encore lui qui préside, qui prononce le discours d'ouverture, qui anime les débats et qui conclut la réunion. Quand le Soviet de l'Union se réunit pour la première fois le 3 juin, c'est encore lui qui préside, jusqu'à ce qu'il fasse élire son candidat, Evgueni Primakov[15], à la tête de cette assemblée. Jusqu'au bout, il pilotera le Congrès avec une habileté désarmante, sans presque jamais hausser la voix. Le dernier jour de cet interminable forum, les Lituaniens quittent-ils la salle en protestant contre la mise en place d'un « Conseil constitutionnel » pour veiller à la conformité des lois entre l'Union et les Républiques ? Gorbatchev propose aussitôt l'élection d'une commission chargée de préparer une « loi sur la constitutionnalité des lois » qui lui vaut les applaudissements de tous les Baltes ! Tel un prestidigitateur, du matin au soir, Gorbatchev « fait le show » sur cette immense scène où semble se jouer, chaque jour, l'avenir de la deuxième puissance du monde.

Lorsque le Congrès achève enfin sa première session, le vendredi 9 juin, c'est encore Gorbatchev qui prononce le discours de clôture, célébrant cet « événement majeur de l'histoire de l'Etat soviétique » comme une « nouvelle étape du développement de la démocratie et de la libre confrontation des points de vue », une « occasion unique pour la société tout entière de voir clairement l'état des choses ». Son appel au changement, qui n'épargne pas les conservateurs, est sans réserves :

> Beaucoup d'entre nous s'y sont révélés impréparés psychologiquement ou, peut-être, intellectuellement ! [...] Tout ce qui est raisonnable, innovateur et constructif doit être mis en application sans aucun préjugé. [...] Nous avons besoin de décisions extraordinaires,

de percées dans la réflexion [...], de nouveauté et d'audace, car le principal, le plus important, c'est d'aller de l'avant !

Le voilà même qui se lance dans un étonnant plaidoyer pour la refondation de la « propriété socialiste », regrettant même ouvertement la « lenteur du démantèlement des structures de gestion dépassées » :

> Le cœur du problème est que la société, tout en continuant à détenir la propriété publique, doit en remettre l'essentiel, sous forme de baux, aux collectifs de travail et aux individus qui prendront sur eux-mêmes la pleine responsabilité de son utilisation, assureront certaines obligations économiques vis-à-vis de l'Etat et géreront leurs propres affaires en producteurs indépendants du marché socialiste.

Si même la propriété socialiste est démantelée, alors que reste-t-il du régime soviétique et de l'idéologie marxiste-léniniste ? Beaucoup de députés communistes anonymes s'interrogent, à l'issue de ces quinze jours, sur leur propre appartenance au Parti. Beaucoup sont « sonnés » par le déplacement du centre de gravité politique dont ils sont à la fois les témoins, les acteurs et les victimes[16]. Ceux-là, dont les certitudes s'effondrent une à une, n'ont pas été convaincus par Gorbatchev qui, dans son dernier discours, a appelé le Parti à rester une « avant-garde » de nature « révolutionnaire » et pour cela à « se restructurer plus vite que la société ». De belles paroles... Dans les couches intermédiaires du pouvoir, là où la carte du Parti est autant une fierté qu'une garantie d'emploi, c'est un traumatisme silencieux qui s'est produit en marge du Congrès.

Le Parti, pour quoi faire ?

Il est vrai que Gorbatchev, pour des raisons autant tactiques qu'idéologiques, a veillé à ne pas laisser entamer un principe fondamental : le *rôle dirigeant du Parti communiste*. Dans ses conclusions, il explique clairement que l'heure n'est pas venue d'autoriser un véritable pluralisme à l'occidentale. Mais, là encore, les choses vont très vite : qui ne voit se constituer, de Leningrad à Tbilissi, de Minsk à Erevan, des « Fronts populaires » regroupant des dizaines, voire des centaines de groupes informels, et dont la vocation évidente est de devenir, tôt ou tard, des partis politiques à part entière ? Et qu'en sera-t-il, alors, du « rôle dirigeant » qu'attribue au Parti communiste l'article 6 de la Constitution de l'URSS ?

L'effacement relatif du Parti n'est pas un sujet virtuel. Dans la première interview télévisée qu'il accorde en tant que président du Soviet suprême, le 1er juillet, Gorbatchev s'alarme de l'intolérance interethnique qui grandit dans le pays : velléités autonomistes « incongrues » chez les Baltes, montée d'un sentiment antirusse « irresponsable » dans le Caucase, massacres « tragiques » entre communautés rivales en Asie centrale. Il insiste sur la « responsabilité du Parti et des Komsomols » dans la gestion de ces crises, comme si les communistes pouvaient encore imposer et incarner la cohabitation entre les multiples nationalités qui composent l'URSS. Gorbatchev, secrétaire général de ce parti qu'il vient lui-même de marginaliser, rappelle que, justement, le prochain plenum du Comité central du PCUS, au mois d'août, sera consacré aux nationalités, et assure que « tous les problèmes seront résolus » dans le cadre de la *perestroïka*.

Jamais il n'a été plus évident que Gorbatchev gouverne par les mots. Dans un pays dont le fondement est l'idéologie, cet homme-là doit son ascension et son autorité à son exceptionnelle maîtrise du verbe. Mais, s'il est parvenu au sommet du pouvoir, c'est précisément parce qu'il contrôlait la parole publique *via* un parti unique sans rival. Or, celui-ci doit désormais partager le monopole de la vérité, de l'information, de la critique, du débat et de la vision de l'avenir. En minimisant le pouvoir du Parti, Gorbatchev a tari la source de sa propre légitimité. C'est au moment où il détient tous les pouvoirs que ceux-ci se dérobent. C'est au moment où il devient le seul et unique patron de l'URSS que celle-ci menace de s'effondrer.

La réalité de l'URSS, en cet été 1989, c'est une crise économique terrible qui touche désormais toute la population. Magasins vides, crise du logement, chantiers en rade, transports défaillants : c'est la vie quotidienne de tous les Soviétiques qui se trouve gravement affectée par cette dégradation générale, laquelle n'est pas, hélas, soluble dans les discours politiques. Certes, le mal ne date pas de Gorbatchev. L'URSS, deuxième puissance mondiale, vend des matières premières et achète des biens d'équipement, comme la plupart des pays du tiers-monde. A chaque mauvaise récolte, elle s'endette en achetant des céréales. Et comme sa première source de profit est son formidable potentiel énergétique, il a suffi que le prix du pétrole baisse pour que la dette de l'Etat s'aggrave lourdement. En 1989, selon les experts, le déficit budgétaire de l'URSS se monte à 100 milliards de roubles, soit 12 % du PNB. Ce qui ne serait pas catastrophique si le pays était en pleine croissance, mais il connaît, au contraire, une inquiétante récession. Rien ne fonctionne plus dans cet empire où tout a toujours été planifié, étatisé et centralisé : les réformes qui visaient à assouplir les procédures, faciliter les décisions, rétablir l'« autonomie financière » *(khozrazchiot)* et responsabiliser les acteurs locaux, ont très vite désorganisé les centres de production, les circuits de distribution, la gestion des flux de marchandises, la conservation des stocks, l'administration fiscale et la totalité des services publics.

Ainsi, Gorbatchev avait souhaité supprimer toutes les « béquilles » comptables qui permettent à des entreprises non rentables de continuer à payer leurs ouvriers à ne rien faire. Mais, en URSS, une telle mesure de bon sens est inapplicable sur une grande échelle, car sa réalisation provoquerait des millions de chômeurs, évidemment non indemnisés. De même, à la campagne, rétablir le droit à l'exploitation individuelle est rigoureusement illusoire, tant les fermes d'Etat contrôlent tout le processus alimentaire, de la propriété de la terre à la vente en magasins en passant par la location de matériels. Plus grave encore, la réforme du système de fixation des prix, qui visait à rapprocher ceux-ci de la réalité du marché, a aussitôt provoqué une spéculation effrénée, des pénuries artificielles et des queues interminables devant le moindre point de vente, au point qu'il a été décidé de cesser brutalement l'expérience...

Pour le commun des mortels, la *perestroïka* est devenue synonyme de pagaille, de gaspillage, de détournement. La spéculation est partout. Les « coopératives » et les « sociétés mixtes », emblèmes de la réforme économique, sont vite considérées comme des repaires de voleurs et de profiteurs. Racket organisé, réseaux clandestins, associations criminelles : la corruption se généralise. Qui peut prétendre gagner honnêtement sa vie dans cette confusion générale ? La nouvelle génération ne connaît que la débrouille et le chacun pour soi.

Dans cette débâcle, à nouveau, apparaissent des dizaines d'*anekdoty* dont les Soviétiques, dans leur malheur, sont friands :

> Un quidam, à Moscou, entre dans une boucherie évidemment vide :
> — S'il vous plaît, donnez-moi du jarret, de l'aloyau, de la tranche, de l'araignée et de l'onglet.
> — Quelle impudence ! s'indigne une vendeuse.
> — Quelle mémoire ! soupire une autre[17].

L'URSS « au bord du gouffre » ?

Face à la dégradation de la situation, Gorbatchev est à la fois inquiet et pragmatique. A Kiev, le 23 février 1989, il a bien fait comprendre la relativité des principes socialistes :

> Aucun dogme, aucun stéréotype ne doit bloquer la solution du problème alimentaire. Ici, toutes les formes efficaces doivent avoir droit de cité. Les obstacles administratifs, les tentatives de dissimuler sa propre incurie en se référant aux principes socialistes sont tout simplement inadmissibles !

Mais que valent les discours théoriques sur l'économie de marché, grande spécialité de Gorbatchev et de ses conseillers[18], face aux files d'attente qui enflent dangereusement aux arrêts d'autobus, face au rationnement de la viande ou du beurre qui s'étend, ici ou là, dans les provinces russes ? A compter du 1er mai 1988, le sucre est rationné à Moscou, tandis que des coupons sont distribués à Leningrad pour acheter du thé ou du savon. La panique saisit les consommateurs, qui font des réserves d'allumettes, de sel, d'huile, accélérant les pénuries. Plus grave encore : les journaux sont pleins de navires qui coulent, de trains qui déraillent ou même, parfois, d'avions qui s'écrasent…

Le 10 juillet, un événement se produit, qui va fasciner la terre entière. A Mejdouretchensk, l'un des principaux centres miniers du Kouzbass, en Sibérie occidentale, des milliers de mineurs refusent de descendre au fond, entraînant leurs collègues de Kisselevsk, Kemerovo, Ossinniki et plusieurs autres sites de ce qui est un des plus grands gisements houillers du monde. Une semaine plus tard, ils sont 180 000 « gueules noires » à s'être mis en grève. Parmi leurs revendications : des vêtements chauds en hiver, de la viande dans les gamelles, 800 grammes de savon par mois, une serviette pour chaque mineur… On découvre que les mineurs soviétiques, fierté d'un régime qui en avait fait ses privilégiés, vivent encore comme au XIXe siècle[19] !

A Moscou, Gorbatchev est nerveux. Il a remarqué le soutien apporté aux grévistes, ici ou là, par les syndicats officiels, et la sympathie dont ils bénéficient dans certains journaux comme *Troud,* l'organe central des syndicats, qui n'hésite pas à publier, à 17 millions d'exemplaires, la photo d'un gréviste sibérien, casque sur la tête, haranguant ses camarades. Le gouvernement, en catastrophe, lâche des crédits, des promesses et aussi quelques milliers de tonnes de produits alimentaires et sanitaires. Gorbatchev annonce 10 milliards de roubles[20] d'importations de produits de première nécessité, creusant d'un coup le déficit de l'URSS.

La tension monte. En déplacement à Leningrad, devant le personnel d'une usine de machines-outils, Mikhaïl Gorbatchev profère un avertissement inattendu :

« Il est très important, dans une telle situation, de ne pas perdre la tête ! »

Comme en écho, l'historien réformateur Iouri Afanassiev, de passage à Paris, qualifie la situation de « préanarchique », tandis que l'ex-dissident Andreï Sakharov, en voyage aux Pays-Bas, explique tranquillement que « l'URSS est au bord du gouffre ». Mais la phrase qui revient le plus souvent, dans les foyers, les bureaux, les files d'attente, ne porte pas à l'optimisme :

« Depuis Gorbatchev, c'est pire qu'avant ! »

20

La chute du Mur

«L'un des moments les plus dangereux
pour la stabilité du monde viendra le jour
où l'autorité soviétique commencera à s'effondrer
en Europe de l'Est.»
George KENNAN (1947).

Quand il est arrivé au sommet du pouvoir, Mikhaïl Gorbatchev ne connaissait rien, ou presque, aux pays de l'Est. Bien sûr, il n'avait pas oublié ses lointaines conversations estudiantines avec son camarade tchèque Zdenek Mlynar, ni ses premiers voyages d'études, dans les années 1960, en RDA, en Bulgarie ou en Tchécoslovaquie[1]. Certes, au nom du Politburo, il avait participé à quelques courtes visites officielles dans ces «pays frères» où il n'avait jamais rencontré, et pour cause, la population. Mais, au fil de sa carrière, jamais l'ancien Premier secrétaire de Stavropol devenu responsable de l'agriculture au Comité central ne s'était penché sérieusement sur la question du «bloc socialiste», cet ensemble de pays tombés sous la domination soviétique en 1945 à la faveur de la victoire de l'Armée rouge sur la Wehrmacht en déroute. Ajoutons qu'il n'a jamais eu la moindre affinité avec les gérontes sans charisme qui dirigent ces Etats: Erich Honecker (Allemagne de l'Est), Todor Jivkov (Bulgarie), Gustav Husak

(Tchécoslovaquie), Janos Kadar (Hongrie) et autres Nicolae Ceausescu (Roumanie), qu'il reçoit de façon très formelle le jour des obsèques de Tchernenko, en mars 1985, ne sont ni de sa génération, ni même de son monde. Et on n'imagine pas Raïssa, l'intellectuelle, pousser son mari à organiser de sympathiques week-ends « à la datcha » avec ces hommes-là.

Il faut dire que le sujet, à l'époque, intéresse peu de monde : bien sûr, chacun sait que le « bloc de l'Est » a connu quelques moments difficiles lors de l'insurrection de Budapest (1956), de l'érection du Mur de Berlin (1961), du Printemps de Prague (1968) ou de l' « état de guerre » en Pologne (1981), mais personne n'imagine sérieusement que pourrait se fissurer cet ensemble géopolitique, ni dans sa forme économique (le Comecon), ni dans sa forme militaire (le Pacte de Varsovie)[2].

Pour toutes ces raisons, les relations de l'URSS avec les pays du bloc socialiste ne font pas partie des urgences. Le seul qui cause encore quelques soucis politiques au Kremlin, c'est la Pologne, mais celle-ci a été mise au pas en décembre 1981 : elle est dirigée par un militaire de toute confiance, le général Jaruzelski, et ne semble pas au bord d'une nouvelle explosion. Pour le reste, les relations « étroites » et forcément « fraternelles » que l'URSS entretient avec ces pays sont un rituel ennuyeux sans enjeu véritable. Un « boulet », comme l'avouera un jour le conseiller Anatoli Tcherniaev.

Ce n'est qu'en juillet 1986 qu'un débat est organisé formellement, au Comité central, à partir d'un mémorandum fort peu original intitulé « Quelques questions sur la coopération avec les pays socialistes ». Ce jour-là, certains cadres du Parti notent simplement la teneur volontariste des propos du nouveau secrétaire général :

« Il est impossible de continuer à agir comme auparavant… L'important, maintenant, c'est l'économie… »

Mais chacun prend ces déclarations pour de la rhétorique. Peu de gens savent que Gorbatchev a demandé qu'on lui dresse un bilan économique des relations avec les « pays frères », et qu'il s'est inquiété du coût gigantesque – en augmentation continue – de cette sacro-sainte « solidarité » avec ces pays où, le plus souvent, on vit sensiblement mieux qu'en URSS. La facture est amère : entre 5 et 10 milliards de dollars par an, sans compter l'aide à Cuba !

La fin de la « souveraineté limitée »

Les premières idées exprimées par Gorbatchev sur le sujet sont séduisantes, mais brouillonnes : établir des liens économiques entre les entreprises de ces pays, et pas seulement entre les Etats ; favoriser le développement des nouvelles technologies et de la recherche de haut niveau ; pousser à plus d'autonomie par rapport à Moscou. Des pistes qui ne mènent nulle part. Le Comecon, dont Gorbatchev souhaite rationaliser la nature et le fonctionnement, est une immense bureaucratie solidement engoncée dans la routine. Vouloir la réformer ne peut être qu'un vœu pieux.

Pour les dirigeants des pays du Pacte de Varsovie, il n'y a donc rien de nouveau à l'Est. Pourtant, en novembre 1986, un sommet secret est convoqué à Moscou par Gorbatchev. Jivkov, Ceausescu, Honecker, Husak et les autres principaux dirigeants du « bloc » sont là, seuls autour de la table de conférence, tels dix puissants vassaux venus prêter hommage à leur nouveau suzerain. La rencontre se tient à huis clos. Le Premier ministre Ryjkov est présent, comme pour montrer que l'économie est à l'ordre du jour. A l'habitude, Gorbatchev ouvre la rencontre et se lance dans un long monologue. Il prévient ses hôtes que l'ère du paternalisme est terminée, qu'il va falloir tenir compte de la révolution qui s'opère à Moscou, et que leurs relations avec l'URSS devront désormais tenir compte des lois du marché. Certains des participants – Jivkov, Honecker – ne cachent pas leur scepticisme, voire leur ironie : il passera de l'eau sous les ponts du Danube ou de la Vistule avant que tout cela se concrétise ! Et si le jeune et fougueux numéro un va trop loin, le Parti communiste soviétique saura bien le ramener à la raison – ou lui réserver le même sort qu'à Nikita Khrouchtchev en son temps.

En réalité, Gorbatchev a arrêté sa doctrine. Celle-ci, sans ambiguïtés, met fin à celle de Brejnev, dite « de la souveraineté limitée », qui autorisait toutes les interventions des troupes du Pacte de Varsovie en cas de déstabilisation politique dans un des pays frères. Les dirigeants de l'Est, un peu inquiets, entendent leur protecteur exposer la nouvelle règle du jeu collective, qu'il développera publiquement dans son livre *Perestroïka* à l'automne 1987 :

> Chaque nation a le droit de choisir son modèle de développement social, le capitalisme ou le socialisme. C'est un droit souverain. Les nations ne peuvent ni ne doivent bâtir leur vie sur le modèle américain ou soviétique [...]. L'Histoire jugera les mérites de chacun des systèmes[3]...

Devant la XIXe Conférence nationale du Parti, en juin 1988, le secrétaire général est encore plus clair sur ce qui fonde désormais les rapports entre l'URSS et ses satellites :

> Un facteur clé de cette « nouvelle pensée » est le concept de *liberté de choix* [pour les Etats]. Imposer de l'extérieur un système social, éventuellement par la force, ce serait endosser les dangereux oripeaux du passé[4]...

Des hésitations déconcertantes

Pourquoi ces propos révolutionnaires ne provoquent-ils alors aucune réaction, sinon dans quelques cercles occidentaux où ils sont disséqués avec incrédulité ? Parce qu'ils n'ont pas de réalité politique, et n'engagent que les naïfs qui voudraient les prendre pour argent comptant. De quelle « liberté » parle-t-on ? Tous les dirigeants communistes d'Europe de l'Est savent pertinemment qu'ils ont hérité d'un pouvoir mis en place par l'Armée rouge en 1945. Gorbatchev pense-t-il sincèrement que l'irrésistible attrait pour sa *perestroïka* va remplacer, de Berlin-Est à Sofia, la protection qu'offre aux dirigeants la police politique communiste ? Croit-il vraiment qu'un « dialogue fraternel », comme il dit, va gentiment se substituer à la menace d'une intervention des chars de l'Armée soviétique ? Chacun sait que l'Europe de l'Est est un enjeu absolument vital pour l'URSS : qui peut imaginer qu'un homme aussi raisonnable que Gorbatchev aille prendre le risque de son éclatement ?

Ce qui va semer le doute, chez les dirigeants de l'Est, c'est l'ambiguïté et l'imprécision dont fait preuve l'hôte du Kremlin à propos de leurs pays. Ainsi, quand Gorbatchev prône la « liberté de choix » pour ces peuples, inclut-il les Allemands de l'Est ? Mystère. On ne sait pas, à l'époque, si le nouveau maître de l'empire soviétique « joue la montre » quand il maintient en place les anciens dictateurs – comme le cynique Jivkov à Sofia ou le mégalomane Ceausescu à Bucarest – alors qu'il semble encourager les partisans des réformes – comme le général polonais Jaruzelski ou les nouveaux dirigeants hongrois – à libéraliser leur régime.

Le 7 décembre 1988, tous entendent Gorbatchev prononcer son fameux discours à l'Assemblée générale des Nations unies, à New York. Ils constatent que sa prestation est saluée par une *standing ovation* de l'ensemble des délégués de la communauté internationale. Mais qui ne voudrait d'un monde bâti sur les décombres de la guerre froide ? D'un monde reposant sur une « nouvelle pensée » pacifique et progressiste ? D'un monde où l'usage de la force serait banni des relations entre les Etats ? Il est clair que ce discours s'adresse à l'Occident – et non aux dirigeants du bloc socialiste qui savent qu'un tel monde, selon toute vraisemblance politique, se ferait sans eux.

Gorbatchev, à l'époque, est sincèrement persuadé qu'une transition pacifique est possible à l'Est. Il croit réellement – les témoignages sont concordants[5] – que les réformes en URSS vont inciter les dirigeants des pays socialistes à imiter le « grand frère » soviétique, quitte, en cas de blocage politique, à remplacer les vieux caciques psychorigides par des réformateurs plus intelligents et plus présentables. Il pense vraiment que les populations de cette partie de l'Europe seront aussi redevables à l'URSS d'un regain démocratique qu'elles le furent en 1945 quand l'armée soviétique les libéra du nazisme. Il restera aux dirigeants actuels, s'ils veulent rester en place, à élargir leur base politique en s'alliant aux autres forces « progressistes » de leur pays – comme en Hongrie où le PC est devenu « Parti socialiste » sous la tutelle du réformiste Imre

Pozsgaï – afin de réussir la transition. Cette intuition, qui lui tient lieu de stratégie, va lui être fatale.

Une erreur fatale

C'est une des plus grandes erreurs de Gorbatchev : il ne pensait pas que l'affirmation du principe de « liberté de choix » et la disparition de la menace militaire soviétique dans tous ces pays allaient y marginaliser très vite les réformateurs et autres « perestroïkistes » parvenus au pouvoir, et pousser les vrais opposants – nationalistes, démocrates, libéraux, anticommunistes et dissidents divers – à réclamer beaucoup plus que de simples aménagements démocratiques. Notamment dans les pays où le sentiment national est le plus virulent : la Pologne catholique, à cet égard, a repris confiance en son avenir depuis que l'archevêque de Cracovie, Mgr Karol Wojtyla, est devenu le pape Jean-Paul II. Trois fois déjà – en 1979, 1983 et 1987 – le souverain pontife est venu dans son pays natal prêcher l'indépendance des peuples, le dialogue social et les droits de l'homme. En Hongrie, en Tchécoslovaquie, mais aussi en Allemagne de l'Est ou en Roumanie, on a suivi de près – qui avec passion, qui avec effroi – l'épopée du syndicat Solidarnosc, le syndicat indépendant né des grèves de Gdansk en 1980, auquel le pape a apporté son puissant soutien[6]...

A aucun moment Gorbatchev n'imagine que la situation pourrait lui échapper. Il entend garder l'initiative, contrôler la transition et, autant que faire se peut, rester maître du calendrier. C'est cette étonnante confiance en lui – cette naïveté, diront plus tard certains de ses conseillers – qui le porte à freiner certaines revendications nationales, par excès de prudence, au risque de brouiller son image. Ainsi en juillet 1988, lors de sa visite officielle en Pologne, ne s'est-il pas résolu à reconnaître la responsabilité des services secrets de l'URSS dans l'exécution des élites polonaises à Katyn pendant la guerre. La déception des Polonais est immense. De même en juin 1989, lors du transfert des cendres d'Imre Nagy, le héros de 1956, refusera-t-il d'admettre que la révolution hongroise a été écrasée par les chars soviétiques. Veut-il éviter, dans ces deux cas, d'exacerber le sentiment antisoviétique pour ménager l'avenir ? Toujours est-il qu'il compromet l'extraordinaire popularité qu'il avait acquise dans ces deux pays, et qui constituait une de ses meilleures cartes.

En avril 1989, à Moscou, Gorbatchev donne personnellement le feu vert au général Jaruzelski pour légaliser le syndicat Solidarnosc et organiser des élections quasi démocratiques, mais il est trop tard. Non seulement la population polonaise ne lui en sait pas gré, mais les élections de juin tournent à la débâcle pour le pouvoir en place. En juillet, à Bucarest, lors du Conseil consultatif du Pacte de Varsovie, le Bulgare Jivkov et l'Est-Allemand Honecker font pression auprès de leurs collègues pour monter une intervention militaire commune en Pologne. En vain. Dans son discours final, Gorbatchev use d'un argument qui les désole par sa pauvreté :

« Nous ne devons pas donner l'impression que le socialisme traverse une mauvaise passe[7] ! »

Il leur faut s'y résoudre : tant que Gorbatchev sera au pouvoir, les chars soviétiques resteront dans leurs casernes et n'envahiront ni la Pologne, ni la Hongrie, ni aucun pays frère. Les dirigeants communistes du bloc de l'Est ne sont pas les seuls à regretter, en privé, la « faiblesse » ou le « capitulationnisme » du maître du Kremlin : dans toute la région, nombre de chefs militaires locaux, cadres de la police ou agents des services secrets commencent à trembler pour leur avenir. Les événements qui vont se précipiter, en cet été 1989, leur donneront raison.

L'Allemagne : deux peuples, un destin ?

Non seulement Mikhaïl Gorbatchev ne s'était jamais préoccupé du bloc de l'Est, mais il ne s'était jamais intéressé aux relations interallemandes. Pour lui, les choses étaient simples : la RFA était à l'Ouest, et la RDA à l'Est. Quelle que fût la raison historique de cet état de fait, il était vain de le discuter. Certes, quelques experts soviétiques qui côtoyaient de près les dirigeants sociaux-démocrates ouest-allemands – les Willy Brandt et autres Egon Bahr – n'avaient pas éliminé de leurs analyses le concept de « nation allemande » : ils n'intéressaient personne à Moscou. Dans ses *Mémoires*, Gorbatchev explique : « La question ne se posait pas, tout simplement ! » Pour lui comme pour tous les dirigeants de sa génération, il y avait deux Etats allemands, l'un dépendant de Washington, l'autre de Moscou – un point, c'est tout.

Pourquoi Gorbatchev tarda-t-il tant à se plonger dans ce dossier crucial pour l'avenir de l'Europe et, aussi, de son pays ? Au moins pour deux raisons : d'abord, du côté de la RDA, il éprouvait une vive antipathie pour Erich Honecker, le successeur du vieux Walter Ulbricht, qui la lui rendait bien ; ensuite, du côté de la RFA, le nouveau chancelier Helmut Kohl fit preuve d'une maladresse majeure en octobre 1986, dans une interview à *Newsweek*[8], en comparant le talent propagandiste de Gorbatchev à celui de Goebbels... Difficile de nouer une relation confiante sur une telle base.

A part quelques déclarations plus ou moins ambiguës, il faudra attendre plusieurs années pour que Gorbatchev, poussé par ses conseillers Valentin Faline, Nikolaï Portugalov et Vadim Zagladine, s'intéresse enfin à l'Allemagne de l'Ouest, pour qu'il reçoive à Moscou son chancelier – lequel lui a fait des excuses – et, surtout, pour qu'il accepte de se rendre en visite officielle à Bonn, ce qu'il fera en juin 1989. Or, lors de ce voyage historique au pays des « revanchards allemands », de l'hôtel de ville de Bonn à l'usine Hoesch de Dortmund, Gorbatchev et Raïssa sont stupéfaits et ébranlés par l'accueil de la rue :

« Vive Gorbatchev ! *Gor-by ! Gor-by !* »

La « gorbymania » est alors à son maximum en RFA, où le concept de « maison commune européenne » soulève tous les espoirs. Mais le maître du Kremlin, flatté, n'entend pas ses *germanisty* (experts en questions allemandes) le mettre en garde : si les Allemands applaudissent la « nouvelle pensée » soviétique, ce n'est pas qu'ils attendent de Gorbatchev qu'il rende l'URSS fréquentable, *mais qu'il règle leur problème national.* Or ce sujet n'est pas à l'ordre du jour : lors d'une promenade avec Kohl sur les bords du Rhin, les deux hommes ne parlent pas de la réunification. Pendant la conférence de presse finale, à Bonn, un journaliste interpelle Gorbatchev à propos du Mur de Berlin. La réponse est évasive :

« Rien n'est éternel. Je n'exclus rien. C'est l'Histoire qui se chargera de régler le problème... »

Deux mois plus tard, en septembre, l'ancien chancelier Willy Brandt en visite à Moscou lui suggère de « réfléchir au destin futur des Allemands » et l'interroge : les Allemands pourront-ils un jour vivre sous le même toit ? Réponse dilatoire de Gorbatchev :

« Nous devons attendre... »

Attendre ? Il n'est plus temps, car l'histoire s'accélère. Depuis quelques semaines, des milliers de « vacanciers » est-allemands se sont rendus en voiture en Hongrie et en Tchécoslovaquie, pays « frères », et se sont mis à demander massivement asile, dans ces deux pays, aux ambassades de RFA. Le 19 août, quelque 600 voitures, en majorité des Trabant et des Wartburg pleines à craquer, forcent la frontière entre la Hongrie et l'Autriche sous le regard impassible des gardes-frontières hongrois. Plusieurs dizaines de milliers de leurs compatriotes vont suivre leur exemple, avec le même succès. Une frénésie de voyage saisit toute la RDA. Les ambassades ouest-allemandes de Prague, Budapest et Varsovie sont submergées par ces « réfugiés », au point qu'un accord doit être négocié et annoncé le 30 septembre : des trains spéciaux, scellés, transporteront ces transfuges jusqu'en RFA. Qui pouvait penser qu'en traversant leur propre pays ils seraient applaudis par leurs compatriotes est-allemands massés le long de la voie ?

Le 40e anniversaire de la RDA

Après la visite historique de Gorbatchev à Bonn, en juin, Erich Honecker s'était précipité à Moscou. L'échange, beaucoup moins chaleureux qu'avec Kohl, avait tourné à l'aigre. D'un côté, Honecker avait expliqué qu'il n'avait pas l'intention de se lancer dans des réformes : « Ce n'est pas parce que mon voisin change le papier peint de sa chambre que je dois faire de même[9] ! » De l'autre, Gorbatchev avait prévenu son interlocuteur qu'en cas de troubles les soldats soviétiques – ils étaient 380 000 à stationner dans son pays – ne bougeraient pas. A la fin de ce dialogue de sourds, Honecker a invité Gorbatchev à venir présider le 40e anniversaire de la fondation de la RDA, le 7 octobre. Tous les chefs des partis frères étant invités, ce dernier ne pouvait s'abstenir. Mais tout le monde savait qu'il avait accepté à contrecœur.

Bien informé sur ce pays, et pour cause, Gorbatchev sait pertinemment que ses propres discours sur la *perestroïka*, traduits en allemand, y sont interdits par la censure comme de vulgaires tracts occidentaux, et que les kiosques de Berlin-Est ne diffusent plus certaines publications soviétiques destinées à l'étranger comme le magazine *Sputnik*. Que des jeunes Allemands de l'Est risquent la prison pour s'intéresser de trop près à la *perestroïka*, c'est un comble… Le 1er octobre, Raïssa rapporte à son mari le sentiment recueilli par une délégation du Fonds soviétique de la culture de retour de RDA : « Il est minuit moins cinq[10] ! »

Le vendredi 6 octobre 1989, depuis la terrasse du Palais de la République de Berlin-Est, Gorbatchev et Raïssa assistent donc au grandiose défilé officiel organisé par Honecker, puis, en fin de journée, sur l'avenue Unter den Linden, à un immense cortège aux flambeaux des jeunes communistes est-allemands de la FDJ[11] brandissant des torches sur fond de chants révolutionnaires. Gorbatchev, à côté d'Honecker, salue ces jeunes en souriant. Mais quelle n'est pas sa surprise, alors que défilent devant la tribune ces milliers de jeunes gens en chemise bleue et foulard rouge, d'entendre scander son nom :

« Gor-by ! Gor-by ! »

Dans la foule des jeunes, certains crient :

« Gor-by ! Hilf uns ! » (« Aide-nous ! »).

C'est tellement inattendu que le chef du Parti communiste polonais, Mieczyslaw Rakowski, parfaitement germanophone, se penche vers lui :

« Mikhaïl Sergueïevitch, vous comprenez ce qu'ils crient ? »

Gorbatchev hoche la tête. Dans le doute, Rakowski lui traduit les slogans avant d'ajouter, incrédule :

« Et ce sont les activistes du Parti ! Mikhaïl Sergueïevitch, c'est la fin[12] ! »

Le lendemain, au château de Niederschönhausen, devant les membres du Politburo du SED, le Parti communiste est-allemand, Gorbatchev ne cache pas les divergences qui l'opposent à Honecker :

« Camarades, la vie punit toujours ceux qui sont à la traîne[13] ! »

Honecker répond sèchement à son hôte en rappelant que la RFA, contrairement à l'URSS, figure « dans la liste des dix premières économies mondiales ». Dans le silence gêné qui suit cette provocation, les voisins les plus proches de Gorbatchev l'entendent émettre un petit sifflement ironique. La rupture entre les deux hommes est flagrante. Après le déjeuner officiel, alors que les hôtes soviétiques sont encore dans les lieux et que plusieurs milliers de manifestants défilent devant le Palais de la République en scandant « Gor-by ! Gor-by ! », plusieurs dirigeants se rassemblent autour d'Egon Krenz, numéro deux du Parti, pour envisager, pour la première fois, la destitution d'Honecker. Parmi les invités, l'ambassadeur de France Joëlle Timsit a ce mot : « Nous assistons au naufrage du *Titanic* ! »

Quand Gorbatchev reprend l'avion pour Moscou, le soir même, l'ambassadeur soviétique Viatcheslav Kotchemassov presse de questions le conseiller Valentin Faline : doit-il ou non pousser au remplacement d'Honecker ? Sur le tarmac de l'aéroport de Schönefeld, Faline l'encourage à agir en ce sens, même sans consignes formelles de Moscou. Gorbatchev, lui, n'a rien dit, mais Faline ne se trompe pas : son patron, qui considère la RDA comme « une marmite hermétiquement close oubliée sur le feu » *(sic)*, ne veut plus entendre parler d'Honecker.

La chute du Mur

Il faudra une bonne semaine de réunions de couloir et de coups de téléphone nocturnes pour qu'Egon Krenz convoque une réunion extraordinaire du Politburo, le 18 octobre, afin de débarquer Honecker d'un seul vote, évidemment unanime. Krenz, qui manque d'assurance, prétend avoir consulté Gorbatchev – mais il n'y a aucune trace de l'implication du Kremlin dans cette révolution de palais. Ce n'est que le 1er novembre, à Moscou, qu'Egon Krenz rencontre le numéro un soviétique qui l'interroge sur les manifestations qui se succèdent dans les villes est-allemandes – sa crainte est qu'une tentative massive de marche sur le Mur n'oblige les Vopos à tirer dans la foule – et l'encourage, en effet, à « entreprendre des réformes radicales ».

Parmi ces « réformes radicales » figure la très attendue libéralisation des conditions de l'octroi d'autorisation à franchir la frontière interallemande. C'est la seule mesure immédiate qui ne coûte rien – les caisses sont vides – et qui puisse calmer la population. Mais ne va-t-elle pas à l'encontre de tout ce qui fonde le statut de la RDA depuis un quart de siècle ? L'ambassadeur Kotchemassov, dûment consulté, prend soin de téléphoner à Moscou. En l'absence de Chevardnadze, c'est le vice-ministre Anatoli Kovalev qui lui répond :

« Et alors, où est le problème ? »

Un petit groupe d'experts du ministère de l'Intérieur et de la police secrète (Stasi) se met au travail et remet au Politburo, au matin du 9 novembre, un projet de décret « modifiant le régime de sortie permanente des citoyens de la RDA ». Le texte est intitulé : *Concession immédiate de visas de sortie permanents*. Le Politburo ayant approuvé cette mesure dans l'après-midi, il était naturel que son porte-parole Günter Schabowski en fasse état, après d'autres sujets d'actualité, dans son point de presse de 18 heures, au Centre international de presse. A 18 h 53, il tire de sa sacoche le projet de décret et lit, presque machinalement, ce texte tarabiscoté qui prévoit que désormais les citoyens de RDA pourront partir pour l'étranger « sans présentation de justificatif » en passant par « tout poste frontière avec la RFA ». Un journaliste italien lève la main : ce projet de loi n'est-il pas une erreur ? Schabowski, ennuyé, relit lentement les deux paragraphes sur les « voyages privés vers l'étranger ». Un journaliste américain le relance : quand ce règlement entrera-t-il en vigueur ? Réponse hésitante de Schabowski :

« Autant que je le sache, c'est... euh... immédiatement, sans délai.

— Et cette mesure concerne aussi Berlin-Ouest ?

— Oui, oui[14]... »

Brouhaha dans la salle. C'est la dépêche du correspondant de l'agence Associated Press, envoyée à 19 h 05, qui apprend au monde entier que « la RDA ouvre ses frontières ». A 20 heures, les chaînes de télévision ouest-allemandes, très regardées à Berlin-Est, ouvrent leurs journaux par cette formidable nouvelle, déclenchant une véritable ruée des habitants vers les points de passage à Berlin-Ouest. Interloqués mais sans consignes, les Vopos de la Bornholmer Strasse laissent alors se produire l'impensable : vers 23 h 30, des foules d'Allemands de l'Est forcent les barrières et franchissent sans opposition les *check points* pour se rendre librement de l'autre côté de la frontière, c'est-à-dire à l'Ouest. Commence alors, dans la capitale allemande, une des soirées les plus folles de l'histoire de l'Europe : il n'y a plus de Mur de Berlin !

L'irrépressible réunification

A Moscou, il est plus de minuit. Gorbatchev est rentré chez lui. Il ignore que Krenz a essayé de le joindre. Ses assistants vont découvrir les dépêches d'agence dans la nuit, mais ils n'oseront pas réveiller leur patron. Ce n'est qu'au petit matin que celui-ci répond au téléphone, chez lui, à son conseiller Tcherniaev :

« Tolia, qu'est-ce qui t'amène de si bon matin ?

— Mikhaïl Sergueïevitch, tenez-vous bien : Krenz et sa bande ont ouvert le Mur de Berlin dans la nuit ! »

Gorbatchev éclate d'un rire nerveux :

« Tu vois, je t'avais bien dit que cela se terminerait ainsi ! »

La situation, bien sûr, le prend de court. Plus que jamais, il adopte l'attitude de quelqu'un qui maîtrise parfaitement la situation – sur laquelle, pourtant, il n'a plus aucune prise. Y compris sur la question la plus cruciale : si le Mur disparaît, qu'en sera-t-il de l'existence de deux Allemagnes ?

Avant de rejoindre son bureau où l'attendent déjà Chevardnadze et de nombreux diplomates catastrophés, Gorbatchev rappelle Tcherniaev :

« Tolia, envoie tout de suite un message à l'ambassadeur Kotchemassov : surtout, *nous ne nous mêlons pas de ce qui se passe en RDA*, même après l'ouverture du Mur[15] ! »

La journée est agitée, mais plutôt rassurante. Vadim Zagladine et d'autres conseillers lui confirment que les principaux dirigeants occidentaux sont stupéfaits, mais qu'ils n'ont aucune envie de voir l'Allemagne se réunifier : Margaret Thatcher, parce qu'une Allemagne réunie serait un trop gros concurrent en Europe ; François Mitterrand, parce qu'il craint qu'une Allemagne réunie, trop puissante, ne renoue avec ses vieux démons et ne s'éloigne de l'Union européenne[16] ; George Bush, parce qu'une Allemagne réunie serait tentée par le statut d'Etat neutre, donc incontrôlable ; et Helmut Kohl, qui lui avait promis par téléphone, le 11 octobre, qu'il « ne ferait rien pour déstabiliser la RDA », parce que « la RFA n'aurait aucun intérêt au chaos en RDA ».

Mais, quand l'histoire s'emballe, les dirigeants politiques ne sont pas seuls à décider. Les peuples, eux aussi, expriment leurs souhaits profonds. Le meilleur connaisseur de l'Allemagne auprès de Gorbatchev, Valentin Faline, en est conscient et prône l'élaboration d'une solution confédérale unissant les deux Etats allemands : c'est la seule façon, pense-t-il, d'éviter la réunification. Peine perdue. Le maître du Kremlin ne comprend pas bien l'intérêt de cette « confédération », il n'a pas de stratégie politique, il veut seulement « freiner le mouvement ».

Et il sera conforté dans son attentisme par l'immobilisme des Occidentaux, qui sont sous le choc et redoutent des débordements incontrôlables. François Mitterrand, président en exercice de la Communauté européenne, fait tout ce qu'il peut pour minimiser et repousser le débat sur la réunification, y compris lors du Conseil européen du 15 novembre : « La réunification n'est pas une question urgente », explique à ses collègues le président français, convaincu que l'URSS ne peut accepter que la RDA lui échappe « sauf à ce que Gorbatchev soit aussitôt remplacé par un militaire ». Cette pusillanimité générale arrange le leader soviétique, qui concentre toute son énergie sur la situation intérieure de l'URSS…

La débandade

Le 21 novembre, à Bonn, le conseiller diplomatique d'Helmut Kohl, Horst Teltschik, reçoit son collègue soviétique Nikolaï Portugalov, qui lui laisse entendre que le Kremlin ne pourra pas s'opposer, concrètement, à une réunification des deux Allemagnes. Teltschik s'en ouvre à son patron qui décide alors de passer, seul, à l'offensive. Le 28 novembre, à l'occasion d'un débat au Bundestag, Kohl annonce un plan de réunification en dix points. C'est une véritable bombe politique. Il n'a mis personne dans la confidence :

ni à l'intérieur (son ministre Genscher est stupéfait) ni à l'extérieur (le président Mitterrand est furieux). Teltschik fera croire, un temps, que Kohl a consulté Gorbatchev, ce qui est faux.

A Moscou, justement, Gorbatchev tombe des nues. Il se sent brutalement trahi par Kohl qui, ajoute-t-il avec ironie, « aime un peu trop les marches militaires ». Le chancelier, dit-il, a gravement « manqué à sa parole ». Comme seule parade, il annonce que la RDA « restera un Etat indépendant » et demeurera « membre du Pacte de Varsovie ». En écho, Chevardnadze dénonce ce « diktat », qu'il qualifie de « *Blitz*-unification » :

« Même Hitler ne se serait pas permis une chose pareille ! »

A Malte, où il rencontre le président George Bush le 2 décembre, Gorbatchev s'emporte contre Kohl :

> Kohl est pressé, il s'agite, il n'est pas sérieux, il agit de façon irresponsable. Que sera cette Allemagne unie ? Sera-t-elle neutre, sans appartenance à une alliance politico-militaire, à l'OTAN ? Tout cela est prématuré ! Laissons faire les choses sans les forcer. Vous et nous sommes responsables de la division de l'Allemagne, nous nous comprenons sur ce point[17] !

Deux jours plus tard, à Moscou, le numéro un soviétique réunit le dernier sommet des dirigeants du Pacte de Varsovie. Il y a là une majorité de « nouveaux », en général des réformateurs parvenus au pouvoir au fil des récents bouleversements politiques en Europe de l'Est : le Bulgare Mladenov, l'Allemand Modrow, le Hongrois Nemeth, le Tchèque Adamec et le Polonais Mazowiecki, seul « non-communiste » de cette assemblée hétérogène. Il y a aussi, représentant la Roumanie, l'inébranlable Ceausescu qui n'imagine pas une seconde qu'il lui reste trois semaines à vivre. La décision est prise de transformer le Pacte de Varsovie en une alliance *politique,* et non plus *militaire.* Cette fois, la guerre froide est bien finie.

Impuissant, Gorbatchev se réfugie derrière le concept de « maison commune européenne » pour faire passer en douceur la nouvelle donne diplomatique en URSS où les chefs militaires, en effet, sont bouleversés par ce qui constitue, à leur yeux, une immense défaite politique. Mais que peut-il faire, à part qualifier Kohl d'« éléphant dans un magasin de porcelaine » devant Mitterrand venu le rencontrer à Kiev le 6 décembre ? Que peut-il promettre au président français décidé à refuser, contre vents et marées, toute réunification allemande ? A Moscou, le 26 janvier 1990, lors d'un séminaire du Comité central, Gorbatchev anime un long débat d'où il ressort que la seule manière d'arrêter le processus serait d'utiliser les 380 000 soldats stationnés en RDA pour fermer la frontière interallemande – hypothèse catégoriquement exclue par lui-même et par la direction soviétique.

L'histoire, au cours des mois suivants, prend des allures de débandade. En mai 1990, à Washington, Gorbatchev donne son accord, toute honte bue, pour une Allemagne réunifiée membre de l'OTAN. Il le confirme en juillet à son « ami » Helmut Kohl qu'il reçoit à Arkhyz, près de Stavropol. Son conseiller Valentin Faline, une dernière fois, tente de prôner *in extremis* l'idée d'une confédération entre la RFA et la RDA, mais Gorbatchev ne lui laisse aucun espoir :

« J'ai bien peur, Valentin, que le train ait déjà quitté la gare. »

21

Le rôle dirigeant du Parti

«On ne peut franchir un abîme par des petits bonds.»

Proverbe russe.

Mercredi 15 novembre 1989. Il y a six jours que le Mur de Berlin est tombé. Si la surprise est encore vive dans les journaux du monde entier, si la liesse est quasi générale en Allemagne, l'inquiétude est extrême dans toutes les chancelleries occidentales où l'on craint une déstabilisation générale du Vieux Continent. Combien de soldats lourdement armés stationnent sur ce théâtre militaire qui est aussi un enjeu nucléaire majeur pour les deux superpuissances, lesquelles se le partagent depuis un demi-siècle ?

A Moscou, ce matin-là, Mikhaïl Gorbatchev prend la parole devant un important forum d'étudiants réuni pour cinq jours dans la capitale de l'URSS. C'est l'organisation des Jeunesses communistes (Komsomol) qui a organisé ce *jamboree* dans l'espoir de stopper la baisse vertigineuse de ses adhésions. Dans la salle, 1 658 jeunes représentent quelque 9,4 millions d'étudiants et de lycéens de l'enseignement technique. L'orateur ne mâche pas ses mots :

«La tension est à son comble… Les contradictions entre le monde ancien et le monde nouveau sont à leur maximum…»

L'heure est grave. L'assemblée l'écoute dans un grand silence. Mais si les diplomates américains, français ou allemands entendaient son discours, ce jour-là, ils seraient déconcertés : Gorbatchev ne parle pas du Mur de Berlin ! Sa préoccupation majeure, c'est le risque d'éclatement du Parti communiste de l'URSS. Alors que l'Europe tremble devant les risques de dérive géopolitique et d'embrasement militaire, le principal dirigeant de l'Est ne pense qu'à la réunion qu'il tiendra le lendemain avec les responsables communistes lituaniens qu'il a convoqués au Kremlin. Objectif : dissuader ces gens-là de constituer un Parti communiste autonome. S'ils persistent dans ce projet, ils entraîneront les Lettons et les Estoniens, puis les Moldaves et les Azéris, et c'en sera fini de la dictature du parti unique.

Feu la révolution d'Octobre

Quelques jours plus tôt, le 7 novembre, les fêtes du 72e anniversaire de la « Grande Révolution socialiste d'Octobre » avaient donné le sentiment qu'un monde était en train de disparaître. A Moscou, le numéro de charme de Raïssa Maximovna devant les journalistes étrangers n'a pas occulté la désolante faillite de ce qui était, depuis sept décennies, une tonitruante démonstration de force : cette année, une insignifiante parade militaire sans armes modernes ni missiles stratégiques a duré tout juste une demi-heure, saluée par des « travailleurs » agitant fleurs en papier et ballons multicolores, sous une bannière un peu dérisoire accrochée à la façade du magasin Goum :

« LA *PERESTROÏKA* EST LE NOUVEAU VISAGE DU SOCIALISME ! »

Mais où sont les grandioses défilés d'antan, les figures impeccables de la jeunesse socialiste, l'exaltation de la victoire du prolétariat ? Où est passée la plus puissante armée du monde ? Pis : deux heures avant que Gorbatchev et les autres membres du Politburo n'apparaissent à la tribune du Mausolée, une petite manifestation de militants opposés au régime a jeté le trouble dans le quartier – avec l'autorisation de la Mairie de Moscou[1] ! Même la révolution d'Octobre n'est donc plus sacrée… L'hebdomadaire *Moskovskie Novosti* (*Les Nouvelles de Moscou*) n'a-t-il pas consacré, cette semaine-là, un grand article presque sympathique à Alexandre Kerenski, le dernier chef du gouvernement provisoire renversé par les bolcheviks en octobre 1917[2] ?

Et que penser des informations remontant des Républiques… A Kichinev (Moldavie), un *sit-in* d'opposants a bloqué la parade militaire, tandis que le président Mircea Snegur quittait précipitamment la tribune officielle. A Tbilissi (Géorgie), le défilé a été annulé devant la pression de quelques dizaines de milliers de militants nationalistes brûlant des drapeaux soviétiques. A Erevan (Arménie), le défilé a été aussi annulé sans explications. Commentaire d'un correspondant de presse occidental : « Ce n'est plus un anniversaire, c'est un enterrement[3] ! »

Deux jours après ce défilé raté, à Berlin, le « Mur de la honte », symbole de la coupure du monde en deux blocs antagonistes, s'écroulait – dans l'indifférence d'une immense majorité de Soviétiques. Couvert par le vacarme des protestations sociales dont les grèves de mineurs ont traduit l'urgence, le fracas parfois meurtrier des affrontements ethniques et nationalistes, la longue plainte des consommateurs face aux pénuries et les disputes entre parlementaires autour du projet de budget 1990, la nouvelle de la chute du Mur est passée quasiment inaperçue. Pour ces dizaines de millions de Soviétiques affolés devant le risque d'anarchie qui menace leur pays, qu'importe la réunification allemande !

La dégradation de leur vie s'est brutalement accélérée. Le temps des belles promesses et des folles espérances est révolu. A son retour de vacances, le 9 septembre, Gorbatchev avait annoncé à la télévision des mesures « douloureuses, impopulaires, difficiles », tout en fustigeant « ceux qui parlent de chaos, de coup d'Etat ou de guerre civile ». De tels propos, évidemment, n'ont pas calmé les esprits. Ils ont même avivé la bataille politique, multiple et quotidienne, qui oppose les conservateurs du Parti et les partisans de la *perestroïka*, les anciens apparatchiks et les nouveaux militants apparus sur la scène politique, les partisans du retour à l'ordre public et les libéraux en matière économique, les dirigeants du « Centre » et les représentants des Républiques périphériques.

Le socle du régime

A la mi-septembre, le plenum du Comité central tant attendu sur la question des nationalités n'a rien donné, sinon le renvoi du dossier au XXVIIIe Congrès du PCUS convoqué en octobre 1990 – c'est-à-dire avec six mois d'avance sur le calendrier normal. Mais qui sait ce que le Parti, déchiré par les querelles interethniques, sera devenu dans un an ? Dans son discours de rentrée, Gorbatchev avait eu des intonations alarmistes pour rappeler le « rôle irremplaçable du Parti comme force unificatrice et d'avant-garde ». Le secrétaire général s'est fait imprécateur. Il sait, lui, qu'en cet automne 1989 la bataille politique va se focaliser sur un enjeu majeur : le « rôle dirigeant » du Parti communiste, que garantit l'incontournable article 6 de la Constitution de l'URSS :

> Le Parti communiste de l'Union soviétique est la force qui dirige et oriente la société soviétique, c'est le noyau de son système politique, des organes d'Etat et des organisations sociales. [...] Se fondant sur la doctrine marxiste-léniniste, le Parti communiste définit la perspective générale du développement de la société, les orientations de la politique intérieure et extérieure de l'URSS, il dirige la grande œuvre créatrice du peuple soviétique..

Autour de lui, y compris dans son proche entourage, Gorbatchev entend les avis les plus divers : pour les uns, la *perestroïka* ne peut progresser qu'en faisant sauter ce verrou institutionnel ; pour les autres, au contraire, il faut redonner les pleins pouvoirs au Parti avant qu'il ne soit trop tard ; pour d'autres encore, le PCUS devrait se transformer en Parti « social-démocrate » comme vient de le faire le PC hongrois…

Que ce sujet tabou devienne une question ouverte traduit bien la vitesse à laquelle la société soviétique est en train de se déliter : quand Andreï Sakharov avait émis l'idée de supprimer ce fameux article 6 au dernier jour du Congrès des députés du peuple, en juin, même ses proches amis l'avaient trouvé irréaliste. Et pour cause : tout le système institutionnel et politique de l'empire soviétique, depuis la Révolution, repose sur la confiscation de tous les pouvoirs par le seul Parti communiste, devenu à la fois le socle et l'armature de la société. Cette règle d'airain, dont la première application fut d'interdire tous les autres partis politiques[4], a été appliquée, non sans violences, pendant soixante-dix ans. Elle explique aussi pourquoi le régime a été si longtemps qualifié de « totalitaire ».

Et voilà que le sujet est devenu brûlant, pour au moins deux raisons. La première tient à la campagne menée par les partisans les plus radicaux de la *perestroïka*, convaincus que celle-ci ne peut progresser dans le cadre du parti unique. Réunis à Moscou les 23 et 24 septembre, le groupe « interrégional » des députés les plus en pointe – les Iouri Afanassiev, Boris Eltsine, Andreï Sakharov et autres Gavril Popov – s'était donné pour objectif de promouvoir le multipartisme en « légalisant les partis » sans attendre que les fronts populaires et autres mouvements informels, encore très immatures, puissent prétendre à cette appellation. Construire un « Etat de droit », n'est-ce pas nécessairement mettre fin au pouvoir de nature « révolutionnaire », incarné par le parti unique, qui caractérise le régime soviétique ?

L'autre raison est plus cruciale encore. En Lituanie, cette République balte qui a quelques longueurs d'avance dans la course à l'indépendance des peuples périphériques de l'URSS[5], les dirigeants communistes ont décidé de se doter de statuts distincts de ceux du PCUS. Le calcul d'Algirdas Brazauskas, nouveau chef du Parti lituanien, est que les élections à venir seront un désastre pour sa formation si celle-ci reste une simple section du PC soviétique. Il a donc convoqué pour le 19 décembre un congrès du PC lituanien. Vadim Medvedev, numéro deux du Politburo, est venu spécialement à Vilnius, le 1er décembre, pour mettre en garde Brazauskas et son équipe contre toute tentative de « sécession ». En vain. Le 7 décembre, sur proposition du PC local, le Parlement lituanien a abrogé unilatéralement l'article 6 de la Constitution, sous les yeux gourmands des responsables communistes d'Estonie, de Lettonie, de Moldavie ou d'Azerbaïdjan.

Gagner du temps, à tout prix

De réunions en meetings, de discours en conférences de presse, Gorbatchev ne ménage pas ses efforts pour endiguer cette dérive, quitte à faire reculer spectaculairement les limites de l'envisageable. Ainsi, à la veille de son déplacement à Rome puis à Malte[6], il publie dans la *Pravda* un long article théorique où il défend une « compréhension plus réaliste du socialisme[7] ». Il y critique Marx pour n'avoir pas compris la « capacité d'autodéveloppement du capitalisme » qui justifie, un siècle plus tard, la vision social-démocrate des sociétés modernes, après tout pas si mal gérées. Fort de ces avancées, qui déclencheront la fureur des conservateurs, il explique néanmoins que la suppression du rôle dirigeant du Parti constituerait un recul face « à la démagogie populiste, aux courants nationalistes ou chauvins, ou aux intérêts de certains groupes ».

Dans la confusion générale, Gorbatchev a donc arrêté sa stratégie : tout est possible, y compris la révision fondamentale du rôle du PCUS, mais… pas tout de suite. Tel est le mot d'ordre qu'il entend imposer au plenum du Comité central qui s'ouvre le samedi 10 décembre. De son fauteuil de président de séance, il s'adresse à Algirdas Brazauskas, l'homme qui s'apprête à jouer les apprentis sorciers :

« Je te le dis devant tout le Comité central : n'aliène pas ton rôle de Premier secrétaire du Parti pour la Lituanie ! Tout le monde comprend-il les conséquences destructrices d'une fédéralisation du PCUS, principale force d'intégration au sein de l'URSS ? »

Brouhaha dans la salle. Les Baltes laissent passer l'invective. Le temps de l'unanimité est bien terminé : nombre de cadres régionaux du Parti ont commencé la réunion en formulant des accusations directes et peu aimables contre Gorbatchev, au point que celui-ci, selon certaines sources[8], aurait menacé de démissionner – sans qu'on sache quelle part de bluff comprenait ce mouvement d'humeur. Finalement, les contestataires votent dans le sens du Kremlin, c'est-à-dire pour le maintien, au moins provisoire, du rôle dirigeant du Parti. L'homme de la *perestroïka* s'appuyant sur les ennemis de celle-ci pour sauver son pouvoir :

voici une contradiction dont ses adversaires, de plus en plus nombreux, sauront se servir…

Or, ce vote à l'arraché ne sert à rien. Les mécanismes institutionnels classiques ne fonctionnent plus : alors que le Soviet suprême (le 13 novembre) et le Comité central (le 10 décembre) ont clairement rejeté cette hypothèse, le IIe Congrès des députés du peuple, qui s'ouvre le mardi 12 décembre à Moscou, commence indûment par… un débat sur l'article 6, lancé par l'élue estonienne Mariu Lauristin, le poète Evgueni Evtouchenko et l'académicien Andreï Sakharov. Celui-ci, qui conquiert le micro entre huées et applaudissements, brandit une liasse de télégrammes en direction de Gorbatchev, président de séance :

« Ce sont des demandes de citoyens qui veulent l'abrogation de l'article 6 ! »

Repartie glaciale du chef depuis la tribune :

« J'ai trois dossiers pleins de demandes inverses ! Andreï Dmitrievitch, ne manipulez pas l'opinion publique ! »

En général, Gorbatchev s'adresse à Sakharov sur un ton éminemment respectueux, mais l'engagement de l'ex-dissident commence à l'agacer. Trois jours plus tôt, celui-ci n'a-t-il pas appelé à une grève de deux heures – d'ailleurs sans succès – pour faire pression sur le Congrès des députés ? Dans plusieurs interviews, l'académicien n'explique-t-il pas que son opinion sur le secrétaire général « s'est dégradée ces derniers temps[9] » ? On ressent du dépit chez Gorbatchev, qui aurait aimé plus de reconnaissance personnelle de la part de cet homme qui lui doit, somme toute, sa liberté !

Mort d'un juste

Finalement, la proposition avancée par les députés libéraux et réformistes, appuyée par une bonne centaine d'élus séparatistes, est rejetée par 1 138 voix contre 838 et 56 abstentions. Gorbatchev a gagné, toujours avec l'appui des conservateurs, mais le faible écart de voix lui fait réaliser que ce combat-là est, à son tour, un combat d'arrière-garde. C'est aussi l'avis de Sakharov, qui passera toute la journée du jeudi 14 décembre à ferrailler, avec ses propres amis du groupe interrégional, pour ou contre la création d'un parti d'opposition « radical-démocrate ». Le Prix Nobel, pour sa part, pense qu'un tel parti sera une façon d'imposer *de facto* le multipartisme à la Russie. Le soir même, dans son appartement de la rue Chkalova, Andreï Sakharov explique à sa femme et à son gendre : « Demain, il y aura un dur combat ! »

Ce combat, le vieil homme ne le livrera pas : à 22 h 45, il s'effondre dans son bureau, victime d'une crise cardiaque. Le député Sakharov a cessé de vivre.

Le lendemain matin, au Palais des Congrès, la nouvelle du décès de l'académicien jette la consternation, y compris dans les rangs de ses adversaires. A l'annonce de sa mort, faite par Vitali Vorotnikov, président de séance, les 2250 députés se lèvent, le temps d'une minute de silence. C'est Evgueni Primakov, président de la seconde Chambre du Parlement à laquelle appartenait le défunt, qui présidera la commission des obsèques. Un court moment, une même émotion unit tous ces élus, y compris ceux qui ont traîné naguère le dissident dans la boue, y compris les militaires qui ne lui ont jamais pardonné ses propos défaitistes sur l'Afghanistan. Mais cette unanimité est trompeuse. Un député se lève et propose une journée de deuil national – c'est Eltsine qui lui a soufflé cette idée. Le président Vorotnikov répond que la commission des obsèques en décidera elle-même – c'est Gorbatchev qui lui a soufflé la réponse. Le secrétaire général est ému, lui aussi, mais il reste vigilant : pas question de voir récupérer cette mort tragique par les partisans de la suppression de l'article 6 !

Le lendemain, Gorbatchev ira se recueillir longuement devant la dépouille du défunt, exposée à l'Académie des sciences, mais il ne fera qu'une courte apparition, l'après-midi, au rassemblement populaire improvisé près du stade de Loujniki, où la troupe disparate des anciens dissidents se verra voler la vedette par les nouveaux amis politiques du défunt, les Afanassiev, Eltsine et autres Popov, qui transformeront cette impressionnante réunion en meeting partisan. Dans la foule, des militants arborent un badge portant un 6 barré, comme pour appuyer cette revendication qui fut le dernier combat du disparu. La mort de Sakharov transcende tous les clivages du passé et du présent soviétiques. C'est aussi flagrant le dimanche 17 décembre, au Palais de la jeunesse, où quelque 100 000 Moscovites de toutes origines défileront lentement, pendant des heures, devant la dépouille du défunt. Tous apercevront une banderole, sur une grosse gerbe de fleurs blanches : « Au cher Andreï, avec amour. Soljenitsyne ». Tous pourront aussi voir, au milieu des bouquets, une émouvante inscription écrite sur un petit carton : « Pardonne-nous[10] ! »

Gorbatchev orphelin ?

Pour Gorbatchev, la mort de Sakharov est une très mauvaise nouvelle. L'académicien était, au fond, le seul personnage de ce théâtre d'ombres à lui donner la réplique. Dans cet océan de calculs politiciens et de compromissions tactiques, il se situait au-dessus du lot, comme un repère, un phare, une conscience. Dans les couloirs du Congrès, Gorbatchev se confie à quelques journalistes occidentaux :

> Sakharov appartient à l'époque de la *perestroïka.* Tout le monde n'a pas compris sa mission et son rôle. Avec lui, on pouvait discuter. On pouvait être d'accord avec lui, ou pas, mais c'était un homme de conviction – ni un intrigant, ni un politicien. Il exprimait ouvertement ses opinions, c'est ce que j'appréciais en lui[11]...

Gorbatchev et Sakharov, les deux hérauts d'un même combat pour l'avenir ? Le physicien Roald Sagdeev, conseiller du premier et ami du second, en est convaincu : « Gorbatchev a perdu le meilleur de ses alliés. » Leurs méthodes et leurs moyens étaient divergents, mais leur but, au regard de l'Histoire, n'était-il pas le même ? Quelle autre personnalité confortera désormais Gorbatchev dans sa vision à long terme ? Tous les Ligatchev, Eltsine, Ryjkov, Chevardnadze, Medvedev et autres Vorotnikov sont trop impliqués dans la bagarre politique quotidienne pour pouvoir fixer, au-delà des péripéties politiciennes, la ligne d'horizon.

Sakharov disparu, Gorbatchev semble encore plus seul dans la tempête, tel un capitaine à la barre d'un navire sans quille. Amis, ennemis, tous l'admettent : il est le seul homme d'Etat du moment. « Je ne pense pas qu'il existe une alternative à votre personne », lui avait dit l'ex-dissident en juin. Les derniers jours de cette année folle en offrent l'illustration : c'est vers lui, avec plus ou moins de bienveillance, que se tournent tous les regards, à l'intérieur comme à l'extérieur. C'est lui, et lui seul, qu'on écoute faire le point devant le Congrès des députés le 23 décembre :

> Certains d'entre vous disent que je suis assis entre deux chaises, mais je suis assis sur la chaise sur laquelle vous m'avez installé ! Mon point de vue n'a pas changé : nous devons soigner une société malade, et quelques pilules n'y suffiront pas. [...] Il ne s'agit de restaurer ni les valeurs passées, staliniennes, ni le capitalisme : moi, je suis communiste et fier de l'être ! [...] Je réponds aux séparatistes et à leurs appels provocateurs à l'indépendance : mettre en œuvre aujourd'hui l'autodétermination par la scission, cela signifie anéantir l'Union, pousser les peuples à l'affrontement et semer la discorde, le sang et la mort ! [...] Nous pouvons garder notre Union, à condition d'aller de l'avant !

C'est lui, et personne d'autre, qu'on écoute clôturer la session du Congrès, le 24 décembre :

> L'essentiel aujourd'hui, c'est de consolider la *perestroïka*, d'unir les forces qui la soutiennent et qui comprennent que c'est seulement par la voie du renouveau révolutionnaire qu'on pourra sortir le pays de sa situation difficile. Le choix est simple : ou bien la liberté et la *perestroïka*, ou bien l'ordre des casernes et le retour en arrière ! [...] Nous sommes pour un socialisme humaniste démocratique qui englobe toute notre expérience nationale et toutes les acquisitions de la civilisation moderne. [...] Le Congrès a confirmé le choix de la *perestroïka*, c'est-à-dire de la reconstruction radicale de notre société sur la base du maintien et de l'enrichissement des valeurs socialistes.

C'est lui, enfin, qu'on écoute exprimer ses vœux aux Soviétiques à la télévision, le soir du 31 décembre :

> L'année 1989 a été une année spéciale, sans doute la plus difficile de la *perestroïka*, mais l'URSS est capable de franchir les obstacles qui se dressent [devant elle] si elle sait profiter de son potentiel intellectuel, de sa force de travail et de ses ressources naturelles énormes. [...] Face à l'exacerbation des relations interethniques, la société ressent

de plus en plus la nécessité du dialogue. [...] Il est essentiel et vital que la raison, la bonne volonté, la patience et la tolérance l'emportent en URSS si nous voulons bâtir une société de liberté et de justice sociale[12] !

Dans cette dernière allocution télévisée, Gorbatchev commente aussi les événements en Europe de l'Est en termes étonnamment positifs. Pour lui, « les vagues du renouveau révolutionnaire ont balayé ces pays » qui vont devoir « combiner socialisme et démocratie ». Rappelant que son idée de « maison commune européenne » est bien antérieure aux événements de cet automne, il se félicite que la « division du continent » appartienne désormais « au passé ». Sincérité, calcul, résignation ? Il aurait souhaité ces changements qu'il n'aurait pas parlé autrement...

« Ces événements nous dépassent... »

Cette façon de se féliciter d'événements qu'il ne contrôle plus sera désormais son leitmotiv, à l'instar de la célèbre formule de Jean Cocteau : « Puisque ces événements nous dépassent, feignons d'en être les organisateurs. » Il ne s'agit plus d'inventer le cours de l'histoire, ni même de l'endiguer, mais de surfer sur ses vagues successives avec l'idée de ne pas y sombrer corps et biens.

L'exemple le plus spectaculaire, en ce début d'année 1990, est l'indépendance du Parti lituanien. Le plenum du Comité central qui s'est tenu sur le sujet entre Noël et le Nouvel An, à Moscou, avait été houleux. Comme au bon vieux temps, on n'avait parlé que de condamner les dirigeants baltes, de les exclure, de les remplacer par des camarades plus « raisonnables[13] », et même d'envoyer les chars pour les ramener dans le giron soviétique ! Au point que Gorbatchev, excédé, avait proposé de suspendre le plenum et d'aller lui-même discuter avec les fauteurs de troubles, chez eux, en Lituanie.

Le jeudi 11 janvier, le maître du Kremlin débarque à Vilnius. La démarche est courageuse : c'est la première fois dans l'histoire qu'un secrétaire général du PCUS ose visiter cette turbulente République. Accompagné de Raïssa, il multiplie les bains de foule, les rencontres catégorielles et les discours improvisés devant les caméras de la télévision. Face à l'obstination tranquille des Lituaniens, il comprend que l'enjeu n'est déjà plus l'abandon du parti unique, mais l'indépendance du pays. Le jour de son arrivée à Vilnius, quelque 300 000 habitants convoqués dans le centre-ville par le parti indépendantiste *Sajudis* (« Le Mouvement ») scandent à pleine voix : « Liberté ! Liberté ! Lituanie libre ! »

L'homme de la *perestroïka*, accueilli froidement mais sans hostilité, se fait tour à tour charmeur, ironique, cassant ou menaçant, enroulant ses propos parfois contradictoires autour de quelques idées simples : d'abord, « la Lituanie fait partie de l'URSS, à qui elle doit son développement » ; ensuite, « il ne faut pas ignorer le droit des peuples » ; enfin, « on ne réglera rien par la force ». Et Gorbatchev d'insister sur ce dernier point, comme pour mettre en garde contre toute solution alternative :

« Je suis celui qui a choisi la voie du dialogue, mon propre destin est lié à ce choix. »

A bon entendeur : si les Lituaniens ne jouent pas le jeu, ils auront bientôt affaire à quelque dictateur beaucoup moins souple à leur endroit…

Après tout, explique Gorbatchev à ses interlocuteurs sceptiques, le droit de faire sécession est inscrit dans la Constitution, dont l'article 72 stipule : « Chaque République fédérée conserve le droit de se séparer librement de l'URSS. » Pourquoi ne pas refonder la « fédération » sur de nouvelles bases, au lieu de la faire exploser prématurément ? Pourquoi ne pas préparer une loi sur l'accession des Républiques à une véritable autonomie ? Ce sera justement, leur dit-il, l'objet du prochain congrès du Parti, qu'on a avancé en octobre et qu'on va peut-être tenir, s'il le faut, dès le printemps.

Et le secrétaire général de rentrer à Moscou avec une idée fixe : gagner du temps. Et une nouvelle méthode : faire comme si de rien n'était !

Rétablir l'autorité de l'Etat

Mais les événements vont trop vite. A peine Gorbatchev est-il rentré à Moscou qu'une avalanche de nouvelles tragiques déferle depuis le Caucase. Le samedi 14 janvier, des massacres d'Arméniens ont lieu à Bakou, capitale de l'Azerbaïdjan, où le pouvoir soviétique local est complètement débordé : 90 morts, des centaines de blessés. D'autres pogroms, abominables, sont perpétrés le dimanche, faisant près de 200 victimes. C'est une guerre civile meurtrière qui menace, envenimée par l'affaire, toujours pas réglée, du Haut-Karabagh – ce territoire peuplé d'Arméniens, situé à l'intérieur de l'Azerbaïdjan, devenu une poudrière interethnique.

Le lundi 16 au soir, non sans avoir beaucoup tergiversé, et profondément bouleversé par le sort des victimes de ces massacres insensés, Gorbatchev proclame l'état d'urgence dans le Haut-Karabagh et toute une partie de l'Azerbaïdjan. C'est l'armée soviétique qui, le 20 janvier, ira rétablir l'ordre au bord de la Caspienne : désarmer les bandes nationalistes qui contrôlent désormais plus de la moitié des districts de cette République, et défendre, tant bien que mal, les minorités arméniennes et russes qui y habitent. Or cette décision, pour inévitable qu'elle fût, est politiquement catastrophique. D'abord parce qu'elle va braquer massivement, au pire moment, les Azéris contre l'URSS. Ensuite parce que le recours à l'armée, les pouvoirs spéciaux et l'arrêt de la *glasnost* signifient tout le contraire de sa politique, le contraire de la *perestroïka*.

Le drame caucasien a secoué Mikhaïl Gorbatchev, qui décide de partir quelques jours à Pitsunda, sur la mer Noire, pour y réfléchir au calme avant le prochain plenum du Comité central, lequel a été renvoyé au 6 février – encore une semaine de gagnée... Restés à Moscou, ses collaborateurs sont tendus, eux aussi, et échafaudent, lors de vives discussions internes, toutes les hypothèses : Gorbatchev peut-il restaurer l'autorité de l'Etat en restant à la tête d'un Comité central hostile aux réformes ? Comment bâtir en quelques mois une économie de marché sans provoquer grèves et émeutes ? Comment accélérer la démocratisation du pays sans instaurer le multipartisme ? Comment transformer au plus tôt un Parti communiste unique en un Parti social-démocrate acceptant la concurrence ?

La tension politique est à son comble. Dans les journaux moscovites et dans les chancelleries occidentales, les spéculations vont bon train. Le journal *Izvestia,* proche de Gorbatchev, adresse à celui-ci un appel pathétique : « Agissez ! La vraie démocratie doit savoir se défendre[14] ! » Partout le prochain plenum est qualifié de « crucial », de « critique », de « décisif » – mais combien de réunions, ces dernières années, avaient déjà été qualifiées ainsi ? Dans une note confidentielle, une partie de l'entourage de Gorbatchev lui recommande de faire un pas décisif vers la présidentialisation du régime et de rompre définitivement avec les conservateurs[15]. Déjà, la chaîne américaine CNN annonce – désinformée par qui ? – que le maître du Kremlin va démissionner du secrétariat général du Parti…

La tentation présidentielle

Le 28 janvier, Alexandre Iakovlev, qui reste sans doute le plus proche et le plus influent collaborateur du secrétaire général, surgit à la résidence gouvernementale de Volenskoïe, une ancienne datcha de Staline située dans l'ouest de Moscou, où les assistants habituels de Gorbatchev – Tcherniaev, Chakhnazarov, Petrakov – préparent fébrilement les différentes versions des prochains discours de leur patron dans la confusion la plus totale. Iakovlev, d'une traite, leur tient des propos tonitruants :

> Ecoutez-moi, voilà ce qu'on va faire : on va instaurer un régime présidentiel ! Mikhaïl Sergueïevitch va réunir le Congrès des députés du peuple pour que celui-ci valide son choix, puis il va expliquer à la télévision que la situation l'amène à prendre toute la responsabilité du pouvoir, avant d'exposer un programme extraordinaire comportant la terre aux paysans, les usines aux ouvriers, l'indépendance réelle des Républiques, le multipartisme et l'abandon du monopole du Parti, un important emprunt à l'Occident, la réduction drastique de l'appareil, la promotion de l'entreprise privée[16]…

Les conseillers sont abasourdis. Anatoli Tcherniaev rompt le silence :

« Alexandre Nikolaïevitch, c'est un coup d'Etat ?

— Oui, et il faut le faire au plus vite !

— Mais… Concrètement, Gorbatchev est d'accord ?

— Euh… Il m'a envoyé vers vous pour préparer son intervention télévisée, et il m'a dit qu'ensuite il prendrait sa décision[17]…

Ce « 18 Brumaire » n'aura jamais lieu. Il n'y aura pas d' « appel au peuple ». Le 31 janvier, de retour à Moscou, Gorbatchev démentira sèchement toutes les rumeurs le concernant, sans nier son intention de renforcer ses pouvoirs de président de l'URSS, indispensables au rétablissement de l'autorité de l'Etat. N'est-ce pas en tant que président du Soviet suprême, et non comme secrétaire général du Parti, qu'il a envoyé l'armée en Azerbaïdjan ? Rien de révolutionnaire, en vérité. « Gorbatchev tergiverse », note le conseiller Tcherniaev, qui s'était étonné de la complicité furtive entre son patron et Ligatchev, à la fin du dernier Politburo, quant à la nouvelle qualification du « rôle du Parti » et sur l'avancement de la date du prochain Congrès…

Les proches, les conseillers, les assistants ont compris : le « grand soir » n'est pas pour demain. Ce n'est pas à ce plenum tant redouté des 5 et 6 février que Gorbatchev franchira le Rubicon présidentiel. La plate-forme qu'il propose pour renouveler le programme du Parti lors du prochain Congrès s'appelle sagement « Vers un socialisme démocratique et humain ». Dans une interview publiée par la *Pravda* du lundi 5 février, Gorbatchev nie qu'il y ait « au Politburo des gens qui veulent revenir en arrière », et prône une « accélération » de la *perestroïka.* A lui seul, le mot « accélération » *(ouskarenie)*, qui qualifiait sa politique cinq ans plus tôt, sonne comme une retraite. Enfin, dans son discours devant le Comité central, un Gorbatchev plus ambigu que jamais explique que « le Parti communiste n'a pas besoin de l'article 6 pour affirmer son rôle d'avant-garde » tout en soulignant que « le multipartisme n'est pas une panacée ».

Dans les journaux occidentaux, où la « gorbymania » fait rage, on affecte de prendre ce déluge de langue de bois pour une décision aussi courageuse qu'historique. On interprète même comme une « victoire de Gorbatchev » le fait qu'Egor Ligatchev ait marqué son accord avec cette partie du discours, préférant critiquer l'orateur sur la réunification allemande et le retour de la propriété privée. En réalité, comme l'a bien senti Tcherniaev,

Gorbatchev et Ligatchev ont passé un accord tacite : le premier renonce à marginaliser le Parti, en espérant le démocratiser lors du Congrès à venir ; le second sacrifie son « rôle dirigeant » qui, de toute façon, n'est plus qu'un leurre[18]. L'un et l'autre ont le même objectif tactique : gagner du temps. Non, décidément, le « grand soir » n'est pas pour demain.

22

Le grand écart

«En politique, le choix est rarement entre le bien et le mal, mais entre le pire et le moindre mal.»

Nicolas MACHIAVEL.

Moscou, lundi 2 juillet 1990. A 10 heures du matin, le rideau s'ouvre sur un nouveau show politique comme la Russie soviétique en présente régulièrement. Ce jour-là démarre le XXVIIIe Congrès du Parti communiste de l'URSS qui doit durer une dizaine de jours. La télévision retransmet la séance d'ouverture. Est-ce une rediffusion ? On a l'impression d'avoir vu cent fois ces images. L'immense tribune du Palais des Congrès du Kremlin, et, dominant les apparatchiks en rang d'oignons, la sempiternelle effigie un peu rétro du grand Vladimir Ilitch Lénine. Le gigantesque auditorium plein à craquer, qui résonne des conversations entre délégués, au nombre de 5 000. Et puis, encore une fois, l'omniprésent, l'incontournable, l'infatigable Mikhaïl Sergueïevitch Gorbatchev. Le maître des lieux est détendu, souriant, moqueur, amical, affable. Exactement comme il était au même endroit, quatre ans plus tôt, quand il présidait le XXVIIe Congrès dans l'euphorie de sa récente arrivée au sommet du pouvoir.

Quatre ans seulement. Et pourtant, contrairement à ce que suggèrent ces images si répétitives, que de choses ont changé dans le monde, en Europe, en URSS, à Moscou même… La *perestroïka*, cette politique délibérément réformatrice incarnée par le même Gorbatchev, a mis fin à la guerre froide et à l'occupation de l'Afghanistan, redonné l'indépendance aux pays d'Europe de l'Est, rejeté Staline et son régime policier dans un lointain passé, ouvert le goulag et les églises, libéré la parole et la presse, et retiré au Parti communiste le rôle « dirigeant » qui valait à la deuxième puissance du monde l'étiquette de « totalitaire ». Dans le monde entier, on ne jure plus que par « Gorby », certains pensant même à lui décerner le prix Nobel de la paix. Comment se fait-il, alors, que l'ouverture du XXVIIIe Congrès du Parti se passe dans une atmosphère aussi lourde, toute de rumeurs alarmistes, d'invectives blessantes et de grondements sociaux ? Pourquoi cette morosité ambiante, cette haine rentrée, ce désintérêt de l'opinion, cette désillusion générale ?

En quelques mois, la dégradation du climat politique a été spectaculaire. Pourtant Mikhaïl Gorbatchev était bien devenu « président de l'URSS », comme il en rêvait, le jeudi 15 mars 1990. La veille de ce jour historique, profitant d'une pause dans les travaux du Congrès des députés du peuple, le plenum du Comité central du PCUS s'était brièvement réuni et l'avait désigné « à l'unanimité » comme le candidat du Parti. Le lendemain, sur les 2250 députés fédéraux, seuls 1878 avaient pris part au vote, mais Gorbatchev avait obtenu 1329 voix en sa faveur, contre 495, soit une majorité de 59,2 % des inscrits. Rien de comparable, certes, avec les 99,9 % de ses prédécesseurs au Kremlin qui suscitaient tant de moqueries en Occident, mais, comme on le disait dans son entourage, « George Bush rêverait d'un tel pourcentage »… Une seule ombre au tableau : il avait été le seul candidat – deux autres noms avaient été avancés puis aussitôt retirés. Mais enfin, il avait atteint son but : cinq ans, presque jour pour jour, après avoir conquis la tête du Parti, il accédait à la tête de l'Etat. Or, il faut bien admettre ce formidable paradoxe : à partir de ce 15 mars « triomphal », salué comme une extraordinaire « victoire » par les médias du monde entier, Mikhaïl Sergueïevitch n'a plus connu que des déconvenues.

Economie : la débandade

La première déconvenue fut d'ordre économique. Le soir de son élection, dans son discours de remerciement, le président de l'URSS avait annoncé une « radicalisation » des réformes, dont il entendait désormais assurer « toute la responsabilité » : créer un « marché intérieur », « démanteler » le système bureaucratique, instaurer un véritable système fiscal, procéder à la « démonopolisation de l'économie », quitte à « toucher aux intérêts de certains »[1], on allait voir ce qu'on allait voir ! Le jour même, en grand secret, un ambitieux programme de réformes en dix-sept points était déposé « pour examen » au Soviet suprême, préparé par Leonid Abalkine, vice-Premier ministre chargé de la réforme économique, et directement inspiré par la « thérapie de choc » appliquée en Pologne[2] : propriété privée, désétatisation et convertibilité du rouble[3].

A entendre Gorbatchev, on avait soudain l'impression que tout ce que la *perestroïka* avait fait en matière économique n'était, jusqu'alors, que parlotes et demi-mesures. Le nouveau président ne doutait de rien : cette réforme économique, dit-il à plusieurs reprises, était le « principal tournant dans l'histoire du pays depuis la révolution d'Octobre[4] » ! C'est avec l'ardeur d'un converti, doublé d'un néophyte, qu'il multipliait les réunions, notamment dans les usines, comme à Sverdlovsk, dans l'Oural, pour expliquer aux ouvriers sceptiques, tel un instituteur, le sens du mot « marché » et pourquoi ce nouveau concept, injustement condamné jusqu'alors, était la condition du redressement économique...

Mais rien ne s'est passé. Les députés du Soviet suprême n'ont cessé d'ajourner les lois tant attendues sur les baux collectifs, les sociétés par actions, la privatisation des logements ou l'autonomie des coopératives. L'administration, d'un bout à l'autre du pays, dépourvue de la plus élémentaire culture économique, ignorait tout simplement de quoi on parlait. Les premières tentatives de fermes privées étaient dûment sabotées par les kolkhozes voisins. Les premières coopératives n'ont généré que des trafics illégaux. Puis l'opinion s'est braquée en apprenant que le prix du pain allait tripler, que celui de l'électricité allait doubler, que des milliers d'entreprises devraient fermer et qu'on compterait bientôt 8 millions de chômeurs. Les mineurs du Donbass, cet immense bassin houiller à mi-chemin du Dniepr et de la Volga, ont menacé de faire grève et de paralyser le pays. Les Parlements d'Ukraine et de Biélorussie ont ostensiblement rejeté à l'avance l'application de la réforme des prix dans ces deux Républiques. Toute la presse devint alarmiste, parlant d' « explosion sociale » et de « guerre civile » – non sans complaisance, pour certains journaux proches des conservateurs.

Le 1er mai 1990, Gorbatchev mesura son impuissance lors du défilé traditionnel sur la place Rouge : le président de l'URSS et les autres officiels – Ryjkov, Ligatchev, Iakovlev et le nouveau maire de Moscou Gavril Popov – durent quitter piteusement la tribune du Mausolée sous les quolibets, les slogans hostiles et les cris de colère de la foule :

« A bas Gorbatchev ! A bas les exploiteurs du peuple ! Gorbatchev, démission ! »

Une terrible humiliation. Une formidable douche froide. En quelques semaines, le changement de ton fut spectaculaire : oubliées, la « thérapie de choc » à la polonaise et l' « économie de marché », fût-elle « régulée » pour ne pas être confondue avec le capitalisme pur et dur ! Gorbatchev, Abalkine, Iakovlev, Ryjkov et les autres n'ont plus parlé que de dialoguer avec la population, de se concerter avec les syndicats, d'ajourner les hausses de prix et même d'organiser un grand référendum sur la réforme économique – un rêve aussitôt abandonné, tant il était risqué. L'URSS était en panne, comme un vieux camion dont on aurait démonté le moteur sans que personne, à commencer par son chauffeur, ne sache comment le remonter.

Lituanie : le point de non-retour

La deuxième déconvenue du président de l'URSS, ce fut la Lituanie. A son retour de Vilnius, en janvier 1990, Gorbatchev avait fait mine de croire que les communistes lituaniens attendraient le XXVIIIe Congrès du PCUS pour décider de leur lien avec celui-ci. La déclaration d'indépendance du PC lituanien était « illégale », avait tempêté à deux reprises le Comité central, tout en assurant qu'il n'était pas question d'utiliser la force pour faire revenir les séparatistes dans le giron soviétique. La *perestroïka* interdisait formellement un tel recours : envoyer les chars « rétablir l'ordre » à Vilnius eût été pour Gorbatchev un spectaculaire suicide politique.

Fort de cette garantie, le PC lituanien d'Algirdas Brazauskas avait annoncé le 20 février, à l'issue d'un plenum agité, que « son objectif était l'établissement d'un Etat lituanien indépendant et la garantie de sa reconnaissance internationale ». Ce choix irrémédiable permit certainement au PC lituanien de ne pas être complètement balayé lors des élections locales du 4 mars. Mais c'est le mouvement indépendantiste Sajudis, dirigé par Vitautas Landsbergis, un musicologue quasiment inconnu, qui obtint la majorité absolue au Parlement lituanien[5] : fallait-il s'étonner qu'à la première réunion de celui-ci, le 11 mars, les députés proclament solennellement et dans une fièvre indescriptible, à la quasi-unanimité[6], l'indépendance du pays ?

Quand Gorbatchev fut élu président de l'URSS, le 15 mars, il croyait encore qu'il pourrait rattraper cette dérive radicale en utilisant ses nouveaux pouvoirs « présidentiels » pour imposer un compromis qui laisserait toute liberté aux Lituaniens, mais dans le cadre – fédéral ou confédéral, on verrait bien – d'une nouvelle « Union » soviétique. Et le nouveau président de brandir son projet de statut, le 10 avril, devant le Congrès des Komsomols, pour menacer les Lituaniens, coupables d' « aventurisme », d'utiliser ses prérogatives pour nommer un haut représentant sur place, imposer un référendum, voire décréter l'état d'urgence dans la République. Non sans rassurer aussitôt les Baltes : on n'en était pas là, bien sûr, il était encore temps de négocier… Réponse abrupte des Lituaniens : d'accord pour entamer une négociation, mais elle se fera désormais d'Etat à Etat.

Fin de non-recevoir. Politique de l'autruche. Dialogue de sourds. Les protagonistes de ce drame, de Iakovlev à Brazauskas, se connaissaient trop bien pour ne pas se rencontrer, mais pour des « discussions informelles » qui tournaient en rond. La « République de Lituanie », qui n'était plus ni socialiste ni soviétique, aurait donc son drapeau, son hymne, ses frontières. Et comme tout cela semblait se passer entre gens civilisés, sans violences, il fallait bien s'attendre à ce que l'Estonie et la Lettonie suivent le même chemin : le 30 mars et le 4 mai 1990, les deux autres Républiques baltes ont proclamé à leur tour, et dans une indicible émotion, leur indépendance.

Seule consolation pour Gorbatchev : les dirigeants occidentaux ne se sont pas précipités pour reconnaître ces trois nouveaux Etats. De George Bush à François Mitterrand, aucun n'a voulu gêner le président de l'URSS, l'homme qui leur paraissait le plus fréquentable et le plus rassurant à la tête de cet empire à la dérive, et tant pis pour le sacro-saint « droit des peuples à disposer d'eux-mêmes »… Il est vrai que cette pusillanimité peu glorieuse frisait des sommets d'hypocrisie diplomatique : les pays occidentaux n'ayant jamais reconnu l'annexion des Pays baltes par Staline en 1940, ils n'avaient pas à sanctionner leur sortie d'Union soviétique puisque, aux yeux de leurs diplomates, ces trois pays-là n'y étaient jamais entrés !

PCUS : la grande désillusion

Enfin, la troisième déception de Mikhaïl Gorbatchev, ce fut le Parti communiste. Quand il avait été proclamé président de l'URSS, le jeudi 15 mars, beaucoup s'attendaient à ce qu'il choisisse de quitter la tête du Parti. Mais lui-même avait annoncé qu'il en resterait le secrétaire général, poussé par « la nécessité et les intérêts de la *perestroïka* à brève échéance ». Pour nombre d'observateurs, y compris dans son entourage, cela voulait dire : jusqu'à ce que le PCUS, lors de son XXVIIIe Congrès prévu pour le début de l'été, se repositionne dans le paysage institutionnel. L'abrogation de l'article 6 de la Constitution, la légalisation du multipartisme et la présidentialisation du régime, en mars 1990, laissaient prévoir, tant bien que mal, une normalisation – sinon une banalisation – du Parti communiste appelé à devenir, au mieux, le grand parti majoritaire du pays, face à une myriade de petites formations politiques aussi diverses qu'inexpérimentées.

Rien ne s'était passé comme prévu. Après avoir subi pendant cinq ans les coups de boutoir de sa propre direction, le PCUS avait perdu ce qui faisait sa puissance : son inaltérable unité. Tiraillés entre plusieurs courants, beaucoup de vieux « camarades » promus sous Khrouchtchev ou sous Brejnev avaient été remplacés – de leur plein gré ou du fait d'élections internes – par des dizaines de milliers de cadres sans grandes convictions, partagés entre le soutien à Gorbatchev quand il exonérait le PCUS de son passé totalitaire et… la détestation du même quand il plongeait le pays dans l'anarchie.

Cette mutation profonde, Gorbatchev l'avait mesurée quand s'était posée la question d'un Parti communiste « russe ». L'exemple lituanien avait donné à quelques dirigeants l'idée de ressusciter l'organisation du Parti pour la République fédérative de Russie (RSFSR), que Staline avait préféré fondre dans le PCUS en 1925 pour éviter le quasi-doublon que représentaient un PC soviétique et un PC russe[7]. Fidèle à sa méthode, Gorbatchev avait anticipé ce qu'il considérait comme une dérive « à la lituanienne » : lors d'un plenum, en novembre, il avait créé un « Bureau russe » au sein du PCUS et… en avait pris la tête, comme d'habitude, pour mieux le contrôler. Cette vieille tactique, jusqu'alors, lui avait toujours profité.

Cette fois, elle n'avait pas suffi. Une commission s'était constituée, animée par de nouveaux leaders – comme Boris Guidaspov, le nouveau chef du Parti à Leningrad – qui avaient habilement transformé cette structure provisoire en une Conférence des communistes de Russie, puis, au premier jour de sa première réunion officielle, le 20 juin 1990, en une organisation propre aux communistes de Russie, un nouveau PC russe en bonne et due forme, simplement placé sous la « tutelle » du PCUS. Et, comme pour en affirmer l'autonomie, quand il s'est agi de désigner le Premier secrétaire de cette structure, les 2700 délégués présents ont préféré élire Ivan Polozkov, un autre nouveau venu, chef du Parti à Krasnodar (1396 voix), plutôt que son collègue Oleg Lobov, lui aussi membre du Comité central, qui était soutenu par Gorbatchev (1066 voix). A l'aune des critiques incessantes et virulentes que les délégués avaient adressées au secrétaire général du PCUS, le résultat contraire eût été étonnant. Assis à sa place, sur la tribune, Gorbatchev était resté impassible. L'homme a toujours été bon comédien. En réalité, il était amer: il venait de subir sa première défaite politique depuis trente ans.

Indépendamment de cette humiliation personnelle, le nouveau président de l'URSS se serait bien passé d'un tel happening rétrograde à la veille du XXVIIIe Congrès du Parti, qu'il avait tant appelé de ses vœux et dans lequel il avait mis tous ses espoirs. Tant de questions autrement cruciales restaient à régler... La politique à adopter à l'égard des Républiques baltes, les nouvelles relations du PCUS avec les pouvoirs d'Etat, les centaines de milliers de défections massives, la définition d'une ligne politique unique pour un PC profondément divisé, l'insoluble question des biens immobiliers du Parti[8], la réorientation du lien entre le Parti, l'armée et le KGB: tous ces sujets allaient devoir être traités dans un contexte défavorable à la *perestroïka*, dominé par le retour des conservateurs.

Le retour des conservateurs

Ceux-ci n'ont pas ménagé leurs efforts, depuis quelques semaines, pour reprendre la main. Le mécontentement social, de plus en plus vif, leur a donné des ailes. Le succès inopiné du puissant PC « russe », majoritairement hostile aux réformes en cours, les a encouragés à ne rien lâcher. Ils ont réussi à exclure nombre d'adhérents partisans d'une évolution vers la social-démocratie[9], et à se positionner comme les plus raisonnables continuateurs de l'URSS traditionnelle. Pour les dizaines de milliers de fonctionnaires du Parti, c'était un réflexe de survie. Objectif: éviter que le XXVIIIe Congrès ne se termine par l'effondrement d'une structure à laquelle ils devaient leur statut social, leurs revenus et leurs privilèges. A tout prix.

Les conservateurs ont aussi renouvelé leurs leaders. Effacés, usés, poussés vers la retraite, Egor Ligatchev[10] et ses acolytes ! Propulsées et couronnées ici ou là grâce aux élections internes, les nouvelles stars de l'appareil du Parti s'appellent désormais Iouri Prokoviev, nouveau patron du PC de Moscou ; Boris Guidaspov, nouveau chef du PC de Leningrad ; Ivan Polozkov, élu à la tête du nouveau PC de Russie ; Ivan Silaev, nouveau Premier ministre de la Fédération de Russie. Ces dirigeants souvent cinquantenaires sont des apparatchiks « pragmatiques » qui citent opportunément Marx et Lénine mais dont la seule fin est, en réalité, leur propre pouvoir. Ils ont soutenu la *perestroïka* à ses débuts, mais trouvent qu'elle est allée trop loin. Ils savent qu'ils sont concurrencés par les réformistes dans les grandes villes, mais ils disposent du soutien massif des provinces où la population déboussolée aspire, avant tout, à un retour à l'ordre.

D'où leur soutien calculé, non sans débats houleux et contradictoires, à la « Plate-forme du Comité central » élaborée par l'entourage de Gorbatchev et défendue par lui, le 4 juillet, devant les 5 000 délégués participant au XXVIIIe Congrès du PCUS : ce texte de synthèse, qui dit tout et son contraire, a surtout le mérite de rejeter vers les extrêmes la « Plate-forme démocratique » présentée par les réformateurs paralysés par leurs divisions, et la « Plate-forme marxiste », ultraminoritaire, qui fait figure d'épouvantail néostalinien. Quelles que fussent les divergences sur les statuts, sur la méthode, sur les procédures, les gros bataillons conservateurs ont dévoilé leur stratégie dès le premier jour du Congrès : bon gré, mal gré, ce serait Gorbatchev ou rien. Mais un Gorbatchev tenu, surveillé, encadré…

A quoi leur servirait-il d'être majoritaires en cas d'éclatement du Parti ? Sans l'homme de la *perestroïka*, le PCUS ne pourra éviter de passer pour une organisation passéiste et obsolète. Il courra le risque de s'effondrer, victime de ses dissensions internes et peu à peu marginalisé par l'appareil d'Etat. Boris Guidaspov, dans une conférence de presse, a donné le ton en refusant d'imaginer que Gorbatchev pût quitter son poste de secrétaire général :

« Ce serait une très grande perte pour le Parti, un véritable drame[11] ! »

Ivan Polozkov, le nouveau chef du Parti russe, qui n'a pas caché son hostilité à la *perestroïka*, a aussitôt renchéri :

« J'insisterai, pour ma part, pour que M. Gorbatchev conserve ses fonctions de secrétaire général[12]… »

Dans les couloirs du Congrès, beaucoup l'admettent : il n'y a pas d'alternative à Gorbatchev. Sans lui, que pèsent les Polozkov, Guidaspov et consorts sur la scène internationale ? Qui d'autre que lui peut éviter que le PCUS ne se désagrège à rapide échéance ? Qui d'autre possède ce talent de convaincre une assemblée, de retourner une salle, de faire la synthèse entre deux positions inconciliables, de contrer un vote dangereux – comme il l'a montré, encore une fois, en évitant *in extremis* aux dirigeants sortants d'être jugés individuellement par les délégués du Congrès...

Pendant quelques jours, le Congrès tâtonne. La salle n'est pas homogène, les délégués sont inexpérimentés et influençables : 84 % d'entre eux participent pour la première fois à une réunion de ce genre ! On échange des arguments, on se dispute, on coupe les cheveux en quatre. N'est-il pas paradoxal d'élire massivement un secrétaire général du PCUS qui vient de se montrer incapable de s'opposer à la création d'un PC russe, puis de faire élire son candidat à la tête de celui-ci ? Mais n'est-ce pas exactement ce que souhaitent les nouveaux barons du Parti ? Que Gorbatchev règne, mais qu'il les laisse gouverner ?

Au soir du mardi 10 juillet, enfin, on passe au vote. Deux candidats sont en piste : Gorbatchev et un mineur du Kouzbass, d'ailleurs très contesté dans son milieu. Il y en avait d'autres mais, curieusement, tous étaient des proches de Gorbatchev – Iakovlev, Chevardnadze, Bakatine, Lobov – qui ont exprimé leur hostilité au cumul des postes avant d'admettre que la situation était exceptionnelle, et... de se désister pour lui ! Juste avant le vote, Gorbatchev explique ingénument qu'il a reçu autant d'appels pour se retirer que pour se représenter, avant de lancer à l'assistance :

« Camarades, c'est vous qui déciderez ! »

Peut-être ne croit-il pas si bien dire.

Le choix de Gorbatchev

Gorbatchev a-t-il vraiment hésité ? C'est en juin 1988 qu'il avait obtenu le principe du cumul des deux fonctions suprêmes. Depuis cette date, il a eu le temps de peser le pour et le contre. Il n'a pas toujours démenti les rumeurs sur son prochain départ du secrétariat général. Il a été sensible, parfois, aux arguments de certains de ses conseillers. Soufflant le chaud et le froid, il a entretenu le suspense. Le 20 juin, devant le congrès constitutif du PC russe, il était sorti de ses gonds, excédé par les attaques personnelles incessantes des délégués déchaînés :

« Tout cela ne me concerne pas ! Peut-être demain déjà, ou dans dix jours, ou dans douze jours, il y aura un autre secrétaire général du Parti ! »

Finalement, c'est dans son discours de clôture du Congrès des communistes de Russie, le 23 juillet, qu'il a annoncé sa décision – non sans rabattre le ban et l'arrière-ban de la presse internationale, afin que nul n'en ignore. Au nom de l'unité d'un Parti communiste « malade », et en raison de la « situation complexe » que vivait le pays. En appelant le PCUS à « rester fidèle aux traditions internationalistes, aux idéaux socialistes et aux principes léninistes ».

Derrière ces mots qui ne voulaient plus dire grand-chose, Gorbatchev a tiré la conclusion de toutes les conversations qu'il avait eues, ces dernières semaines, avec les interlocuteurs les plus divers. Il a même reçu Boris Eltsine, le 20 juin, qui lui a vivement conseillé, pour sa part, de quitter la tête du Parti. Son vieil adversaire, qui lui vouait toujours une solide inimitié, a plaisanté le lendemain devant des journalistes autrichiens :

« J'ai l'impression qu'il m'a entendu quand je lui ai dit que le PCUS disposait de suffisamment de gens de talent[13] ! »

Gorbatchev n'a pas écouté Eltsine. Il a choisi de rester à la tête du Parti. Sa conviction est simple : quelle que soit l'étendue de ses pouvoirs, si le président de l'URSS a le Parti contre lui, il ne pourra rien faire. Même affaibli, même contesté, le Parti communiste dispose des biens, des moyens, des finances, des réseaux, des habitudes et des administrateurs qui font la structure d'un Etat moderne. Or, si le Parti est abandonné à lui-même, il se crispera dans la critique tous azimuts, à la façon du tout nouveau PC de Russie : l'URSS connaîtra rapidement un double pouvoir, évidemment conflictuel, et de ce duel meurtrier le président sortira défait. Ce n'est pas d'un grand parti d'opposition qu'a besoin l'URSS en crise, mais d'une grande force sociale soutenant le président dans ses décisions impopulaires, telle la hausse des prix. Or Gorbatchev n'est pas seul à penser qu'il n'y a qu'une organisation qui puisse jouer ce rôle en URSS : le Parti communiste. Et une seule personnalité capable de lui faire jouer ce rôle : lui-même.

L'opération, à ses yeux, n'est jouable qu'à certaines conditions. D'abord, il lui faut se libérer de la pesante tutelle de l'actuelle direction collective : l'élection d'un Comité central entièrement renouvelé[14], aux pouvoirs sensiblement diminués, répondra à cette attente. Ensuite, Gorbatchev envisage depuis longtemps de créer un poste de « président » du Parti, qui laisserait le gros du travail au secrétaire général. Les délégués, qui n'en sont pas à une polémique près, rejettent son idée d'instituer un « président », mais condescendent à créer un poste de « secrétaire général adjoint ». Ils lui laissent même la faculté de le choisir : ce sera Vladimir Ivachko, 58 ans, un apparatchik plutôt ouvert qu'il avait promu en septembre à la tête du Parti en Ukraine et qui vient d'être élu président du Soviet suprême de cette République.

Le 10 juillet au soir, la télévision soviétique retransmet la proclamation des résultats du vote : après douze jours de débats, de confusion, de manœuvres et d'invectives, Mikhaïl Sergueïevitch Gorbatchev est réélu secrétaire général du PCUS par 3 411 voix contre 1 116. Vu les circonstances, c'est un très beau score, qui le met définitivement à l'abri de toute révolution de couloir : seul un autre Congrès pourrait invalider ce vote. Le président de l'URSS, qui avait tant combattu pour que le pouvoir d'Etat se sépare du pouvoir du Parti, cumule désormais les deux responsabilités suprêmes.

Le cauchemar russe

Que peut-il lui arriver, désormais ? Il semble à l'abri d'une contestation venant des rangs du Parti, ou d'un psychodrame ébranlant le sommet de l'Etat. Le spectre de Nikita Khrouchtchev, brutalement limogé en 1964, dont on lui avait tant de fois promis le sort, s'éloigne définitivement. Le secrétaire général du Parti, rasséréné, peut enfin prendre l'avion pour aller passer quelques vacances en famille, non sans avoir invité le Premier ministre Nikolaï Ryjkov à reprendre sérieusement le dossier de la réforme économique – le plus urgent, le plus crucial – afin de présenter au Soviet suprême, en septembre, un plan complet de passage à l'économie de marché.

Mais le 20 juillet 1990, sous le soleil de la Crimée, entre deux promenades en mer, Gorbatchev prend soudain conscience de la menace qui pèse désormais sur lui lorsqu'un de ses assistants lui apporte une dépêche de l'agence de presse Interfax : le gouvernement de Russie, sous l'impulsion de Boris Eltsine, est en train d'élaborer un plan de passage à l'économie de marché « en cinq cents jours » prévoyant tout un programme de mesures radicales : privatisations, libération des prix, etc. Un « plan Eltsine » pour la Russie, différent du plan élaboré par Ryjkov pour l'ensemble de l'URSS ? Alors que la Russie couvre 76 % de la surface du pays ? Qu'elle produit 90 % du pétrole et 70 % du gaz soviétiques ? C'est complètement absurde, c'est une mauvaise blague ! Mais Boris Eltsine ne plaisante pas. Fidèle à son habitude, le frondeur va droit au but : si le plan du gouvernement soviétique ne lui paraît pas assez audacieux, il appliquera le sien. Fin de la discussion. Pour Gorbatchev, la vieille rivalité qui l'opposait à Eltsine vient de tourner au cauchemar.

Quand il avait posé sa candidature aux élections locales à Sverdlovsk, dans l'Oural, beaucoup avaient pensé que Boris Eltsine, lassé des jeux politiciens de la capitale, voulait retrouver ses racines : c'est à Sverdlovsk qu'il avait grandi et fait toute sa carrière, et personne ne s'étonna que l'enfant du pays s'y fasse élire triomphalement, le 4 mars 1990. A Moscou, on ne s'était pas beaucoup intéressé à son programme électoral, qui comportait la « fin de la dépendance de la Russie vis-à-vis du pouvoir central ». La presse s'était davantage passionnée, à l'époque, pour l'arrivée inattendue de deux réformateurs notoires à la tête des deux plus grandes municipalités du pays : Anatoli Sobtchak à Leningrad et Gavril Popov à Moscou…

Par ailleurs, dès le 29 janvier, Boris Eltsine avait bien annoncé qu'il viserait le poste de président du Soviet suprême de Russie, mais les experts ne lui donnaient aucune chance d'obtenir la majorité au sein de cette instance : le groupe réformateur auquel il se rattachait, intitulé « Russie démocratique », ne pouvait prétendre, selon les calculs les plus serrés, qu'à 400 voix sur les 1 100 du Parlement de Russie[15]. C'est pourquoi personne n'avait prêté attention à son discours programme, prononcé le 22 mai devant le Congrès des députés russes dans un brouhaha plutôt hostile :

> Il est indispensable que la Russie devienne souveraine. Cette souveraineté doit être économique, mais évidemment aussi politique, et elle doit être réelle si on veut donner à la Russie les moyens pour sortir de la crise. [...] Il faut que la Russie puisse conclure des accords avec l'étranger de façon autonome [...] et qu'elle redevienne propriétaire de ses ressources énergétiques et de son potentiel industriel. [...] Il faut que la Russie ait sa propre politique pour ses échanges en devises et qu'elle se dote d'une Banque du commerce extérieur autonome. [...] Il faut que la Russie puisse régler ses rapports avec les autres Républiques par des accords spécifiques...

A des journalistes bulgares qui l'interrogeaient sur ces étonnantes velléités d'autonomie, Eltsine avait répondu tranquillement : « Mais oui, la Russie a le droit de quitter l'URSS ! Ce droit est réel[16] ! »

Et le candidat à la présidence russe d'ajouter, logique, que les Républiques autonomes situées à l'intérieur des frontières de la Fédération de Russie – Bouriatie, Yakoutie, Daghestan et autres Tchétchénie – devraient avoir aussi le droit de quitter la RSFSR si elles le souhaitaient. Personne n'avait pris vraiment au sérieux ces propos à la fois provocateurs et démagogiques.

Eltsine quitte le Parti

Or, le mardi 29 mai, la mauvaise nouvelle était transmise à Gorbatchev[17] en route pour une visite officielle au Canada et aux Etats-Unis : contrairement aux prévisions des experts, Eltsine avait été élu président du Soviet suprême de la Russie ! Au premier tour, le vendredi 25, l'ancien Premier ministre Alexandre Vlassov, qui passait pour favori, avait retiré sa candidature, laissant Boris Eltsine face à Ivan Polozkov, Premier secrétaire à Krasnodar, notoirement hostile à l'économie de marché et un peu trop ostensiblement soutenu par l'armée. Nombre de députés, des néophytes pour 95 % d'entre eux, avaient été sensibles à la fougue de celui qui, incontestablement, incarnait mieux l'avenir que son sinistre concurrent : 497 pour Eltsine, 473 pour Polozkov. Un deuxième tour, le samedi 26, avait donné un résultat semblable : 508 pour Eltsine, 458 pour Polozkov. Finalement, au troisième tour, le mardi 29, Eltsine l'avait emporté par 534 voix, soit trois de plus que la majorité requise, contre 467 à… Alexandre Vlassov, revenu sur le ring *in extremis* pour éviter le désastre. Trop tard.

En soi, ce n'était pas la fin du monde. Le soir même, le rassemblement populaire organisé au stade Loujniki pour fêter cette victoire n'avait rassemblé qu'un millier de personnes. Dans les semaines qui avaient suivi cette élection surprise, Gorbatchev n'a pas observé de bouleversement dans le fonctionnement des institutions. D'ailleurs, quand le nouveau président de la RSFSR avait spectaculairement quitté le XXVIIIe Congrès du Parti communiste, le 13 juillet, personne ne l'avait suivi – sinon, avec un temps de retard, les nouveaux maires de Moscou et de Leningrad. Eltsine avait eu beau présenter son départ comme « un détonateur qui allait faire exploser le Parti », il ne s'est rien passé. Aucun délégué n'a voulu prendre la parole après cet incident de séance. De son fauteuil de secrétaire général, Gorbatchev a placidement mis aux voix le retrait du mandat de délégué du démissionnaire, aussitôt approuvé par 3 671 délégués, avec 150 « contre » et 103 abstentions. Commentaire faussement contrit de Gorbatchev :

« Un débat serait inutile. C'est la fin logique d'un processus. »

Erreur. C'était le début d'une des plus formidables joutes politiques qui se soient jamais déroulées, en cette fin de siècle, sur le Vieux Continent.

23

Le combat des chefs

«Le passé de la Russie a été admirable; son présent est magnifique; quant à son avenir, il est au-delà de tout ce que l'imagination la plus hardie se peut figurer!»

Comte BENKENDORFF.

Avertissements, esquives, menaces, rodomontades. Tout au long de l'été 1990, le président soviétique Mikhaïl Gorbatchev et le président russe Boris Eltsine se sont livrés à une première empoignade, qui n'eût été qu'une escarmouche politicienne si elle n'avait concerné le sujet le plus crucial du moment: le passage de la patrie du communisme à l'économie de marché. Compétition entre les programmes, surenchères libérales, rapprochements tactiques, compromis insincères: pendant trois mois, les deux dirigeants se sont affrontés sans ménagement, d'abord par commissions d'experts interposées[1], puis par le truchement de leurs Parlements respectifs à propos du maintien ou du renversement du gouvernement Ryjkov, trop timoré aux yeux des amis d'Eltsine.

Quand le Soviet suprême de l'URSS rentre en session, le 1er septembre, pour voter enfin la grande réforme économique qui doit sortir le pays de la crise, la tension est à son maximum. Gorbatchev est là, omniprésent, combatif, vindicatif, derrière sa table spéciale surmontée d'un grand drapeau soviétique. A-t-on jamais vu, dans un Parlement moderne, un chef d'Etat intervenir aussi souvent, justifier ses préférences, orienter les débats, manier l'ironie, parfois s'emporter, en accompagnant ses diatribes par d'amples gestes, comme il l'a toujours fait ? Ses cheveux grisonnants encadrant son célèbre angiome, sur le haut de son front dégarni, ont blanchi. A 59 ans, il a pris quelques kilos, la fatigue a creusé ses joues – depuis le printemps, il dort mal[2] – et il ne parvient toujours pas à réprimer ce mauvais rictus à la commissure des lèvres qui, parfois, trahit une contrariété. Mais, derrière ses lunettes aux montures plus fines, le regard est toujours aussi vif. Il reste le meilleur dialecticien et l'orateur le plus persuasif.

Ainsi le 24 septembre, pour sortir de l'impasse où l'a enfermé son rival russe, il demande au Parlement de l'URSS des « pouvoirs exceptionnels » pour une durée de six mois. Par une large majorité (305 voix contre 36), les députés soviétiques – pas fâchés de damer ainsi le pion au Parlement de Russie – lui donnent carte blanche pour « torpiller les jeux politiciens » qui retardent l'adoption de « mesures économiques qui ne peuvent plus attendre ». Indignation générale chez les « démocrates » russes : à peine six mois après avoir conquis le pouvoir suprême et cumulé toutes les responsabilités du pays, Gorbatchev doit-il déjà violer les règles démocratiques que lui-même s'était assignées ?

La « guerre des lois »

Mikhaïl Gorbatchev n'a pas perdu la main. Son coup de force lui permet de faire passer par décrets (oukazes) « présidentiels » quelques mesures urgentes[3] et de préparer lui-même le document de synthèse qui, entériné par le Parlement soviétique le 19 octobre, devra s'imposer, en principe, à tous les acteurs économiques de l'URSS. Mais, comparé aux débats de l'été, ce programme de 60 pages[4] est réducteur et manque terriblement d'ambition. Il s'en tient d'ailleurs à des termes généraux qui permettront aux Républiques – donc à la Russie – d'en faire ce que bon leur semblera.

La réponse ne se fait pas attendre. Quittant le lit d'hôpital où il se remet d'un accident de voiture, Boris Eltsine annonce à grand fracas qu'il ignorera ce document si éloigné de son propre programme « des cinq cents jours », lequel a déjà été ratifié par le Parlement russe, et envisage, lui, de convertir le pays à l'économie libérale à marche forcée. L'impétueux président de la Russie, qui ne s'embarrasse pas de nuances, accuse publiquement Gorbatchev « de saboter les réformes russes et de mener le pays au chaos ».

Le 24 octobre, cet affrontement inédit prend une tournure surréaliste : le matin, le Parlement soviétique adopte une loi affirmant la supériorité des lois fédérales sur les lois des Républiques ; quelques heures plus tard, le Parlement russe vote une loi s'attribuant le droit de suspendre l'application des décisions fédérales qu'il jugerait « contraires à sa souveraineté ». Match nul. Si la population de l'URSS n'était pas au bord de la famine et du chaos, il y aurait de quoi rire de ce que la presse moscovite appelle la « guerre des lois ».

Mais Eltsine n'entend pas s'arrêter à ces conflits de compétence. Le 1er novembre, il fait voter une loi plaçant sous contrôle russe la plus grande partie des ressources et de l'industrie de la RSFSR, et invalidant tous les contrats d'exportation de matières premières préalablement conclus par l'URSS – notamment les accords pétroliers et gaziers. Voilà qui complète l'instauration de relations directes entre la Russie et les autres Républiques, notamment les Pays baltes. On comprend mieux pourquoi, deux semaines plus tôt, Eltsine a nommé un ministre russe… des Affaires étrangères[5] !

Cette guerre des chefs est catastrophique. Elle paralyse les pouvoirs publics, retarde l'application des lois, perturbe tous les circuits administratifs, tétanise les interlocuteurs périphériques, dissuade les investissements étrangers et contribue à l'anarchie générale. Plus personne ne sait à qui appartient quoi – les immeubles, les terrains, les bois, les ports, les journaux, les magasins, les usines. La situation est inextricable : quand Gavril Popov, le maire réformateur de Moscou, veut simplement tenir une réunion, il doit demander une salle au secrétariat du Parti communiste de l'URSS !

Personne n'a intérêt à poursuivre ce jeu mortel. Gorbatchev sait bien qu'il ne pourra gouverner l'URSS sans un accord avec Eltsine ; lequel est bien conscient qu'il ne pourra gouverner la Russie sans un compromis avec son rival. La seule alternative serait que la République fédérative de Russie « sorte » officiellement de l'Union soviétique, mais cette dernière éclaterait aussitôt en quelques dizaines de Républiques, nations et provinces éparses… Dans l'opinion et dans les journaux, des voix de plus en plus nombreuses pressent les deux hommes de trouver un terrain d'entente. D'urgence.

Les échecs et le bulldozer

Message reçu. Le 7 novembre, pour la « fête » de la révolution d'Octobre, Gorbatchev et Eltsine se croisent à la cérémonie inaugurale du palais du Kremlin – on les voit se serrer la main – avant de se retrouver, côte à côte, sur la tribune du Mausolée[6]. Ce n'est certainement pas un hasard si Gorbatchev lance, dans son petit discours :

« Je crois à la sagesse du peuple ! Que cette fête nous aide à parvenir à la paix civile, à la patience et à la création. […] Nous avons besoin de l'union des forces démocratiques… »

Rendez-vous est pris pour une rencontre informelle, au Kremlin, le dimanche 11 novembre. Là, les deux dirigeants se parleront durant plus de deux heures : leurs Premiers ministres respectifs, Nikolaï Ryjkov et Ivan Silaev, ne les rejoindront qu'après ce long tête-à-tête dont Eltsine dira plus tard qu'il s'est déroulé dans « une ambiance détendue ». Même la très officielle agence Tass, d'ordinaire plus réservée, écrira, après cette réunion, que les deux hommes sont « condamnés à s'entendre, quels que soient leurs goûts personnels et leur rivalité politique[7] ». Au cours de ce sommet impromptu, les deux présidents ont abordé prioritairement deux sujets : la transition vers l'économie de marché, et les rapports entre l'Union et les Républiques.

Le premier sujet est vite expédié : l'économie concrète intéresse peu les deux hommes, qui laisseront à leurs ministres le soin de trouver le chemin tortueux du compromis en matière de devises, de dette extérieure, de banques, de ressources minières, de fixation des prix, et advienne que pourra… En revanche, ils passent beaucoup de temps sur le projet de futur « traité de l'Union » auquel Gorbatchev travaille depuis longtemps, et qui doit codifier les relations entre le Centre et les Républiques, que celles-ci affichent leur indépendance ou qu'elles négocient leur autonomie. Personne ne saura jamais, sans doute, ce que se sont dit les deux hommes et sur quoi a porté exactement leur accord. Le soir même, Boris Eltsine calme le jeu :

« Je suis pour une alliance solide avec l'URSS et pour un nouveau traité de l'Union[8] ! »

Pas question, pour le fougueux président russe, de se voir reprocher la désorganisation du pays. Mais le compromis n'est pas la tasse de thé de Boris Eltsine, qui a déjà pris les devants, sans attendre le fameux traité d'Union, en s'envolant pour Kiev le 19 novembre pour y signer solennellement un « accord interrépublicain » – qui a tout l'air d'un traité international – avec son collègue Leonid Kravtchouk, nouveau président du Soviet suprême de la République socialiste soviétique d'Ukraine. A eux deux, le Russe et l'Ukrainien représentent les deux tiers de la population de l'URSS, soit quelque 200 millions de personnes.

Gorbatchev joue aux échecs, Eltsine pilote un bulldozer[9]. Alors que le président de l'URSS annonce une nouvelle réforme institutionnelle à son profit – encore une ! – qui transformerait notamment son nouveau Conseil présidentiel en un « Conseil de sécurité » à l'américaine, le président de la Russie, lui, convoque son propre Congrès des députés pour procéder à une modification radicale de la Constitution de la RSFSR et instaurer… une élection du président russe au suffrage universel pour le printemps 1991. C'est exactement ce que redoutait Gorbatchev. La guerre des chefs ne fait que commencer.

Prix Nobel de la paix

Dans cette actualité politique échevelée, un événement passe presque inaperçu en URSS : le lundi 15 octobre, le prix Nobel de la paix est attribué à Mikhaïl Gorbatchev. Dans les salles de rédaction, son nom était souvent donné parmi les favoris de ce prix[10] en tant que « tombeur » du Mur de Berlin. Mais la nouvelle reçoit un accueil très contrasté. A l'Ouest, elle déclenche une avalanche de félicitations de la part des dirigeants les plus divers, toutes tendances confondues, de l'ancien président Reagan qui se réjouit pour son « ami » Gorbatchev aux hommages « les plus chaleureux » du président du Parlement européen, Enrique Baron, en passant par le secrétaire général de l'ONU, Javier Perez de Cuellar, qui exprime la « satisfaction » de la communauté internationale.

A Moscou, il faut attendre quarante-cinq minutes pour que l'agence Tass annonce l'événement, et une heure et demie pour que le président du Soviet suprême de l'URSS, Anatoli Loukianov, interrompe la séance en cours afin de l'annoncer aux députés – lesquels applaudissent poliment, sans se lever, avant de reprendre leurs débats. Le soir même, les *Izvestia* répercutent la nouvelle en quatre lignes. Quant à la télévision, elle donne l'information en se gardant bien de rapporter les éloges chaleureux venus d'Occident, ainsi que le montant du prix – 700 000 dollars – que la population exaspérée et exsangue aurait considéré comme une provocation ! La seule réaction enthousiaste venue de l'URSS est celle… du président du Parlement lituanien, Vitautas Landsbergis, champion du contre-pied dialectique : qui peut imaginer désormais, laisse-t-il entendre, que Gorbatchev, Prix Nobel de la paix, enverrait ses chars noyer dans le sang l'indépendance des Pays baltes ?

Incontestablement, cette distinction prestigieuse tombe mal. Trop tôt ou trop tard. Gorbatchev lui-même en est gêné : il se déclare « très ému », bien sûr, mais évite soigneusement tout excès de satisfaction. Il mesure, effrayé, l'hostilité que la nouvelle suscite dans la société : « une réaction ni digne, ni civilisée », écrira-t-il dans ses *Mémoires*. Il fera bientôt savoir, du reste, qu'il se fera représenter à Oslo, pour la cérémonie de remise du prix, par son vice-ministre des Affaires étrangères Anatoli Kozyrev. Difficile de faire plus humble.

Le divorce est de plus en plus flagrant entre le Gorbatchev détesté à l'intérieur de son pays et le Gorbatchev adulé à l'extérieur. En Occident, le président de l'URSS bénéficie toujours d'une cote exceptionnelle. On le reçoit fastueusement, on l'encense, on lui promet de l'aider sur le plan économique. L'Allemagne, la France, le Japon, l'Italie ne lui ménagent pas les promesses d'investissements chiffrés en milliards de dollars. Les diplomates étrangers ne sont pas aveugles, ils savent que la situation de Gorbatchev en URSS est devenue très inconfortable. Mais ils ne sont pas sourds non plus, et sont sensibles au message que le président de l'URSS, plus ou moins ostensiblement, répète à l'envi : si vous ne m'aidez pas, vous prenez le risque d'un probable « retour en arrière » conservateur, voire d'un coup de force militaire, qui déstabiliserait dangereusement l'Europe tout juste réunifiée. Ce serait « un Tchernobyl politique », glisse son conseiller Andreï Gratchev dans une interview à *Paris Match*[11]. A bon entendeur...

Un spectaculaire incident diplomatique confirme la volonté générale, à l'Ouest, de « ne pas déstabiliser Gorbatchev ». Le lundi 21 novembre, à Paris, s'ouvre le sommet des 35 pays de la CSCE (Conférence pour la sécurité et la coopération en Europe) destiné à faire le point, un an après la chute du Mur, sur les nouvelles relations entre l'Est et l'Ouest. Dans la grande salle du Centre Kléber, parmi les observateurs, les organisateurs français ont discrètement accueilli trois représentants des Pays baltes. A 9 h 15, flanqué de son ministre Chevardnadze, Gorbatchev est accueilli par le président français François Mitterrand qu'il interroge avec un grand sourire : « J'espère qu'il n'y a personne de l'URSS, ici, qui ne soit dans la délégation officielle soviétique ? »

Mitterrand, tout sourires, se tourne benoîtement vers son ministre Roland Dumas, qui se tourne vers son directeur de cabinet, qui se faufile aussitôt jusqu'à deux diplomates chargés d'exécuter l'ordre implicite : « Faites sortir les Baltes ! »

Comme pour s'excuser, Chevardnadze se penche vers Dumas : « Désolé, Roland, mais ce serait un drame ! Un drame ! »

Il n'y aura pas de drame : les Baltes ont aussitôt quitté la salle[12].

« Un vrai communiste »

A Moscou, l'année se termine dans la confusion. Les journalistes ont renoncé à suivre toutes les assemblées qui se tiennent, du matin au soir, à tous les niveaux du pouvoir – ou de ce qui en tient lieu. La population, qui s'était passionnée pour ces joutes partisanes au début de la *perestroïka*, ne supporte plus de voir à la télévision ces échanges absurdes, ces décisions éphémères, ces imprécations vaines. A quoi bon tant d'efforts pour transformer le nom « Union des Républiques socialistes soviétiques » en « Union des Républiques souveraines », et voter finalement en faveur du maintien du nom actuel de l'URSS !

Mikhaïl Gorbatchev incarne, à lui seul, ce chaos institutionnel et social : concentrant plus de pouvoirs que n'en détenait aucun de ses prédécesseurs, il n'est obéi par personne. Ses décrets présidentiels destinés à remettre de l'ordre dans la machine de l'Etat restent lettre morte, l'administration est paralysée par les innombrables directives contradictoires, les Républiques périphériques ne savent plus à quelle législation se plier, et la Fédération de Russie prend systématiquement le contre-pied de tout ce qu'il décide.

Lors du 4e Congrès des députés du peuple, qui s'ouvre au Kremlin le 17 décembre 1990, le président use encore de tout son talent, décidément inépuisable, pour faire passer tel projet, amender telle initiative, contrecarrer tel adversaire. Tour à tour il s'emploie à flatter les députés réformateurs du groupe « interrégional » (entre 200 et 300 membres), admonester le groupe ultraconservateur Soyouz (environ 500 membres) et rassurer le groupe proprement communiste (plus de 700 membres). A le voir détourner les agressions, répliquer aux injonctions, contourner les pièges et torpiller les surenchères des uns et des autres, il ressemble au pilote d'un radeau emporté par les rapides d'un fleuve incontrôlable.

Gorbatchev poursuit deux objectifs : présidentialiser encore le régime, et précipiter l'adoption d'un « traité d'Union ». Pour convaincre les députés de le suivre, il brandit la menace d'une tragédie alimentaire, abandonne définitivement tout passage à l'économie de marché, renonce à instaurer la propriété privée de la terre – « Plutôt me passer sur le corps ! » – et en appelle solennellement, à plusieurs reprises, au rétablissement de l'ordre. Il faut absolument, plaide-t-il avec fougue, que l'administration présidentielle puisse instaurer l'état d'urgence dans les régions où l'anarchie fait peser une menace sur la vie des gens. Les chefs militaires approuvent bruyamment. Les Baltes, les Géorgiens, les Moldaves s'indignent. Boris Eltsine éructe :

« Jamais la Fédération de Russie n'acceptera un retour à la dictature du Kremlin ! Ni Staline ni Brejnev ne disposaient de tels pouvoirs ! [Gorbatchev] veut garder à tout prix le pouvoir absolu, il est fou de rage après les déclarations de souveraineté de certaines Républiques ! »

Eltsine, dans cette enceinte, est nettement minoritaire. Contrairement à Gorbatchev qui, semble-t-il, a choisi son camp : ses références appuyées au socialisme, ses concessions faites au KGB et ses gestes en direction des militaires[13] l'éloignent de plus en plus de ses anciens amis réformistes. Son intuition est qu'il ne parviendra à ses fins, quitte à prendre des risques, qu'en s'appuyant sur les conservateurs et les ultras du Parti. Sur la « recommandation » de son ancien collègue et rival Egor Ligatchev, il choisit pour vice-président le très rétrograde Guennadi Ianaev, un apparatchik de 53 ans qui dirigea naguère l'appareil des syndicats et qui préside, dans le cadre du Congrès des députés du peuple, le groupe communiste. Après tout, quoi de plus naturel que le secrétaire général du PCUS promeuve le chef du groupe parlementaire communiste, par ailleurs majoritaire dans cette assemblée ? Quelques minutes auparavant, le Congrès adoptait une disposition constitutionnelle selon laquelle le nouveau « vice-président de l'URSS », élu pour cinq ans, assurerait l' « intérim du président en cas d'absence ou d'incapacité ». Dans les rangs réformateurs, on frissonne : Gorbatchev est-il conscient du risque qu'il prend ?

Le malaise est palpable, surtout chez les partisans de la *perestroïka* : le président est-il devenu, oui ou non, l'otage des communistes ? Ianaev est l'incarnation de tous ces apparatchiks à la nuque raide qui réprouvent globalement la *perestroïka* et rêvent de voir l'URSS refaire le chemin à l'envers – avec ou sans Gorbatchev à sa tête. Dans les couloirs du Congrès, les journalistes écoutent l'ex-chef de file des conservateurs Egor Ligatchev se féliciter de cette nomination :

« Ianaev est très intelligent, c'est un vrai communiste ! »

Une démission surprise

Six jours plus tôt, dans ce même cadre du Palais des Congrès du Kremlin, un incident a pris la dimension d'un coup de tonnerre politique. Le jeudi 20 décembre au matin, le ministre Edouard Chevardnadze, démocrate convaincu et ami personnel de Gorbatchev, demande la parole. Dans le silence, il lit un texte et martèle ses mots, la voix chargée d'émotion :

> J'ai à prononcer la déclaration la plus courte et la plus difficile de ma vie. […] Camarades démocrates, vous vous êtes dispersés ! Les réformateurs se sont débandés ! Une dictature se prépare ! […] Je le déclare en toute responsabilité. Personne ne sait quelle sera cette dictature, quel sera le dictateur et quel régime il instaurera. […] Je démissionne ! Ce sera ma façon de protester contre l'avancée de la dictature !

Chevardnadze quitte la salle sans se retourner, sous un tonnerre d'applaudissements – les Russes sont d'incorrigibles romantiques qui apprécient toujours le panache. Les députés sont debout. Dans la tribune de presse, certains journalistes ont les larmes aux yeux. A la tribune, assis, Gorbatchev est blême, incapable de cacher sa stupeur. Son ancien collègue, son vieil ami, son homme de confiance, son complice des bons et mauvais jours l'abandonne à son sort ! Qu'est-ce qu'il lui a pris ? Et qu'a-t-il voulu dire par « dictature » ? Aurait-il des informations particulières sur un complot, réel ou supposé, visant à le renverser, lui, Gorbatchev ? Pourquoi a-t-il accusé deux jeunes députés ultraconservateurs du groupe Soyouz[14] d'avoir fomenté son propre renvoi ?

L'émotion est immense, des couloirs du Kremlin aux chancelleries des quatre coins du monde où le Géorgien s'est fait beaucoup d'amis. Son avertissement intrigue la presse du monde entier. Au point que les dirigeants de presque tous les bords s'emploient à répéter, devant micros et caméras, la même idée rassurante : non, le rétablissement de l'ordre ne passe pas forcément par la dictature ! Quoi qu'il en soit, Chevardnadze a réussi : les deux hypothèses d'un coup de force communiste ou d'un putsch militaire[15] s'inscrivent désormais dans toutes les analyses comme un danger bien réel.

Pour Gorbatchev, cet épisode est à la fois un drame personnel et un tournant dans sa façon de gouverner. Chevardnadze parti, Bakatine remplacé, Iakovlev éloigné, Chataline désavoué[16], Abalkine et Petrakov en partance : c'en est fini de l'aventure collective des pionniers de la *perestroïka*. De ses premiers compagnons d'armes, il ne reste que Nikolaï Ryjkov, mais le Premier ministre est justement victime d'une grave crise cardiaque le 26 décembre… Autour du président de l'URSS, si l'on excepte le petit cercle de ses assistants les plus proches (Chakhnazarov, Tcherniaev, Gratchev, Ignatenko, Boldine), il n'y a plus que des personnages falots (Polozkov), des communistes étroits (Ianaev), des alliés de circonstance (Ivachko) et quelques fidèles représentants du lobby militaro-industriel d'antan, fort satisfaits d'entendre leur patron clamer dans le désert, lors des vœux de fin d'année :

« Pour nous tous, Soviétiques, il n'y a pas de tâche plus sacrée que la conservation et le renouvellement de l'Union… »

Qui l'écoute ? A la fin de cette année noire, Gorbatchev n'a jamais été aussi seul.

Fusillade mortelle à Vilnius

Dimanche 13 janvier 1991. Avant l'aube, Gorbatchev est réveillé par le téléphone. A Vilnius, capitale de la Lituanie, un commando de 160 parachutistes a pris d'assaut dans la nuit les bâtiments de la radiotélévision. Il y a des victimes civiles. Un « Comité de salut national » a annoncé qu'il avait « pris le pouvoir » pour rétablir l'ordre dans la République. La population de Vilnius, choquée, commence à affluer autour du Parlement lituanien où s'est enfermé le président Vitautas Landsbergis, pour en barrer l'accès aux soldats soviétiques. Il semble qu'en Lettonie voisine, à la même heure, des incidents ont également eu lieu, opposant des parachutistes venus de Moscou à la population de Riga, faisant au moins un mort – un homme écrasé par un char.

L'information fait le tour du monde et provoque une énorme émotion. De Washington à Varsovie, les diplomates constatent que l'opération de remise au pas en Lituanie a commencé quelques heures après que le Congrès américain eut donné à George Bush l'autorisation d'engager la guerre du Golfe : le Kremlin aurait-il fomenté un *remake* de l'écrasement de l'insurrection de Budapest en 1956, déclenché alors que le monde entier avait les yeux rivés sur le canal de Suez où se jouait la paix du monde ? Beaucoup de diplomates font le lien avec la récente démission de Chevardnadze, l'homme qui voyait « s'approcher la dictature » : le ministre ne s'était pas trompé.

Contrairement à l'habitude, Gorbatchev reste muet. En réalité, son premier réflexe est de sauter dans un avion pour Vilnius : il en parle longuement avec son ami et confident Alexandre Iakovlev avant de renoncer à ce projet. Curieusement, c'est par Boris Eltsine qu'on apprend que ni le président soviétique ni son ministre de la Défense – que le dirigeant russe a eu personnellement au téléphone – n'ont donné l'ordre de tirer. L'offensive a été lancée par le général Ouskoptchik, commandant de la garnison de Vilnius, qui dépend du général Kouzmine, commandant de la région militaire balte, à l'appel de ce mystérieux Comité de salut national composé de militants russes hostiles à l'indépendance, d'anciens militaires en retraite et de membres de la fraction minoritaire prorusse du PC lituanien.

Au Kremlin, tout le monde semble tomber des nues. Mais personne ne condamne cette « opération de maintien de l'ordre » qui a fait 14 morts et 170 blessés. Au contraire, devant le Soviet suprême convoqué en urgence dès le lendemain, les ministres de la Défense (Dmitri Iazov) et de l'Intérieur (Boris Pougo) justifient totalement cet « acte d'autodéfense » décidé « sous le coup de l'émotion » par « des gens qui habitent sur place et qui ne supportaient plus la propagande indépendantiste et les calomnies antirusses diffusées jour et nuit par la radiotélévision locale ». Gorbatchev lui-même, dans un discours improvisé de vingt minutes retransmis par la télévision centrale, couvre les factieux. Il s'en prend violemment au président lituanien Landsbergis, un « type avec lequel il est impossible de dialoguer », et à Boris Eltsine, ce « provocateur » qui vient d'évoquer la nécessité de créer une armée russe... Il menace les journaux réformistes de Moscou – notamment *Les Nouvelles de Moscou,* son ancien journal fétiche – dont le « manque d'objectivité » nécessitera, dit-il, de revenir sur la récente loi sur la liberté de la presse. Puis il avertit les « camarades lettons », voisins des Lituaniens, qu'ils ont intérêt à « changer de politique » s'ils ne veulent pas que l'armée se laisse aller chez eux, comme à Vilnius, à des « gestes maladroits ». La déclaration fait sensation. Pour de nombreux observateurs, en URSS et à l'étranger, la conclusion ne fait aucun doute : la *perestroïka* est terminée.

« Gorbatchev, démission ! »

A Moscou, la population gronde. Le dimanche 20 janvier, par un froid sibérien, ils sont 300 000 à défiler entre la place du Manège et le grand hôtel Moskva, au centre de la ville, en scandant « Gorbatchev, démission ! » et en brandissant son portrait affublé de la moustache de Staline. Certains portent des drapeaux lituaniens en berne. Dans la nuit, de nouveaux incidents ont fait 5 morts en Lettonie. Oubliés, les cinq ans d'ouverture politique et de libertés reconquises, la fin de la guerre froide, le retrait afghan et la chute du Mur... L'homme de la *perestroïka* est désormais assimilé aux Iazov (armée), Pougo (Intérieur) ou Krioutchkov (KGB), qui sont d'ailleurs ses ministres, et aux « dinosaures » de ce Parti communiste dont il est toujours le secrétaire général. Comment pourrait-il continuer d'incarner l'avenir ? Pour cette foule désabusée, pour ces militants réformateurs, ces démocrates fatigués et ces journalistes inquiets pour la liberté d'expression, il n'y a plus qu'un recours, un espoir : Boris Eltsine.

Le président russe, nouveau porte-drapeau de la *perestroïka* ? Eltsine sent que son moment est venu. L'homme est un instinctif. Il ne se perd pas dans les débats d'intellectuels pour savoir si Gorbatchev a retrouvé, au fond, sa vraie nature d'apparatchik, ou bien s'il s'efface tactiquement devant les gens qui lui permettent de garder le pouvoir en attendant des jours meilleurs. Qu'importe. L'ennemi est à terre, il est temps de l'achever. Le 19 février, Eltsine profite d'une interview donnée en direct à la télévision centrale pour lire, la voix grave, une déclaration incendiaire :

> Aujourd'hui je me sépare de la politique de Gorbatchev. [...] J'appelle à sa démission immédiate ! J'ai tout essayé, j'ai eu tort de lui faire confiance. [...] On assiste à un retour en arrière. Depuis 1985, Gorbatchev a trompé le peuple ! En réalité, il voulait sauver le système ! Et il conduit le pays à la dictature !

L'attaque est violente. Elle suscite aussitôt de vives réactions, y compris chez certains partisans de Boris Eltsine : est-ce bien le moment de relancer le combat des chefs ? Mais comme pour donner raison au président russe, ce sont les conservateurs qui défendent Gorbatchev avec le plus de conviction. Le Parlement soviétique, qu'ils dominent, qualifie la déclaration d'Eltsine de « contraire à la Constitution ». La *Pravda*, organe central du PCUS, fustige cet « appel irresponsable à la confrontation » et estime que « le mythe du Eltsine sauveur de la patrie s'est écroulé ». Pour la première fois, les communistes se mobilisent aussi au sein du Soviet suprême de Russie et obtiennent une convocation du Congrès des députés russes, seule instance habilitée à... déposer le président Eltsine.

La guerre reprend de plus belle. Les manifestations succèdent aux manifestations. Un jour, quelque 100 000 communistes, conservateurs, militaires et partisans de l' « ordre socialiste » défilent, au centre de Moscou, à l'occasion du « jour de l'Armée » ; le lendemain, au même endroit, ils sont 150 000 à soutenir Boris Eltsine. Un soir, celui-ci convoque les journalistes pour leur présenter son cabinet où figurent quelques figures de l'intelligentsia réformatrice ayant quitté Gorbatchev comme Tatiana Zaslavskaïa, Nikolaï Chmeliev ou Oleg Bogomolov. Un autre jour, il annonce que la Russie ne s'opposera pas au projet de référendum sur l'Union organisé par Gorbatchev le 17 mars, mais qu'elle y ajoutera, pour ce qui la concerne, une question particulière sur la création d'un vrai « président de Russie » élu au suffrage universel.

La lutte se joue aussi sur le terrain. Gorbatchev, qui ne quittait plus le Kremlin que pour partir en voyage officiel à l'étranger, va effectuer un déplacement à Minsk, capitale de la Biélorussie, comme il faisait naguère. Mais la magie ne prend plus – on remarque d'ailleurs l'absence de Raïssa – et c'est dans une usine de tracteurs quadrillée par les apparatchiks locaux que le secrétaire général du Parti explique :

« Je ne suis jamais gêné pour dire que je suis communiste. Ce choix, je l'ai fait depuis longtemps, comme l'avaient fait mon père et mon grand-père ! »

Un référendum peut en cacher un autre

Au soir du dimanche 17 mars 1991, Mikhaïl Gorbatchev retrouve enfin un peu d'optimisme. La journée, pour cruciale qu'elle fût, a été calme. Pour la première fois de leur histoire, les Soviétiques ont fait l'expérience du référendum. Et c'est un succès. Sur 178 millions d'électeurs concernés, 136 millions se sont rendus dans les bureaux de vote, et 105 millions ont répondu « oui » à la question posée[17] :

> Jugez-vous indispensable le maintien de l'Union des Républiques socialistes soviétiques en tant que fédération renouvelée de Républiques souveraines et égales en droit, dans laquelle seront pleinement garantis les droits et libertés des hommes de toutes nationalités ?

Certes, la question était alambiquée, elle a donné lieu à des empoignades homériques, elle a été tronquée dans certaines Républiques et, au fond, elle ne changeait pas grand-chose à la réalité constitutionnelle de l'URSS. Qu'importe : c'est la réponse qui compte. Que 82 % des électeurs aient pris part au vote, et que 77 % d'entre eux aient répondu « oui », marque une incontestable victoire politique pour Gorbatchev, qui peut se féliciter d'avoir jeté, contre vents et marées, toutes ses forces dans la bagarre : « Un échec serait pour moi une tragédie personnelle », avait-il confié à un proche. Personne ne savait, à vrai dire, si le slogan « Oui à l'Union, non au chaos ! » ferait ou non pencher la balance…

Certes, six Républiques sur quinze – Arménie, Géorgie, Moldavie et les trois Pays baltes – ont refusé de participer, mais elles ne représentent pas 10 % de la population de l'URSS, trop peu pour invalider le référendum. Certes, il y a eu çà et là des tripatouillages, de l'obstruction, voire des destructions d'urnes, mais en trop petit nombre pour influer sur le résultat global. Certes, certaines grandes villes comme Moscou, Leningrad ou Kiev ont flirté avec la barre des 50 %, mais les provinces éloignées comme la Sibérie orientale ont voté massivement pour l'Union, tout comme les Républiques musulmanes d'Asie centrale : 92 % pour la Kirghizie, 97 % pour le Turkménistan. Même dans la Fédération de Russie, où Eltsine avait souhaité à haute voix l'échec de Gorbatchev, le vote massif des nombreuses Républiques et territoires autonomes comme la Iakoutie ou le Tatarstan ont donné un total de 71 % de « oui ». Aucun sondage n'avait osé pronostiquer un tel résultat.

Sans conteste, Gorbatchev marque un point sur Eltsine, et pas seulement parce que le futur traité de l'Union, désormais inévitable, aura valeur constitutionnelle. Mais le président russe avait perdu un peu de sa crédibilité quelques jours avant le scrutin, dans un meeting électoral à la Maison des Cinéastes, à Moscou, en appelant les Russes à « déclarer la guerre à Gorbatchev ». Trop, c'est trop. L'immense majorité des Russes, en réalité, se moquent de Gorbatchev et d'Eltsine, ils veulent simplement des dirigeants qui remettent la société en ordre de marche. Le référendum sur l'Union, sur ce point, redonne l'avantage au président de l'URSS.

Mais la vie politique soviétique, décidément, ressemble aux poupées russes : cachée dans le référendum sur l'Union, figurait la fameuse question, propre aux électeurs de la RSFSR, sur l'élection du président russe au suffrage universel. C'est là-dessus, pendant que Gorbatchev plaidait pour le « oui » au référendum, que Boris Eltsine menait une véritable campagne électorale à travers la Russie profonde. Sans relâche, le trublion a visité Kaliningrad, Iaroslav, Novgorod, où ses meetings populistes ont attiré une foule considérable.

Le 17 mars, Boris Eltsine peut se féliciter, lui aussi, du résultat du référendum : les électeurs russes ont voté à 69 % pour l'instauration d'un régime présidentiel reposant sur l'élection de son chef au suffrage universel direct. Certes, là aussi, on constate des différences flagrantes entre certaines villes comme Moscou, Leningrad ou Sverdlovsk, où la question a rallié entre 75 % et

89 % des votants, et le reste du territoire, où le chiffre descend parfois sous la barre des 50 %. Certes, un début de contestation a mis en doute ce résultat calculé sur les « votants » et non sur les « inscrits », comme il le devrait, mais Eltsine, par un tour de passe-passe, se débrouille pour faire changer la règle par le présidium du Parlement russe avant la proclamation des résultats !

Pour Eltsine, la prochaine étape est désormais fixée : faire valider par le Congrès des députés de Russie cette élection présidentielle à laquelle il rêve depuis des mois. Le 5 avril, non sans avoir livré une lutte virulente contre les conservateurs de son propre Parlement, il obtient l'aval de celui-ci : l'élection aura lieu le 12 juin 1991. Pour Gorbatchev, c'est une nouvelle tempête, plus violente que toutes les autres, qui monte à l'horizon.

24

Un putsch minable

> «Un empire fondé sur les armes a besoin de se soutenir par les armes.»
>
> MONTESQUIEU.

«Je vous offre ma démission!»

Un silence de plomb s'abat brutalement sur la salle du plenum, ce 25 avril 1991. Mikhaïl Gorbatchev, semble-t-il, a craqué. Las d'essuyer attaque sur attaque de la part des membres du Comité central du Parti, le secrétaire général a explosé, l'air mauvais, créant la stupeur dans l'assistance. Exaspération sincère, simulacre tactique ou coup de poker personnel? Emportés par leur fougue assassine, les dirigeants du PCUS peuvent soudain, en un seul vote, mettre fin à l'épopée gorbatchévienne. Vertige, confusion, suspension de séance. Et retour au réel. Tous ces apparatchiks en colère sont dûment chapitrés par Vladimir Ivachko, secrétaire général adjoint du Parti, qui les ramène vite à des sentiments raisonnables: par 322 voix contre 13, ils excluent de l'ordre du jour la question de la démission de leur patron. Fin du psychodrame.

Trois jours plus tôt, à Moscou, s'est tenu le congrès du groupe ultraconservateur Soyouz. Cinq cents retraités du Parti, apparatchiks angoissés, vétérans à médailles, babouchkas nostalgiques et autres partisans du « sauvetage de l'empire du socialisme », ont donné le ton :

« A bas Gorbatchev ! Assez de désordre ! »

Les plus remontés étaient les représentants des mouvements prosoviétiques des Républiques baltes comme *« Interfront »* (« Front uni ») ou *« Edintsvo »* (« Unité »). Dans une débauche de slogans passéistes, antiaméricains, voire racistes ou néostaliniens, les 500 délégués n'avaient qu'un programme politique : décréter l'état d'urgence dans tout le pays, mais, auparavant, se débarrasser d' « un dirigeant qui a les mains qui tremblent », comme l'a dit le colonel Petrouchenko, l'un des deux initiateurs de la reprise en main avortée dans les Pays baltes. Ces extrémistes-là ignorent la nuance et n'ont à proposer que des solutions expéditives. A commencer par la plus simpliste de toutes : limoger Gorbatchev.

Une trêve indispensable

Le Comité central n'a donc pas suivi son aile radicale. Pour une raison toute simple : on peut critiquer Gorbatchev dans les rangs du Parti ou dans les couloirs du Parlement, mais la situation est si grave et si complexe qu'on ne peut se passer de lui. L'homme le plus critiqué d'URSS reste la clé de voûte de toute résolution de la crise. Sans Gorbatchev à la tête du Parti communiste, qui préservera celui-ci d'un effondrement inéluctable ? Sans Gorbatchev à la tête de l'Etat soviétique, qui empêchera le pays de sombrer dans l'anarchie ? Face à la catastrophique récession économique de l'URSS, illustrée par une chute de 12 % du revenu national[1] lors du premier trimestre de 1991, quel dirigeant est encore capable d'imposer à tous, y compris à Eltsine, un « plan anticrise » qui tente de sauver ce qui peut encore être sauvé ? Qui est en mesure de conclure avec les neuf Républiques restées dans l'Union un accord global, même imparfait, même contesté, sur le futur « traité de l'Union » qui décidera des rapports futurs entre l'URSS et ses territoires ?

C'est ce document inespéré que les « neuf », à la surprise générale, signent dans la nuit du 23 au 24 avril, après une folle discussion tenue à la résidence de Novo-Ogarievo, dans la banlieue de Moscou[2]. Pour la première fois, Mikhaïl Gorbatchev abandonne le rêve de rallier à lui les quinze Républiques de l'ex-URSS, et accepte le principe de la souveraineté de la Russie : acculé, isolé, mais déterminé, ses assistants le décrivent « prêt à tout » pour éviter la dislocation définitive du pays qu'il préside. Pas question pour lui, dit-il dans un aparté avec Eltsine et le président kazakh Nazarbaiev, d'aller « participer aux funérailles de l'Union ». Peu importe la forme qui sera donnée à l'enveloppe de la future ex-URSS, pense-t-il, l'essentiel est de la garder pour la remplir demain avec un contenu nouveau[3]...

Quant à Boris Eltsine, bien décidé à faire primer sa propre version de la souveraineté des Républiques, il accepte spectaculairement de mettre fin à la « guerre des lois », et d'user de toute son autorité pour arrêter les grèves qui paralysent les mines de Sibérie. Plus que d'autres, le président russe a besoin de ce compromis. Ne serait-ce que pour éviter la sécession des nombreuses Républiques ou territoires autonomes qui font partie, jusqu'alors, de la RSFSR : le 12 mai, au Kremlin, Gorbatchev recevra avec lui les représentants bouriates, bachkirs, iakoutes, oudmourtes ou tchouvaches pour leur expliquer que le futur traité de l'Union sera signé en leur nom, qu'ils le veuillent ou non, par le président de la Russie.

Simple accalmie ? Compromis durable ? Virage politique ? Le 24 mai, les « neuf » se retrouvent autour de Gorbatchev à la datcha de Novo-Ogarievo pour confirmer et affiner le projet de traité d'Union. Pendant huit heures d'affilée, les échanges sont serrés – sur la propriété du sol et du sous-sol, la répartition de la fiscalité, l'éclatement du KGB, la tutelle des industries militaires – mais, dira Eltsine, « on n'a pas échangé un seul mot désagréable » ! Les « neuf + un », comme on appelle les dirigeants présents, ont absolument besoin de cet accord auquel les oblige le référendum du 17 mars, et sans lequel ils n'ont aucune chance de surmonter la crise dans leurs Républiques respectives. La trêve est réelle : Gorbatchev, Eltsine, même combat !

Toujours la « gorbymania »

Il est un autre front, crucial, où Gorbatchev semble irremplaçable : la politique étrangère. Même affaibli dans son autorité, même ambigu dans ses choix, c'est avec lui, et seulement avec lui, que les Occidentaux entendent établir de nouvelles relations avec l'URSS. Le 6 mai, à Moscou, c'est le message que François Mitterrand est venu apporter aux dirigeants soviétiques, au nom de tous les Occidentaux : ne touchez pas à Gorbatchev. Celui-ci, habile, explique discrètement au président français que son récent alignement sur les conservateurs n'est qu'une « tactique », et que celle-ci ne réussira qu'avec le soutien des Occidentaux. Un soutien politique, certes, mais aussi économique...

C'est avec Gorbatchev, et avec personne d'autre, que certains Occidentaux envisagent d'inviter l'URSS à rejoindre le G7[4], avec tous les avantages que présenterait son entrée dans le club des plus riches nations du globe. Pendant toute cette période, le président soviétique a envoyé de discrets émissaires[5] discuter avec les Etats-Unis, la Banque mondiale ou le FMI, avec le secret espoir de les convaincre de lancer un « plan Marshall » pour l'URSS. En promettant en retour, évidemment, d'instaurer un système économique ouvert, reposant sur le marché et intégré à l'économie mondiale. Le 5 juin, à Oslo où il va recevoir enfin son prix Nobel de la paix, le président soviétique rappelle ce que la paix du monde doit à la *perestroïka*, et explique :

« L'URSS est en droit d'attendre un soutien à grande échelle pour garantir le succès de sa transformation[6] ! »

Sur la scène internationale, Gorbatchev est imbattable. Boris Eltsine peut toujours annoncer que la Russie demandera bientôt un siège à l'ONU et un autre au Conseil de l'Europe, il a beau organiser un peu convaincant voyage « officiel » en Tchécoslovaquie, il voit bien que la « gorbymania » fonctionne toujours, et qu'il n'y peut rien. Il n'a, pour sa part, aucune expérience de la diplomatie. A l'étranger, il est considéré comme un trublion mal élevé, un soudard un peu trop porté sur la vodka. Il a vécu douloureusement, lors d'un voyage en France improvisé à la mi-avril, les humiliations que lui ont infligées les députés européens du Parlement de Strasbourg en lui interdisant l'accès à l'hémicycle, et celle du président Mitterrand qui, à l'Elysée, l'a reçu entre deux portes[7]...

Gorbatchev a repris du poil de la bête. Le soutien des chefs d'Etat occidentaux lui fait espérer une aide économique massive dont les Soviétiques, pense-t-il, lui seront tôt ou tard redevables. La nouvelle neutralité dont font symétriquement preuve à son égard les communistes de Polozkov et les démocrates d'Eltsine lui permet de justifier son pas de clerc conservateur, qu'il qualifie lui-même de stratégie « centriste ». Devant le magnat de la presse Rupert Murdoch, patron du *Sunday Times*, qu'il reçoit longuement dans son bureau du Kremlin, il fanfaronne :

« Votre presse s'interroge : Gorbatchev va-t-il à droite ? A gauche ? Ou peut-être en arrière ? Ce qu'elle ne voit pas, c'est que Gorbatchev ne peut aller que dans un sens : en avant ! Vos journalistes ne comprennent-ils pas que tout recul serait pour moi un suicide politique[8] ? »

La Russie ressuscitée

Mercredi 12 juin 1991. En fin de journée, une relative effervescence règne à la « Maison-Blanche », cet immense immeuble immaculé qui domine la Moskova et abrite désormais le Soviet suprême de la RSFSR. Depuis le matin, les Russes ont voté en masse. Dans la soirée, les résultats partiels téléphonés depuis la Sibérie orientale et les estimations glanées dans la partie européenne de la Russie ne laissent aucun doute : un second tour ne sera pas nécessaire. Le moment est historique : Boris Eltsine a été élu président de la Russie au suffrage universel direct, par un collège électoral de 105 millions d'électeurs. Il faudra dix jours pour colliger les résultats complets de ce gigantesque territoire. Par 57,38 % des voix, soit 45 millions de suffrages, Eltsine a largement battu l'ancien Premier ministre Nikolaï Ryjkov (17,29 %). Vadim Bakatine, le candidat le plus proche de Mikhaïl Gorbatchev dont il fut le très libéral ministre de l'Intérieur, n'a obtenu que 2,5 % des voix, derrière trois autres candidats marginaux[9]. Elu sur le même « ticket » que Boris Eltsine, son vice-président sera le colonel d'aviation Alexandre Routskoï, un ancien d'Afghanistan de 44 ans à la fois membre du Parti, démocrate et chrétien affiché, dont les splendides moustaches font le bonheur des photographes, et dont les épaulettes garantissent la bienveillance, sinon le soutien actif, des cadres de l'armée.

L'Histoire bascule. A l'image de cet autre scrutin qui a eu lieu le même jour à Leningrad, et par lequel les habitants de la deuxième ville d'URSS ont décidé de lui rendre son nom de « Saint-Pétersbourg ». Une révolution chasse l'autre. Celle-ci est autrement pacifique : par leur vote parfaitement démocratique, les Russes ont redonné une existence politique à un immense pays de 145 millions d'habitants couvrant onze fuseaux horaires, de Kaliningrad au Kamtchatka. Un pays avec un passé, une culture, une religion, qui avait été rayé de la carte en 1922, effacé par l'utopique Union des Républiques socialistes soviétiques dont le nom, comme pour en souligner l'ambition idéologique, ne comportait aucune référence à un territoire ou à ses habitants.

Chacun retient son souffle : un tel événement va-t-il faire exploser la trêve passée entre les deux présidents ? Gorbatchev a veillé à ne pas prendre position pendant l'élection, ce qui a indisposé nombre de communistes ; il n'a pas manqué de féliciter l'heureux élu par téléphone ; et il a pris soin d'annoncer qu'en juillet, à la réunion du G7 à Londres, il représenterait aussi les Républiques. Eltsine, quant à lui, n'a aucun intérêt à reprendre un combat de coqs qui insupporte la population russe : sa triomphale élection au suffrage universel suffit à le propulser au même niveau que son rival, élu naguère par une poignée d'apparatchiks, comme l'atteste l'invitation que lui adresse le président américain George Bush à lui rendre visite dès le 18 juin à Washington. C'est là, répondant à une interview télévisée sur la chaîne ABC, qu'il explique avec sa franchise habituelle :

« Dans une grande mesure, je n'aime pas Gorbatchev. [...] Je n'aime pas ses demi-mesures, ses changements d'attitude : il est inconséquent, il a de l'énergie pendant un temps, puis, sous la pression d'autres forces, il change d'avis ! »

Mais le président russe précise que ses relations avec le président de l'URSS sont devenues « équilibrées et pragmatiques ». Le pays est « dans un tel état », ajoute Eltsine, qu'il faut « faire avec, de façon honorable », et qu'il sera « du côté de Gorbatchev tant que celui-ci sera du côté des réformes ». Certes, ce n'est pas une déclaration d'amour, mais ces propos rassurent les dirigeants américains qui hésitent encore à choisir entre le pouvoir soviétique, incarné par le tombeur du Mur de Berlin, et le pouvoir russe, détenu par un démocrate élu du suffrage universel.

Une ambiguïté mortelle

L'entente entre les deux hommes se confirme dans les premiers jours de juillet, lorsque neuf personnalités lancent un «Mouvement des réformes démocratiques» destiné à soutenir la démocratisation du pays et la libéralisation de son économie. Parmi eux figurent des proches de Gorbatchev (Chevardnadze, Iakovlev) et des proches de Boris Eltsine (Routskoï, Silaev), sans parler des maires démocrates de Moscou et Saint-Pétersbourg (Sobtchak, Popov). Cette organisation est destinée à fédérer les réformateurs de tous bords, y compris ceux du Parti communiste dont elle nie être le concurrent – c'est ce qui lui vaut d'emblée le soutien de Gorbatchev, lequel continue de prôner l'impossible synthèse entre les partisans de la *perestroïka* et la majorité d'un PCUS rénové.

Mais qui ne voit que ce nouveau «mouvement» a tout pour devenir un parti en bonne et due forme, aux orientations radicalement différentes de celles du PCUS, et que celui-ci, alors, y verra migrer tous ses éléments réformateurs ? L'ambiguïté est flagrante. Elle est incarnée par l'homme de tous les cumuls et de toutes les contradictions, Mikhaïl Gorbatchev soi-même, qui persiste à croire qu'il peut durablement concilier l'inconciliable : d'un côté, parrainer un grand mouvement réformateur et démocrate respectant la souveraineté des Républiques, et, de l'autre, rassurer une armée de conservateurs nostalgiques accrochés à la conception socialiste de l'économie et violemment hostiles au démembrement de l'empire.

Déjà, le 18 juin, une offensive avait été lancée par le Premier ministre de l'URSS, Valentin Pavlov, qui n'avait pas goûté le rapprochement de son président avec les partisans de l'économie de marché. Sans prévenir son patron, Pavlov avait brusquement demandé les pleins pouvoirs au Soviet suprême, ce qui n'eût été qu'un incident si cette revendication extravagante n'avait été soutenue par les trois ministres Krioutchkov (KGB), Iazov (Défense) et Pougo (Intérieur), et aussi, au sein du Parlement de l'URSS, par le groupe ultraconservateur Soyouz. Il fallut, une fois encore, tout le talent oratoire de Gorbatchev pour diviser ses détracteurs et accuser publiquement les animateurs du groupe Soyouz de « sabotage » :

« Vous êtes là, assis, complètement coupés de la réalité ! Vous essayez de déstabiliser la coopération et la coordination entre le Soviet suprême, le Cabinet des ministres et les dirigeants des Républiques ! J'appelle le Soviet suprême à ne pas se laisser faire ! »

La contre-attaque réussit. Une fois encore, les cadres du PCUS cèdent aux injonctions de leur secrétaire général. Sentant le vent tourner dans la salle, Pavlov jure qu'on l'a mal compris et abandonne sa surprenante revendication. Et Gorbatchev d'expliquer aux journalistes, sans rire, qu'il n'y a « aucune contradiction insurmontable » entre les programmes économiques des uns et des autres… Oubliés, les avertissements de Krioutchkov sur la « contre-révolution en marche » et les « agissements des services spéciaux américains ». Effacées, les menaces de Iazov sur le fait que « l'armée pourrait, en cas de désintégration de l'URSS, échapper à tout contrôle » !

Le président prestidigitateur réussira le même tour deux semaines plus tard devant le plenum du Comité central, choqué par la récente décision de Boris Eltsine d'interdire dorénavant la présence du Parti dans les usines et sur les lieux de travail. Alors que la majorité des communistes sont vent debout contre les réformes économiques en cours, alors que les journaux proches du PCUS tirent à boulets rouges contre les Iakovlev, Chevardnadze et autres fossoyeurs du marxisme-léninisme, Gorbatchev fait adopter par le Parlement du Parti le principe d'un nouveau programme franchement social-démocrate, à adopter lors du prochain XXIXe Congrès qui se réunira, en principe, avant la fin de l'année. Par 358 voix contre une petite quinzaine, le Comité central a docilement suivi son secrétaire général au cours de débats « inhabituellement calmes » aux yeux des observateurs. Ou bien cet homme-là est un génie politique, ou bien cette apparente harmonie cache quelque chose…

La dernière carte

Quelques jours avant cette nouvelle « victoire » politicienne, le secrétaire général avait pourtant essuyé un revers, moins spectaculaire mais plus grave. Quand il avait pris l'avion pour l'Angleterre, le 16 juillet, pour aller rejoindre les dirigeants du G7, Gorbatchev paraissait relativement confiant. Il allait offrir à ses hôtes occidentaux l'image d'une rassurante coopération entre l'URSS et les neuf Républiques signataires de l'accord de Novo-Ogarievo, ainsi qu'un projet très audacieux de transition économique vers le capitalisme. Depuis des semaines, il avait fait passer le même message : la volonté de l'URSS de s'intégrer à l'économie mondiale est une chance historique comparable à la reconstruction de l'Europe après 1945 grâce au plan Marshall – la référence n'est pas gratuite – et les Occidentaux auraient tort de ne pas la saisir. Le président soviétique rêvait, tout éveillé, d'une aide de 30 à 50 milliards de dollars par an pendant cinq ans…

Il est tombé de haut. A part Helmut Kohl, les représentants des pays riches réunis à Londres ne sont aucunement prêts à déverser une aide financière massive sur un pays aussi peu fiable, aux institutions aussi précaires et dont personne ne connaît plus les frontières exactes. Faire de l'URSS un partenaire à long terme, certainement. L'intégrer au FMI et à la Banque mondiale, sans doute. L'encourager à se réformer, ô combien… Mais il n'est pas question de lui concéder d'énormes crédits qui seront vraisemblablement engloutis en pure perte dans la gigantesque bureaucratie déglinguée qu'elle constitue aujourd'hui. Le 19 juillet, après deux jours de rencontres chaleureuses, de sourires enjôleurs et de vifs compliments, Gorbatchev est rentré à Moscou les mains vides.

C'est un coup dur pour le président soviétique. Il était jusqu'alors le seul dirigeant du pays qui puisse faire miroiter l'espoir d'une telle aide financière, y compris dans les territoires les plus rebelles à son autorité. Même s'il reçoit encore en grande pompe le président américain George Bush au Kremlin le 30 juillet, la pusillanimité des membres du G7 lui a fait perdre une grande part de sa crédibilité, notamment aux yeux des Républiques prêtes à tout pour une bouffée d'oxygène économique et financière. Si Gorbatchev est lâché par ses « amis » occidentaux, alors en quoi est-il utile ? Les conservateurs ajoutent, perfides : à quoi sert-il, pour un si piètre profit, d'avoir bradé à la fois le régime communiste et l'empire soviétique ?

A quoi sert Gorbatchev ? A éviter l'explosion de l'URSS. C'est sa dernière carte. Son projet de « traité d'Union », si chèrement négocié avec Eltsine et ses autres partenaires de Novo-Ogarievo, est désormais sa seule chance de sortir « par le haut » d'une situation quasi désespérée et, peut-être, avec de la chance, d'en reprendre le contrôle. Après tout, l'exemple de l'Union européenne prouve qu'on peut bâtir un ensemble inédit, fédéral ou confédéral, qui soit un jour harmonieux, cohérent, pacifié. Dans l'esprit de Gorbatchev, le « traité d'Union » doit ouvrir la voie à une nouvelle Constitution établissant un partage durable entre le Centre et les Républiques souveraines. A l'horizon de ce bouleversement institutionnel, d'ici environ un an, il y aura une élection présidentielle au suffrage universel, et… bien malin qui peut imaginer le rapport de forces qui se sera alors établi.

Le 23 juillet, à Novo-Ogarievo, les « neuf + un » ont mis la dernière main au texte du « traité d'Union ». Il reste encore quelques points fondamentaux à régler, notamment sur le partage des impôts, la défense du territoire ou la propriété du sous-sol, mais la ratification de cet accord est devenue une urgence absolue pour tous ses promoteurs. Il est convenu que le document sera publié le 15 août, et adopté solennellement à partir du 20 août par le président de l'URSS et plusieurs dirigeants de Républiques : Eltsine (Russie), Nazarbaev (Kazakhstan) et Karimov (Ouzbékistan), qui ouvriront la voie à six autres Républiques. Puis le Congrès des députés du peuple se réunira en session extraordinaire le 27 août. Si tout se passe bien, certaines Républiques non signataires, comme l'Arménie, la Moldavie, voire les Pays baltes, pourraient décider de rejoindre cet ensemble d'Etats « souverains », qui sait ? Quand il part prendre quelques vacances au soleil de la mer Noire, le 4 août, Mikhaïl Gorbatchev rêve encore de lendemains qui chantent.

Coup d'Etat à Moscou

Lundi 19 août 1991, 5 h 40 du matin (heure locale). Une dépêche de l'agence Tass tombe sur les téléscripteurs et crée la stupeur aux quatre coins de la planète. Le président Mikhaïl Sergueïevitch Gorbatchev, « incapable d'assumer ses fonctions pour raisons de santé », a été remplacé dans sa charge « suivant l'article 127 de la Constitution » par son vice-président Guennadi Ivanovitch Ianaev. L'état d'urgence est proclamé « dans certaines parties du territoire » pour six mois. Il n'y a pas un seul Soviétique qui, entendant la nouvelle à la radio, croit que le président de l'URSS est réellement malade – ce motif a tellement été utilisé dans le passé[10] ! Chacun comprend qu'à la veille de présider à la signature du fameux « traité d'Union », Gorbatchev a été débarqué. Il s'agit bien d'un coup d'Etat. Mais au profit de qui ?

Quelques minutes plus tard, alors que les gouvernants du monde entier, un à un, sont réveillés en catastrophe, un communiqué de l'agence Tass répond à la question : la direction de l'URSS est désormais assurée par un « Comité d'Etat pour l'état d'urgence » (GKTchP) présidé par Guennadi Ianaev et comprenant Valentin Pavlov (Premier ministre), Vladimir Krioutchkov (président du KGB), Boris Pougo (ministre de l'Intérieur), Dmitri Iazov (ministre de la Défense), et trois personnalités moins connues : Oleg Baklanov (vice-président du Conseil de défense), Vassili Starodoubtsev (président de l'Union des paysans) et Alexandre Tiziakov (un des chefs du complexe militaro-industriel). Le nom d'Anatoli Loukianov ne figure pas sur la liste, mais l'agence Tass publie un texte, en ce lundi matin comme par hasard, où le président du Soviet suprême de l'URSS critique avec une rare violence le projet de « traité d'Union » qui devait être paraphé le lendemain : à l'évidence, l'ancien camarade de Gorbatchev est du côté des putschistes. L'objectif affiché de ces hommes, exposé dans un « Appel au peuple soviétique », est simple : empêcher la liquidation de l'URSS, stopper le démantèlement de l'Etat et arrêter la spirale de la famine dans le pays. « La *perestroïka* est dans l'impasse », ajoute le texte qui précise, s'il en était besoin, que l'état d'urgence est applicable « sur tout le territoire de l'URSS », c'est-à-dire aussi dans les Républiques sécessionnistes.

Le moment est dramatique. Personne ne sait où se trouve Gorbatchev. Est-il prisonnier dans sa villa de Foros, dont le téléphone ne répond plus ? Est-il encore vivant ? La télévision soviétique se contente de lire les textes du Comité, entrecoupés de ballets classiques. A la périphérie de Moscou, on signale l'arrivée de quelques colonnes de chars. La radio de la capitale et la télévision russe ont été réduites au silence. On ignore si l'armée va obéir à ce « Comité » qui n'inspire rien qui vaille. Déjà, des rumeurs font état de mouvements de troupes à Bakou (Azerbaïdjan), Riga (Lettonie) et Tallin (Estonie). Un « communiqué numéro 1 » du GKTchP suspend les partis politiques – à l'exception du Parti communiste – et impose la censure de la presse. L'état d'urgence est officiellement décrété dans la capitale.

Pourtant, il y a quelque chose qui cloche. Les frontières ne sont pas fermées. Toute la journée, des avions achemineront à l'aéroport de Cheremetievo des journalistes étrangers, fort étonnés de passer normalement les contrôles et de rallier, en taxi, le centre de la capitale. Dans Moscou, aucune brigade de chars n'a été déployée *avant* l'annonce du coup d'Etat, et on se demande pour qui roulent les quelques engins blindés qui sillonnent lentement les grandes avenues. A part quelques « descentes » dans les médias réformateurs, on n'a assisté à aucune opération du KGB visant à neutraliser les opposants potentiels. Le téléphone fonctionne. Les agences de presse occidentales travaillent comme si de rien n'était.

Le lundi soir, quand Guennadi Ianaev et quatre de ses acolytes organisent une conférence de presse au centre international du ministère des Affaires étrangères, boulevard Zoubovski, les 300 journalistes soviétiques et étrangers qui se pressent dans la salle sont déconcertés devant cette brochette d'apparatchiks sans charisme, au visage fermé, grillant cigarette sur cigarette : est-ce là vraiment la nouvelle direction de l'URSS ? Ianaev lui-même est tendu, il a du mal à tenir des papiers, tandis que ses collègues sont muets, comme tétanisés. S'agit-il d'un drame historique ou d'un opéra-bouffe ? Lorsque le chef du GKTchP, interrogé sur la situation de Gorbatchev, explique gravement que celui-ci « se repose de la fatigue accumulée au cours de ces dernières années », la salle éclate de rire !

Eltsine sur un char

Cette impression d'improvisation et de médiocrité ne fera que croître au fil des heures. Le soir, alors que le couvre-feu est décrété à Moscou, de nombreux groupes circulent dans la ville sans être arrêtés. Les communications urbaines n'ont pas été coupées. Le lendemain, on apprend qu'aucune réunion du Parti n'a prévu de destituer Gorbatchev, ce qui eût été la moindre des choses. On comprend que le Comité central tergiverse, que l'armée n'obéit pas aux ordres, que le KGB ne suit pas ses chefs, qu'aucune opération d'ampleur n'a déstabilisé les nouveaux pouvoirs dans les Républiques non russes. Les conjurés sont impuissants et isolés, rien de ce qu'ils avaient prévu ne fonctionne. Mais surtout, une question se pose à leur sujet : comment se fait-il qu'ils n'aient pas commencé leur coup d'Etat, à l'aube du 19 août, par l'arrestation de Boris Eltsine ?

Le président russe, réveillé un peu après 6 heures, a rassemblé d'urgence son état-major et ses ministres dans sa datcha d'Oussovo, à Arkhanguelskoe, dans la banlieue ouest de Moscou : Routskoï, Silaev, Khasboulatov, Sobtchak ainsi que ses collaborateurs Poltoranine et Bourboulis le rejoignent en hâte. Pourquoi les putschistes n'ont-ils pas arrêté toute cette équipe ? Cela reste un mystère. Un détachement du commando Alpha[11] a bien pris position autour de la datcha, mais il n'est pas intervenu. A 8 heures, un second commando de parachutistes est bien venu procéder à une arrestation générale, mais… un quart d'heure après que tout le groupe s'est volatilisé ! Dans leurs impressionnantes limousines officielles à fanion russe, tous gyrophares allumés, Boris Eltsine et les principaux dirigeants de la Russie ont remonté en trombe une colonne de chars et, avant l'arrivée de ceux-ci au pied du Parlement russe, se sont engouffrés dans la Maison-Blanche, d'où ils ont commencé à haranguer la foule qui grandit au bord de la Moskova et sur le pont qui fait face au bâtiment.

Il est 12h50 quand Eltsine en personne, un mégaphone à la main, sort de l'immeuble et monte sur le premier blindé qui stoppe devant le bâtiment. Flanqué de ses gardes du corps en costume gris et noir, observé par tous les députés massés sur la terrasse de la Maison-Blanche, il serre la main du jeune tankiste éberlué et, sans hésiter, s'adresse à la foule, filmé par les télévisions du monde entier :

> Nous sommes en présence d'un coup d'Etat droitier, réactionnaire et anticonstitutionnel ! [...] Nous appelons les citoyens de Russie à donner aux putschistes une réponse digne ! Nous demandons aux militaires de faire preuve d'esprit civique ! [...] Nous appelons à la grève illimitée !

Cette image entrera dans les livres d'histoire. Dans les heures qui suivent, informations et rumeurs se succèdent. On évoque la défection de nombreux généraux de haut rang et le ralliement de régiments entiers. On se prépare à l'assaut qui devait être donné à la Maison-Blanche au cours de la nuit. Une foule de Moscovites courageux bloque les rues avoisinantes avec des camions et des autobus. Le soir, quand on apprend que le Premier ministre Pavlov a été remplacé pour cause de « maladie » – on le sait porté sur la boisson – et que ses deux collègues Iazov (armée) et Krioutchkov (KGB) auraient « démissionné », on se demande si le putsch ne va pas tourner court. Dans la nuit, de jeunes tankistes paniqués causent accidentellement la mort de trois personnes en tentant d'échapper à la pression de la foule : ce seront les seules victimes du coup d'Etat[12].

Le mercredi matin, la *Pravda* fait mention, entre autres informations officielles, des manifestations populaires ayant suivi la déclaration d'Eltsine, du ralliement de parachutistes au président russe et de la condamnation quasi unanime du putsch par les gouvernements étrangers : pour qui sait lire la presse moscovite, c'est le signe que le GKTchP a perdu la partie. En début d'après-midi, le ministère de la Défense de l'URSS renvoie dans leurs casernes tous les détachements militaires déployés à Moscou et dans les régions où l'état d'urgence avait été proclamé. La radio et la télévision russes reprennent leurs émissions. On entend dire que les putschistes ont été arrêtés alors qu'ils s'apprêtaient à fuir. Un peu après 16 heures, au Kremlin, quand deux partisans de Gorbatchev forcent la porte du bureau du président Ianaev, celui-ci est prostré, hagard, à moitié ivre. Le putsch a viré à la pantalonnade.

Le coup d'Etat le plus minable de l'histoire moderne est terminé. Encore manque-t-il un personnage pour que s'achève le dernier acte de cette étrange pièce : Mikhaïl Gorbatchev.

Prisonnier à Foros

Depuis le 4 août, on l'a dit, Mikhaïl Gorbatchev se repose en famille en Crimée, dans une spacieuse villa de Foros, au bout de la presqu'île de Saritch. La maison comprend trois niveaux, des murs en marbre, des parquets en bois précieux. Le président déjeune au soleil, va se promener en mer, joue avec sa petite-fille, lit au bord de la piscine ou écoute des disques de Chopin. Il passe, bien sûr, beaucoup de temps au téléphone : la vie politique à Moscou ne prend pas de vacances. Il reçoit chaque jour ses conseillers Tcherniaev et Chakhnazarov, logés dans un sanatorium voisin. Mais cette grande villa toute neuve, dont Raïssa a personnellement supervisé l'aménagement, est un lieu idéal pour se vider la tête. Depuis quelque temps, il souffre du dos – une radiculite aiguë – et prend des antalgiques : ces quelques jours de congé lui font du bien.

Le dimanche 18 août, le chef de la garde présidentielle, le général Vladimir Medvedev, lui annonce une visite inattendue. Quatre hommes ont atterri à Sébastopol avant de rallier la villa où ils arrivent à 16 h 50. Intrigué, Gorbatchev décroche le téléphone : plus de tonalité, toutes les lignes sont coupées. Il n'est pas vraiment étonné : combien de gens depuis quelques semaines, d'Edouard Chevardnadze à George Bush en personne, l'ont averti qu'un mauvais coup se tramait contre lui… L'avant-veille, c'était au tour d'Alexandre Iakovlev de prévenir, dans un communiqué, qu' « un groupuscule stalinien influent s'était formé au sein de la sphère dirigeante du Parti et préparait un coup d'Etat[13] ». Peut-être cette menace récurrente, mi-rumeur, mi-fantasme, est-elle en train de se réaliser ?

Gorbatchev prévient Raïssa, sa fille Irina et son gendre Anatoli qu'il se passe quelque chose d'anormal avant de rejoindre, dans son bureau, ses quatre visiteurs accompagnés par Iouri Plekhanov, le tout-puissant chef du 9e directorat du KGB. Il y a là Oleg Baklanov, vice-président du Conseil de défense, homme lige du complexe militaro-industriel ; le général Valentin Varennikov, commandant des forces terrestres de l'URSS ; Oleg Cheïnine, numéro trois du Parti, conservateur avéré ; et Valeri Boldine, secrétaire général de la présidence, un des plus anciens collaborateurs de Gorbatchev :

« Qui vous envoie ? attaque le président.

— Le Comité nommé pour appliquer l'état d'urgence, répond Baklanov.

— Quel Comité ? Quel état d'urgence ? »

En guise d'explication, les quatre lui présentent, pour signature, un projet de décret proclamant l'état d'urgence. En cas de refus, tous ses pouvoirs seront transférés au vice-président Ianaev. Gorbatchev explose :

« Ce que vous faites est anticonstitutionnel et illégal ! C'est une aventure qui mènera au bain de sang et à la guerre civile ! »

Quelques échanges vains. Une violente prise de bec avec Boldine, dont la trahison laisse Gorbatchev pantois. Nouveau refus de signer de la part du président en sursis :

« Allez au diable, je n'ai rien de plus à vous dire[14] ! »

Les cinq hommes se lèvent. Il est près de 18 heures. Des unités du KGB encerclent la résidence. Deux navires de guerre croisent au large de la presqu'île. Toutes les routes d'accès à Foros sont coupées, notamment celle qui mène à l'aéroport voisin de Belbek, près de Sébastopol, où stationne l'*Iliouchine 62* présidentiel. Gorbatchev est bel et bien prisonnier.

A Moscou, au siège du KGB où il est en contact téléphonique permanent avec le Premier ministre Pavlov, Krioutchkov attend le résultat de la mission des « quatre ». C'est lui qui a reçu, au tout début du mois, un compte rendu d'écoutes d'une réunion secrète où Gorbatchev décrivait les importants remaniements personnels qu'allait nécessairement entraîner le « traité d'Union ». C'est encore lui qui a fait courir des informations sur l'insupportable activité des services secrets américains sur le territoire soviétique. C'est toujours lui qui a mis en alerte ses troupes spéciales, y compris dans les Pays baltes. Informé de la réaction négative du président, qui va compliquer son projet, il rejoint le bureau du Premier ministre, place Pouchkine, où le groupe des conjurés va peaufiner son plan toute la soirée, établissant la liste de leurs relais et soutiens à travers le pays. En buvant force vodka…

A Foros, Gorbatchev se retrouve seul avec sa famille, son assistant Anatoli Tcherniaev, son médecin Boris Golenkov, ses deux secrétaires Olga et Tamara, et les trente-deux agents de la sécurité présidentielle, restés fidèles à leur patron et prêts à ouvrir le feu sur quiconque ferait mine d'investir la villa. Cet isolement inattendu va durer soixante-douze heures. Privé de toute communication avec l'extérieur, c'est sur un vieux poste de radio bricolé qu'il capte la BBC, Radio Liberty ou La Voix de l'Amérique, ces radios occidentales à ondes courtes qui faisaient naguère le bonheur des dissidents. C'est à leur écoute, tant bien que mal, qu'il suit les événements, qu'il entend les communiqués du GKTchP et aussi l'annonce officielle de ses propres « ennuis de santé ». Le soir même, aidé de son gendre Anatoli, Gorbatchev va enregistrer une vidéo de quelques minutes où il assure que le prétexte de sa mauvaise santé est « un mensonge éhonté, une tromperie grossière, une escroquerie » qui confirme qu'il s'agit bien d'un « coup d'Etat anticonstitutionnel[15] ». Quatre exemplaires de cette vidéo sont confiés à des proches, au cas où l'un d'eux parviendrait à quitter la villa…

Au fil des heures, toujours à l'écoute des radios étrangères, Gorbatchev comprend que le putsch se heurte à une résistance inattendue, tant dans les Républiques hostiles qu'à Moscou et Leningrad, que l'armée, à l'évidence, n'a pas suivi les conjurés, et que ce fol épisode de l'histoire pourrait bien se terminer plus tôt que prévu. En particulier grâce à un homme qui a pris énergiquement et courageusement la tête de la révolte : Boris Eltsine.

25

La fin d'un empire

«Le XXe siècle s'est achevé entre
le 19 et le 21 août 1991.»
Boris ELTSINE (1994)

Moscou, 22 août 1991. Il est plus de 2 heures du matin lorsque le *Tupolev 134* ramenant Mikhaïl Gorbatchev de Crimée atterrit sur l'aéroport de Vnoukovo. Les caméras de la télévision sont là, qui filment la scène éclairée par de puissants projecteurs. Quand la porte de la carlingue s'ouvre, le président de l'URSS apparaît, un pâle sourire sur le visage, avant de descendre lentement la passerelle de l'avion. Il est vêtu d'un blouson, d'un pull en V et d'une chemise à col ouvert. Il n'est pas rasé et, malgré son teint hâlé, il a l'air épuisé. Raïssa le suit, tenant par la main sa petite-fille Xénia enveloppée d'une couverture. Elle semble choquée. Des micros se tendent. Gorbatchev remercie «Boris Nikolaïevitch Eltsine et le peuple soviétique» qui se sont «élevés contre la réaction», il salue «cette grande victoire de la *perestroïka*», puis il monte dans une voiture qui l'emmène directement chez lui, sans passer par la Maison-Blanche où une foule en liesse attend les dirigeants russes pour fêter le rétablissement du pouvoir légal.

Deux avions pour la Crimée

Tout est allé très vite. Quelques heures plus tôt, dans l'après-midi du 21 août, un premier avion officiel s'était envolé pour la Crimée, déclenchant une avalanche de rumeurs catastrophistes. Qui étaient, que voulaient ses occupants ? Administrer la preuve que le président de l'URSS, après tout, était bien en mauvaise santé ? A cette idée, une peur panique avait saisi Raïssa, à Foros : et si ces gens-là venaient éliminer physiquement Mikhaïl Sergueïevitch ? De ce brutal accès d'angoisse, la femme du président gardera des séquelles nerveuses, notamment une paralysie partielle de la main.

En réalité, cette délégation comprend le président du Parlement de l'URSS (Anatoli Loukianov), le secrétaire général adjoint du Parti (Vladimir Ivachko), ainsi que quatre putschistes : Iazov, Krioutchkov, Tiziakov et Baklanov. Objectif commun : convaincre Gorbatchev de revenir avec eux à Moscou avant l'arrivée annoncée de la délégation russe et, avec lui, tenter de réparer l'irréparable. Trop tard. A cette heure-là, Gorbatchev a compris que le putsch est en train de capoter, il sait qu'une délégation russe va rejoindre Foros à son tour. Il lui suffit de gagner du temps. A leur arrivée, les quatre conjurés sont poliment conduits par les gardes de la sécurité présidentielle dans une autre aile de la maison, où ils seront tenus isolés puis mis en état d'arrestation. Seul Loukianov, l'ami de toujours, peut échanger quelques mots avec Gorbatchev, qui lui réserve un accueil glacé :

« Ecoute, Tolia[1], nous nous connaissons depuis quarante ans, n'essaie pas de me montrer ce que tu n'es pas : tu aurais dû convoquer une session de Parlement dès lundi, et tu ne l'as pas fait ! »

Le second avion, aux armes de la Russie, a décollé un peu après 17 heures de Moscou avec, à son bord, une délégation hétéroclite : le vice-président russe Alexandre Routskoï et le Premier ministre Ivan Silaev, les deux « gorbatchéviens » Evgueni Primakov et Viktor Bakatine, ainsi qu'un représentant du président du Kazakhstan, trois journalistes occidentaux ayant réussi à se faufiler dans la bousculade, un diplomate français[2], deux cardiologues et des officiers anonymes. Objectif : ramener Gorbatchev à Moscou, à tout prix. L'avion s'est posé à Belbek, à 80 km de la villa devenue bunker. Un cortège de Volga noires a filé à Foros, traversé en trombe le bois de cyprès qui entoure la demeure et pénétré sans encombres dans le bâtiment toujours gardé par le KGB. Pour Gorbatchev, venu les accueillir en bras de chemise sur le pas de la porte, c'est la délivrance :

« Je vous souhaite la bienvenue à tous[3] ! »

Sourires, exclamations, embrassades : tous ces hommes se connaissent par cœur. Et le président d'entraîner directement dans son bureau Routskoï et Silaev, qui s'emploient à lui faire promettre de « tirer les conclusions du putsch », de « changer d'équipe dirigeante » et de repartir pour Moscou avec eux… et non pas dans l'avion de Loukianov en compagnie des quatre conjurés, comme il l'avait envisagé ! Gorbatchev ne s'est jamais vanté, et pour cause, de cette hésitation ambiguë.

Pour l'heure, il va rassembler sa famille et prend le temps de téléphoner au président américain George Bush pour lui signifier qu'il est à nouveau le président de l'URSS. Un peu après minuit, le *Tupolev* russe décolle de Belbek en direction de Moscou. A l'arrière de l'avion, entre deux agents de sécurité, les journalistes sont surpris de reconnaître Vladimir Krioutchkov, le président du KGB. Est-ce Gorbatchev, comme on l'a dit, qui a suggéré de le faire rentrer dans cet avion-là ? Ou bien ce sulfureux compagnon de voyage est-il la garantie, imaginée par Routskoï, qu'aucun commando du KGB ne sera tenté de tirer un missile sol-air vers l'aéronef ? Ame damnée de ce coup d'Etat ayant tourné au désastre, Krioutchkov n'aurait jamais imaginé qu'il rentrerait de Foros en état d'arrestation[4].

« Je ne suis pas une girouette »

Le jour même de son retour, un peu après 17 heures, Gorbatchev donne une longue conférence de presse au centre international du ministère des Affaires étrangères, à la même tribune où, deux jours plus tôt, les putschistes avaient annoncé son remplacement. Il porte un costume sombre, comme pour souligner la gravité du moment. Il s'est un peu reposé, il a retrouvé son allant et son bagout. Il reconnaît sa part de responsabilité dans le choix des hommes qui, finalement, l'ont trahi. Il avoue notamment son incompréhension quant à la présence parmi les conjurés de Iazov et Krioutchkov, qu'il connaît depuis si longtemps. Il prône une « nouvelle alliance » avec Boris Eltsine, dont il souligne sans barguigner qu'il a joué le « rôle principal » dans sa libération. Et puis, à la surprise générale, il prend la défense du Parti, arguant que celui-ci peut encore être réformé :

> Mon devoir, maintenant, est d'éliminer les forces réactionnaires du Parti communiste. Je crois possible d'unir tous les progressistes et ceux qui pensent juste au sein du Parti. A ceux qui disent que le Parti dans son ensemble est une force réactionnaire, je dis que je ne suis pas d'accord. Je ne suis pas une girouette, je ne m'apprête pas à changer de position, je suis un homme de principes, et je n'abandonne pas mes principes socialistes[5] !

Stupeur et consternation. Même dans son entourage le plus proche, la déclaration provoque de vifs remous. Iakovlev est effondré. Chevardnadze, outré. Leur ancien patron n'a-t-il pas compris que le Parti communiste est considéré comme le commanditaire du putsch, et définitivement déconsidéré dans l'opinion ? Pour beaucoup d'observateurs, le président de l'URSS vient de commettre une erreur politique majeure, qui compromet définitivement le rétablissement de son autorité. Au moment même où Gorbatchev achève ainsi sa conférence de presse, un feu d'artifice est tiré à proximité de la Maison-Blanche, et une foule de Moscovites défile dans les rues de la capitale en scandant des slogans violemment anticommunistes. En début de soirée, la foule va défier le KGB, place de la Loubianka, et quelques manifestants courageux, bientôt aidés par une grue géante prêtée par la mairie, vont jusqu'à déboulonner la statue de Felix Dzerjinski, le fondateur de la police politique communiste. Au même moment, à Saint-Pétersbourg, le maire de la ville donne le départ à une soirée de fête et s'adresse à une foule en liesse :

« Le Parti communiste doit être éliminé des usines, de l'administration et des entreprises agricoles ! »

Au-dessus de la tête d'Anatoli Sobtchak, le drapeau soviétique qui flottait sur la mairie a disparu, remplacé par le drapeau russe prérévolutionnaire aux trois couleurs : blanc, bleu, rouge. C'est la Russie de toujours qui surgit ainsi du passé. Incroyable retournement de l'histoire : le putsch raté a balayé, en quelques heures, l'héritage de la révolution d'Octobre qui faisait depuis sept décennies la fierté – et le nom – de la ville. Ce soir, dans un enthousiasme indescriptible, l'ex-Leningrad, berceau du communisme mondial, tire un trait sur sa propre légende.

Humilié en direct

Gorbatchev n'a pas compris que l'histoire s'était à ce point accélérée. Il réalise son erreur le lendemain quand il se rend devant le Parlement russe réuni en session extraordinaire pour remercier les dirigeants et le peuple de la Russie d'avoir fait échouer le putsch. Cet après-midi-là, la télévision soviétique bat tous ses records d'audience en retransmettant en direct à 270 millions de spectateurs, pendant une heure et demie, l'incroyable face à face qui se déroule entre le président de l'URSS, affaibli par sa détention et désorienté par la tournure qu'a prise le coup d'Etat manqué, et le président de la Russie, son fringant sauveur devenu un héros national. Pour la première fois depuis que s'affrontent ces deux frères ennemis, c'est Eltsine qui mène le jeu. Accueilli froidement, Gorbatchev est ovationné par la salle… quand il remercie le président russe ! A l'évidence, le rapport de forces entre les deux hommes s'est inversé.

Très vite, la séance tourne au règlement de comptes. Accusé principal : le Parti communiste, dont Gorbatchev est toujours le secrétaire général. Un député, très applaudi, propose de démanteler le PCUS en tant qu'« organisation criminelle ». Gorbatchev tente vainement d'endiguer le flot des critiques et invite les parlementaires à « ne pas sombrer dans l'hystérie anticommuniste ». En vain. Sur cette tribune qui ressemble à une scène de théâtre, Gorbatchev est piégé. Eltsine le tient à sa merci. Tel un accusé, le premier est condamné à subir les avanies du second, qui l'invite fermement à lire au micro un papier :

« Mikhaïl Sergueïevitch, lisez cette feuille, lisez donc ! »

Gorbatchev s'exécute de mauvaise grâce et découvre, en lisant le papier, qu'il s'agit du compte rendu du Conseil des ministres tenu à huis clos le jour du putsch, au cours duquel la quasi-totalité de ses ministres – tous nommés par lui – l'ont trahi en faisant corps avec les putschistes !

A la fin de sa pénible lecture, Gorbatchev est accablé. Sa défense est pitoyable :

« N'oubliez pas que c'est un être humain que vous avez devant vous. Ma situation n'est pas simple… »

La salle gronde, les premiers rangs exultent, au point qu'Eltsine, grand seigneur, demande à l'auditoire de se calmer, avant de brandir un stylo et de déclarer avec gourmandise :

« Pour détendre l'atmosphère, je vous informe que je signe un décret suspendant les activités du Parti communiste sur le territoire russe ! »

La voix couverte par les applaudissements et les rires, Gorbatchev tente de l'en dissuader :

« En dépit de tout le respect que je vous porte, Boris Nikolaïevitch, je dois vous le dire : tous les membres du Parti communiste de Russie n'ont pas soutenu unanimement le coup d'Etat, interdire le PC serait une erreur ! Soyez démocrate jusqu'au bout ! »

Impérial, Eltsine rétorque :

« Je ne l'interdis pas, je suspends ses activités durant l'enquête ! La parole est à l'orateur suivant… »

Personne n'est dupe : d'un trait de plume, le PCUS vient d'être expulsé de la scène politique. Les députés, debout, applaudissent à tout rompre. Pour Gorbatchev, l'humiliation est totale. Eltsine, qui ne cache pas son plaisir, se paie encore le luxe de faire applaudir son rival et, tout sourires, le raccompagne en le tenant amicalement par l'épaule, comme un champion de boxe qui aide à se relever l'adversaire qu'il vient de mettre K-O.

En sortant de la Maison-Blanche, Gorbatchev est bloqué pendant une demi-heure dans le parking par une foule hostile. Des Moscovites en colère tambourinent sur sa voiture en lui criant des insultes. Qu'il paraît loin, le temps où le promoteur de la *perestroïka*, piqué au vif, serait descendu de sa Zil pour entamer le dialogue avec la population… Il ignore encore qu'un sondage réalisé quelques heures plus tôt à Moscou révèle que 51 % des personnes interrogées souhaitent ouvertement son départ, et que seulement 2 % des Moscovites ont une « bonne opinion » du Parti communiste[6]…

Les poubelles de l'histoire

La « lutte finale », c'est terminé ! En quelques heures, le Parti communiste rejoint les fameuses « poubelles de l'histoire » dans lesquelles il précipitait si promptement, naguère, tous ceux qui lui résistaient. Au moment même où Eltsine signe publiquement son oukase dévastateur, le maire de Moscou met sous scellés l'immeuble du Comité central, le fameux bâtiment de la Place Vieille où s'était si souvent écrite l'histoire du socialisme réel. A 18 heures, sous les applaudissements ébahis d'une petite foule de Moscovites, le drapeau rouge de l'URSS est amené, et un drapeau russe est fiché au fronton du bâtiment. Une heure plus tard, à quelques pas de là, l'immeuble des Jeunesses communistes (Komsomol) subit le même sort. Ce sera bientôt le tour du Kremlin : la photo du drapeau de la Russie flottant sur une des coupoles de la célèbre forteresse illuminée fera le tour du monde.

Le Parti communiste devient le principal accusé de l'après-putsch. D'après les témoignages qui s'accumulent sur le bureau des dirigeants russes, une majorité de responsables du PCUS se sont bien rangés aux côtés des conjurés. A l'image du Premier secrétaire du PC de Moscou, Iouri Prokoviev, mis aux arrêts pour avoir soutenu activement le coup d'Etat. En Lituanie, en Lettonie, en Kirghizie, le Parti est interdit *sine die*, et ses biens confisqués. Le 24 août, sur décision de Boris Eltsine, la *Pravda,* « organe central du PCUS », est suspendue, ainsi que tous les autres journaux appartenant au Parti. Sans heurts, sans violences, sans résistances, la plus puissante organisation politique du monde moderne est anéantie.

A l'étranger, les observateurs ont le tournis, tant ils peinent à suivre le rythme de l'histoire. « Le communisme est mort », se réjouit bruyamment George Bush, imité par la plupart des dirigeants occidentaux, mais aussi par d'anciens communistes comme le général Jaruzelski (ex-patron du PC polonais), Alexandre Dubcek (ex-patron du PC tchèque) ou Santiago Carillo (ex-patron du PC espagnol). C'est une marche funèbre qu'interprète, ce jour-là, le concert des nations. A l'unisson, ou presque : quelques voix isolées, ici ou là, expriment des regrets plus ou moins amers, comme le PC français, l'agence de presse Chine Nouvelle, le PC chilien, Alvaro Cunhal (ex-patron du PC portugais) et deux ou trois autres scories marxistes.

Las… Ce déferlement de réactions politiques occidentales, enthousiastes et vigoureuses, est sans aucune conséquence économique : à part les responsables allemands, les dirigeants du monde capitaliste – George Bush, John Major, Jacques Delors – se contentent d'envisager, du bout des lèvres, une « révision » de l'aide financière à l'URSS, mais « plus tard » et « en fonction des réformes adoptées ». Du point de vue des pays riches, il est toujours urgent d'attendre la suite des événements. Pour Gorbatchev, c'est clair, le salut ne viendra pas de ce côté-là.

Le président de l'URSS doit se résoudre à l'inéluctable. Le samedi 24 août, avant de se rendre à la cérémonie de funérailles des trois malheureuses victimes de l'échauffourée de mardi soir, il a passé de longues heures dans son bureau du Kremlin avec ses conseillers Evgueni Primakov, Vadim Bakatine et Gueorgui Chakhnazarov, à peser le pour et le contre. Il est clair que Gorbatchev doit remiser ses vieilles fidélités à son père, à son grand-père et à ces millions de « communistes sincères et honnêtes » qui ont nourri l'épopée léniniste. Le soir même, à la fin du journal télévisé, le présentateur lit une « déclaration » où le dernier « tsar rouge » annonce qu'il quitte ses fonctions de secrétaire général du Parti, et appelle le Comité central du PCUS, coupable de n'avoir pas su résister aux putschistes, à s'autodissoudre – tout en continuant à proclamer, à contre-courant, que tous les communistes ne sont pas à blâmer. Le soir même, il rend public un décret où il interdit l'activité du Parti dans l'armée, le KGB, la police et les chemins de fer. C'est exactement ce que Boris Eltsine a déjà fait, à l'échelle de la Russie, le 21 juillet : le président de l'URSS avait alors condamné avec virulence la décision du dirigeant russe. Gorbatchev, à l'évidence, a cessé de faire l'histoire – il la subit.

Relancer la machine politique ?

Aujourd'hui il ne peut qu'observer, impuissant, la façon dont Boris Eltsine profite du putsch pour mettre la main, au profit de l'Etat russe, sur tous les biens immobiliers, mobiliers et financiers du Parti communiste, y compris les bâtiments officiels, les voitures de fonction, les imprimeries, les maisons d'édition, les datchas, les écoles du Parti et les comptes en banque. Juste retour des choses, en vérité : le Parti n'avait-il pas naguère dépouillé la Russie de tous ses biens, jusqu'à lui confisquer son identité ? Eltsine, héros du moment, profite de cet état de grâce. Qui pourrait s'opposer, en cet instant, à ce qu'il transfère à la RSFSR l'important appareil des douanes, notamment le contrôle des exportations d'or et de diamants ? A ce qu'il s'approprie les moyens fédéraux de communication, ainsi que les archives du PCUS et du KGB ? A ce qu'il place sous la juridiction russe toutes les entreprises de l'immense complexe militaro-industriel ?

L'URSS se délite à toute vitesse. Au matin du lundi 26 août, Mikhaïl Gorbatchev assiste à l'ouverture de la session extraordinaire – la dernière – du Parlement soviétique[7]. Mais où trouve-t-il encore la force de se battre ? Il était épuisé à son retour de Foros, hésitant lors de sa conférence de presse, défait à la tribune du Parlement russe, abattu lors des obsèques des trois victimes du putsch. Il a compris que la roue de l'histoire a tourné, qu'il n'a plus prise sur grand-chose et que son aventure, à plus ou moins long terme, se termine. Or, devant les députés soviétiques dépassés par les événements, le revoilà en pleine forme, volontaire, hâbleur, combatif. Avec force gestes, comme à son habitude, il confirme sa démission du Parti, annonce qu'il va remanier le Conseil de sécurité, assure que les réformes continueront « tant qu'il sera président », appelle à reprendre immédiatement le processus de signature du traité d'Union et propose, dans la foulée de celui-ci, une élection présidentielle au suffrage universel !

C'est la tactique qu'il utilise depuis des années : sans cesse relancer la machine politique, modifier la donne électorale, renouveler le personnel dirigeant, surprendre et asphyxier les médias. Le 28 août, dans la plus grande confusion, le Soviet suprême de l'URSS renvoie le gouvernement et, par 375 voix contre 4, se saborde lui-même : un Congrès des députés du peuple, dès la semaine suivante, aura pour mandat de renouveler les deux Chambres du Parlement soviétique – si aucune révolution, aucun coup d'Etat ne viennent perturber le calendrier. Dans le grand hall où les députés passent beaucoup de temps à fumer et à parler aux journalistes, on a exposé des centaines de télégrammes venus du pays profond. L'un d'eux est explicite : « Arrêtez de vous dénoncer les uns les autres, occupez-vous des récoltes[8] ! »

Il est vrai que la population soviétique, exsangue, ne supporte plus tous ces débats politiciens, ces polémiques procédurières et ces manœuvres préélectorales. Il y a des problèmes bien plus cruciaux que les récoltes. Ainsi, le samedi 24 août, l'Ukraine a proclamé son indépendance. La nouvelle s'est presque perdue, à Moscou, dans le brouhaha parlementaire de l'après-putsch. Un nouvel Etat peuplé de 52 millions d'habitants est apparu brusquement, ce jour-là, sur la carte de l'Europe ! Un vieux pays millénaire qui fut la deuxième et la plus riche République de l'URSS – on la surnommait le « grenier à blé » de l'empire – a décidé de fermer cette regrettable parenthèse d'à peine soixante-dix ans, et d'exhumer son drapeau, de réhabiliter sa langue, de restaurer sa culture. L'Ukraine renoue, d'un coup, avec le fil de son histoire nationale – au grand dam de ses millions de résidents russes qui s'inquiètent soudain pour leur avenir.

« L'ancienne Union n'existe plus »

Le putsch du 19 août a provoqué un électrochoc dans tous ces territoires où l'on a entrevu, pendant quelques heures, la terrifiante éventualité d'un retour à l'époque du communisme dominateur. Après la Lituanie et la Géorgie qui avaient pris les devants, c'est au tour de la Lettonie (20 août), l'Estonie (21 août), l'Arménie (23 août), l'Ukraine (24 août), la Biélorussie (25 août), la Moldavie (27 août), la Kirghizie (31 août) de proclamer leur indépendance. Si certains dirigeants des Républiques hésitent encore à sauter le pas, la mainmise brutale de Boris Eltsine sur les propriétés, les administrations et les archives soviétiques achève de les convaincre : tous ces pays ne s'apprêtent-ils à se débarrasser du communisme que pour replonger dans la dépendance d'une nouvelle « Grande Russie » à vocation impériale ? Pas question de voir se reconstituer la « prison des peuples » de jadis, avec à sa tête un tsar nommé Boris Eltsine.

Le 29 août, Anatoli Sobtchak, maire démocrate de Saint-Pétersbourg, rentre de Kiev où il a participé avec le vice-président russe Routskoï et le président ukrainien Kravtchouk à un round improvisé de négociations russo-ukrainiennes. Sobtchak est devenu une personnalité très en vogue, c'est pourquoi on l'écoute quand il proclame à la tribune du Soviet suprême soviétique :

« L'ancienne Union n'existe plus, et il n'y aura pas de retour en arrière ! »

Mauvaise nouvelle pour Gorbatchev. L'« ancienne Union », en l'occurrence, ce n'est pas seulement l'URSS de Staline, Khrouchtchev et Brejnev, c'est aussi son projet de « traité d'Union » que les événements, en quelques jours, ont rendu obsolète. L'avant-veille, devant les députés soviétiques, le président de l'URSS avait lancé un vibrant appel en faveur du maintien d'une structure fédérale forte qui empêche la « balkanisation » du pays :

> Je le dis franchement devant tous, devant le peuple, je suis pour une Union renouvelée, profondément réformée, mais pour la conservation d'une Union conforme au vœu exprimé par le peuple lors du référendum de mars. S'il en est autrement, je ne marche pas ! Si ce n'est pas cela, je m'en vais ! [...] Rejeter tout ce qui a été accompli serait une faute politique. L'Union soviétique doit être conservée sous la forme d'une *Union des Républiques souveraines*, avec des forces armées et un espace économique commun. J'appelle chacun à la responsabilité !

Gorbatchev pense sincèrement qu'il n'est pas trop tard pour reconstituer, quand la raison l'aura emporté sur les passions, des liens fédéraux entre les ex-Républiques : d'abord, la précipitation des diverses déclarations d'indépendance est clairement due aux circonstances ; ensuite, il va bien falloir que les Républiques, indépendantes ou non, trouvent une solution constitutionnelle à plusieurs questions cruciales comme le tracé des frontières, les forces armées, le maintien de l'ordre public, la monnaie, les missiles nucléaires ou les minorités ethniques. Personne n'ose en parler, mais un cauchemar hante les nuits de nombreux dirigeants : qu'un malentendu frontalier ou une provocation locale dégénèrent en un conflit ouvert entre deux ex-Républiques possédant, comme l'Ukraine ou le Kazakhstan, l'arme nucléaire…

Rien que sur le plan économique, comment se passer d'un « Centre », d'une autorité fédérale qui arbitre et coordonne les compétences et les échanges entre les quinze ex-Républiques, à l'approche d'un hiver qui s'annonce dramatique pour les populations ? L'exemple du Marché commun, à l'Ouest, revient souvent dans les journaux. De partout jaillissent des offres de réunion, des initiatives communes, des projets d'accords. On parle de « traité confédéral », d'« espace économique commun », de « communauté d'Etats indépendants », d'« union d'Etats souverains ».

Un président en sursis

De plus en plus souvent, la question est posée de l'utilité du président soviétique. Les journalistes et les chansonniers le comparent, en termes de pouvoir, à la reine d'Angleterre – au mieux. Le 29 août, le président ukrainien Leonid Kravtchouk invite à Kiev les quatorze autres représentants des Républiques pour débattre des compétences des uns et des autres en matière politique, économique et militaire. Pour la première fois, Gorbatchev n'est pas invité. Mais, précise aimablement Kravtchouk, il sera tenu informé des discussions…

La manœuvre assassine de Kravtchouk est prématurée. Gorbatchev n'a pas dit son dernier mot. Le 1er septembre, dans une interview à la chaîne américaine CNN, le président de l'URSS révèle qu'une dizaine de Républiques « souhaitent le maintien de l'Union », qu'il n'y a « aucun clivage » entre Eltsine et lui, et qu'il « ne démissionnera pas ». Simple effet de manche ? Rodomontade médiatique ? Point du tout : le lendemain, lorsque s'ouvre au

Kremlin le IIIe Congrès des députés du peuple, le prestidigitateur Gorbatchev fait sa rentrée triomphale. Il sort de son chapeau un « plan d'urgence » en sept points, concocté la veille avec les représentants de dix Républiques. C'est le président kazakh Nazarbaev qui en fait la lecture avant de le faire accepter, l'après-midi, par les députés de chaque République. Etonnant tour de passe-passe, qui court-circuite la masse incontrôlable des députés conservateurs plus ou moins revanchards... Ceux-ci découvrent, médusés, que les institutions soviétiques régulières seront dorénavant remplacées par un « Conseil d'Etat » réunissant Gorbatchev et les dirigeants des ex-Républiques, flanqué d'un « Comité économique inter-Républiques », pour une « période de transition » qui devra déboucher sur une « nouvelle Constitution » aux contours improbables[9].

A écouter Nazarbaev, l'argument économique semble l'avoir emporté : la situation catastrophique de l'ex-URSS justifie, à elle seule, un pouvoir provisoire fort. Mais personne n'est dupe : c'est Eltsine qui accorde ainsi à Gorbatchev un répit inespéré. Le tonitruant président russe, dont la puissance nouvelle fait peur à tout le monde, a besoin de son vieux rival pour traiter les dossiers brûlants que lui-même, à la tête d'une Russie traditionnellement dominatrice, ne saurait arbitrer : la répartition de la production agricole, le sauvetage des finances, le règlement du dossier nucléaire et, surtout, les conflits nationaux qui grondent aux quatre coins de l'empire. Sans une autorité supranationale, le président russe n'a aucune chance d'amadouer ses sourcilleux voisins baltes ou ukrainiens, ou de calmer les ardeurs autonomistes de ses bouillants sujets tatars ou tchétchènes.

Eltsine-Gorbatchev, même menace, même enjeu : ce n'est pas le moindre paradoxe de cette période confuse et dangereuse, où chacun essaie de défendre au mieux ses intérêts. Peu porté sur la langue de bois, le président russe ne ménage pas son nouvel allié, comme il le montre dans une interview à CNN le 3 septembre :

« Son indécision et sa capitulation devant la partitocratie ont créé le terrain favorable pour les partisans du régime totalitaire, accuse-t-il. Ne savait-il pas la vraie valeur des Ianaev, Iazov, Krioutchkov ? »

Mais il justifie leur accord à la télévision le 7 septembre :

« Gorbatchev et moi avons quasiment la même position. Je suis prêt à collaborer à l'avenir avec lui, à condition qu'il n'oscille pas, comme avant le putsch, entre la gauche et la droite ! »

Ce réalisme politique ne l'empêche pas, dans les couloirs du Congrès des députés, d'agiter la menace de l'indépendance complète de la Russie, qui ferait évidemment exploser tout le dispositif. La fragilité de celui-ci apparaît en pleine lumière le 16 septembre, au Kremlin, quand se réunit pour la première fois le nouveau Conseil d'Etat sous la présidence de Mikhaïl Gorbatchev : autour de la table, les présidents Nazarbaev, Kravtchouk, Ter-Petrossian, Akaev, Moutalibov et autres Niazov[10] sont autant de potentats précaires, instables, qui dansent au-dessus d'un volcan nucléaire. Et qui se contrefichent de l'avenir personnel de Gorbatchev.

Le dernier round

C'est un combat perdu d'avance que livre le président soviétique : à chaque désaccord, à chaque tension, à chaque divergence entre les nouveaux « Etats souverains », il risque d'être mis en minorité et renvoyé comme un fondé de pouvoir. C'est le cas le 3 octobre, quand les représentants de douze Républiques se retrouvent à Alma Ata (Kazakhstan) pour jeter les bases d'une nouvelle « communauté économique[11] » – sans la présence du président de l'URSS. C'est aussi le cas le 10 octobre lors de la réunion du Conseil d'Etat, au Kremlin, quand les représentants des Républiques réduisent à peu de choses le projet gorbatchévien de « traité de l'Union » : c'est la quatrième version de ce texte qui propose d'établir désormais une « Union des Républiques libres et souveraines » (en russe, les initiales *CCCP* sont les mêmes que pour l'ex-URSS).

Comme dans chacune de ses interventions publiques, Gorbatchev met en garde, avec solennité, contre l'exaspération de la population :

« La patience des gens est à bout ! »

Et le président de brandir la menace d'un conflit « plus terrible que celui qui vient d'éclater, sur les ruines de la Yougoslavie, entre la Croatie et la Serbie[12] ». La comparaison n'est pas innocente : si la guerre civile menace dans cet autre pays aux multiples nationalités, n'est-ce pas parce qu'on n'a pas su en préserver le pouvoir central après la chute d'un Parti communiste qui en assurait l'unité politique ?

En vain. Les dirigeants des Républiques, à commencer par le président ukrainien, n'entendent pas favoriser la restauration d'un « Centre » ressemblant à ce qu'était le Kremlin d'avant le putsch. Boris Eltsine, toujours opportuniste, propose de fermer la plupart des ministères fédéraux de l'URSS qui « ne sont plus utiles », y compris le ministère des Affaires étrangères, rendu obsolète par les relations diplomatiques directes que les pays étrangers ont commencé à établir avec les nouveaux Etats[13]. Devant le congrès des juges de Russie, le président russe se justifie : « Le “Centre”, en tant que tel, a cessé d'exister ! »

Gorbatchev sent le sol se dérober sous ses pas. Le 21 octobre, quand se réunit pour la première fois le Soviet suprême rénové, dont le « Conseil des Républiques » est la nouvelle Chambre haute, le président de l'URSS réalise à quel point il est isolé. D'abord, seulement 224 députés, représentant sept Républiques sur quinze, se sont déplacés : plus de la moitié des sièges sont vides. Ensuite, son talent d'orateur est inopérant : il prononce son discours dans un silence glacial. Quand il en termine, une partie de l'assistance est déjà debout, sur le départ : aucun applaudissement ne vient ponctuer son intervention. C'est la première fois que cela lui arrive.

Le 14 novembre, dans la désormais célèbre datcha de Novo-Ogarievo, il fait enfin adopter par les membres du Conseil d'Etat – réduit à sept représentants des Républiques – son fameux projet de « traité d'Union ». Mais cet aboutissement ressemble fort à une triple déconvenue. D'abord, le texte du traité ravale l'ex-URSS, dont la Constitution est supprimée, à une simple « confédération » dont les compétences seront « déléguées par les Etats membres ». Ensuite, les dirigeants des sept Républiques conditionnent leur signature à l'approbation du document par leurs Parlements respectifs ; enfin, l'absence ostentatoire de l'Ukraine, qui refuse de signer le traité, en condamne *de facto* toute application réelle.

Gorbatchev imagine-t-il encore qu'il pourra faire revenir tous ces gens-là au projet de Constitution « fédérale » qu'il est désormais le seul à prôner ? Et, plus improbable encore, qu'il leur fera admettre le principe d'une élection présidentielle au suffrage universel direct ? En tout cas, il ne s'avoue pas vaincu : le 20 novembre, il convainc son ancien ami Edouard Chevardnadze de reprendre son poste de ministre des Affaires étrangères de l'URSS ; le lendemain, lors d'une visite à Irkoutsk, en Sibérie, il annonce que l'élection présidentielle pourrait avoir lieu à la mi-1992 ; le 26 novembre, par le truchement de son conseiller Chakhnazarov, il fait savoir que la nouvelle Union, après tout, pourrait être créée même avec deux ex-Républiques !

La fin de l'histoire

Le dimanche 8 décembre, un peu avant 22 heures, une dépêche de l'agence Tass pulvérise ses dernières illusions. L'agence rend public un document capital adopté dans l'après-midi à Brest-Litovsk, près de Minsk, non loin de la frontière de la Pologne, par les trois principaux dirigeants de l'ex-URSS : Boris Eltsine (Russie), Leonid Kravtchouk (Ukraine) et Stanislav Chouchkievitch (Biélorussie). Le texte, qui fait l'effet d'une bombe, commence par un constat sans nuances :

> L'URSS, en tant que sujet de droit international et réalité géopolitique, n'existe plus.

Les trois signataires estiment que « l'éclatement de l'Union soviétique est devenu une réalité », que « la politique du pouvoir central a conduit à une profonde crise » et que « les pourparlers sur un "traité d'Union" se sont soldés par une impasse ». Ils ont décidé de fonder une « Communauté des Etats indépendants » (CEI), ouverte à d'autres adhésions, qui s'approprie tous les pouvoirs de l'ex-URSS[14].

La Russie, l'Ukraine et la Biélorussie sont les trois Etats slaves de l'ancien « empire rouge ». Outre leur cohérence ethnique et culturelle, ils représentent 73 % de la population (soit 210 millions d'habitants) et 85 % du PNB (60 % pour la Russie, 20 % pour l'Ukraine, 5 % pour la Biélorussie). Il n'est pas question d'imaginer que l'URSS puisse continuer d'exister, même sous forme confédérale, sans ces trois territoires-là.

Les trois présidents signataires ont passé leur week-end ensemble, mais ils avaient entretenu un savant brouillard sur l'objet de cette réunion historique. Gorbatchev, laissé à l'écart et privé d'informations, s'est bien douté de ce qui se tramait en Biélorussie : l'indépendance formelle de l'Ukraine, proclamée le 1er décembre, avait naturellement conforté son président, Leonid Kravtchouk, dans l'idée que l'URSS était devenue inutile. Boris Eltsine, qui soutenait encore Gorbatchev, se retrouvait dans une situation très inconfortable. Que le président de la Russie ait aussitôt choisi la coopération avec son grand voisin, quitte à indisposer son allié soviétique et à diviser son propre entourage, n'aurait pas dû l'étonner : « L'Union sans l'Ukraine serait absurde », ne cessait-il de répéter depuis quelques jours. Dont acte.

Tout autre que Gorbatchev se serait incliné devant le fait accompli. Mais l'homme de la *perestroïka*, profondément blessé, ferraille encore. Quand le président biélorusse Chouchkievitch lui explique depuis Minsk, au téléphone, que les trois comploteurs ont veillé à prévenir George Bush de leur initiative, Gorbatchev explose :

« C'est une honte ! Vous informez le président des Etats-Unis et vous n'informez pas le président du pays ! »

Dans une déclaration lue à la télévision le 9 décembre, il en appelle à la consultation des Parlements des Républiques, à la convocation du Congrès des députés du peuple, à l'organisation d'un référendum populaire, non sans rappeler qu'il reste le chef des forces armées et le détenteur du feu nucléaire. Gorbatchev croit-il pouvoir renverser le cours de l'histoire en appelant ainsi les élus et le peuple[15] à dénoncer le « coup de force » des trois présidents slaves ? Cruelle déception : le lendemain, aucun journal ne daigne titrer sur sa déclaration !

Qui s'intéresse encore au sort de Gorbatchev, alors que les événements se succèdent en rafales : coup sur coup, le président Eltsine fait entériner l'accord de Minsk par le Parlement russe, le ministère russe des Affaires étrangères se déclare responsable de la diplomatie de l'ex-URSS, l'armée rallie sans heurts la nouvelle configuration politique et, surtout, le 13 décembre, les cinq Républiques d'Asie centrale annoncent leur décision de rallier la CEI, transformant cette communauté « slave » en une confédération « euro-asiatique ». La roue de l'histoire tourne de plus en plus vite.

Personne ne prend Gorbatchev au sérieux quand il agite frénétiquement le spectre de l'anarchie. De fait, il n'y aura ni explosion meurtrière, ni conflit armé, ni guerre civile. Sous les yeux éberlués des diplomates de tous les pays, les protagonistes de cette extraordinaire mutation géopolitique font preuve d'une responsabilité inattendue, à commencer par Boris Eltsine qui organise le passage en douceur des dernières institutions soviétiques – la télévision, la Gosbank, le palais du Kremlin – sous la tutelle russe. Les choses paraissent presque simples : les structures de l'URSS cesseront d'exister « avant la fin de l'année », la nouvelle Communauté des Etats indépendants se dotera d'un « Conseil des chefs d'Etat » et non d'une présidence commune. Reste-t-il encore à régler des dizaines de questions vertigineuses, du siège de l'URSS au Conseil de sécurité de l'ONU à la maîtrise effective du « bouton nucléaire » ? Sans doute. Elles se régleront dans le calme. Et sans Gorbatchev.

« Je mets fin à mes fonctions... »

Le 21 décembre, les dirigeants de onze Républiques se réunissent à Alma Ata (Kazakhstan) pour formaliser la disparition de l'Union soviétique – et celle de son président, qui, naturellement, n'est pas invité. Au Kremlin où il signe encore des décrets de décorations ou de vœux, on apporte à Gorbatchev un message venu d'Alma Ata : les « onze », sans ménagement, l'informent de la « cessation de l'existence de l'URSS » et de la « suppression de l'institution présidentielle». Autour de lui, les membres du cabinet commencent à faire leurs cartons : les collaborateurs du président Eltsine les ont informés qu'ils viendraient s'installer dans quelques jours à cet étage du Kremlin !

Le temps presse : Gorbatchev n'a plus qu'une ou deux journées pour mettre en scène son départ, sauf à disparaître pitoyablement, sans gloire et sans adieu, dans les remous du naufrage de l'URSS. Le lundi 23 décembre, au Kremlin, les deux présidents tiennent une réunion au sommet, qui dure huit heures. Il fallait bien cela pour organiser le transfert des derniers pouvoirs propres à l'URSS (notamment le «bouton nucléaire»), pour prévoir le reclassement des membres de l'administration présidentielle, pour envisager ce que l'Etat russe accordera comme moyens d'existence au président déchu, et enfin pour régler l'annonce de la démission de celui-ci, fixée au soir du mercredi 25 décembre.

A 20 heures, ce mercredi-là, des dizaines de millions de téléspectateurs soviétiques ont vu leur dernier président – un peu pâle, mais la voix bien posée – mettre fin, en direct, à l'un des plus longs chapitres de l'histoire du XXe siècle :

> Chers compatriotes et concitoyens ! En raison de la situation qui s'est créée avec la formation de la Communauté des Etats indépendants, je mets fin à mes fonctions de président de l'URSS. [...] La ligne du démembrement du pays et de la dislocation de l'Etat a gagné, ce que je ne peux accepter...

D'un ton assuré, l'ancien président revient sur le «chemin parcouru depuis 1985», estime qu' «une œuvre d'une importance historique a été accomplie», rappelle que «le système totalitaire a été liquidé» et que «la guerre froide est finie». Il admet que «des changements aussi radicaux dans un pays si grand avec un tel héritage» ne pouvaient se dérouler «sans douleurs et sans secousses», comme le putsch d'août 1991 l'a montré, mais que l'essentiel était de rendre irréversibles les «conquêtes démocratiques de ces dernières années». Pas une fois il ne cite le nom de Boris Eltsine. Dominant son émotion et son désappointement, il termine malgré tout par une note positive :

Je quitte mon poste avec inquiétude, mais aussi avec espoir : avec la foi en vous, en votre sagesse et votre force d'esprit. Nous sommes les héritiers d'une grande civilisation et, à présent, il dépend de tous et de chacun qu'elle renaisse pour une nouvelle vie moderne et digne. [...] Je suis persuadé que, tôt ou tard, nos efforts communs porteront leurs fruits, et que nos peuples vivront dans une société démocratique et prospère[16].

Quelques minutes après la fin de cette déclaration, le drapeau rouge frappé de la faucille et du marteau est amené une dernière fois au pied de la grande tour du Kremlin, avant que soit hissé, dans la lumière des projecteurs, le drapeau blanc, bleu, rouge de la Russie triomphante. Cette fois, l'URSS est bel et bien sortie de l'Histoire. Emportant dans sa chute, amer et digne, l'homme qui en fut le premier et le dernier président.

ÉPILOGUE

Y a-t-il une vie après le Kremlin ?

« Nul n'est prophète en son pays. »

Evangiles selon saint Luc et saint Matthieu.

Après avoir accordé une dernière interview à la chaîne américaine CNN, Mikhaïl Gorbatchev a quitté le Kremlin de nuit, dans une Zil noire anonyme, dépourvue de tout fanion. Le lendemain, il a appris qu'une trentaine de manifestants étaient descendus dans la rue, au centre de Moscou, pour protester contre le « démembrement du pays » – une trentaine, seulement... Lui-même, en fin de journée, a convié quelques journalistes à l'hôtel Oktiabrskaïa « pour un simple au revoir », entouré de ses plus proches conseillers : Alexandre Iakovlev, Gueorgui Chakhnazarov, Andreï Gratchev. Raïssa ne l'a pas accompagné. Le vendredi 27, quand il est retourné au Kremlin pour recevoir une dernière délégation avant de prendre quelques vacances, il a eu la désagréable surprise de trouver Boris Eltsine déjà installé dans son bureau, où un grand drapeau russe avait remplacé le drapeau soviétique !

L'URSS a disparu. Presque sans bruit. Certes, tous les médias du monde ont consacré éditoriaux, titres de une et éditions spéciales à ce bouleversement politique inédit dans l'histoire moderne, mais à Moscou la vie continue comme avant, avec ses bousculades dans le métro, ses autobus poussifs et ses files d'attente devant des magasins vides. L'actualité gronde de menaces diverses quant à la disette qui se profile dans certains territoires et aux fusillades qui ensanglantent à nouveau les rues de Tbilissi (Géorgie), mais sans rapport avec la démission de Gorbatchev.

La presse russe a rapporté l'événement sur un ton grinçant ou ironique, à l'image d'un dessin publié dans la *Sovietskaïa Rossia* qui montre Eltsine et Gorbatchev sur un tas de cendres fumantes, sous la légende : « La *perestroïka* est achevée ! » Il y a quelques exceptions : la *Nezavisimaïa Gazeta* a salué le départ du « plus important réformateur du XXe siècle », la *Pravda* a vanté la « trace indélébile laissée par Gorbatchev dans les annales du monde », et les *Izvestia* ont regretté le départ à la sauvette de celui qui, somme toute, avait libéré la presse du pays : « Un jour, nous aurons honte de cela... »

Un trois-pièces rue Kossyguine

Les événements sont allés si vite que Gorbatchev va mettre du temps à prendre la mesure de son propre déclassement. Le jeune sexagénaire qui, six mois plus tôt, cumulait plus de pouvoirs que Joseph Staline peut-il réaliser qu'il n'est plus rien ? Son statut est celui d'un ex-dirigeant à la retraite, dont l'administration, ainsi qu'elle l'a toujours fait, réduit sensiblement le train de vie – comme au bon vieux temps de la *nomenklatura* communiste. Dans le bâtiment du 10, rue Kossyguine, au pied du mont des Oiseaux, Mikhaïl et Raïssa sont priés de quitter leur grand appartement de six pièces – affecté au président de l'Académie des sciences – pour un simple logement de trois pièces. En outre, ils se voient attribuer une nouvelle datcha à Joukovka, dans la même banlieue résidentielle de l'ouest de Moscou, à 3 km de leur ancienne villa « présidentielle » de Razdory. Le seul déménagement de leur bibliothèque, riche de 25 000 volumes et dossiers d'archives, va prendre une dizaine de jours !

L'accord passé entre Eltsine et Gorbatchev, le 23 décembre, a tout prévu. Mais il a deux volets. Le premier est d'ordre bureaucratique : l'ex-président soviétique a droit à une retraite de 3 900 roubles par mois[1], à une garde rapprochée de vingt personnes (chauffeurs, jardiniers, gardes du corps, femmes de ménage, etc) et à deux voitures de fonction, dont une Zil. Le second volet, non écrit, est d'ordre strictement personnel : le président déchu est prié de ne pas critiquer publiquement son vainqueur, sauf à se voir confisquer ses derniers privilèges. A bon entendeur...

Heureusement, le jeune retraité touche des droits d'auteur. Son livre *Perestroïka*[2], traduit dans le monde entier, lui a rapporté quelque 500 000 dollars, qu'il a consacrés à la modernisation de plusieurs hôpitaux publics, dont ceux de Stavropol et Krasnogvardeiskoe, sur sa terre natale[3]. Même s'il affecte, dans quelques interviews, de faire ses courses lui-même, Gorbatchev n'est pas à plaindre. Ses deux derniers récits, *Le Putsch* et *Décembre 1991*, le mettent durablement à l'abri du besoin. Il sait parfaitement que ses futurs écrits lui rapporteront des fortunes – les éditeurs se bousculent déjà pour éditer ses Mémoires – tout comme les conférences qu'on lui propose de prononcer ici ou là, en Occident, pour des sommes faramineuses. Sans parler de la chronique mensuelle que lui a commandée à prix d'or le journal *La Stampa* de Milan, qui la revend à des centaines de publications dans le monde, et non des moindres[4].

Grâce à cet argent, Gorbatchev va faire fonctionner pendant des années l'institut qui lui servira de raison sociale. Une simple plaque, au 59 Leningradskii Prospekt, indique que le bâtiment – une ancienne école des cadres du Parti – abrite désormais les locaux de la « Fondation Gorbatchev ». En anglais : International Foundation for Socio-Economic and Political Studies. Ambition affichée : devenir une sorte d'ENA russe, un creuset élitiste de futurs dirigeants politiques. Le rêve secret de Gorbatchev est d'y faire venir régulièrement ses « amis », les anciens dirigeants Helmut Schmidt (Allemagne), Valéry Giscard d'Estaing (France) et autres Yasuhiro Nakasone (Japon) pour conférer sur l'ordre du monde. En attendant, les enseignants et les chercheurs qui y travaillent s'appellent Alexandre Iakovlev, Vadim Zagladine, Anatoli Tcherniaev ou Gueorgui Chakhnazarov. C'est avec ces anciens complices et amis que Gorbatchev s'étourdit en recevant des délégations et en refaisant le monde, toute la journée, avant de se consacrer chaque soir, un dictaphone à la main, à rédiger ses livres.

La griserie des voyages

Parmi les surprises que lui vaut son nouveau statut, la plus agréable est sans doute la pluie d'invitations qui lui permettent de voyager aux quatre coins du monde, en compagnie de Raïssa, dans des conditions « privées » qu'il n'a jamais connues. En Allemagne, en mars 1992, à l'invitation de l'éditeur Bertelsmann, il est accueilli personnellement par Helmut Kohl (qui le tutoie), habite au château de Petersberg, la résidence des hôtes d'Etat, et savoure l'ovation de 10000 personnes devant l'hôtel de ville de Munich :

« Gor-by ! Gor-by ! »

Au Japon, où il séjourne onze jours en avril, il est reçu par l'empereur Akihito, visite Hiroshima, Osaka et Nagoya, prononce trois conférences, découvre le parc Disneyland de Tokyo. Aux Etats-Unis, où il passe douze jours en mai, il séjourne dans le ranch de Ronald Reagan, rencontre George Bush et Jimmy Carter, visite Wall Street et la *Trump Tower* à New York, prononce un discours au Westminster College de Fulton – là même où Churchill inventa, en 1946, l'expression « rideau de fer ». En Israël, en juin, les foules de Jérusalem, Tel-Aviv et Haïfa le traitent en héros. En Espagne, en août, il est l'hôte personnel du roi aux Baléares et aux Canaries avant d'aller prendre un bain de foule à l'Exposition universelle de Séville…

Réceptions, décorations, ovations : ces voyages sont autant de triomphes. Quel formidable contraste avec son propre pays, où l'histoire continue sans lui sa course chaotique… A l'étranger, Gorbatchev a troqué l'habit de dirigeant politique pour celui de star internationale. Un producteur britannique lui propose de faire un film sur sa vie, et le réalisateur allemand Wim Wenders de tourner dans son prochain film ; la plus grande fédération mondiale de boxe, la WBC, le distingue pour avoir ouvert la voie du professionnalisme aux boxeurs soviétiques ; le jury Donna-Citta di Roma couronne le livre de souvenirs de Raïssa, traduit en italien par l'éditeur Rizzoli ; on ne compte plus les universités qui veulent lui décerner le titre de docteur *honoris causa* ; à Paris, où il doit se rendre en septembre, des professeurs veulent créer pour lui une chaire internationale au Collège de France. Les distinctions, les bienfaits, les prix, les titres tombent en avalanche. Le 7 juin, les 270 parlementaires et leaders spirituels du Forum Global réuni à Rio de Janeiro l'élisent, par acclamation, président de la Croix-Verte internationale[5] !

Au cours de ces voyages, Gorbatchev ne cesse d'être interrogé sur la Russie et sur lui-même, il répond à des dizaines d'interviews et se laisse aller à des confidences, parfois, lors des innombrables discours qu'il prononce. Ce bavard impénitent ne se fait jamais prier pour donner son avis sur tous les sujets, non sans livrer parfois, au hasard de son propos, quelques accents de vérité – où ses proches constatent qu'il collectionne les regrets. L'éclatement de l'Union soviétique et la fin des idéaux originaux du communisme en constituent les principaux. Tout comme sa propre sortie de scène, quelques mois plus tôt, dont il n'a pas encore compris le processus[6]...

La guéguerre avec Boris

Gorbatchev est incroyablement prolixe. Sur la Chine, la presse, le désarmement, la réforme fiscale, le Proche-Orient, il multiplie les jugements à l'emporte-pièce, les raisonnements hâtifs et les réflexions contradictoires. Son entourage n'est pas dupe : ce déluge de propos décousus masque une profonde nostalgie du pouvoir. Il le cache bien, mais il ne pense qú'à son retour en politique. Un jour, à Tokyo, devant 700 personnes, il répond par une boutade à une question portant sur le retour au pouvoir du général de Gaulle en France en 1958 :

« De Gaulle avait 68 ans, moi je n'en ai que 61 : j'ai toutes mes chances ! »

C'est un aveu, qu'il corrige aussitôt en précisant qu'il n'entend pas reprendre du service, au moins « au cours des trois à cinq prochaines années ». Traduction : tant qu'Eltsine sera dans la place. Cette conviction intime, profonde, viscérale, déconcerte ses plus fidèles compagnons de route, conscients de sa flagrante impopularité dans le pays. Même les journalistes politiques restés proches de lui, de Len Karpinski *(Les Nouvelles de Moscou)* à Vitali Tretiakov *(Niezavissimaïa Gazeta),* ne lui donnent pas la moindre chance de revenir aux affaires. Mais Gorbatchev demeure un incorrigible optimiste. L'accueil qu'il reçoit à l'étranger, les rapports qu'il entretient avec l'intelligentsia moscovite et les déboires qui jalonnent le parcours de son successeur – seul, aujourd'hui, à tenter de résorber les mille et une crises qui agitent la Russie et à résister aux assauts de ses innombrables adversaires politiques – lui font croire, contre vents et marées, en son étoile.

Prendre sa revanche, telle est son idée fixe. Presque son obsession. Dès qu'il se laisse aller devant un micro, il devient terriblement critique envers son ancien rival – surtout quand il s'adresse à un journaliste étranger – et manifeste, malgré lui, une poignante amertume. Celle-ci est avivée par le fait qu'Eltsine, finalement, rencontre exactement les mêmes problèmes que ceux qu'il devait affronter lui-même, de l'hostilité des anciens apparatchiks aux affrontements ethniques dans le Caucase. Le président russe, à entendre Gorbatchev, manque de professionnalisme, est incapable de diplomatie, prend des risques inconsidérés et fait le lit d'une probable « dictature fasciste ».

Le président en place, de plus en plus agacé, va-t-il réagir ? Gorbatchev a reçu un premier avertissement, en juin, après avoir déclaré dans un grand journal russe qu'« Eltsine n'était pas Jésus-Christ » : le gouvernement lui a brutalement confisqué sa Zil ! Au mois d'août, pour le premier anniversaire du putsch, Gorbatchev n'a pas ménagé ses attaques contre le président russe, dont la politique économique, dit-il, tient de l'« utopie néobolchevique » et mène le pays « à la ruine ». Trop, c'est trop. Le 1er octobre, le président de la Cour constitutionnelle, Valeri Zorkine, signifie à Gorbatchev qu'il lui est interdit de quitter le territoire. Motif : l'ancien secrétaire général du Parti n'a pas voulu témoigner au procès du PCUS, dont les audiences ont commencé en été. Gorbatchev dénonce une « manœuvre », un « scandale ». En retour, Eltsine lui suggère publiquement de redevenir « un bon citoyen »... et décide d'exproprier la Fondation Gorbatchev de ses confortables locaux soudain affectés, par décret, au gouvernement russe ! Colère de

Gorbatchev qui s'insurge contre une «vengeance politique» et exige la démission du même gouvernement…

Le monde entier, y compris la population russe, assiste avec effarement à cette chamaillerie infantile. Plusieurs ambassades occidentales (Italie, Allemagne, France) interviennent pour qu'on rende son passeport à l'ancien président, ne serait-ce que pour lui permettre d'assister aux obsèques de Willy Brandt le 17 octobre. Eltsine cède sur ce point, mais pousse le parquet à inculper son rival : d'abord pour insulte à la cour, puis pour fraude fiscale, mais aussi pour avoir dissimulé les preuves de l'implication de l'URSS dans le massacre de Katyn en 1940, pour avoir participé à la décision d'abattre le Boeing de la Korean Airlines en 1983[7], et enfin pour avoir donné son accord à l'invasion de l'Afghanistan en 1979 !

La comédie du pouvoir tourne à la farce. L'incroyable chikaya à laquelle se livrent ces deux géants de l'histoire les rabaisse au rang de gamins mal élevés qui se bagarrent dans une cour de récréation – pendant que leur école brûle. Les dégâts, pour les deux protagonistes, sont considérables : Eltsine en sort avec l'image d'une brute imprévisible capable de violer les règles démocratiques pour assouvir sa lointaine vengeance ; et Gorbatchev comme un irresponsable aigri, aveuglé par son désir de reprendre sa place dans l'histoire. Les journalistes qui se bousculent pour interviewer l'ancien président – et obtenir de lui quelque «petite phrase» assassine – remarquent qu'il parle désormais de lui à la troisième personne[8]…

Fiasco électoral

Eltsine ne veut pas faire de Gorbatchev un martyr. Celui-ci retrouvera très vite sa faculté de voyager : il s'envolera bientôt pour Berlin, Buenos Aires, Santiago du Chili, Rio de Janeiro et bien d'autres capitales. Il retrouvera les réceptions fastueuses, les séjours princiers, les conférences au sommet, les attributions de prix, les remises de diplôme. Il retrouvera aussi, à Moscou, les locaux de sa fondation, réduits à 1 000 m² de bureaux dans le même bâtiment du 59 Leningradskii Prospekt. Pour les entretenir et payer ses collaborateurs, l'ancien maître du Kremlin n'hésitera pas à figurer dans deux spots publicitaires qui entreront dans l'histoire du marketing: le premier, tourné à Moscou, vantera les mérites des pizzas Hut; le second, tourné à Berlin, sera à la gloire de la marque Vuitton.

Pendant les trois années suivantes, l' «ex» passe son temps à jouir de son statut de vedette en Occident, à donner son avis dans les colloques les plus divers et à se lamenter sur le sort funeste de son malheureux pays qui, au fil des ans, lui échappe de plus en plus. Fuyante, ingrate et déconcertante Russie qui ne réussit pas à se débarrasser de ses vieux démons: le 4 octobre 1993, c'est à coups de canon, en plein Moscou, qu'Eltsine décide de tirer sur son propre Parlement pour en déloger ses anciens adjoints, Alexandre Routskoï et Rouslan Khasboulatov, devenus ses adversaires jusqu'au-boutistes ! Du passé, décidément, la Russie ne parvient pas à faire table rase.

Gorbatchev non plus. Fasciné par le discrédit général de la population envers ses dirigeants, obsédé par l'idée qu'il est une sorte d' «homme providentiel» dans une Russie à la dérive, aiguillonné par les nombreuses rumeurs alarmistes sur la santé de Boris Eltsine, le monarque déchu rêve qu'il va revenir au pouvoir par la voie du suffrage universel – celle qu'il n'a jamais empruntée quand il était au pouvoir. Son désir de revanche est irrépressible. Sa confiance en lui, irrationnelle. Souvent, lorsqu'il achève de répondre à une interview, il glisse au journaliste, en lui serrant le bras, toujours la même boutade:

«L'ère Gorbatchev ne fait que commencer ! »

En avril 1996, contre l'avis de tout son entourage familial et professionnel, il annonce sa candidature à l'élection présidentielle. Il se présente contre le président sortant Boris Eltsine, le chef des communistes Guennadi Ziouganov, l'économiste libéral Grigori Iavlinski, le général réformiste Alexandre Lebed, le leader populiste Vladimir Jirinovski et quelques autres candidats. Aux yeux de tous, amis ou ennemis, c'est de l'inconscience. Les sondages lui accordent moins de 1 % des voix. Il n'en a cure.

Il fait campagne. Obstinément, courageusement, désespérément, il parcourt la Sibérie et la Russie d'Europe, il anime des réunions, tient des meetings, répond à des interviews. Il est seul, accompagné de quelques assistants payés par sa fondation. Raïssa, qui désapprouve ce combat inutile, ne l'accompagne pas. Très vite, son périple électoral se transforme en calvaire. Il est insulté, ridiculisé, humilié. On le traite d' «Américain», on lui reproche d'avoir «bradé l'URSS», on le qualifie d' «homme du passé». Souvent la haine s'invite à ses réunions. Un soir, à Omsk, il est frappé par un jeune excité et doit interrompre sa tournée. A la stupéfaction de ses amis, il mène sa campagne jusqu'au bout, sans jamais abandonner le fol espoir de recueillir suffisamment de voix pour figurer au second tour. A la veille du scrutin, il assure à l'historienne Hélène Carrère d'Encausse :

«Si je suis en dessous de 30 %, c'est que le scrutin aura été truqué ! »

Le soir du 16 juin, c'est la douche froide. Eltsine obtient 35 % des voix ; Ziouganov, 32 % ; Lebed et Iavlinski respectivement 14,5 % et 7,3 % ; Jirinovski, 5,7 % ; Gorbatchev figure en queue de liste, parmi ceux qu'on appelle les «petits candidats», avec… 0,51 % des suffrages. Un score pathétique. C'est à peine si les journaux mentionnent son résultat, tant le futur duel Eltsine-Ziouganov passionne déjà les observateurs. Au second tour, le premier l'emportera sur le second avec 53 % des suffrages, mais Gorbatchev s'en moque : ce n'est déjà plus son histoire. L'ancien secrétaire général du PCUS ne pouvait quitter la vie politique de façon plus pitoyable.

La mort de Raïssa

Le 22 juillet 1999, un événement tragique interrompt la retraite dorée de Mikhaïl Gorbatchev, bien plus terrible qu'une déconfiture électorale : les médecins ont décelé chez Raïssa, âgée de 67 ans, une leucémie aiguë. Il faut l'hospitaliser d'urgence. Depuis le putsch d'août 1991, l'épouse de l'ancien président a été plusieurs fois hospitalisée à la suite du traumatisme qu'elle avait subi à Foros. Mais ce choc nerveux doublé d'une violente crise d'hypertension artérielle, dont elle ne s'est jamais complètement remise, n'avait rien à voir avec un éventuel cancer. D'ailleurs, selon Gorbatchev lui-même, lors de leur dernier voyage en Australie, au printemps, Raïssa «se sentait tout à fait bien».

Le chancelier allemand Gerhard Schroeder, alerté, suggère à « son ami Mikhaïl » d'hospitaliser Raïssa dans le service du professeur Thomas Büchner à la clinique universitaire spécialisée de Münster, en Allemagne du Nord. Le 26 juillet, Gorbatchev s'installe à l'hôtel Mövenpick, voisin de la clinique où il va passer de très longues journées auprès de son épouse, à trier les innombrables télégrammes, bouquets de fleurs et vœux les plus divers qui affluent vers ce couple soudain frappé par le sort. Leur fille Irina est là aussi, accompagnée de ses propres filles Xénia et Anastasia[9].

Une chimiothérapie intense, une rémission de la maladie, un projet de greffe de moelle osseuse – la sœur de Raïssa, Ludmila, a fait le voyage d'Oufa, dans l'Oural, pour se prêter à cette opération délicate – redonnent, l'espace de trois semaines, un peu d'espoir. Mais, le 14 septembre, la patiente est placée en unité de soins intensifs en raison d'une grave défaillance circulatoire. Les médecins sont pessimistes. Dans la nuit du 19 au 20 septembre, elle décède. Gorbatchev, depuis plusieurs jours, n'a pas quitté son chevet. Il est dévasté.

Dans les heures qui suivent la nouvelle, les nombreux témoignages des grands de ce monde – Bush, Kohl, Jean-Paul II, Chirac, Havel – attestent que l'ancienne *first lady* avait marqué son époque. Mais la disparition de Raïssa Maximovna provoque également une émotion inattendue en Russie, y compris dans la presse qui fut pourtant, à son endroit, d'une rare sévérité. Le président Eltsine, qui ne lui avait pas ménagé ses critiques, dépêche un avion pour rapatrier la défunte à Moscou, où sa dépouille sera exposée au Fonds de la culture russe, dont elle avait été la vice-présidente, puis inhumée au cimetière du couvent de Novodievitchi, non loin des tombes de Gogol, Tchekhov, Prokofiev et autres Chaliapine.

Depuis quarante-six ans, Mikhaïl et Raïssa étaient unis comme peu de couples de cet âge, surtout dans le milieu politique. De même que Gorbatchev n'avait jamais cherché à dissimuler l'amour qu'il portait à sa femme, il ne cache pas, lors de ses obsèques, l'immense chagrin qu'il éprouve. La population russe est témoin, par le truchement de la télévision, de cette immense douleur personnelle. Des millions de citoyens anonymes sont émus par cet homme qui fut si puissant et dont toute la vie semble suspendue à ces larmes dont personne, cette fois, ne nie la sincérité.

Gorbatchev vieillira donc tout seul. Il se rapproche de sa fille Irina, qui ressemble de plus en plus à sa mère et qui l'accompagnera souvent dans ses voyages. Il gardera le contact avec quelques-uns de ses anciens compagnons – son ami Alexandre Iakovlev, son conseiller Andreï Gratchev, son interprète Pavel Palajtchenko – et retrouvera régulièrement certains des chefs d'Etat qu'il fréquenta naguère à l'occasion de ses anniversaires : le 70e, le 75e, le 80e, qui donneront lieu à des fêtes parfois mémorables. A chaque fois, de nouveaux journalistes lui poseront les mêmes questions sur son arrivée au pouvoir, sur la *perestroïka*, sur la fin du communisme, sur le putsch d'août 1991. Et, comme d'habitude, ce sympathique moulin à paroles répondra par de longs développements, des anecdotes recuites, deux ou trois fanfaronnades et quelques mots d'humour, en brassant l'air avec les bras.

Régulièrement, il donne aussi son avis sur la politique de Vladimir Poutine, dont il a loué, au début, la modernité et le dynamisme. Mais il en est venu à critiquer la gestion autoritaire du successeur désigné de Boris Eltsine, et notamment la façon dont il se maintient au pouvoir, en 2008, en échangeant son poste avec le Premier ministre Medvedev pour mieux retrouver sa présidence en 2012. Il prend aussi la défense de l'oligarque Mikhaïl Khodorkovski, emprisonné sur ordre de Poutine, et critique volontiers le parti présidentiel, Russie unie, qu'il compare parfois – un comble – à l'ancien PCUS ! Mais, à Moscou, personne ne prend au sérieux Gorbatchev quand il explique que « Vladimir Poutine, s'il reste trop longtemps au pouvoir, pourrait bien se transformer en Leonid Brejnev[10] ».

Au fil des ans, son rôle à la tête de la Croix-Verte internationale a donné à Gorbatchev le goût de l'écologie et de l'avenir de la planète. Il intervient souvent sur ce thème, qu'il aborde à sa façon, c'est-à-dire par la philosophie. L'ancien idéologue marxiste est devenu un penseur syncrétique et universel, capable de rappeler régulièrement les mérites de Vladimir Ilitch Lénine, de soutenir une association « social-démocrate » en Russie, de qualifier le pape

Jean-Paul II de « plus grand humaniste de cette planète », et de publier un livre d'entretiens avec le bouddhiste japonais Daisaku Ikeda[11] sur les leçons à tirer, sur le plan moral, de ce siècle finissant. En présentant ce dernier livre à Osaka en novembre 1997, Gorbatchev a eu ces mots :

> Nous ne sommes pas fatalistes. Nous croyons en la force de la bonne volonté des êtres humains et en leur raison. Nous croyons également qu'un homme politique responsable peut changer le destin de l'humanité et éliminer la menace qui mène celle-ci à sa destruction. C'est pour cela que nous avons osé rechercher ensemble le sens spirituel profond de l'humanisme, celui que l'humanité du XXe siècle n'a jamais connu.

Un homme politique responsable peut-il changer le destin de l'humanité ? Il serait dommage, quand on a eu le parcours de Gorbatchev, de ne pas répondre par l'affirmative. Les journaux du monde entier ont eu l'occasion de le rappeler le 9 novembre 1999, à Berlin, lors de la « Fête de la liberté » qui marqua le 10e anniversaire de la chute du Mur, en présence de nombreux chefs d'Etat et de gouvernement : les deux invités d'honneur, tous les deux Prix Nobel de la paix, en étaient Lech Walesa et Mikhaïl Gorbatchev. Le premier déclencha, depuis les chantiers de Gdansk, en 1980, l'extraordinaire mouvement populaire qui aboutit, presque sans violence, à la réunification du continent européen. Le second, qui avait encouragé par ses réformes le réveil des peuples de l'Est, a mis un point final à la guerre froide en choisissant délibérément, en 1989, de ne pas envoyer les chars soviétiques écraser ce même mouvement dans le sang et le drame.

C'est cette décision-là, sans doute, qui fait de Gorbatchev l'un des géants de la fin du XXe siècle.

Carte politique de l'URSS (avec les Républiques) en 1985

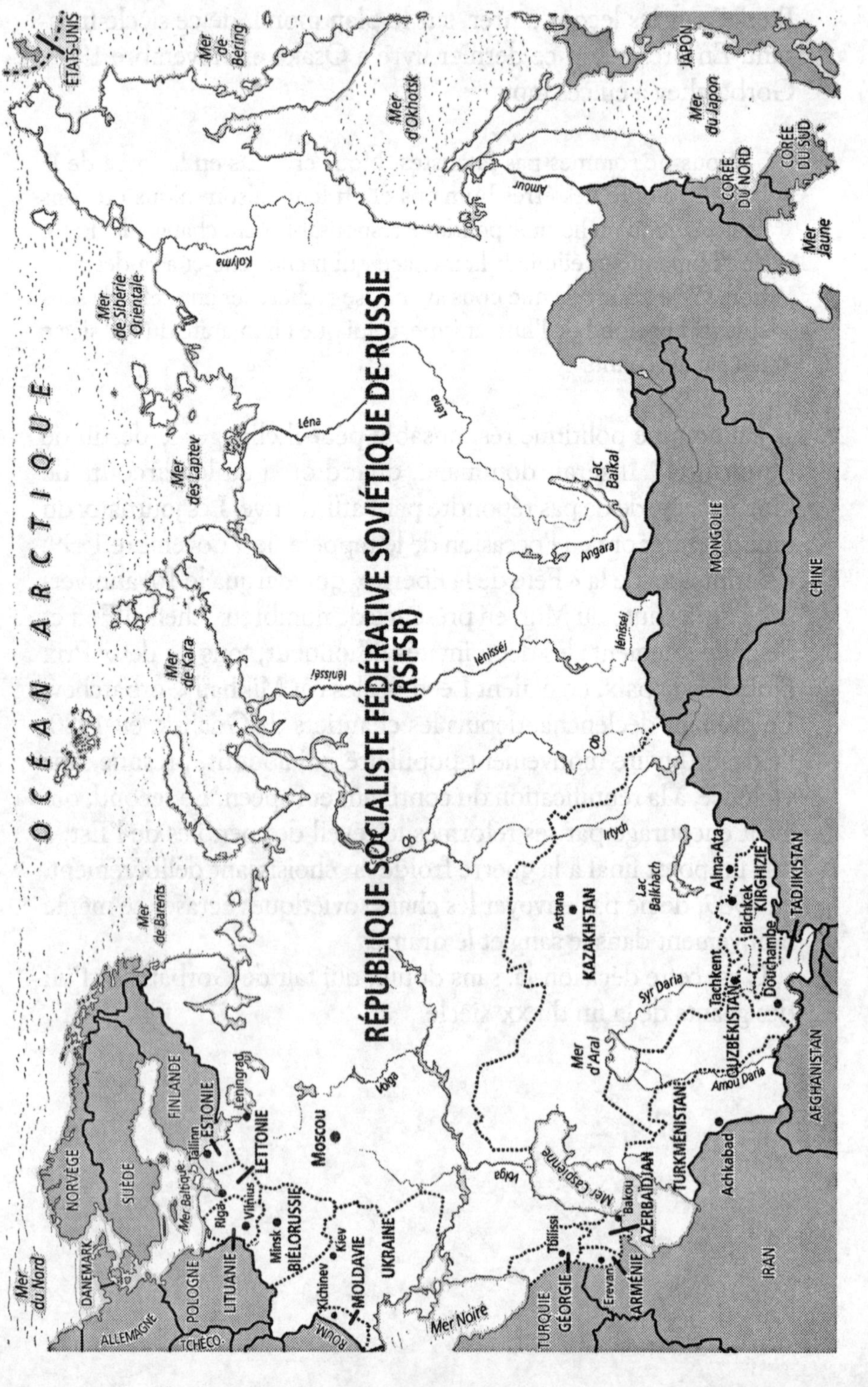

Notes

1. Grandir sous Staline

1. L'URSS était alors divisée en 83 « régions » administratives *(oblast)*, dont 9 « territoires » *(kraï)* comportant une ou plusieurs « Républiques autonomes ». Le territoire de Stavropol comportait une République autonome, celle des Karachaevo-Tcherkesses. Les régions et les territoires étaient divisés en « districts » *(raïon)*.

2. Il est difficile de mesurer l'impact qu'a pu avoir sur les paysans de Privolnoe, à quelques centaines de kilomètres de là, la brutale déportation massive des Kalmouks par Staline, fin décembre 1943.

3. Mikhaïl Gorbatchev, *Mémoires*, Editions du Rocher, 1995.

4. *Ibid.*

5. La longue bataille qui opposa la Russie et l'Empire ottoman se termina avec la signature de la paix de Brest-Litovsk le 3 mars 1918.

6. Confidence faite au cardinal Casaroli lors de leur rencontre au Kremlin le 13 juin 1988 (rapporté par Joaquin Navarro-Valls dans *La Passion de l'homme*, Parole et Silence, 2009).

7. Le village de Letnitskoe s'appelle aujourd'hui « Letnik ».

8. Réponse faite à l'auteur lors d'une conférence de presse tenue par Mikhaïl Gorbatchev à Paris le 5 juillet 1989.

9. Le NKVD *(Narodnii Komissariat Vnoutrennikh Diel)* est le « Commissariat du peuple aux Affaires intérieures » (la police politique) depuis 1934. Il sera absorbé par le MVD (ministère de l'Intérieur) en 1946, puis remplacé par le KGB (Comité pour la Sécurité d'Etat) en 1954.

10. Chiffre rapporté par Gerd Ruge, *Mikhaïl Gorbatchev*, Seuil, 1991.

11. Rapporté par les journalistes de *Time Magazine* dans *Mikhaïl Gorbatchev, biographie intime*, Michel Lafon, 1988.

12. Mikhaïl Gorbatchev, *op. cit.*

13. Rapporté par Andreï Gratchev, *Le Mystère Gorbatchev – La terre et le destin*, Editions du Rocher, 2001.

14. En URSS, on a toujours ignoré la date du 7 mai 1945, jour de la capitulation de l'Allemagne nazie à Reims, considérant que la seule capitulation qui vaille fut celle signée à Berlin, le lendemain, à 23 heures (c'est-à-dire, à l'heure de Moscou, le 9 mai à 1 heure du matin).

15. Clin d'œil de l'histoire : quand Mikhaïl Gorbatchev ira visiter ce bâtiment, en juillet 1988, il y sera accueilli par les nouveaux propriétaires, les dirigeants de la maison catholique d'édition Znak, à laquelle a collaboré

dans sa jeunesse un certain Karol Wojtyla, futur Jean-Paul II.

16. Interview de Maria Panteleïevna réalisée par la télévision soviétique en 1989.

17. Discours de Mikhaïl Gorbatchev à Izobilnenskii le 19 septembre 1986, cité par Dev Murarka, *Gorbatchev*, Ramsay, 1987.

18. Alexandre Sergueïevitch Gorbatchev embrassera la carrière militaire et deviendra colonel. Il n'aura jamais de rapports très étroits avec son frère.

19. Maria Panteleïevna finira par déménager à Moscou en 1993, mais elle mourra peu de temps après, à l'âge de 82 ans.

2. Etudiant à Moscou

1. La date exacte est invérifiable, mais le 1er septembre est le jour des inscriptions à la faculté.

2. A l'origine, les « Sept Sœurs » devaient être huit.

3. *Pravda*, 20 mai 1987, cité dans Dev Murarka, *Gorbatchev*, *op. cit.*

4. GRU *(Glavnoe Razvedyvatelnoe Upravlenie)* : services secrets de l'armée soviétique.

5. Raïssa Gorbatchev, *Ma vie*, Olivier Orban, 1991.

6. La Charte 77 sera le principal mouvement de dissidents tchèques entre 1977 et 1989.

7. Michel Tatu, *Gorbatchev, l'URSS va-t-elle changer ?*, Le Centurion/Le Monde Editions, 1987.

8. Zdenek Mlynar, « Mon camarade Mikhaïl Gorbatchev », *L'Autre Europe*, n° 7-8, L'Age d'Homme, 1985. (L'article est d'abord paru en italien dans *L'Unita* du 9 avril 1985.)

9. Zdenek Mlynar, *op. cit.* Produit par la Mosfilm en 1950, *Les Cosaques du Kouban (Kubanskie Kazaki)* était un film d'Ivan Pyriev, avec, dans le rôle principal, le jeune Iouri Lioubimov.

10. Ce livre de Zdenek Mlynar est paru en français sous le titre *Le froid vient de Moscou,* Gallimard, 1981.

11. Fondée par Lénine en 1918, l'Union des Jeunesses léninistes-communistes (intiales en russe : VLKSM), ou *Komsomol*, est l'organisation unique de la jeunesse. Elle dépend à 100 % du Parti communiste de l'URSS.

12. Discours à Vladivostok le 26 juillet 1986, cité par Dev Murarka, *op. cit.*

13. Raïssa Gorbatchev, *op. cit.* Les quatre noms qu'elle cite sont ceux d'importants philosophes non marxistes, qui étaient évidemment interdits à l'époque.

14. En 1949, Staline déclencha une série de purges au sein du PC de Leningrad. L'objectif était d'éviter que les dirigeants de la ville martyre ne prennent trop d'autonomie par rapport au Kremlin.

15. Michel Tatu, *op. cit.*

16. Alexandre Dimov, *Les Hommes doubles*, JC Lattès, 1980.

17. Zdenek Mlynar, *op. cit.*

18. Michel Tatu, *op. cit.*

19. *Ibid.*

3. Raïssa Maximovna

1. Mikhaïl Gorbatchev, *Mémoires, op. cit.* Selon Gerd Ruge *(op. cit.)* il ne s'agissait pas d'une soirée habituelle mais d'un cours de danse.

2. Rapporté par Andreï Gratchev, *op. cit.*

3. Rapporté par Urda Jürgens, *Raïssa Gorbatchev, l'inconnue du Kremlin,* Robert Laffont, 1990.

4. Tchernigov (aujourd'hui *Tchernihiv*, en ukrainien) fut, dès le xe siècle, une des plus importantes cités de la Ruthénie de Kiev. Mise à sac par les Mongols en 1239, elle appartiendra successivement au grand-duché de Lituanie, à la principauté de Moscou, au royaume de Pologne puis à la Russie impériale.

5. Evgueni, le frère de Raïssa, publiera plus tard des livres pour enfants sans trouver le succès, et sombrera dans l'alcoolisme. Ludmila, sa sœur, deviendra médecin à Oufa, en Bachkirie, et restera toute sa vie proche de Raïssa. Selon l'historien Jaurès Medvedev, Ludmila aurait épousé un fonctionnaire du Parti nommé Chipakhine qui fut impliqué dans une affaire de corruption en 1977.

6. Raïssa Gorbatchev, *op. cit.* Dans ses *Mémoires*, Mikhaïl Gorbatchev révèle que Piotr Parada, le grand-père maternel de sa femme, n'a été réhabilité officiellement qu'en janvier 1988.

7. En URSS, tous les jeunes de 10 à 14 ans devaient obligatoirement faire partie de l'organisation des Pionniers, calquée sur les Scouts, et porter un foulard rouge autour du cou.

8. Raïssa Gorbatchev, *op. cit.*

9. Zoïa Kosmodemianskaïa est enterrée au cimetière de Novodievitchi à Moscou. C'est à partir de son histoire que Jonathan Littell a eu l'idée d'écrire son roman *Les Bienveillantes.*

10. Raïssa Gorbatchev, *op. cit.*

11. *Ibid.*

12. Mikhaïl Gorbatchev, *Mémoires, op. cit.*

4. Les jardins de Stavropol

1. Raïssa Gorbatchev, *op. cit.*

2. L'avenue Staline sera rebaptisée « Karl-Marx » lors de la déstalinisation en 1961.

3. Mikhaïl Gorbatchev, *Mémoires, op. cit.*

4. Paola Messana, *Kommunalka*, JC Lattès, 1995. Nikita Khrouchtchev, au début des années 1960, réduira ce chiffre à 50 % grâce à des milliers de HLM de cinq étages, tous construits sur le même modèle. A la fin de l'URSS, en 1991, le chiffre était encore de 20 %.

5. Alexandre Soljenitsyne est né le 28 novembre 1918 non loin de là, à Kislovodsk.

6. Branko Lazitch, *Le Rapport Khrouchtchev et son histoire*, coll. « Points Histoire », Seuil, 1976.

7. Mikhaïl Gorbatchev, *Mémoires, op. cit.*

8. *L'Enigme Gorbatchev, op. cit.*

9. Jean Stoetzel, un des inventeurs des sondages d'opinion en Europe, qui

fonda l'IFOP en 1938, s'est rendu en URSS en 1961, à l'invitation du ministère du Travail. Il raconte qu'il n'y avait pas de « sociologie » à l'époque, mais de la « philosophie sociale ». En revanche, il retourne en URSS en 1966 et, cette fois, rencontre de vrais sociologues : Diligenski, Kollontaï, Boris Grouchine… (Propos recueilli par Marie Mendras, *L'Autre Europe*, n° 13, L'Age d'Homme, 1987.)

10. Raïssa Gorbatchev, *Ma vie, op. cit.* Sur la *zastoï* (« stagnation »), voir chapitres 7 et 9.

11. Ce sera vrai jusqu'à la fin de l'URSS en 1991. La seule femme, en soixante-treize ans, qui soit parvenue jusqu'au Politburo – et seulement comme membre suppléant – est Ekaterina Fourtseva, ministre de la Culture de 1960 à 1974.

5. Les premiers pas

1. La *nomenklatura* est la liste des postes gérés directement par le secrétariat du Parti – dans le Parti lui-même, le Komsomol, les syndicats, l'administration, les ministères, etc. – qui donnent lieu à privilèges politiques et avantages matériels.

2. Rapporté par Andreï Gratchev, *op. cit.*

3. *Cf.* Mikhaïl Gorbatchev et Daisaku Ikeda, *Dialogue pour la paix*, Editions du Rocher, 2001.

4. Gerd Ruge, *op. cit.*

5. Mikhaïl Gorbatchev, *Mémoires, op. cit.*

6. Michel Tatu, *op. cit.*

7. Zdenek Mlynar : « Mon camarade Mikhaïl Gorbatchev », *op. cit.*

8. Mikhaïl Gorbatchev, *op. cit.*

9. Roy et Jaurès Medvedev, *Khrouchtchev, les années de pouvoir*, « Cahiers libres » 335, François Maspero, 1977.

10. Krasnodar, l'ancienne Ekaterinodar, est la capitale du territoire *(krai)* voisin de celui de Stavropol.

11. *Jeleznovodzk* peut se traduire par « Eaux ferrugineuses » et *Mineralnye Vody* par « Eaux minérales ».

12. Le KGB *(Komitet Gosoudarstvennoj Bezoposnosti)* a remplacé en 1954 à la fois le MVD (ministère de l'Intérieur) et le MGB (ministère de la Sécurité).

13. Raïssa Gorbatchev, *op. cit.*

14. *Ibid.*

6. Camarade Premier secrétaire

1. Mikhaïl Gorbatchev, *Mémoires, op. cit.*

2. Jerry Hough, *How the Soviet Union is Governed*, Harvard University Press, 1979.

3. Les juges Telman Gdlian et Nicolai Ivanov, connus pour avoir osé enquêter sur les trafics de coton impliquant la famille Brejnev en Ouzbékistan, deviendront en 1988, par leurs investigations courageuses, des « vedettes » de la *perestroïka*.

4. Voir les témoignages de Nikolaï Dorokhine ou de Viktor Postnikov recueillis par Gerd Ruge, *op. cit.*

5. Michel Tatu, *op. cit.* Le récit *La Petite Terre* n'est que le premier tome de ces Mémoires. Les deux autres seront intitulés *La Renaissance* et *Les Terres vierges*. Ils seront publiés en français sous le titre général *A la pointe du combat (Souvenirs 1941-1956)*, Hachette Littératures, 1979.

6. Le Parlement de l'URSS, appelé Soviet suprême, se compose de deux Chambres de 750 membres chacune : le Soviet de l'Union, dont les membres sont élus par circonscription, et le Soviet des nationalités, élu sur la base territoriale de 25 députés pour chaque République, 11 pour chaque République autonome, 5 pour chaque région autonome et 1 pour chaque district.

7. Raïssa Gorbatchev, *op. cit.*

8. Interview de Mikhaïl Gorbatchev par Tom Brokaw sur la chaîne NBC, 1er décembre 1987.

9. Urda Jürgens, *op. cit.*

10. Iouri Lioubimov, né en 1917, est un acteur populaire et un metteur en scène non conformiste qui a fondé en 1961 à Moscou le théâtre de la Taganka, et qui n'a cessé de se battre contre la censure.

11. Lorsque le journaliste français Michel Tatu a posé directement la question à Mikhaïl Gorbatchev lors de sa visite en France en 1989, ce dernier lui a parlé d'un premier voyage « en 1975 », mais c'était une erreur de sa part.

12. René Mauriès, *Jean-Baptiste Doumeng, le grand absent*, préface de Mikhaïl Gorbatchev, Editions Milan, 1992.

13. Les autres membres du groupe étaient Evgueni Razoumov, numéro deux de la section d'organisation du Comité central, Valentina Karpova, vice-Premier ministre de la RSFSR, Andreï Lomonossov, ministre du Travail de la RSFSR, et Dmitri Moïssenko, fonctionnaire du Comité central. *Cf.* Bernard Lecomte, *Le Bunker,* JC Lattès, 1994.

14. Alexandre Herzen (1812-1870) fut un philosophe matérialiste engagé, pourchassé par la police tsariste, que les autorités de l'URSS considèrent comme un précurseur du socialisme révolutionnaire.

15. Cité par Andreï Gratchev, *op. cit.*

16. Sergueï Medounov sera exclu du Parti en 1989 pour avoir couvert, quand il était en poste à Krasnodar, la corruption à grande échelle qui sévissait dans la région (*Moskovskaïa Pravda*, 23 mars 1989).

17. Mourmansk est une ville industrielle à l'extrême nord de la presqu'île de Kola, au-delà du Cercle arctique, où il gèle presque toute l'année.

18. Christian Schmidt-Häuer, *Gorbatchev : The Path to Power*, Tauris & Co, Londres, 1986.

7. Dans les coulisses du Comité central

1. Raïssa Gorbatchev, *Ma vie, op. cit.*

2. *L'URSS et l'Europe de l'Est en 1978*, « Notes et études documentaires », La Documentation française, 1979.

3. Mikhaïl Gorbatchev retournera quelques jours plus tard à Stavropol pour installer son adjoint, Vsevolod Mourakhovski, au poste de Premier secrétaire du Parti de la région.

4. Raïssa Gorbatchev, *op. cit.* A l'époque, au cours officiel, 1 rouble = 0,70 dollar.

5. *Ibid.*

6. *Ibid.*

7. Mikhaïl Gorbatchev, *Mémoires, op. cit.*

8. Gerd Ruge, *op. cit.*

9. *L'URSS et l'Europe de l'Est en 1977,* « Notes et études documentaires », La Documentation française, 1978.

10. Mikhaïl Gorbatchev, *op. cit.*

11. Dans ses Mémoires, Boris Eltsine, alors Premier secrétaire de la région de Sverdlovsk, raconte comment il obtint un rendez-vous de « cinq ou six minutes » avec Brejnev, auquel il dicta mot à mot une directive : « A l'intention du Politburo : préparer un projet de résolution concernant la construction d'un métro à Sverdlovsk. Signé : Leonid Brejnev » (*Cf.* Boris Eltsine, *Jusqu'au bout !*, Calmann-Lévy, 1990.)

12. *Cf.* chapitre 6, note 5.

13. Mikhaïl Souslov (1902-1982), le numéro deux du Parti, surnommé l' « idéologue » du Kremlin. Andreï Kirilenko (1905-1990), proche de Brejnev, l'un des successeurs possibles. Arvid Pelche (1899-1983), ancien patron du PC letton et doyen du Politburo. Mikhaïl Solomentsev (1913-2008), chef du gouvernement de la République de Russie. Boris Ponomarev (1905-1995), responsable des Partis communistes hors frontières. Piotr Demitchev (1917-2010), tuteur politique du monde culturel. Alexis Kossyguine (1904-1980), Premier ministre dans l'ombre de Brejnev. Viktor Grichine (1914-1992), le très ambitieux et très corrompu patron du PC de Moscou. Andreï Gromyko (1909-1989), l'indéboulonnable ministre des Affaires étrangères. Iouri Andropov (1914-1984), chef du KGB et candidat à la succession. Dmitri Oustinov (1908-1984), chef des armées et responsable du complexe militaro-industriel. Konstantin Tchernenko (1911-1985), homme à tout faire et futur successeur de Brejnev.

14. Mikhaïl Gorbatchev, *op. cit.* C'est dans cette enceinte que fut décidée, le 12 décembre 1979, l'intervention soviétique en Afghanistan – contre l'avis du KGB et en l'absence de Brejnev et de Kossyguine, tous les deux alités.

15. Valéry Giscard d'Estaing, *Le Pouvoir et la Vie,* tome I, Compagnie 12, 1988.

16. Selon le transfuge Arkadi Chevchenko, ancien bras droit de Gromyko, cité par Michel Tatu, *op. cit.*

17. La rumeur a couru que Souslov se serait effondré, victime d'une crise cardiaque, après une violente altercation avec Simion Tsvigoun, numéro deux du KGB et beau-frère de la femme de Brejnev. De même, les circonstances exactes de la mort dudit Tsvigoun, le 19 janvier suivant, n'ont jamais été éclaircies (*cf. Herald Tribune*, 31 mars 1982).

18. Mikhaïl Gorbatchev, *op. cit.*

19. Jaurès Medvedev, *Andropov au pouvoir*, coll. « Champs », Flammarion, 1983.

20. Dev Murarka, *Gorbatchev*. Ramsay, 1987. *Cf.* aussi l'article d'Alain Jacob dans *Le Monde* du 18 juin 1983.

8. Le successeur

1. En février 1984, à la mort de Iouri Andropov, les onze membres titulaires du Politburo sont : Mikhaïl Gorbatchev, Dmitri Oustinov, Vitali Vorotnikov, Konstantin Tchernenko, Gaïdar Aliev, Andreï Gromyko, Viktor Grichine, Grigori Romanov, Mikhaïl Solomentsev, Nikolaï Tikhonov, Dinmoukhamed Kounaiev et Vladimir Chtcherbitski.

2. Mikhaïl Gorbatchev, *Mémoires, op. cit.*

3. Témoignage d'Arkadi Volski rapporté par Andreï Gratchev, *Gorbatchev, le pari perdu,* Armand Colin, 2008.

4. *Pravda* du 3 mars 1984. Cité dans Dev Murarka, *op. cit.*

5. *L'URSS et l'Europe de l'Est en 1985*, « Notes et études documentaires », La Documentation française, 1985.

6. Dev Murarka, *op. cit.*

7. Mikhaïl Gorbatchev, *Mémoires, op. cit.*

8. C'est ainsi que le rédacteur en chef de la *Pravda,* Viktor Afanassiev, le qualifie dans une interview accordée au quotidien japonais *Asahi Shinbun* le 9 octobre 1984.

9. M. S. Gorbatchev, *Jivoe tvortchestvo naroda* (*La Puissance créatrice du peuple*), Politizdat, Moscou, 1984.

10. *L'Enigme Gorbatchev, op. cit.*

11. Vladimir Fédorovski, *Le Roman de la perestroïka*, Editions du Rocher, 2013.

12. S'ils sont unanimes sur les événements qui s'y déroulent, les historiens ne sont pas tous d'accord sur la chronologie précise de cette réunion du Politburo. *Cf.* Gerd Ruge, *op. cit.* ; *L'Enigme Gorbatchev, op. cit.*, et surtout Dev Murarka, *op. cit.*

13. Raïssa Gorbatchev, *Ma vie, op. cit.*

14. Confidences de Leonid Dobrokhotov, fonctionnaire du Comité central, à l'Americain Bohdan Nahaylo, rapportées dans le magazine *The Spectator* du 19 septembre 1987.

15. *Pravda* du 12 mars 1985. *Cf.* aussi *L'URSS et l'Europe de l'Est en 1985*, *op. cit.*

16. Raïssa Gorbatchev, *op. cit.*

9. Faire oublier Brejnev

1. En fait, le ministre français Roland Dumas était déjà à Moscou lorsque fut rendue publique la mort de Tchernenko : c'est lui qui insista par téléphone auprès de François Mitterrand pour qu'il vienne assister aux obsèques, dans l'espoir d'une rencontre personnelle avec le nouveau chef du Kremlin. Celui-ci lui accorda en effet un entretien au Kremlin le 13 mars dans la soirée. *Cf.* Pierre Favier et Michel Martin-Roland, *La Décennie Mitterrand*, tome 2, *Les Epreuves*, Seuil, 1991.

2. Hubert Védrine, *Les Mondes de François Mitterrand,* Fayard, 1996. Voir aussi Jean-Bernard Raimond, *Le Quai d'Orsay à l'épreuve de la cohabitation*, Flammarion, 1989.

3. *Le Monde* du 3 juillet 1985.

4. Edouard Chevardnadze, *L'avenir s'écrit liberté,* Odile Jacob, 1991.

5. Selon Andreï Gratchev (*Le Mystère Gorbatchev, op. cit.*), le « *deal* » aurait été passé, avant la mort de Tchernenko, entre quelques partisans de Gorbatchev (Iakovlev, Primakov, Ligatchev) et Anatoli Gromyko, le fils du ministre.

6. Mikhaïl Gorbatchev, *Mémoires, op. cit.*

7. *Ibid.*

8. Cité par la radio américaine Radio Liberty, rapporté par Michel Tatu, *op. cit.*

9. Voir chapitre 8.

10. Mikhaïl Gorbatchev, *Perestroïka – Vues neuves sur notre pays et le monde,* Flammarion, 1987.

11. Mikhaïl Gorbatchev, *Mémoires, op. cit.*

12. Michel Tatu, *op. cit.*

10. Le choc de Tchernobyl

1. Hawkes Nigel, Lean Geoffrey *et al.*, *Tchernobyl : Le récit de la première catastrophe nucléaire majeure de l'Histoire*, Presses de la Cité, 1986.

2. Jérôme Strazzulla et Jean-Claude Zerbib, *Tchernobyl*, La Documentation française, 1991.

3. Hawkes Higel…, *op. cit.*

4. A la fin de 1986, huit mois après le drame, le bilan réel des victimes dues à l'accident de Tchernobyl sera de 31 morts. Parmi eux figurent les ingénieurs et ouvriers mortellement irradiés sur le site juste après l'explosion.

5. Mikhaïl Gorbatchev, *Mémoires, op. cit.*

6. La catastrophe radioactive de Kychtym, près de la ville d'Oziorsk (URSS), s'est produite le 29 septembre 1957 à l'usine de retraitement nucléaire Maïak. L'accident nucléaire de Three Mile Island s'est produit le 28 mars 1979 dans la centrale nucléaire située dans cette île de l'Etat de Pennsylvanie (USA). Ces deux accidents ont été respectivement classés 6 et 5 sur l'échelle internationale des événements nucléaires (INES).

7. Mikhaïl Gorbatchev, *Mémoires, op. cit.*

8. Discours à Khabarovsk le 29 juillet 1986 (publié dans *Partiinaïa Jizn*, août 1986).

9. *L'Enigme Gorbatchev*, *op. cit.*

10. L'un des journalistes fait les frais de cet échange : ayant imprudemment évalué à « 4 millions » le nombre de prisonniers politiques en URSS (chiffre qui correspond au total des détenus sur le territoire), Yves Mourousi se voit traité de « propagandiste » par un Gorbatchev aussi cinglant que souriant !

11. Dev Murarka, *op. cit.* et *Le Monde* du 15 février 1986.

12. Conférence de presse d'Alexandre Iakovlev, 29 juin 1988.

13. AFP, 29 juin 1988.

14. *Le Monde* du 15 février 1986.

15. *Molodaïa Gvardia*, avril 1988.

11. Le réveil de la culture

1. La période du « dégel » soviétique tient son nom d'un roman d'Ilya Ehrenbourg paru sous ce titre en 1954. Elle a connu son apogée en 1962 avec la publication par la revue *Novy Mir* d'un roman d'Alexandre Soljenitsyne sur la vie quotidienne au goulag, *Une journée dans la vie d'Ivan Denissovitch.*

2. Ont ainsi connu l'enfer du goulag le poète Iouli Daniel, l'éditeur Alexandre Guinzburg, le peintre Gueorgui Mikhaïlov, la critique littéraire Tatiana Velikanova, le dessinateur Viatcheslav Syssoev et bien d'autres.

3. Boris Pasternak (1890-1960), poète et romancier russe d'origine juive, s'est vu décerner le prix Nobel de littérature en 1958 pour *Le Docteur Jivago*, mais les autorités de l'URSS lui ont interdit d'accepter cette distinction.

4. Alexeï Guerman (1938-2013) et Elem Klimov (1933-2003) furent deux importants cinéastes soviétiques.

5. Cette conversation à bâtons rompus, traduite en italien, a été publiée en *samizdat* dans *L'Unita* et *La Repubblica* du 7 octobre 1986.

6. Mikhaïl Gorbatchev, *Mémoires, op. cit.*

7. *Polytika,* 18 octobre 1986.

8. Elem Klimov, conférence de presse donnée à Madrid le 11 novembre 1987.

9. Dans un article publié par la revue *Teatr* en août 1986, puis dans la *Pravda* du 6 mars 1987 et la *Sovietskaïa Kultura* du 7 juillet 1987.

10. Traduction française : *Les Enfants de l'Arbat*, Fayard, 1988.

11. Mikhaïl Gorbatchev : *Mémoires, op. cit.*

12. Quatre des principaux révolutionnaires d'octobre 1917. Léon Trotski (Lev Bronstein), né en 1879, fondateur de l'Armée rouge, sera le plus grand adversaire de Staline qui le fera assassiner en 1940. Grigori Zinoviev (Ovseï Apfelbaum), né en 1883, sera accusé d'avoir trahi Staline et la révolution lors des procès de Moscou, et exécuté en 1936. Lev Kamenev (Lev Rosenfeld), né en 1883, beau-frère de Trostki, aura le même

parcours que Zinoviev et finira fusillé en 1936. Nikolaï Boukharine, né en 1888, chef de l'Internationale communiste et rédacteur de la Constitution soviétique, sera condamné à mort pour trahison en 1938.

13. En réalité, une telle commission avait déjà été instituée après le XXe Congrès, sous Khrouchtchev, mais elle était vite tombée en déshérence. Cette fois, l'instance réunie par Gorbatchev procède à un nettoyage idéologique qui aboutit, à partir de février 1988, à la réhabilitation de Boukharine, Kamenev, Zinoviev et dix-neuf autres personnalités.

14. C'est le président russe Boris Eltsine, en octobre 1992, qui transmettra officiellement à la Pologne les documents classifiés attestant la responsabilité de Staline dans ce drame.

15. Alexandre Soljenitsyne (1918-2008), écrivain, Prix Nobel de littérature, auteur d'*Une journée d'Ivan Denissovitch*, de *L'Archipel du Goulag* et de *La Roue rouge*, restera, avec le physicien Andreï Sakharov, le plus important dissident de l'histoire de l'URSS.

16. A la même époque, un obscur journal syndical de Kiev, en Ukraine, fait sensation en publiant sans aucune autorisation le texte que Soljenitsyne avait écrit juste avant d'être expulsé, *Ne pas vivre dans le mensonge* (*Slovo rabotnika*, 18 octobre 1988).

17. Le mot *Goulag* (*Glavnoïe Oupravlenie Laguereï*) signifie « Administration principale des camps ».

18. Andreï Sakharov, *Mémoires*, Seuil, 1990.

19. D'autant qu'il n'est pas complètement étranger à l'exil de Sakharov à Gorki. En janvier 1980, Gorbatchev venait d'être nommé membre suppléant du Politburo. Si l'on peut imaginer qu'il n'a pas eu son mot à dire lorsque la direction du Parti a validé la proposition du KGB, il a donc assisté, au moins, aux débats de l'époque.

20. AFP, 29 décembre 1986.

21. La conférence de Vienne, réunie en vertu des accords d'Helsinki passés entre l'Est et l'Ouest en août 1975, aborde, à cette époque, la question des droits de l'homme. C'est dans cette enceinte, en novembre 1986, que l'URSS a accepté d'accueillir à Moscou, en 1987, une réunion sur les questions humanitaires.

12. Le « secrétaire minéral »

1. Officiellement la France est censée détenir le record du monde de la consommation d'alcool avec 18 litres par personne adulte : la Russie, en réalité, est bien au-delà de ce chiffre.

2. Ces informations se retrouvent parfois dans les rares enquêtes sur la société soviétique. *Cf.* Nina et Jean Kehayan, *Rue du Prolétaire rouge,* Seuil, 1978.

3. Mikhaïl Gorbatchev, *Mémoires, op. cit.*

4. Andreï Gratchev, *Le Mystère Gorbatchev, op. cit.*

5. Gerd Rude, *op. cit.*

6. En Russie, la vodka ne se mesure pas au litre, mais au poids.

7. Bernard Lecomte, *Le Bunker, op. cit.*

8. Confidence de Mikhaïl Solomentsev, membre du Politburo, aux académiciens Fiodor Ouglov et Boris Iskhakov (AFP, 16 janvier 1986).

9. Dev Murarka, *op. cit.*

10. Encore les 3 500 invités à la grande réception donnée au Kremlin par Gorbatchev pour le 70e anniversaire de la révolution d'Octobre seront-ils tous frappés de constater qu'à Moscou la vodka manque toujours sur les buffets !

13. Vivre au Kremlin

1. La Jigouli est une toute petite voiture qui rappelle la Fiat 500 italienne.

2. Soit un peu plus de 12 000 francs français de l'époque (2 000 euros). La somme correspond environ à douze fois le salaire moyen. Lorsque Mikhaïl Gorbatchev deviendra président de l'URSS en 1990, son salaire doublera et passera à 2 300 roubles, soit 22 000 francs français (3 900 euros).

3. Boris Eltsine, *op. cit.*

4. William Le Petit et Eric Revel, *Les Secrets des voyages présidentiels*, JC Lattès, 1991.

5. Les Zil sont réservées aux membres du Politburo, les Tchaïka aux ministres et maréchaux, les Volga aux autres apparatchiks. Ce décret obligera les administrations, avant le 1er juillet 1988, à revendre aux compagnies de taxis quelque 800 voitures inutiles, à recycler leurs chauffeurs et à remiser au placard leurs gyrophares…

6. Lorsqu'il sera accusé de monopoliser tous les pouvoirs lors de la réunion du Congrès des députés du peuple, en juin 1989, Gorbatchev aura cette réplique : « Je réfute catégoriquement les affirmations selon lesquelles j'essaie de concentrer tous les pouvoirs : c'est *étranger à mon caractère* ! » (AFP, 9 juin 1989).

7. Andreï Gratchev, *Gorbatchev, le pari perdu, op. cit.*

8. Voir chapitres 17 « La fin de la guerre froide » et 20 « La chute du Mur ».

9. Mikhaïl Gorbatchev, *Mémoires, op. cit.*

10. *Ibid.* Lire notamment le récit du voyage surréaliste de Gorbatchev à Bucarest en mai 1987. Lors du dîner de gala, la conversation entre les dirigeants tourna au pugilat verbal au point que la sécurité décida de fermer les fenêtres pour éviter les indiscrétions !

11. *Ibid.*

12. *Ibid.*

13. Raïssa Gorbatchev : *Ma vie, op. cit.*

14. *Ibid.*

15. Gerd Rude, *op. cit.*

16. Aganbeguian et beaucoup d'autres savants travaillaient exactement à Akademgorodok, une petite ville artificielle de 60 000 habitants

construite à 30 km du centre de Novossibirsk et comptant, outre la section sibérienne de l'Académie des sciences de l'URSS, une université et une vingtaine d'instituts scientifiques de haut niveau.

17. « Abel Aganbeguian, l'Eminence rouge », *L'Express*, 6 novembre 1987. A cette époque paraît son livre *Perestroïka, le double défi soviétique*, Economica, 1987.

14. La « *first lady* »

1. Il est même impossible, à l'époque, de savoir sa date de naissance (5 janvier 1932).

2. Raïssa Gorbatchev, *op. cit.*

3. Bernard Lecomte, *op. cit.*

4. En octobre 1971, lors de la venue de Leonid Brejnev à Paris, Viktoria Brejnev avait déjà visité le Musée du Jeu de Paume, le Musée Rodin, l'Association France-URSS et… les Galeries Lafayette !

5. *L'Enigme Gorbatchev, op. cit.*

6. Nancy Reagan, *A mon tour – Les Mémoires de Nancy Reagan*, Robert Laffont, 1990. (Titre original : *My Turn – The Memoirs of Nancy Reagan.*)

7. Raïssa Gorbatchev : *Ma vie, op. cit.*

8. *Ibid.*

9. Paroles du tube le plus connu du rocker américain Bill Haley en 1955.

10. *L'Enigme Gorbatchev, op. cit.*

11. Alain Jaubert, *Le Commissariat aux archives (Les photos qui falsifient l'histoire)*, Bernard Barrault, 1986.

12. Voir l'enquête de *L'Express* du 10 avril 1987.

13. De fait, Raïssa aurait un quart de sang juif, selon une confidence faite par Mikhaïl Gorbatchev lui-même au journal italien *L'Unita*.

14. Entre le 6 et le 25 juillet 1987 avaient manifesté sur la place Rouge quelque 300 Tatars venus de Crimée, cette région située au sud de l'Ukraine d'où Staline les avait massivement expulsés en 1944.

15. Confidence de Raïssa faite à Nancy Traver, correspondante du *Time* à Moscou.

15. Premières lézardes

1. *Pravda*, 18 février 1987.

2. « Les débats furent très âpres et très durs », confia l'ambassadeur Nikolaï Lounkov à son retour en Italie (AFP, 29 janvier 1987).

3. *Le Monde*, 31 janvier 1987.

4. *L'Humanité*, 18 juin 1987.

5. Au sein d'une population totale de 281 millions d'habitants, le PCUS compte 19,4 millions de membres, dont 5,3 millions occupent des postes de responsabilité au niveau local ou fédéral. A la fin de l'année 1987, plus de 57 000 responsables ont été récemment remplacés, dont 13 000 ayant le rang de secrétaire (Interview de Gueorgui Razoumovski, secrétaire du CC chargé des cadres, dans la *Pravda* du 24 décembre 1987).

6. Dès l'arrivée au pouvoir de Gorbatchev en 1985, l'éditeur américain Michael Bessie (Harper & Row) lui avait transmis son désir de faire un livre par le truchement de l'attaché culturel de l'ambassade d'URSS à Washington. Gorbatchev donna son accord en mai 1987. Il consacra toutes ses vacances d'été au texte du livre, afin de le publier en russe pour le 70e anniversaire de la Révolution. Fin septembre, l'éditeur américain vendit les droits « étrangers » aux plus grandes maisons d'édition européennes (Collins en Angleterre, Droemer en RFA, Flammarion en France, etc.) avec l'obligation de sortir le livre le 18 novembre 1987, ce qui constitua, pour la plupart, un exploit technique.

7. A l'époque, un chansonnier moscovite qui imite Gorbatchev sur scène déclenche chaque soir d'immenses éclats de rire en ponctuant une interminable tirade par : *« Eto – piervoe »,* ce qui veut dire : « C'était mon premier point. »

8. AFP, 12 janvier 1988, et *Le Monde*, 14 janvier 1988.

9. La gauche et la droite, en URSS, n'évoquent pas le parlementarisme occidental, mais la lutte à mort que Staline a livrée naguère contre sa « droite » (Boukharine) et contre sa « gauche » (Trotski). Il ne s'agit pas d'idéologie, en l'occurrence, mais de tactique politique entre factions rivales.

10. Conférence de presse à l'ambassade d'URSS à Paris, 4 décembre 1987. Egor Ligatchev dirigeait, ès qualités, la délégation soviétique invitée au XXVIe Congrès du PC français. Lire à cette occasion la longue interview qu'il a accordée à Michel Tatu et Daniel Vernet dans *Le Monde* du 4 décembre 1987.

11. Visite aux éducateurs de l'usine Elektrostal, 26 août 1987.

12. Lire dans *Le Monde* du 16 juillet 1986 le *verbatim* de la réunion des instances dirigeantes du PC de Moscou, le 11 avril 1986, sur la gestion de la capitale.

13. Voir le texte complet de la lettre, datée du 12 septembre 1987, *in* Boris Eltsine, *op. cit.* L'espoir du signataire, en proposant sa démission du Politburo et du Comité de Moscou, est que Gorbatchev lui téléphonera directement pour passer l'éponge et lui demander de conserver ses fonctions… ce que le secrétaire général se gardera de faire.

14. C'est dans ce discours un peu échevelé, dont le texte original est introuvable, que Boris Eltsine aurait critiqué pour la première fois la femme du secrétaire général, Raïssa Maximovna, lui reprochant de toucher un salaire comme vice-présidente du tout nouveau Fonds soviétique de la culture, et aussi d'être montée sur un bateau de guerre lors de la visite de son mari à Mourmansk ! Ces propos ont été officiellement démentis, mais on comprend, s'ils ont été tenus, que Mikhaïl Gorbatchev en ait conçu une vive contrariété…

15. D'après les indiscrétions d'Anatoli Loukianov, secrétaire du Comité central, lors d'une conférence de presse tenue le 31 octobre (*Le Figaro*, 2 novembre 1987).

16. Rapporté par Claude-Marie Vadrot, *Le Matin*, 10 novembre 1987.

17. Cet échange sera rapporté dans *Le Monde* des 3 et 4 juillet 1988.

16. 1988 : la fuite en avant

1. Le texte intégral du discours a été publié en français dans le bulletin *URSS* n° 222 du 30 juin 1988 édité par l'Agence de presse Novosti (APN).

2. *Le Monde*, 20 février 1988.

3. *Le Soir*, 29 mars 1988.

4. *L'Humanité*, 14 avril 1988.

5. *Le Monde* du 28 juin 1988. Tableau de Michel Lesage dans *La Croix* du 25 juin 1988.

6. Voir chapitre 11.

7. Agence Tass, 4 juillet 1988. *Le Monde*, 6-7 juillet 1988.

8. Le Congrès des députés du peuple sera composé de 2 250 membres élus pour cinq ans : un tiers dans les circonscriptions habituelles, un tiers par les nationalités, et un tiers désigné par le Parti et les organisations de masse. Il se réunira une fois par an. Il élira en son sein le Soviet suprême et son président. Le Soviet suprême sera un organe législatif permanent.

9. *L'Express*, 8 juillet 1988.

10. *Le Monde*, 1er juin 1988.

11. *Le Figaro*, 2 juillet 1988.

12. *Le Monde*, 3-4 juillet 1988.

13. Andreï Gromyko, *Mémoires*, Belfond, 1989.

17. La fin de la guerre froide

1. Discours prononcé par Ronald Reagan le 8 mars 1983 à Orlando (Floride) devant la convention annuelle des Evangéliques américains.

2. *Pravda* du 28 juin 1984.

3. Voir chapitre 8.

4. La « doctrine Reagan » consiste alors à « aider tous ceux qui, où qu'ils soient, voudraient lutter pour leur liberté contre le communisme ». *Cf.* Ronald Reagan, *Une vie américaine (Mémoires)*, JC Lattès, 1990.

5. En janvier 1984, Gromyko avait expliqué à son ambassadeur Oleg Grinevsky : « Je pense deviner Reagan et son équipe : ils essaient de nous détruire, et nous devons absolument réagir ! » (Rapporté par Andreï Gratchev dans *Gorbatchev, le pari perdu, op. cit.*)

6. Anatoli Tcherniaev, *Chest let s Gorbatchevym*, Progress, 1993.

7. Mikhaïl Gorbatchev, entretien avec Andreï Gratchev, *op. cit.*

8. Comme Nikolaï Kosopalov, chef de département au MGIMO – entretien avec Andreï Gratchev, *op. cit.*

9. Voir chapitre 9 et Edouard Chevardnadze, *L'avenir s'écrit liberté*, *op. cit.*

10. *L'Enigme Gorbatchev, op. cit.* En mai 1986, dans un discours resté longtemps secret, Gorbatchev expliqua aux cadres du ministère des Affaires étrangères que « l'URSS ne pouvait s'offrir le luxe de copier les USA, l'OTAN et le Japon dans toutes

leurs innovations technico-militaires» (*Le Monde*, 29 juillet 1988).

11. Le contact est glacial avec le maire de Paris, Jacques Chirac, qui l'attaque sévèrement, dès son arrivée, sur les droits de l'homme et la répression à l'encontre des juifs soviétiques: Gorbatchev en voudra longtemps à Chirac pour cet accueil peu aimable.

12. Le contact est aussi enjoué que formel avec Georges Marchais, que Gorbatchev n'apprécie guère. A l'attention de son conseiller Vadim Zagladine, il a cette remarque assassine: «Marchais est une preuve vivante de la nécessité de réussir la *perestroïka* !» (entretien de Vadim Zagladine avec l'auteur, 28 avril 1993).

13. Anatoli Chtcharansky est un des principaux dissidents juifs soviétiques. Il deviendra ministre en Israël.

14. Mikhaïl Gorbatchev, *op. cit.*

15. Rapporté par Martin Malia, *La Tragédie soviétique. Histoire du socialisme en Russie, 1917-1991*, Seuil, coll. «Points Histoire», 1995.

16. Voir chapitre 10.

17. Ronald Reagan, *op. cit.*

18. Le traité «INF» *(Intermediate-Range Nuclear Force Treaty),* qui a demandé six ans de négociations, prévoit la destruction de 1752 missiles soviétiques et 859 missiles américains en Europe et dans le reste du monde.

19. *L'Enigme Gorbatchev, op. cit.*

20. Mikhaïl Gorbatchev, *Mémoires, op. cit.*

21. *Le Monde*, 28 mai 1988.

22. *Le Monde*, 25 mai 1988.

23. Voir chapitre 18.

24. Mikhaïl Gorbatchev, *Mémoires, op. cit.*

25. Anatoli Gromyko, *Andrei Gromyko v labirintakh Kremlia*, IPO «Avtor», 1997.

18. Les craquements

1. Au Politburo, à cette époque, Gorbatchev jouit d'une majorité aussi précaire que relative. Sur treize membres titulaires, à part lui-même, cinq sont de son côté (Iakovlev, Chevardnadze, Sliounkov, Ryjkov, Nikonov), cinq autres composent le groupe des conservateurs (Ligatchev, Gromyko, Tchebrikov, Solomentsev, Chtcherbitski) et deux autres «centristes» penchent du côté du plus fort (Zaïkov et Vorotnikov).

2. La réforme du Parti décidée à la Conférence nationale de juin a entraîné la suppression des 22 départements à dominante économique, et leur remplacement par 6 «commissions» dirigées (sauf une) par un membre du Politburo: affaires internationales (Iakovlev), affaires socio-économiques (Sliounkov), idéologie (Medvedev), agriculture (Ligatchev), affaires juridiques (Tchebrikov), département des cadres (Razoumovski, qui n'est pas membre du Politburo).

3. *New York Times* et *Washington Post* du 2 novembre 1988.

4. Reportages de l'AFP, *L'Humanité, Le Monde,* etc.

5. Vadim Medvedev, né en 1929, a été appelé par Gorbatchev comme secrétaire du Comité central en 1986

6. Au Politburo, il n'y a plus de représentant arménien depuis le départ de Mikoyan (1966), plus de représentant balte depuis le départ de Pelche (1983), plus de représentant azéri depuis le départ d'Aliev (1987), plus de représentant des Républiques musulmanes depuis les départs de Rachidov (1983) et Kounaiev (1987). Le seul « non-Russe » à y être entré récemment est le Géorgien Edouard Chevardnadze.

7. Lire sur le sujet les deux ouvrages d'Hélène Carrère d'Encausse, *L'Empire éclaté,* Flammarion, 1978, et *La Gloire des nations,* Fayard, 1990.

8. *L'Express*, 26 décembre 1986.

9. *L'Express*, 7 août 1987.

10. La région montagneuse du Haut-Karabagh (ou *Nagorny Karabakh* en russe) est un « *oblast* autonome » à majorité arménienne, intégré en juillet 1921, de force, à la République socialiste soviétique d'Azerbaïdjan. Les Arméniens n'ont jamais renoncé à récupérer la tutelle de cette enclave que les Azéris considèrent comme une parcelle de leur territoire.

11. AFP, 2 septembre 1988.

12. AFP, 13 août 1988.

13. *Le Monde*, 30 novembre 1988.

14. *Le Point*, 5 décembre 1988.

15. C'est-à-dire 07 h 41 GMT, soit 04 h 41 heure de New York. Mais il a fallu plusieurs heures pour que l'agence Tass envoie sa première dépêche. Il semble que l'entourage de Gorbatchev ait été informé qu'il y avait eu un tremblement de terre dans le Caucase par un collaborateur de Margaret Thatcher, elle-même prévenue par une dépêche d'agence américaine.

16. *L'Express*, 16 décembre 1988.

17. AFP, 9 décembre 1988.

19. Une élection chasse l'autre

1. AFP, 26 mars 1989.

2. Si la direction du Parti a désigné 100 candidats pour 100 sièges, l'élection s'est faite à bulletins secrets, et aucun dirigeant n'a été élu à l'unanimité. Ainsi 12 membres du Comité central ont voté contre Gorbatchev. Le mieux élu fut le Premier ministre Nikolaï Ryjkov (10 votes négatifs), le moins bien élu Egor Ligatchev (78 votes négatifs).

3. L'Académie des sciences de l'URSS, en comptant tous les instituts sur lesquels elle exerce sa tutelle, compte 62 000 salariés. Ceux-ci avaient à élire 20 députés. Seulement 8 l'ont été au premier tour, 12 autres (dont Sakharov) l'ont été au second.

4. Lev Zaïkov, Premier secrétaire du PC de Moscou, s'était prudemment fait élire sur la liste du Comité central.

5. Au total, au soir du 26 mars 1989, 1958 députés ont été élus (sur 2250). Un second tour sera organisé le 9 avril dans 73 circonscriptions

où aucun candidat en lice n'a eu la majorité absolue, puis dans les «organisations sociales» où des sièges restent à pourvoir (comme l'Académie des sciences). Un dernier scrutin se tiendra le 14 mai dans 199 circonscriptions où le quorum de 50 % des votants n'a été atteint par aucun candidat.

6. *Izvestia*, 23 avril 1989.

7. *Leningradskaïa Pravda*, 7-8 avril 1989.

8. *Le Monde*, 27 avril 1989.

9. AFP, 21 mai 1989. *Le Monde*, 23 mai 1989.

10. En russe : *«Boris ! Boris' !»* (jeu de mots reposant sur l'impératif du verbe «se battre»).

11. Boris Eltsine, *op. cit.*

12. *Ibid.*

13. Chiffres publiés par l'Institut de sociologie de l'Académie des sciences de l'URSS.

14. *Le Monde* des 27, 30 et 31 juin 1989. AFP, dépêches du 26 mai au 1er juin 1989.

15. Evgueni Primakov, né en 1929, universitaire et journaliste, spécialiste du Moyen-Orient, sera l'intermédiaire entre Gorbatchev et Saddam Hussein à la veille de la guerre du Golfe en 1990. Il sera plus tard ministre des Affaires étrangères de le Russie (1996-1998) puis chef du gouvernement russe (1998-1999).

16. *Libération*, 22 juin 1989.

17. L'économiste Abel Aganbeguian, en marge d'une interview, a expliqué un jour à l'auteur : «Pour trouver une vis, en URSS, le plus simple est de se procurer un char !»

18. Ses deux principaux inspirateurs économiques sont les «libéraux» Leonid Abalkine et Nikolaï Chmeliev.

19. *L'Express*, 28 juillet 1989.

20. Environ 100 milliards de francs (soit 15 milliards d'euros).

20. La chute du Mur

1. Voir chapitre 6.

2. Le Comecon, ou Conseil d'aide économique mutuelle (CAEM), a été créé par Staline en 1949, à la suite du plan Marshall, pour faire face aux tentatives de regrouper les économies ouest-européennes (Marché commun et OCDE). Le Pacte de Varsovie est une organisation militaire regroupant l'URSS et ses satellites, créée en 1955 pour faire contrepoids à l'Alliance atlantique (OTAN) fondée en 1949.

3. Mikhaïl Gorbatchev, *Perestroïka*, *op. cit.*

4. En juillet 1989, devant le Conseil de l'Europe, Gorbatchev réaffirmera solennellement cette nouvelle doctrine qu'un de ses conseillers baptisera «doctrine Sinatra», en référence à la chanson *My Way* chantée par le célèbre *crooner* américain («chacun suit son chemin...»).

5. *Cf.* notamment Andreï Gratchev, *Gorbatchev, le pari perdu..., op. cit.*

6. *Cf.* Bernard Lecomte, *Le Pape qui fit chuter Lénine,* CLD, 2007.

7. Andreï Gratchev, *op. cit.*

8. *Newsweek* du 25 octobre 1986. La phrase exacte de l'interview est : « *Gorbachev is a modern communist leader who understands public relations. Goebbels, one of those responsible for the crimes of the Hitler era, was an expert in public relations too.* »

9. Dans ses *Mémoires*, Gorbatchev attribue cette phrase à Kurt Hager, l'idéologue du Parti communiste est-allemand.

10. *Ibid.*

11. La FDJ (*Freie Deutsche Jugend*) est le mouvement de jeunesse officiel des 14-25 ans de la RDA. Elle fait partie de la Fédération mondiale de la jeunesse démocratique.

12. Frederick Taylor, *Le Mur de Berlin (1961-1989)*, JC Lattès, 2009.

13. *Ibid.*, et Olivier Guez et Jean-Marc Gonin, *La Chute du Mur*, Fayard, 2009.

14. *Ibid.*

15. *Ibid.*

16. Sur l'attitude du président Mitterrand pendant cette période, voir : Bernard Lecomte, « François Mitterrand et l'Europe de l'Est, le grand malentendu », *Commentaire*, septembre-octobre 1996.

17. Tcherniaev, *Chest let...*, *op. cit.*

21. Le rôle dirigeant du Parti

1. Le 30 octobre, déjà, à l'appel du mouvement Mémorial, un millier de manifestants avaient cerné, une bougie en main, l'immeuble du KGB. Cette chaîne humaine inédite, ostensiblement pacifique, avait fait l'objet d'une négociation directe entre André Sakharov et le président du KGB, Vladimir Krioutchkov.

2. Alexandre Kerenski fut le chef du dernier gouvernement provisoire russe avant la prise du pouvoir par les bolcheviks en octobre 1917.

3. Bernard Guetta, *Le Monde*, 9 novembre 1989.

4. En janvier 1918, les élections à la Constituante ayant été perdues par le parti bolchevik, Lénine a brutalement dissous cette assemblée.

5. Le 23 août 1989, un million de Baltes avaient célébré le 50e anniversaire du pacte germano-soviétique en formant une immense chaîne humaine de 560 km entre Tallin (Estonie) et Vilnius (Lituanie).

6. Visite de Gorbatchev en Italie (29-30 novembre), rencontre avec le pape Jean-Paul II au Vatican (1er décembre), puis sommet américano-soviétique avec George Bush à Malte (2 décembre).

7. Mikhaïl Gorbatchev : « Où allons-nous ? – Le sens et la mission de la *perestroïka* », *Pravda*, 26 novembre 1989.

8. Témoignages du député estonien Vaino Valias à la télévision de Tallin le soir même, et de l'écrivain Daniil Granine, présent à la session, dans *Les Nouvelles de Moscou* du 13 décembre.

9. Voir, par exemple, sa longue interview dans *Le Monde* du 30 septembre 1989.

10. En russe : « *Prosti nas.* » Le carton a été réalisé par les typographes de la *Komsomolskaïa Pravda*, le quotidien des Jeunesses communistes.

11. AFP, 15 décembre 1989.

12. Ces trois citations sont tirées des dépêches de l'AFP et de Tass des 23, 24 et 31 décembre 1989.

13. Les vieux réflexes reviennent vite : sous la direction d'un dénommé Vladislav Schved, une fraction très minoritaire du PC lituanien, défavorable à l'indépendance, s'est constituée à toutes fins utiles...

14. L'article est titré : « La dictature de la loi » (*Izvestia* du 24 janvier 1990).

15. *Le Monde*, 31 janvier 1990.

16. Anatoli Tcherniaev : *Chest let..., op. cit.*

17. *Ibid.*

18. La veille, à quelques centaines de mètres du Kremlin, plus de 100 000 personnes ont manifesté, en dehors de toute structure, en faveur du multipartisme et pour la *perestroïka*. Il s'agit du plus grand rassemblement non autorisé à Moscou depuis la révolution d'Octobre.

22. Le grand écart

1. *Le Monde*, 17 mars 1990.

2. La « thérapie de choc » fut décidée et appliquée en Pologne par l'économiste Leszek Balcerowicz, ministre des Finances du gouvernement Mazowiecki de 1989 à 1991.

3. A l'époque, dans les transactions entre entreprises, 100 roubles = 160 dollars. Au change officiel, 100 roubles = 16 dollars. Au marché noir, 100 roubles = 8 dollars.

4. Propos tenus le 19 avril 1990 à la sortie d'une réunion du Conseil présidentiel et du Conseil de la Fédération, et le 23 mai 1990 dans les couloirs du Congrès des députés de Russie.

5. Sur les 141 sièges attribués au soir du second tour des élections législatives en Lituanie, 88 étaient revenus au Sajudis de Vitautas Landsbergis, 36 au PC d'Algiras Brazaitskas, et 4 aux communistes restés fidèles à Moscou.

6. Le résultat du vote fut le suivant : 124 voix pour, 0 contre, 6 abstentions.

7. Les communistes de Russie représentent, à eux seuls, plus de 60 % des 17 millions de membres du PCUS.

8. La question des biens immobiliers du Parti était aussi inextricable que vertigineuse, puisque, sur cet immense territoire, une quantité colossale d'immeubles, bâtiments administratifs, usines, magasins, terrains, forêts ou bords de mer appartenaient *de jure* ou *de facto* au Parti communiste, par le biais de ses Comités nationaux, fédéraux ou locaux.

9. C'est le cas d'Igor Tchoubaïs, professeur de théâtre et membre du

conseil de coordination de la Plateforme démocratique.

10. Le 12 juillet, Egor Ligatchev – qui s'est déclaré hostile à la réélection de Gorbatchev à la tête du Parti – sera sévèrement battu lors de l'élection du secrétaire général adjoint du Parti (776 voix pour, 3 642 voix contre). A 69 ans, l'ancien chef de file des conservateurs mettra aussitôt fin à sa carrière politique.

11. Conférence de presse du jeudi 21 juin 1990 (rapportée par l'AFP).

12. Conférence de presse du samedi 23 juin 1990 (rapportée par l'AFP).

13. Agence de presse autrichienne (APA), 21 juin 1990.

14. Au Politburo de 24 membres élu à la fin du XXVIIIe Congrès du PCUS, Gorbatchev est le seul rescapé du Politburo précédent !

15. Sur le même modèle que le Parlement soviétique, le Congrès des députés du peuple de la Russie élit les deux Chambres du Soviet suprême de cette République (de 126 membres chacune).

16. Journal *Douma* du 17 mai 1990.

17. Le mercredi 23, bousculant les usages, Gorbatchev était pourtant allé personnellement dire tout le mal qu'il pensait de Boris Eltsine à la tribune du Parlement russe, l'accusant de « vouloir séparer la Russie du socialisme » et d'appeler à l' « effondrement de l'URSS ». Le mardi 29 au matin, avant de s'envoler pour sa visite officielle à Ottawa et Washington, il avait convoqué au Kremlin 200 députés membres du PCUS pour les dissuader de voter Eltsine. En vain.

23. Le combat des chefs

1. Au départ, le plan radical dit des « cinq cents jours » mis au point par les économistes de Boris Eltsine (Grigori Iavlinski, Boris Fedorov) bousculait le programme plus modéré élaboré et complété par le chef du gouvernement soviétique Nikolaï Ryjkov et son adjoint Leonid Abalkine. Pour dissuader Eltsine d'appliquer unilatéralement son plan, Gorbatchev proposa la création d'une commission mixe où ses propres économistes (Stanislav Chataline, Abel Aganbeguian et Nikolaï Petrakov) ont intégré l'essentiel du plan russe, ôtant toute crédibilité à son propre gouvernement. Jusqu'à ce que Gorbatchev, fort de ses pleins pouvoirs, se replie sur des positions beaucoup moins audacieuses…

2. Interview au journaliste Egor Iakovlev dans le bulletin *Le Treizième Micro* du 13 juillet 1990.

3. Comme sur la « protection de l'inviolabilité du droit de propriété en URSS », publié le 12 octobre.

4. Voir *Le Monde* du 18 octobre 1990.

5. Andreï Kozyrev, 39 ans, était chef du département du ministère soviétique des Affaires étrangères (MID) en charge des relations avec les Nations unies. Ne pas le confondre

avec le vice-ministre des Affaires étrangères de l'URSS Anatoli Kozyrev.

6. C'est en marge de cette manifestation que la police a arrêté un homme armé d'un fusil et désireux, selon ses propres dires, d'«assassiner Gorbatchev». Il n'est pas exclu que cette curieuse tentative d'attentat fût un montage du KGB, soucieux de rappeler son utilité au président de l'URSS…

7. Agence Tass du 12 novembre 1990.

8. Agence Interfax du 12 novembre 1990.

9. Ainsi, c'est en lisant le budget 1991 tout juste voté par le Parlement russe que Gorbatchev comprend que la RSFSR a amputé de 80 % (soit 119 milliards de roubles) sa contribution financière au budget de l'URSS !

10. Avec ceux du ministre ouest-allemand Hans-Dietrich Genscher, des nouveaux dirigeants tchécoslovaques Vaclav Havel et Alexandre Dubcek, du pape Jean-Paul II et du leader sud-africain Nelson Mandela.

11. *Paris Match*, 25 novembre 1990.

12. Bernard Lecomte, *Le Bunker, op. cit.*

13. Ainsi Gorbatchev vient-il de remplacer son ministre de l'Intérieur, le libéral Vadim Bakatine, par un ancien du KGB, responsable de la commission de contrôle du Parti, Boris Pougo. Il a également nommé vice-ministre de l'Intérieur le général Gromov, ancien commandant en chef des troupes d'Afghanistan.

14. Edouard Chevardnadze avait surpris les députés Viktor Alknis et Nikolaï Petrouchenko, colonels de l'armée de l'air, se félicitant du remplacement du ministre Bakatine. Certain que Gorbatchev serait bientôt contraint de le remplacer à son tour, il choisit d'anticiper son départ pour «alerter» les démocrates et «ralentir» le processus. Lire là-dessus *L'avenir s'écrit liberté*, *op. cit.*

15. Viktor Alknis avait accordé une interview au journal *Nezavissimaïa Gazeta*, début décembre 1990, où il expliquait : «Si Gorbatchev est destitué, je ne vois qu'une seule solution : former un *Comité de salut national* […] qui limitera l'activité de tous les partis, suspendra l'activité de tous les soviets, et dont le pouvoir dictatorial reposera sur l'armée…»

16. L'académicien Stanislav Chataline, qui avait réussi au cours de l'été l'impossible synthèse entre les équipes Gorbatchev et Eltsine sur le passage à l'économie de marché, publie dans la *Komsomolskaïa Pravda* du 22 janvier 1991 une lettre pathétique implorant Gorbatchev de rompre avec les conservateurs et de démissionner «sans tarder» du secrétariat général du PCUS.

17. Ces chiffres sont des résultats partiels, rendus publics le 19 mars par Vladimir Orlov, président de la commission électorale centrale : il faudra attendre cinq jours pour disposer des résultats complets et définitifs (80 % de participation, 76,4 % pour le «oui», 21,7 % pour le «non»)

24. Un putsch minable

1. Le revenu national correspond *grosso modo*, en URSS, au produit national brut (PNB).

2. Les neuf dirigeants réunis à Novo-Ogarievo autour de Mikhaïl Gorbatchev sont : Boris Eltsine (président de la Russie), Vitold Fokine (Premier ministre d'Ukraine), Viatcheslav Kebitch (Premier ministre de Biélorussie), Islam Karimov (président de l'Ouzbékistan), Aïaz Moutalibov (président d'Azerbaïdjan), Sapamourad Niazov (président du Turkménistan), Nursultan Nazarbaev (président du Kazakhstan), Kakhar Makhkamov (président du Tadjikistan), Askar Akaev (président de la Kirghizie). Les Républiques ayant boycotté la réunion sont : la Lituanie, l'Estonie, la Lettonie, la Géorgie, l'Arménie et la Moldavie.

3. Andreï Gratchev, *Le Mystère Gorbatchev, op. cit.*

4. Les sept pays du G7 sont les suivants : Etats-Unis, Japon, Allemagne, France, Grande-Bretagne, Italie, Canada.

5. Le plus actif de ces émissaires, parmi lesquels figurent Iakovlev, Chevardnadze et Primakov, est le jeune et brillant Grigori Iavlinski, 37 ans, ex-conseiller économique d'Eltsine devenu consultant non aligné, que les Américains ont adopté comme *go between* sur le sujet de l'aide économique à l'URSS et son rapport avec le G7.

6. Le même jour, à Paris, les ministres des Finances de l'OCDE acceptent le principe d'une aide technique et d'une assistance économique à l'URSS, mais ils restent réticents à une aide financière massive.

7. Bernard Lecomte : *Le Bunker, op. cit.*

8. Entretien recueilli par Andrew Knith, publié dans le *Times* et traduit dans *Paris Match*, mai 1991.

9. Résultats du scrutin du 12 juin 1991 : Boris Eltsine : 57,38 % (élu). Nikolaï Ryjkov : 17,29 %. Vladimir Jirinovski : 7,9 %. Aman Touleiev : 6,1 %. Andreï Makachov : 3,8 %. Vadim Bakatine : 2,5 %.

10. Par prudence, le jour où Gorbatchev est parti en vacances, son porte-parole Vitali Ignatenko avait fait savoir que le président de l'URSS avait subi un examen médical et qu'il était « en parfaite santé ». Tous les Soviétiques se rappellent que, le 15 octobre 1964, Nikita Khrouchtchev a été ainsi « libéré de ses obligations en raison de son âge avancé et de l'aggravation de son état de santé ».

11. Sur le commando Alpha et les dissensions au sein des troupes armées, voir le récit du général Kobets, *La Vie quotidienne à Moscou pendant le putsch*, Hachette, 1991.

12. Trois autres décès seront à imputer au putsch : les suicides de Boris Pougo, ministre de l'Intérieur ; du maréchal Akhromeev, chef d'état-major des armées ; et de Nikolaï Kroutchina, trésorier du Comité central du PCUS.

13. Communiqué publié le vendredi 16 août. Alexandre Iakovlev avait quitté son poste de conseiller du président le 28 juillet.

14. Voir, entre autres, Ulysse Gosset et Vladimir Fédorovski, *Histoire secrète d'un coup d'Etat,* JC Lattès, 1991.

15. La vidéo, qui dure moins de cinq minutes, sera diffusée après l'échec du putsch à la télévision soviétique, dans l'émission *Vzgliad*, le 25 août 1991.

25. La fin d'un empire

1. Diminutif d'Anatoli.

2. Michel Peissik, premier conseiller de l'ambassade de France, fut le seul diplomate des Douze à être arrivé à temps à Vnoukovo pour monter dans l'avion de Routskoï et Silaev. Il rattrapa ainsi en partie la faute diplomatique commise l'avant-veille par François Mitterrand qui, à la télévision française, avait un peu trop rapidement reconnu les « nouveaux dirigeants » de l'URSS.

3. Récit du journaliste français Stéphane Bentura, qui accompagnait la délégation dans l'avion (AFP, 22 août 1991).

4. Les trois autres conjurés – Iazov, Pougo et Baklanov – sont rentrés à Moscou un peu plus tard, dans l'avion de Loukianov. Ils seront arrêtés à leur arrivée à Vnoukovo, mais l'un d'entre eux, Baklanov, tout comme Loukianov lui-même, bénéficiera quelques temps encore de son immunité parlementaire.

5. Texte dans *Le Monde* du 24 août 1991.

6. Sondage réalisé conjointement par l'Institut de recherche en sciences sociales dirigé par le professeur Velichko et l'institut de sondage français BVA.

7. En l'absence du président Anatoli Loukianov, en attente de jugement, la session du Soviet suprême est présidée par son adjoint Ivan Laptev.

8. Dépêche AFP du 30 août 1991.

9. En sus de ces deux innovations, la loi votée le 5 septembre dans la confusion rétablira un semblant de Soviet suprême dont la seconde Chambre sera désormais un « Conseil des Républiques » appelé à jouer un rôle déterminant. Lire le texte de la résolution du Congrès des députés du peuple dans *Le Monde* du 7 septembre 1991.

10. A cette première réunion du Conseil d'Etat assistent Mikhaïl Gorbatchev (URSS), Boris Eltsine (Russie), Leonid Kravtchouk (Ukraine), Noursoultan Nazarbaev (Kazakhstan), Ayaz Moutalibov (Azerbaïdjan), Levon Ter-Petrossian (Arménie), Askar Akaev (Kirghizie), Kadriddine Aslanov (Tadjikistan), Saparmourat Niazov (Turkménistan) et les adjoints des présidents de Biélorussie et d'Ouzbékistan. Outre les trois Pays baltes (Lituanie, Lettonie, Estonie), la Géorgie et la

Moldavie ont refusé d'y envoyer un délégué.

11. Texte de l'accord publié dans les *Izvestia* du 6 octobre 1991.

12. Le processus d'éclatement de la Yougoslavie est comparable, en bien des points, à celui de l'éclatement de l'URSS : en 1990, après quarante ans de dictature communiste, les premières élections libres ont donné la majorité aux partisans de l'indépendance dans toute la fédération, incitant la Croatie et la Slovénie à déclarer unilatéralement leur indépendance le 25 juin 1991.

13. Sur la transformation chaotique des ambassades soviétiques en ambassades russes, lire : Bernard Lecomte, *Le Bunker, op. cit.*

14. Déclaration publiée par toutes les agences de presse, dont l'AFP (dépêche du 8 décembre 1991).

15. *Cf.* Andreï Gratchev, *L'Histoire vraie de la fin de l'URSS*, Le Rocher, 1992.

16. Texte publié dans tous les grands journaux du monde, dont *Le Figaro* du 26 décembre 1991 et *Le Monde* du 27 décembre 1991.

Épilogue. Y a-t-il une vie après le Kremlin ?

1. L'équivalent de 1900 euros au cours commercial. De son côté, Raïssa touche une pension de 340 roubles – une somme absolument dérisoire.

2. Mikhaïl Gorbatchev, *Perestroïka*, *op. cit.*

3. Il a fait de même avec le chèque de 720 000 dollars qui lui a été remis avec son prix Nobel de la paix en 1990.

4. Pour la France, le quotidien *Libération*.

5. La Croix-Verte internationale *(Green Cross International)*, organisation non gouvernementale à but environnemental basée à Genève, a été créée dans la foulée du « Sommet de la Terre » de Rio de Janeiro en 1992.

6. Lire sur ce point le long entretien avec l'auteur publié dans *Commentaire*, n° 80, hiver 1997-1998.

7. En septembre 1983, la défense antiaérienne de l'URSS abattit un avion de ligne sud-coréen coupable d'avoir violé l'espace aérien soviétique : cette décision a fait 269 victimes civiles et provoqué un scandale mondial (voir chapitre 17).

8. Lire par exemple ses entretiens avec Eugenio Scalfari dans *La Repubblica* et *Le Nouvel Observateur* (15 octobre 1992), avec Agathe Duparc et Vladimir Ivanidzé dans *L'Evénement du Jeudi* (15 octobre 1992), avec Michel Gonod dans *Paris Match* (22 octobre 1992), etc.

9. Mais sans son mari Anatoli, dont elle est séparée. L'aînée de leurs deux filles, Xénia, se mariera en mai 2003 avec Kirill Solod, un étudiant en droit international.

10. *L'Express*, 14 décembre 2011.

11. Mikhaïl Gorbatchev et Daisaki Ikeda, *Dialogue pour la paix*, *op. cit*

Glossaire

Agitprop	Département de la propagande et de la communication
Apparatchik	fonctionnaire de l'appareil du Parti
Datcha	maison de campagne
Glasnost	ouverture, publicité (au sens de « rendre public »)
Gorkom	Comité de ville (du Parti, du Komsomol)
Goulag	Administration gouvernementale des camps
Guensek	abréviation russe de « secrétaire général »
Koltso	boulevard périphérique de Moscou
Kompromat	dossier compromettant sur une personnalité
Kraï	région administrative, territoire
Kraïkom	Comité de région (du Parti, du Komsomol)
Nomenklatura	liste des personnalités bénéficiant de privilèges d'Etat
Obchejitie	résidence universitaire
Oudarnik	travailleur de choc
Perestroïka	refondation, restructuration
Raïkom	Comité de district (du Parti, du Komsomol)
Raïon	district
Samogon	mauvaise vodka faite à la maison
Zastoï	stagnation (période brejnévienne)

Chronologie

1931

2 mars	Naissance de Mikhaïl Sergueïevitch Gorbatchev à Privolnoe

1932-1933

Grande famine dans toute la Russie du Sud

1937

Arrestation de son grand-père Pantelei par le NKVD

1939

23 août	*Signature du pacte germano-soviétique*

1941

22 juin	L'Allemagne attaque l'URSS. Le père de Gorbatchev est mobilisé
2 août	Le village de Privolnoe est occupé par les Allemands

1943

21 janvier	Privolnoe est libéré par l'armée soviétique

1945

9 mai	*Fin de la Seconde Guerre mondiale*

1950

1er septembre	Gorbatchev entre à l'université de Moscou

1952

Septembre	Elu délégué du Komsomol de la faculté de droit

1953

5 mars	*Mort de Staline*
23 septembre	Mariage avec Raïssa Titarenko

1955

6 janvier	Naissance de sa fille Irina
30 juin	Dernier examen à la faculté de droit de Moscou
5 août	Retourne à Stavropol pour s'y installer
Septembre	Entre comme sous-directeur au Komsomol de la ville de Stavropol

1956

24-25 février	*Fin du XXe Congrès du PCUS, « rapport secret » de Khrouchtchev*
Août	Nommé Premier secrétaire du Komsomol de la ville de Stavropol

1958

25 avril	Nommé deuxième secrétaire du Komsomol pour la région de Stavropol

1961

Mars	Nommé Premier secrétaire du Komsomol pour la région de Stavropol

17-31 octobre	Délégué au XXIIe Congrès du PCUS

1962

Mars	Devient un des 16 délégués territoriaux du Comité du Parti de Stavropol
Avril	Quitte l'appareil du Komsomol

1963

1er janvier	Dirige, à Stavropol, le département des cadres de la branche agricole du Parti

1964

14 octobre	*Chute de Nikita Khrouchtchev (remplacé par Leonid Brejnev)*

1966

26 septembre	Nommé Premier secrétaire du Parti pour la ville *(gorkom)* de Stavropol Premier voyage à l'étranger (en République démocratique allemande)

1967

	Diplômé d'agronomie à l'Institut d'agronomie de Stavropol Raïssa soutient sa thèse à l'Institut pédagogique d'Etat de Moscou

1968

Juillet	Nommé deuxième secrétaire du Parti pour la région *(kraïkom)* de Stavropol
21 août	*Ecrasement du « Printemps de Prague » par les chars soviétiques*

1969

Septembre	Voyage d'études en Bulgarie
Novembre	Voyage d'études en Tchécoslovaquie
	Elu député au Soviet suprême de l'URSS

1970

10 avril	Nommé Premier secrétaire du Parti pour la région *(kraïkom)* de Stavropol

1971

Février	Elu membre du Comité central du PCUS
30 mars-9 avril	Délégué au XXIVe Congrès du PCUS

1972

Octobre	Voyage d'études en Belgique

1974

	Réélu député du Soviet suprême de l'URSS

1975

	Voyage en Allemagne de l'Ouest

1976

Février	Mort de son père Sergueï
24 février-5 mars	Délégué au XXVe Congrès du PCUS
Novembre	Premier voyage en France (en mission)

1977

Septembre	Deuxième séjour en France (en vacances)
7 novembre	*60e anniversaire de la révolution d'Octobre; adoption de la nouvelle Constitution de l'URSS*

1978

15 avril	Mariage de sa fille Irina avec Anatoli Virganski
Mai	Gorbatchev décoré de l'ordre de la Révolution d'Octobre
17 juillet	Mort de son « parrain » Fedor Koulakov
27 novembre	Entre au secrétariat du Comité central du PCUS

1979

4 mars	Réélu député au Soviet suprême de l'URSS
27 novembre	Nommé membre suppléant du Politburo
26 décembre	*Intervention soviétique en Afghanistan*

1980

21 janvier	*Le dissident Andreï Sakharov relégué à Gorki*
19 juillet	*Ouverture des jeux Olympiques de Moscou*
21 octobre	Devient membre titulaire du Politburo
18 décembre	Mort d'Alexeï Kossyguine

1981

23 février-3 mars	XXVIe Congrès du PCUS

1982

25 janvier	Mort de Mikhaïl Souslov
10 novembre	Mort de Leonid Brejnev
12 novembre	Andropov élu secrétaire général du PCUS

1983

8 mars	*Ronald Reagan qualifie l'URSS d' « empire du Mal »*
14-15 juin	Plenum du Comité central du PCUS consacré à l' « idéologie »
16 juin	*Andropov élu président du Soviet suprême*
16-23 mai	Voyage officiel de Gorbatchev au Canada
1er septembre	*Attentat contre un avion de ligne sud-coréen (269 morts)*

1984

9 février	*Mort de Iouri Andropov*
13 février	*Tchernenko élu secrétaire général du PCUS*
2 mars	Gorbatchev réélu député au Soviet suprême
11-12 avril	Elu président de la commission des Affaires étrangères du Soviet de l'Union
13-14 juin	Obsèques d'Enrico Berlinguer en Italie
15-20 décembre	Voyage officiel de Gorbatchev en Grande-Bretagne
20 décembre	Décès du maréchal Oustinov

1985

10 mars	*Mort de Konstantin Tchernenko*
11 mars	Gorbatchev devient secrétaire général du PCUS
16 avril	Visite improvisée à l'usine Zil de Moscou
23 avril	Plenum « d'avril » du CC. Egor Ligatchev devient numéro deux du Politburo
16 mai	Lancement de la campagne contre l'alcoolisme
16-17 mai	Visite à Leningrad (discours au Smolny)
25 juin	Visite en Ukraine
1er juillet	Plenum du CC – remaniements divers
2 juillet	Gromyko (remplacé par Chevardnadze) devient président du Soviet suprême
Août	Première interview de Gorbatchev dans le magazine *Time*
4 septembre	Visite en Sibérie occidentale (Tioumen, Ourengoï)
27 septembre	Ryjkov remplace Tikhonov comme Premier ministre
4-5 octobre	Premier voyage officiel à Paris
26 octobre	Publication du « Nouveau Programme du Parti »
19-21 novembre	Sommet américano-soviétique à Genève

1986

15 janvier	Plan de liquidation de toutes les armes nucléaires d'ici à l'an 2000
25 février-6 mars	XXVIIe Congrès du PCUS (nouveau programme et nouveaux statuts)
Avril	Visite à Togliattigrad
26 avril	Catastrophe nucléaire de Tchernobyl

14 mai	Intervention télévisée de Gorbatchev sur Tchernobyl
3 juillet	Réunion du Politburo (bilan de Tchernobyl)
Fin juillet	Voyage en Extrême-Orient soviétique (discours de Vladivostok)
20 août	Vacances en Crimée
Septembre	Voyage à Krasnodar et Stavropol
11-12 octobre	Sommet américano-soviétique de Reykjavík
19 novembre	Loi libéralisant le travail individuel
24 novembre	Voyage en Inde
16 décembre	Gorbatchev annonce sa libération à Sakharov
17-18 décembre	Premières émeutes nationalistes à Alma Ata (Kazakhstan)

1987

19 janvier	Plenum du CC sur la « démocratisation » du Parti
14-16 février	Forum international « pour un monde sans armes nucléaires »
28 mai	Atterrissage de l'avion de Mathias Rust sur la place Rouge
2 juin	Bilan de deux ans de campagne antialcoolique
25-26 juin	Plenum du Comité central (remaniements)
6-27 juillet	Manifestation des Tatars de Crimée à Moscou
30 septembre	Visite de Gorbatchev à Mourmansk
21 octobre	Plenum du CC (discours critique de Boris Eltsine)
1er novembre	Parution du livre *Perestroïka*
2 novembre	Discours pour le 70e anniversaire de la révolution d'Octobre
11 novembre	Eltsine écarté de la direction du PC de Moscou
8-10 décembre	Sommet Reagan-Gorbatchev à Washington

1988

18 février	Plenum du CC (Eltsine écarté du Politburo)
20 février	Les élus du Haut-Karabagh votent leur rattachement à l'Arménie
28 février	Pogrom antiarménien à Soumgaït (Azerbaïdjan)
13 mars	Manifeste conservateur de Nina Andreeva
14-18 mars	Voyage de Gorbatchev en Yougoslavie
15 mai	Début du retrait des troupes soviétiques d'Afghanistan
23 mai	Plenum du CC (instauration d'un Etat de droit)

26 mai	Loi sur les coopératives
30 mai-2 juin	Visite de Ronald Reagan à Moscou
28 juin-1er juillet	XIXe Conférence nationale du PCUS
12-16 septembre	Voyage en Sibérie
30 septembre	Plenum du CC (Gromyko libéré de ses fonctions)
1er octobre	Gorbatchev devient chef de l'Etat
28 octobre-1er décembre	Réforme de la Constitution de l'URSS
22-23 novembre	Manifestations nationalistes dans le Caucase
6 décembre	Discours à l'ONU
7 décembre	Tremblement de terre en Arménie

1989

20-23 février	Visite de Gorbatchev en Ukraine (Lvov, Donetsk, Kiev, Tchernobyl)
26 mars	Election du nouveau Congrès des députés du peuple
2-7 avril	Visites de Gorbatchev à Cuba puis en Grande-Bretagne
9 avril	Répression brutale à Tbilissi (20 morts)
25 avril	Plenum du CC (une centaine de remaniements)
25 mai	Congrès des députés du peuple (Gorbatchev réélu chef de l'Etat)
29-31 mai	Visite de Gorbatchev en Chine
3 juin	Violents affrontements interethniques en Ouzbékistan
17 juin	Emeutes sanglantes au Kazakhstan
26 juin-4 août	Première session du nouveau Soviet suprême
2 juillet	Mort de Gromyko
10 juillet	Grèves dans les mines de Sibérie
7 octobre	40e anniversaire de la RDA
9 novembre	*Chute du Mur de Berlin*
1er décembre	Visite de Gorbatchev au Vatican (entretien avec Jean-Paul II)
2 décembre	Sommet américano-soviétique de Malte
10 décembre	Plenum du CC (défense du rôle dirigeant du Parti)
14 décembre	Mort d'Andreï Sakharov
19-22 décembre	Le PC lituanien se déclare autonome
12-24 décembre	IIe session du Congrès des députés du peuple

1990

10 janvier	Visite de Gorbatchev à Vilnius
14 janvier	Pogroms antiarméniens à Bakou
5-7 février	Plenum du CC (abandon du rôle dirigeant du Parti)
11 mars	Déclaration d'indépendance de la Lituanie
12-15 mars	Le Congrès des députés du peuple abroge le rôle dirigeant du Parti
14 mars	Gorbatchev élu président de l'URSS pour cinq ans
16 avril	Gavril Popov maire de Moscou
1er mai	Gorbatchev hué par la foule de la place Rouge
29 mai	Eltsine élu à la tête du Parlement de la Fédération de Russie
31 mai-3 juin	Voyage de Gorbatchev aux Etats-Unis
5 juin	Affrontements interethniques en Kirghizie
2-13 juillet	XXVIIIe Congrès du PCUS (Gorbatchev réélu secrétaire général)
12 juillet	Eltsine quitte le PCUS (suivi par Popov et Sobtchak)
16 juillet	Accord avec Kohl sur l'entrée de l'Allemagne dans l'OTAN
9 septembre	Rencontre Bush-Gorbatchev à Helsinki (crise du Golfe)
15 octobre	Gorbatchev prix Nobel de la paix
17 décembre	Projet de référendum sur un « traité de l'Union »
20 décembre	Chevardnadze dénonce la « dictature qui s'avance »
27 décembre	Guennadi Ianaev élu vice-président de l'URSS

1991

7 janvier	Intervention militaire dans les Pays baltes
14 janv	Valentin Pavlov nommé Premier ministre
9 février	La Lituanie vote pour l'indépendance (90,5 % de oui)
3 mars	L'Estonie et la Lettonie votent pour l'indépendance
17 mars	Référendum sur une « Union renouvelée » (76,4 % de oui)
12 juin	Eltsine élu président de la Russie au suffrage universel
17 juil	Gorbatchev assiste au G7 à Londres
19-21 août	Putsch conservateur manqué contre Gorbatchev
24 août	Gorbatchev prône l'autodissolution du Parti communiste
6 septembre	L'URSS reconnaît l'indépendance des Pays baltes

18 octobre	L'URSS et 8 Républiques signent un traité économique
1er décembre	Référendum en Ukraine sur l'indépendance
8 décembre	Le sommet Ukraine-Biélorussie-Russie fonde la CEI
21 décembre	Sommet des « onze » de la CEI à Alma Ata
25 décembre	Dissolution de l'URSS. Démission de Gorbatchev

1992

15 janvier	Inauguration de la « Fondation Gorbatchev »
7 juin	Elu président de la Croix-Verte internationale
9 octobre	Gorbatchev privé de passeport

1996

16 juin	Echec cuisant à l'élection présidentielle de Russie

1999

20 sept	Mort de Raïssa
9 novembre	10e anniversaire de la chute du Mur de Berlin

Bibliographie

AFANASSIEV Iouri (sous la direction de) : *La Seule Issue (Sakharov et 33 intellectuels en lutte pour la perestroïka),* Flammarion, 1989.

AFANASSIEV Iouri : *Ma Russie fatale,* Calmann-Lévy, 1992.

ALEXANDROV Victor : *Nikita Khrouchtchev,* Plon, 1957.

ATTALI Jacques : *Verbatim* (tomes II et III), Fayard, 1995.

AVTORKHANOV Abdurakhman : *La Méthode Brejnev,* Fayard, 1981.

BRIANÇON Pierre : *Héritiers du désastre (Précis de décomposition de l'univers soviétique),* Calmann-Lévy, 1992.

CARATINI Roger : *Dictionnaire des nationalités et des minorités en URSS*, Larousse, 1990.

CARRÈRE d'ENCAUSSE Hélène : *L'Empire éclaté*, Flammarion, 1978.

CARRÈRE d'ENCAUSSE Hélène : *La Gloire des nations*, Fayard, 1990.

CARRÈRE d'ENCAUSSE Hélène : *Victorieuse Russie,* Fayard, 1992.

CHEVARDNADZE Edouard : *L'avenir s'écrit liberté,* Odile Jacob, 1991.

COULLOUDON Virginie : *Génération Gorbatchev,* JC Lattès, 1988.

CROSNIER Marie-Agnès, GUEIT Jean & de TINGUY Anne : *Les Années Gorbatchev : l'URSS de 1985 à 1991,* La Documentation française, 1993.

DODER Dusko & BRANSON Louise : *Gorbatchev : Heretic in the Kremlin*, Viking Adult, 1990.

ELLENSTEIN Jean : *D'une Russie à l'autre (Vie et mort de l'URSS),* Messidor/Editions sociales, 1992.

ELTSINE Boris : *Jusqu'au bout !*, Calmann-Lévy, 1990.

ELTSINE Boris : *Sur le fil du rasoir (Mémoires),* Albin Michel, 1994.

ELTSINE Boris : *Mémoires,* Flammarion, 2000.

FAVIER Pierre & MARTIN-ROLLAND Michel : *La Décennie Mitterrand,* tome II *: Les Epreuves,* Seuil, 1991.

FÉRON Bernard & TATU Michel : *Au Kremlin comme si vous y étiez*, coll. « La mémoire du monde », Le Monde Editions, 1991.

FERRO Marc : *Les Origines de la perestroïka*, Ramsay, 1990.

GORBATCHEV Mikhaïl : *Perestroïka (Vues neuves sur notre pays et le monde),* Flammarion, 1987.
GORBATCHEV Mikhaïl : *Le Putsch*, Olivier Orban, 1991.
GORBATCHEV Mikhaïl : *Avant-Mémoires,* Odile Jacob, 1993.
GORBATCHEV Mikhaïl : *Décembre 1991*, CopArt Editions, 1993.
GORBATCHEV Mikhaïl : *Mémoires,* Editions du Rocher, 1995.
GORBATCHEV Mikhaïl & IKEDA Daisaku : *Dialogue pour la paix*, Editions du Rocher, 2001.
GORBATCHEV Mikhaïl : *Mon manifeste pour la terre*, Le Relié, 2002.
GORBATCHEV Mikhaïl : *Naïedine s soboï,* Grin Strit, 2013.
GORBATCHEV Raïssa : *Ma vie*, Olivier Orban, 1991. (Le titre original du livre, publié à Londres chez Harper & Collins, est : *I Hope.*)
GOSSET Ulysse & FÉDOROVSKI Vladimir : *Histoire secrète d'un coup d'Etat (Moscou, 19 août 1991),* JC Lattès, 1991.
GRATCHEV Andreï : *L'Histoire vraie de la fin de l'URSS*, Editions du Rocher, 1992.
GRATCHEV Andreï : *La Chute du Kremlin*, coll. « La vie quotidienne », Hachette, 1994.
GRATCHEV Andreï : *L'Exception russe : Staline est-il mort ?* Editions du Rocher, 1997.
GRATCHEV Andreï : *Le Mystère Gorbatchev*, Editions du Rocher, 2001.
GRATCHEV Andreï : *Gorbatchev : le pari perdu ?*, Armand Colin, 2008.
GROMYKO Andreï : *Mémoires*, Belfond, 1989.
GUETTA Bernard : *Eloge de la tortue (L'URSS de Gorbatchev, 1985-1991),* Le Monde Editions, 1991.
GUEZ Olivier & GONIN Jean-Marc, *La Chute du Mur,* Fayard, 2009.
HAWKES Nigel, LEAN Geoffrey *et al.* : *Tchernobyl,* Presses de la Cité, 1986.
HELLER Michel : *Le 7e Secrétaire (Splendeur et misère de Mikhaïl Gorbatchev),* Olivier Orban, 1990.
IAKOVLEV Alexandre : *Ce que nous voulons faire de l'Union soviétique*, Seuil, 1991.
JACQUARD Roland : *La Fin de l'Empire rouge*, Laffont, 1992.
JURGENS Urda : *Raïssa Gorbatchev – L'inconnue du Kremlin,* Robert Laffont, 1990.
KARLOV Jurij : *Parlando con il Papa,* Spirali, 1998.
KERBLAY Basile & LAVIGNE Marie : *Les Soviétiques des années 80*, Armand Colin, 1985.
KERBLAY Basile : *La Russie de Gorbatchev,* La Manufacture, 1989.
KHROUCHTCHEV Nikita : *Souvenirs,* Robert Laffont, 1971.
KHROUCHTCHEV Sergueï : *Khrouchtchev par Khrouchtchev*, Plon, 1991.

KOBETS (général) : *La Vie quotidienne pendant le putsch (18-20 août 1991)*, Hachette, 1991.
KOZOVOÏ Andreï : *La Chute de l'Union soviétique (1982-1991)*, Tallandier, 2011.
LAURENT Eric : *L'Effondrement (Histoire secrète de la chute de Gorbatchev)*, Orban, 1992.
LEBED (général) : *Les Mémoires d'un soldat*, Editions du Rocher, 1998.
LECOMTE Bernard : *Le Bunker (Vingt ans de relations franco-soviétiques)*, JC Lattès, 1994.
LOUJKOV Youri : *Soixante-douze heures d'agonie*, Editions CopArt, 1992.
LOURIE Richard : *Sakharov, une biographie,* Noir sur Blanc, 2005.
MALIA Martin : *La Tragédie soviétique (1917-1991),* Seuil, 1995.
MEDVEDEV Jaurès : *Andropov au pouvoir*, coll. « Champs », Flammarion, 1983.
MEDVEDEV Roy & Jaurès : *Khrouchtchev, les années de pouvoir*, coll. « Cahiers libres », François Maspero, 1977.
MEDVEDEV Vladimir : *Dans l'ombre de Brejnev et de Gorbatchev (Les derniers tsars rouges racontés par leur garde du corps),* Plon, 1997.
MLYNAR Zdenek : *Le froid vient de Moscou*, coll. « Témoins », Gallimard, 1981.
MURARKA Dev : *Gorbatchev*, Ramsay, 1987.
NIVAT Anne : *Quand les médias russes ont pris la parole*, L'Harmattan, 1997.
POPOV Gavril : *Que faire ? (Mon projet pour la Russie),* Belfond, 1992.
PRYCE-JONES David : *La guerre qui n'a pas eu lieu (L'étrange agonie de l'empire soviétique),* Grasset, 1995.
RADVANYI Jean : *L'URSS : Régions et nations,* coll. « Géographie », Masson, 1990.
RAIMOND Jean-Bernard : *Le Choix de Gorbatchev*, Odile Jacob, 1992.
REAGAN Ronald : *Une vie américaine (Mémoires),* JC Lattès, 1990
REINHARDT Jerzy : *Boris Eltsine et le réveil russe*, Stock, 1992.
RUGE Gerd : *Mikhaïl Gorbatchev*, Seuil, 1991.
SAKHAROV Andreï : *Mémoires,* Seuil, 1990.
SMITH Hedrick : *Désunion soviétique*, Belfond, 1990.
SOBTCHAK Anatoli : *Chronique d'une chute annoncée,* Flammarion, 1991.
SOBTCHAK Anatoli : *La Cassure de Tbilissi*, CopArt, 1993.
SOBTCHAK Anatoli : *Russie – Du totalitarisme à la démocratie.* Hachette, 1996.
SOKOLOFF Georges : *La Puissance pauvre*, Fayard, 1993.
TATU Michel : *Gorbatchev – L'URSS va-t-elle changer ?,* Le Centurion/Le Monde Editions, 1987.
TAYLOR Frederick : *Le Mur de Berlin (1961-1989),* JC Lattès, 2009.
TCHERNIAEV A. S. : *Chest let s Gorbatchevym*, Progress, 1993.
THOM Françoise : *Le Moment Gorbatchev*, Hachette Pluriel, 1991.

TIME (Les journalistes du magazine) : *L'Enigme Gorbatchev – Biographie non complaisante*, Michel Lafon/Edition n° 1, 1988.
VATCHNADZE Gueorgui : *Les Médias sous Gorbatchev*, Editions de l'Espace européen, 1991.
VÉDRINE Hubert : *Les Mondes de François Mitterrand (A l'Elysée, 1981-1995)*, Fayard, 1996.
VOSLENSKY Michael : *Les Maîtres de la Nomenklatura*, Belfond, 1989.
YAKOVLEV Alexandre : *Le Vertige des illusions*, JC Lattès, 1993.
ZINOVIEV Alexandre : *Le Gorbatchévisme ou les Pouvoirs d'une illusion*, L'Age d'Homme, 1987.

Index

Table

Cet ouvrage a été imprimé par
CPI Firmin Didot à Mesnil-sur-l'Estrée
pour le compte des Éditions Perrin
12, avenue d'Italie
*Paris 13e*
en février 2014

Composition : SoftOffice

Imprimé en France

Dépôt légal : mars 2014
N° d'impression : 121345
K03141/01